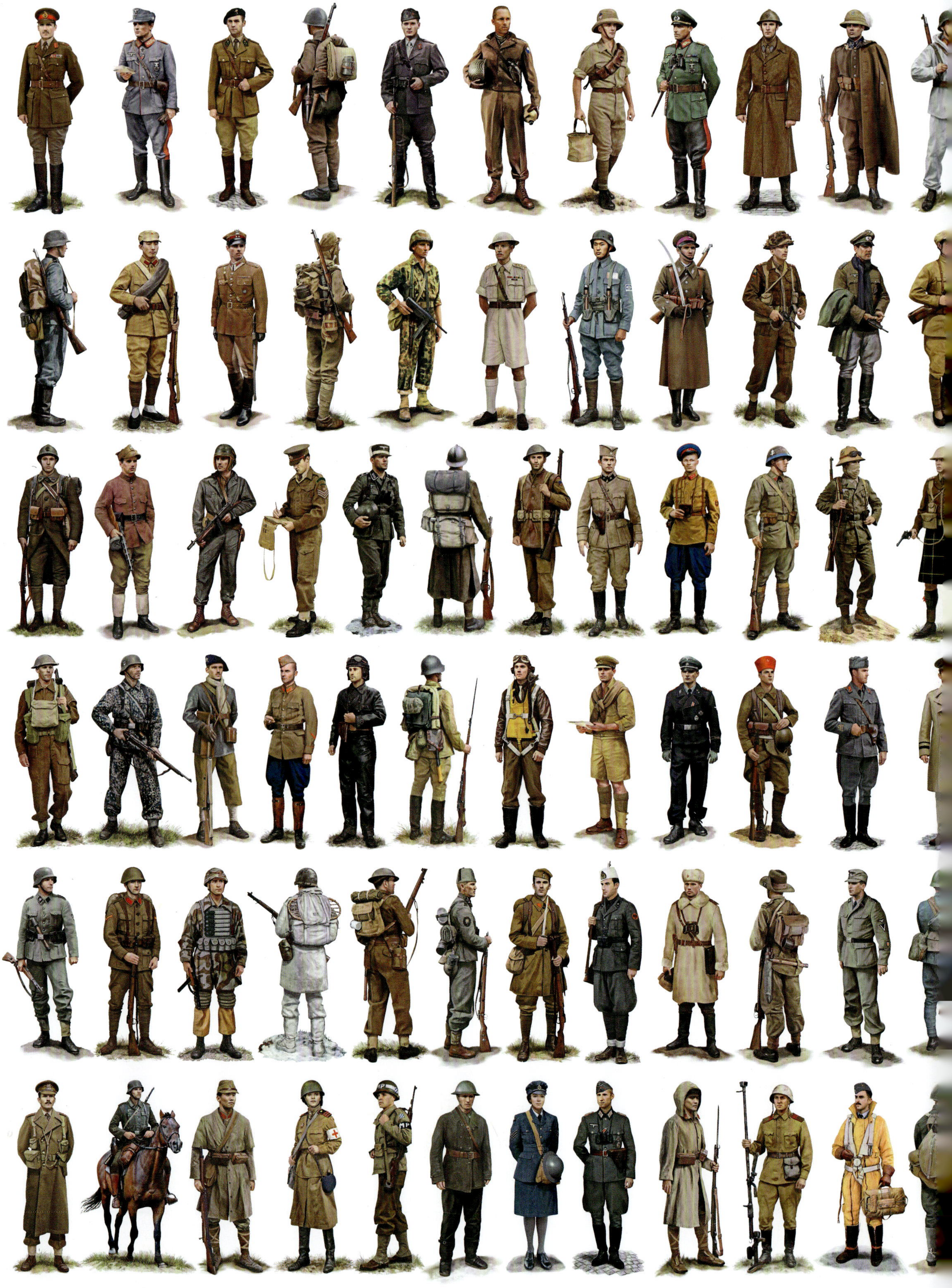

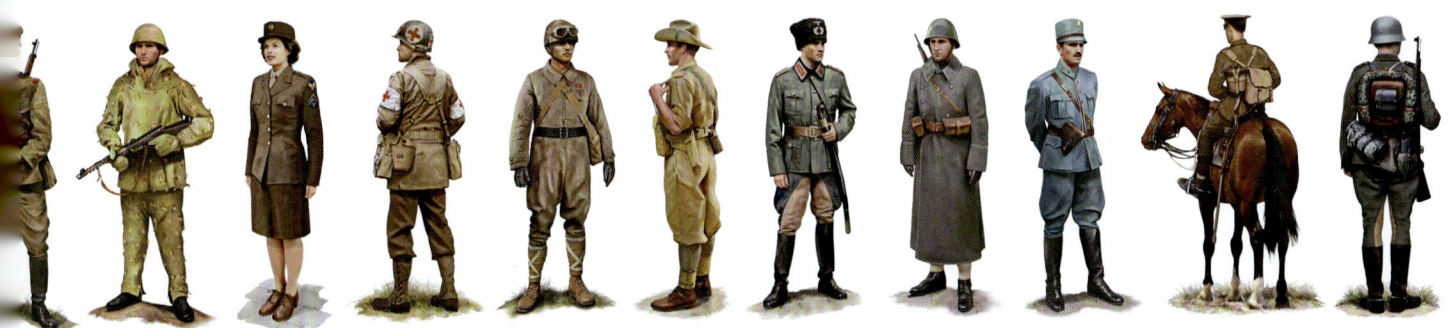

AN ILLUSTRATED ENCYCLOPEDIA OF
UNIFORMS OF WORLD WAR II

第二次世界大战
军服、徽标、武器图解百科

英国、美国、德国、苏联及其他同盟国与轴心国

二战时期诸多参战国军队制服及相关装备的专业指南
战场上的制服、装具、武器、徽标、作战计划

【英】乔纳森·诺思 著　　姚军 译　　刘晓 审校
【英】杰里米·布莱克（大英帝国勋章获得者）顾问

吉林文史出版社
JILINWENSHICHUBANSHE

AN ILLUSTRATED ENCYCLOPEDIA OF UNI-
FORMS OF WORLD WAR II by Jonathan North
Copyright in design, text and images © Anness Publishing Limited, U.K, 2011
This edition arranged with ANNESS PUBLISHING LTD
through BIG APPLE AGENCY, LABUAN, MALAYSIA.
Simplified Chinese edition copyright:
2019 ChongQing Zven Culture communication Co., Ltd
All rights reserved.

中文简体字版权专有权属吉林文史出版社所有
吉林省版权局著作权登记图字：07-2019-0023

图书在版编目（CIP）数据

　第二次世界大战军服、徽标、武器图解百科 /（英）
乔纳森·诺思著；姚军译. -- 长春：吉林文史出版社，
2019.6
　ISBN 978-7-5472-6219-1

　Ⅰ.①第… Ⅱ.①乔…②姚… Ⅲ.①第二次世界大
战－史料 Ⅳ.①K152

　中国版本图书馆CIP数据核字(2019)第100323号

DIERCI SHIJIE DAZHAN JUNFU、HUIBIAO、WUQI TUJIE BAIKE
第二次世界大战军服、徽标、武器图解百科

著 /【英】乔纳森·诺思　　译 / 姚军
责任编辑 / 吴枫　特约编辑 / 童星
装帧设计 / 王星
策划制作 / 指文图书　出版发行 / 吉林文史出版社
地址 / 长春市福祉大路 5788 号　邮编 / 130118
印刷 / 重庆长虹印务有限公司
版次 / 2019 年 7 月第 1 版 2019 年 7 月第 1 次印刷
开本 / 889mm×1194mm　1/16
印张 / 16.25　字数 / 370 千
书号 / ISBN 978-7-5472-6219-1
定价 / 169.80 元

目录

AN ILLUSTRATED ENCYCLOPEDIA OF
UNIFORMS OF WORLD WAR II

第二次世界大战
军服、徽标、武器图解百科

英国、美国、德国、苏联及其他同盟国与轴心国

前言

从1939年持续到1945年的这场战争给现代世界留下了无数道深深的伤痕。它让整个世界见识到了数世纪以来前所未有的暴行、谋杀、恐怖，以及空前绝后的死亡与破坏——一波波种族清洗、无数次大屠杀，还有在原始野蛮的航空轰炸中完成爆炸的世界上第一颗实战型原子弹。

这场战争以正义与邪恶之间的对抗为特征，但事实上其本质比这更加复杂，就连最基本的问题——它究竟从何时开始也经不起缜密推敲。日本早在1939年之前就入侵了一些东亚国家；西班牙人也同样在此之前就已经同室操戈，内战的双方分别被拥有不同意识形态的盟友所支持；德国吞并奥地利，抢夺捷克的土地（随后肢解了捷克斯洛伐克），并向立陶宛索取梅默尔（现名克莱佩达）；意大利入侵埃塞俄比亚，随后还征服了阿尔巴尼亚。这一切侵略行径都是发生在1939年9月3日，时任大英帝国首相内维尔·张伯伦（Neville Chamberlain）发表那场意义重大的广播演讲之前——"结果是，我们的国家已经与德国处于战争状态了"。

1939年之前出现的最后通牒、吞并、入侵与占领意味着这场战争可以被看作第一次世界大战的延续。尽管参战国有所不同，双方阵营（二战中为盟国与轴心国，一战时期为同盟国与协约国）的成员也发生了变化，但这种观点应当是正确无误的。许多国家加入战争就是为了将自己认为、感觉并一直承受的错误纠正过来，而这些错误的根源就在于一战结束后各国签订的那些条约。不过，二战也具有一些属于其自身的特征——首先，它升级了，有更多大洲被卷入这场战争，并且持续了比1914年到1918年那次冲突更长的时间；其次，它和一战相比显得更加"全球化"，其中的作战方式加剧了全世界不同人种、民族，以及意识形态之间的仇恨；此外，将平民卷入战争还意味着它所带来的创

▲ 原子弹爆炸后形成的标志性"蘑菇云"。这颗原子弹于1945年8月6日被投放到日本广岛，当时就杀死8万人，实际上也宣告了对日战争进入尾声。

伤将持续加深，而且更为持久。

武器科技

轰炸机和战斗机在第一次世界大战中一战成名，坦克也给协约国军带来了不少战术性胜利。经过改进后，它们向西班牙城镇投掷炸弹（20世纪30年代），扫射着四处逃窜的埃塞俄比亚难民（1935年），在东亚大陆的平原上驰骋交战（1939年）。这些战争机器到1940年时仍被各国不断完善，但已经不再是新鲜事物——它们只是变得现代化，能经受战争考验，也越来越适应战争了而已。

军队制服

各国军队的制服并没有在1918年之后发生明显变化，属于它们的变革需要等到下一场战争来临。但就算到了1939年，步兵们在穿戴方面还是与其1918年的前辈有着不少可被识别的相似之处。在许多国家，和以前型号样式相同的钢盔仍在被军队使用（但为提高设计强度或简化生产工艺进行过小幅度修改），步枪同样如此。服装的设计也与过去相似，卡其色依然占据着制服色调的主导

▼ 1945年5月，几名苏联军官站在柏林的废墟中。在此之前，苏联红军就已经占领了这座在盟军轰炸中被摧毁得面目全非的城市。

▲ 一门驻法美军装备的"博福斯"40毫米高射炮，这是战争期间最受欢迎的中型防空系统之一。该图摄于1944年11月。

地位——即使是一向自豪于他们地平线蓝色调的法国人，在其战间期（1918年到1939年，即一战结束至二战爆发期间，这一说法主要适用于欧洲国家）唯一重要的那次制服改革中也选择了代表大地的颜色（即卡其色）；然而德国人仍然坚持着他们的原野灰。不过，这场新战争性质的变化还是导致各国军队制服在其爆发初期就出现了一些匆忙改动。尽管对此研究相当理论化，但一套制服的颜色和形状的确可以在战场上形成生与死、保持健康或遭受创伤，以及被发现还是保持隐蔽的区别。于是，军装上金属纽扣的光泽开始变得暗淡，色彩缤纷的臂章逐渐被隐藏起来——隐蔽到敌方狙击手无法将其视为攻击目标；头盔经过调整后，士兵们终于可以舒服

地进行卧姿射击（二战很少出现一战中的堑壕战，因此很少采用站姿射击）；随着战争持续下去，节约措施也被制定出来，制服变得不再那么紧凑，而是更加注重实用性和舒适性。总的来说，制服的（部分）传统性依然存在，但实用性明显战胜了它，开始流行起来。

本书旨在探讨军服深度介入战争后所产生的影响力，不过这样做也有相应局限性——大量篇幅被用于描述主要参战国军队的穿戴着装细节——从本质上讲，这只是一种立足于整体性和综合性的概述，因此难免会遗漏其他一些战争参与者。比如，本书就没有包括那些在1939年之前已被占领或合并国家军队的制服，包括捷克斯洛伐克、阿尔巴尼亚、爱沙尼亚、拉脱维亚及立陶宛（军队的制服）。另外，书中还存在一些地理上的限制——比如泰国军队就没有被写到，即使它曾与法国发生战争；巴西

的远征军团也没有在书中任何地方被提及，尽管有个实例能证明他们在意大利的作战，而且（很可能）取得了胜利。

可能有人还会注意到，参战国空中及海上力量的军服同样被排除在外了。这一方面是受篇幅限制，另一方面也是因为本书更想强调地面作战——许多国家的空中力量是其地面部队的分支，他们的着装样式及风格与后者相差无几，并无自身特色。这不是说德国水兵在1945年的地面战斗中没有勇敢作战，也不是说其他国家从未让本国水兵（比如苏联的海军步兵）在陆上执行设施、港口或岛礁的警卫和防守任务。值得注意的是，各国海军陆战队虽然普遍隶属于海军，但这是一类为实施两栖突击而组建的陆地作战部队，因此其成员往往更多是在地面上进行活动。

最后，本书也没有余处描写在亚洲、欧洲占领区中作战的游击队和非正规军部队的制服。这绝不含任何轻视或贬低，他们面对悬殊的敌我实力对比和惨重的伤亡依然不屈不挠，是值得敬佩的；此外，这也不是轻视他们的军事价值和作战勇气——苏联、波兰、南斯拉夫、意大利和其他很多地方的游击队员，他们的奋勇作战为自己赢得了单独出一本自传的资格。

▼ 一些国家军队的制服从一战起就几乎没有发生过变化，比如图中这支正前往伦敦的澳大利亚军队。

战争的到来

德国在1918年被（协约国军队）击败，并因此背上侵略者的罪名，同时还被要求承担发动一战的责任。战后的德国满目疮痍——经济崩溃、社会混乱，大量少数民族在战后因国土分割而被迫离开祖国——这里已经成为仇恨的摇篮。其他一些国家同样有理由对1919年的那份和平条约不满。对于曾经的同盟国成员，战胜国们将民族自决作为惩罚前者的一大手段（但该原则却没有在协约国内部实行过），实际上主要针对那些被认为在一战中与德国处于同一联盟的国家——匈牙利和保加利亚被剥夺大片领土，许多奥地利人和克罗地亚人甚至在一夜之间就发现自己身处国外了。

这份和平条约同样把俄国的布尔什维克排除在外。后者在第一次世界大战的废墟中夺取了政权，但很快就发现自己被外界施以猜忌——资本主义世界抓住一切机会来削弱新生的苏维埃俄国，并始终将它排斥在国际社会之外。其他国家——那些名义上的胜利者也被战争搞得倾家荡产，其国内的人民不再对

▲ 20世纪20年代到30年代，德国的政治动荡导致该国内暴乱和示威频发，比如图中这些身着无产阶级军队制服的男子就正在与当地警察搏斗。

战争抱有美好幻想。另外，意大利一直强调自己所做出的牺牲并未得到足够回报；日本则认为，既然欧洲的帝国们已经精疲力尽，那么一直锻炼肌肉的它就已经可以成为地区强国了。

失败的和平

1919年的和约为下一次战争爆发埋下了祸根——由于和平过于脆弱，又同时种下太多仇恨，这自然就导致现状难以长期维持。上一场战争煽动起来的仇恨与苦难成了极端左右翼意识形态的摇篮，同时还破坏和耗尽了那些本有可能维护和平的力量。意大利在20世纪20年代转变成法西斯国家，德国于30年代走向纳粹主义，西班牙也在一场惨烈的内战后走上类似道路；在东欧，右翼势力同样取得了胜利——以上意识形态具有相同的军国主义内核。同时，错误和不稳定的和平也在帮助上述国家利用这种带有侵略性的民族主义。到1934年，欧洲已经很明显地奔驰在通往战争的道路上，只是此时这场战争是否可控还无法得知。

在亚洲，日本同样尝到了侵略给它带来的甜头。20世纪20年代，它被卷入到两种不同意识形态的战争中，同时发现当时的亚洲各国相对孤立和虚弱；于是，日本开始了其野心勃勃的吞并计

▼ 一群日本军人在相机前挥舞日本国旗，他们将乘坐火车离开东京，并最终前往位于东亚大陆的日属殖民地。

划，并试图彻底征服东亚。

在欧洲发生的事件表明，新的战争往往起源于新的意识形态。欧洲的那些精英们同情反布尔什维克和加强社会控制的运动；其他人要么觉得这些事情发生在遥远的彼方，与自己无关，要么认为本国的和平不应受到国外事件的干扰。美国则选择了孤立主义，一直袖手旁观。德国领导人阿道夫·希特勒（Adolf Hitler）是个机会主义者，他依照个人喜好决定本国政策，且利用了欧洲的彷徨与犹豫——1935年，德军收复萨尔；1936年，他们再次踏上了莱茵兰的土地；在1936年的西班牙内战中，德国和意大利支持了西班牙的法西斯主义者（与此同时，英国和法国却在阻止西班牙的共和派获取补给，尽管成千上万的志愿者主动前往西班牙半岛为共和事业而战）；1938年，德国吞并奥地利。

法国和英国小心翼翼地在沙子上画了一条线，然后警惕地看着危机走向下一个阶段。新的危机爆发在捷克斯洛伐克——一个在前奥匈帝国土地上建立的民主国家。其境内有三百万德语人

▼ 1939年5月1日，德国军队占领立陶宛后，在其国内的梅默尔港卸下装备。

口（聚居于苏台德地区），这些（捷克境内的）少数民族的领导人对他们当前所在国家愤恨不已，却对来自边境对面（即德国）的影响表示欢迎。于是，德国欣然准备干涉，并很快制订了入侵捷克的军事计划。英国和法国很清楚，其军队和人民都没有做好迎来一场新战争的准备。因此，两国在一场可能的全面冲突爆发前就决定向德国让步——英法同意让捷克斯洛伐克向德国交出苏台德地区（这一决定在1938年9月签订的所谓《慕尼黑协议》中得以确定）。尽管此时的捷克人正在积极准备抵抗，并向苏联领导人约瑟夫·斯大林提出援助请求；然而在慕尼黑，德国人的企图得逞了，他们不仅占领苏台德地区，随后更是在1939年3月吞并了捷克斯洛伐克剩余的领土（同时占领立陶宛部分地区）。

英法两国终于发现德国的修正主义无法阻挡，却在此时做出了一个致命的错误决定——拒绝苏联提出的同盟（这个位于远东的国家已经发现了德国的野心）；同时，英国首相内维尔·张伯伦和法国总理爱德华·达拉第（Edouard Daladier）反而向希腊和罗马尼亚提出联盟。但在与希腊和罗马尼亚结盟的时候，英法两国却忘记了波兰——它现在

▲ 一支德军（营级）部队正向波兰前线开进，该图摄于1939年9月。到本月底，德军已占领波兰。

不但孤立无靠，并且被苏联敌视，只能将自己与德国的《波德互不侵犯条约》（于1934年签订）作为未来自身和平的保障；但它实际上仍需要（英国的）帮助。接着，希特勒自捷克得胜归来后，认为波兰已经不足为惧。为将其削弱，他与苏联签订了《苏德互不侵犯条约》（苏联希望通过这一条约收回它在1920年苏波战争期间失去的土地）；在这之后，希特勒终于觉得自己有能力入侵它了，于是——1939年9月1日清晨，德国军队越过国界，正式攻入波兰。

西线战争

德军从本国东普鲁士和西部边境两个方向攻入波兰，炮击后者海岸线并轰炸了首都华沙；波军地面部队很快就被德军击溃，空军也惨遭摧毁。为支援波兰，法国准备对萨尔地区发动一次小规模进攻，但最终没有真正执行该计划。1939年9月17日，在德军进一步猛攻华沙时，苏军从东面进入波兰；9月末，随着华沙陷落，波兰准备投降。成千上万的波兰难民越过边境进入了罗马尼亚，或逃往法国和英国。

波兰在（波德）战役爆发仅仅5周后就宣布投降，其中有一个重要原因是作为盟友的英法两国只进行了极少配合来提供援助或减轻压力。对于希特勒来说，这场战役证明了德国军队的战斗力

▼ 1938年年底，随着德国控制奥地利和苏台德地区，希特勒的注意力已开始转向波兰走廊。

以及同盟国的消极态度——但奇怪的是，在同年11月苏军入侵芬兰时，英法给予后者的援助却远远多于之前波兰的所得（援助）。

接下来的这场战役同样发生在斯堪的纳维亚半岛，德军先是入侵丹麦，然后攻入挪威。同盟国这一次终于有了反应——一支远征军被派往挪威与德军交战，并在争夺挪威一处港口控制权的过程中战况激烈。但最终还是德军赢得此战，这导致了英国首相内维尔·张伯伦的下台——取而代之的是新任首相温斯顿·丘吉尔（Winston Churchill）。

就在丘吉尔上任当天，德军展开了对中立国荷兰、比利时及卢森堡的进攻。在空军配合下，德军地面部队全线出击，迅速击溃了荷兰军队；后者（荷兰）在几座主要城市遭到轰炸后很快选择了投降。随后是比利时——比军在德

军的攻势面前迅速崩溃，这也导致援助该国的英法联军别无选择，只能被迫撤退。与此同时，德军穿越阿登高地，绕过法国的马奇诺防线（Maginot Line，法军建造的一系列防御要塞），并在色当（Sedan）附近取得了胜利。

巴黎陷落

德军随后向北推进，封锁了英吉利海峡法国一侧的沿岸港口，企图把英法比联军包围在皮卡第（Picardy）。1940年5月末，这支盟军部队开始撤退，其中大部分借由敦刻尔克撤至英国，德国派出海空两军也未能及时阻止这次战略转移。之后，德军将进攻矛头转向巴黎。他们发动了一次攻势，突破法军组织混乱的防线，于6月中旬冲进巴黎；一周后，法国投降求和。为防止法国海军的战舰为德军所用，英国海军在1942

同盟国走向胜利

意大利的投降极大加快了二战进程，同时导致德国不得不抽调部队，以加强其南部的防御。1944年6月6日，盟军渡过英吉利海峡，发动了一场规模空前的两栖登陆行动（D-Day攻势），进入法国诺曼底；随后不久，另一支（盟军）部队在法国南部登陆。1944年8月末，盟军解放巴黎；在当年秋天，他们已经解放了荷兰并攻入德国本土；随后却是一个残酷的冬天，德军在阿登地区发动反击，他们被迫从莱茵河撤退并转入防守。这次行动对盟军来说十分艰难，但他们得到了在东线发动恢宏攻势的苏军的配合——同盟国（在欧洲）的胜利已经近在咫尺了。

战后的和平秩序于1945年2月，在克里米亚半岛上举行的雅尔塔会议中被最终敲定。同年4月，美军与苏联红军在德国东北部的托尔高（Torgau）会师，随后美军孤立并摧毁了德军在巴伐利亚、奥地利及西波希米亚的抵抗；此时，英军则向丹麦的边境线推进。不久后，希特勒在柏林的地堡中自杀；一周之后，德国转由海军元帅邓尼茨统治，直到最终在1945年5月7日宣布投降。

▲ 德军于1940年6月14日进入巴黎，图中他们正耀武扬威地穿过凯旋门，沿香榭丽舍大道前进。

年11月27日摧毁了法国舰队①；德军随后占领海峡群岛，对英国本土逐渐加强了被称为"空中闪电战"（Blitz）的空中攻势，并将空袭目标最终确定为伦敦及英国其他主要城市。

1940年6月，随着意大利加入战争，对法国和英国在地中海及非洲的据点发动进攻，战火开始进一步蔓延；意军也对希腊发动了进攻，但攻势很快就陷入停滞。同时，英军和英联邦军队逐渐夺回了在非洲的主动权。这迫使德国不得不派遣非洲军团（Africa Corps）前往北非支援意大利，并通过入侵南斯拉夫来帮助意军进攻希腊（驱逐英军并迫使希腊投降）。两个月后，德军进攻苏联；到1941年末，对击败苏联充满信心

的德国终于向美国宣战。

在此之后，西线战争的性质逐渐发生变化。英国空军开始把重点放在对德国势力范围的轰炸上，海军也开始狩猎其潜艇集群以完成相应的海上封锁。在欧洲各（轴心国）占领区，游击队和抵抗武装对德国及意大利占领军发动了规模密集的战争，这给两国占领军及其仆从国军队造成了沉重打击。大量被认定为不良分子的人遭到处决，其中大部分是位于欧洲各地的犹太人②。在北非，德意军队逐渐被盟军击败，随后在1943年7月，后者向位于意大利南部的西西里岛发动了突击；以此（西西里）为跳板，盟军攻进了卡拉布里亚（Calabria），促使墨索里尼下台及意大利投降。不过，他（墨索里尼）随后就被德军救出，并出任北意大利傀儡政权领导人。

① 译注：实际上英国海军发起的摧毁法国舰队的行动，即"弩炮行动"于1940年7月3日开始。1942年11月27日这一事件是因为在"火炬行动"中，达尔朗上将命令法军剩余的舰队开往北非加入英军，后者由于1940年的"弩炮行动"拒绝了这一命令；而此时，得知达尔朗命令在北非停火消息的德军入侵了维西法国，法国舰队同样不愿意落入德国人手中，最终在1942年11月27日选择将舰船自沉。
② 译注：不过对其有组织的种族灭绝才是导致欧洲犹太人在二战期间人口锐减的主要原因。

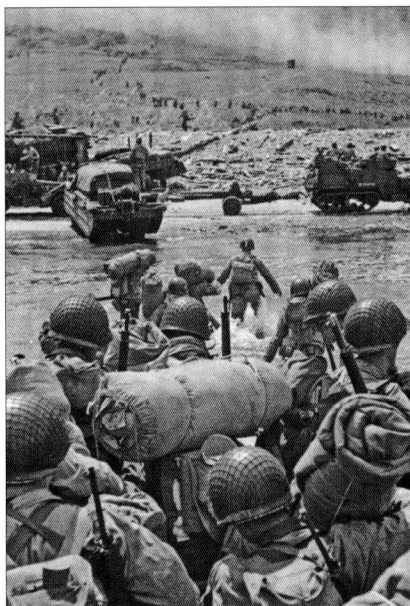

▼ 1944年6月6日（即D日），一队美军士兵乘坐登陆艇，经由诺曼底的一个滩头（共四个）上岸。

东线战争

世界东方的战争因日本而起，也由其结束。它在过去几十年里一直试图确立自己在亚洲的主导地位——1931年时，该国（在此之前，日本已经成为亚洲地区的一大强权）占领东亚北部部分地区，并不断暗中对当地政权加以削弱以实现完全占领；与此同时，该地区的本土政权也在不断加强中央对地方的控制。有所发觉的日本在其完成中央集权进程之前就发动了进攻——攻势很快以日军胜利而告终（但他们随后就在与苏联红军发生的一系列冲突中被击败）。

偷袭珍珠港

深陷在东亚大陆战争泥潭的日本转而与美国交战，企图借此打开新局面。

日军于1941年末偷袭珍珠港，对南亚发动了一系列最终成功的攻势，并开始进攻大洋洲（主要是澳大利亚）。这一切使得日本决策层之间开始弥漫起乐观精神，不过从短期来看，他们的确在不断获得胜利——日军占领了英属东亚部分地区、菲律宾和马来西亚，新加坡也随后于1942年2月投降。丘吉尔所说的"在这个阶段，我们无法考虑拯救我们的军队和人民。我们的战争将会是痛苦的、不惜一切代价的……指挥官和军官应该与他们的部队共存亡"并未被日本人理睬，尽管海空方面的失败对其攻势稍有削弱，但他们在太平洋的势力也终于随着对缅甸发动攻势达到了顶峰。

同盟国的反击

1942年末，随着盟军开始频繁空袭日本本土并逐步收复处于日军控制的岛屿，太平洋战场形势开始反转。日军在整体上逐渐处于守势——盟军摧毁其海军，并夺得战场制空权，开始收复一个又一个日占区；1945年初，美军登陆并占领硫黄岛（Iwo Jima），从而获得了一个可以加强对日空袭频率的重要机场（日本本土此时已被燃烧弹淹没）。

苏联也同意在欧洲战事结束后加入对日战争，苏军于1945年8月9日对日本所控制的远东北部发动进攻。美军不愿进攻防守严密如太平洋诸岛那般的日本本土，因此分别在8月6日和9日向其投掷了原子弹。最终，日本在一星期后正式

▼ 在一架日本飞机驾驶舱中拍摄的袭击珍珠港照片，当时日军鱼雷击中了美国军舰"俄克拉荷马"号。

宣布投降。

战争以一种极度不尊重的方式对参战国双方人民造成了伤害——大量平民被奴役，战俘受到辱骂虐待，日益频繁的轰炸行动也或多或少指向了（敌对方的）民用目标。

德国的东部战线

唯一一场能在暴露人性深处残暴及恐怖方面与太平洋战争相提并论的就只有希特勒对苏联发动的这场战争。德军曾在1918年短暂占领过乌克兰，还从这里获得了巨量粮食和原材料——这些资源是在（1918年）之前四年里，德国由于协约国的海上封锁而无法获得的。获得这样的领土，并向其展开移民以实现占领是纳粹德国早期扩张计划中的核心部分。20世纪30年代中期，关于斯拉夫人是劣等人种，从而可以被奴役和饿死的观点经常在德国内部被公开讨论。德国领导人希特勒与苏联领袖斯大林签订的互不侵犯条约避免了双方在1939年陷入两线作战——当时苏军也在远东地区与日军交战。但是，德军对西欧闪电般的征服与苏军在苏芬战争中的困难重重形成了鲜明对比，从而使德国有信心于1941年6月进攻苏联。战争的最初阶段对后者来说是灾难性的——拥有罗马尼亚、匈牙利、芬兰、斯洛伐克支持，并招募多国志愿者的德军很快占领了波罗的海国家（苏联曾于1940年占领该地区），随后进入白俄罗斯并占领乌克兰；到1941年秋，苏军已全线溃退，德军不断接近莫斯科并包围了列宁格勒——这也是人类历史上最具史诗性质围城战的开始。德国的野蛮占领政策使占领区成千上万的苏联人民和战俘被饿死，这也让当地人民的游击战争进行得如火如荼（但遭到了残忍报复）。

苏军于1941年秋冬季节对德军发动反击，击退后者并使其损失惨重。在中部战线陷入僵持局面后，德军从1942年中期开始将注意力转向南方——在此之前，他们已占领克里米亚和罗斯托夫。

▲ 一支德军自行车部队正开往东部前线，该图摄于1942年。

德军向高加索山脉进军，却发现自己无法再达成1941年那样的重大突破，反而在斯大林格勒附近被牢牢拖住；随后，苏军发动反攻，包围了突出部的大量德军，并最终迫使他们于1943年投降。

苏军通过一系列攻势从德军手中夺回战场主动权，并在库尔斯克取得了决定性胜利。他们在1944年的巴格拉季昂攻势（Operation Bagration）中确立了己方优势，并将德军赶出苏联，把战线推进至波兰境内，但在华沙附近耗尽了锐气；随后，苏军对斯洛伐克、罗马尼亚、保加利亚和南斯拉夫发动攻势；1945年春，他们针对柏林、维也纳及布达佩斯发动了最后的进攻。

对柏林的进攻于1945年4月23日打响，这最终导致了希特勒一星期后的自杀及德国在5月8日（莫斯科时间为5月9日）的投降；随后，苏军在1945年8月加入了对日本关东军的进攻。

战争的后果

德国于1945年5月7日在兰斯（法国东北部城市）向西方盟国投降，并在第二天于柏林签署无条件投降书——这里的战争终于结束，但欧洲大陆此时已是废墟一片。

二战造成的各国准确伤亡数字很难全面统计，因此只能进行大致估算。苏联至少损失了1.96亿人口（1941年6月数据）中的2500万，其中约有900万军事人员（总动员人数则多达3500万）。整个波兰几乎都被战争摧毁，它承担了比例最大的平民损失——包括集中营人员在内共有600万人伤亡，这几乎达到了该国当时人口总数的五分之一。南斯拉夫被战争重创，同样伤痕累累。

德国损失了900万人，其中主要是军事人员；但也有380万平民死于盟军

▼ 当时欧洲各地挤满了难民和流离失所者，图中这些人在归家途中被安置到了威斯巴登（德国中西部城市）的一个营地里。

的空袭，以及战争后期的交战、占领和战败处决。日本遭到美军大规模燃烧弹空袭，同时被原子弹攻击，共计造成200万人死亡。英国、意大利及美国共遭受约40万人的伤亡。大屠杀导致至少580万人死亡，其中大部分是居住在波兰或苏联的犹太人。除此之外，还有类似数量的人在德国的集中营里死亡或被处决，尤其是苏军战俘（死亡总数约为350万）——在纳粹德国控制下波兰境内的奥斯维辛集中营里，第一次臭名昭著的毒气试验就是施加到他们身上的。

除了被战争带走6000万条生命外，很多国家的经济也因此陷入崩溃。这场世界大战导致多个国家的大量基础设施被摧毁，同时给人们留下了不可磨灭的伤痕。1948年4月，美国对西欧各国实施马歇尔计划（Marshall Plan），旨在重建该地区的经济秩序，并防止这些国家在政治上走向左倾。

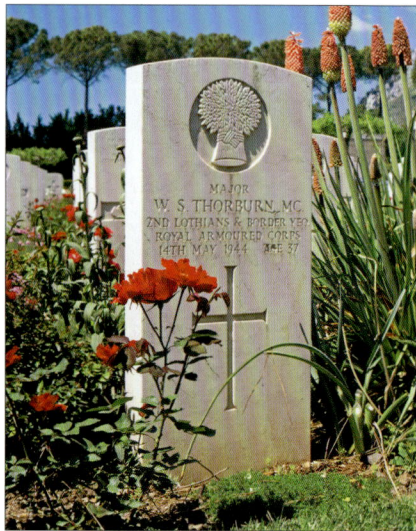

▲ 全世界有无数战争公墓，图中这些只是数百万墓碑中的极少部分。

分而治之

既然轴心国已经战败，那么就该对这些罪犯施以惩罚了。德国被要求去军事化（同时失去其商船队），并被划分为四大占领区——柏林虽然坐落在苏联占领区内，但由于其具有的象征意义，同样被划分成了苏、法、英、美四个占领区。它（德国）还需要支付战争赔款，进行去纳粹化（一个旨在消灭德国和奥地利境内残余纳粹意识形态的计划），在战争期间前往东方的移民也被驱逐回国。奥地利同样被分区占领（根据四大战胜国影响力划分相应面积的占领区域），但它在1955年各国占领军和平撤离后重新实现了统一。日本失去了本国军队，并被改造成一个民主政权（尽管保留了天皇制度）。1947年时，在巴黎签订的和平协议允许各轴心国仆从国——匈牙利、罗马尼亚、保加利亚、意大利及芬兰重归国际社会，并给予了它们加入联合国的权利（无论西德还是东德，两者在1973年之前都不曾获得这项权利）。尽管仆从国们大多已在1943年到1944年间改换阵营，但同样需

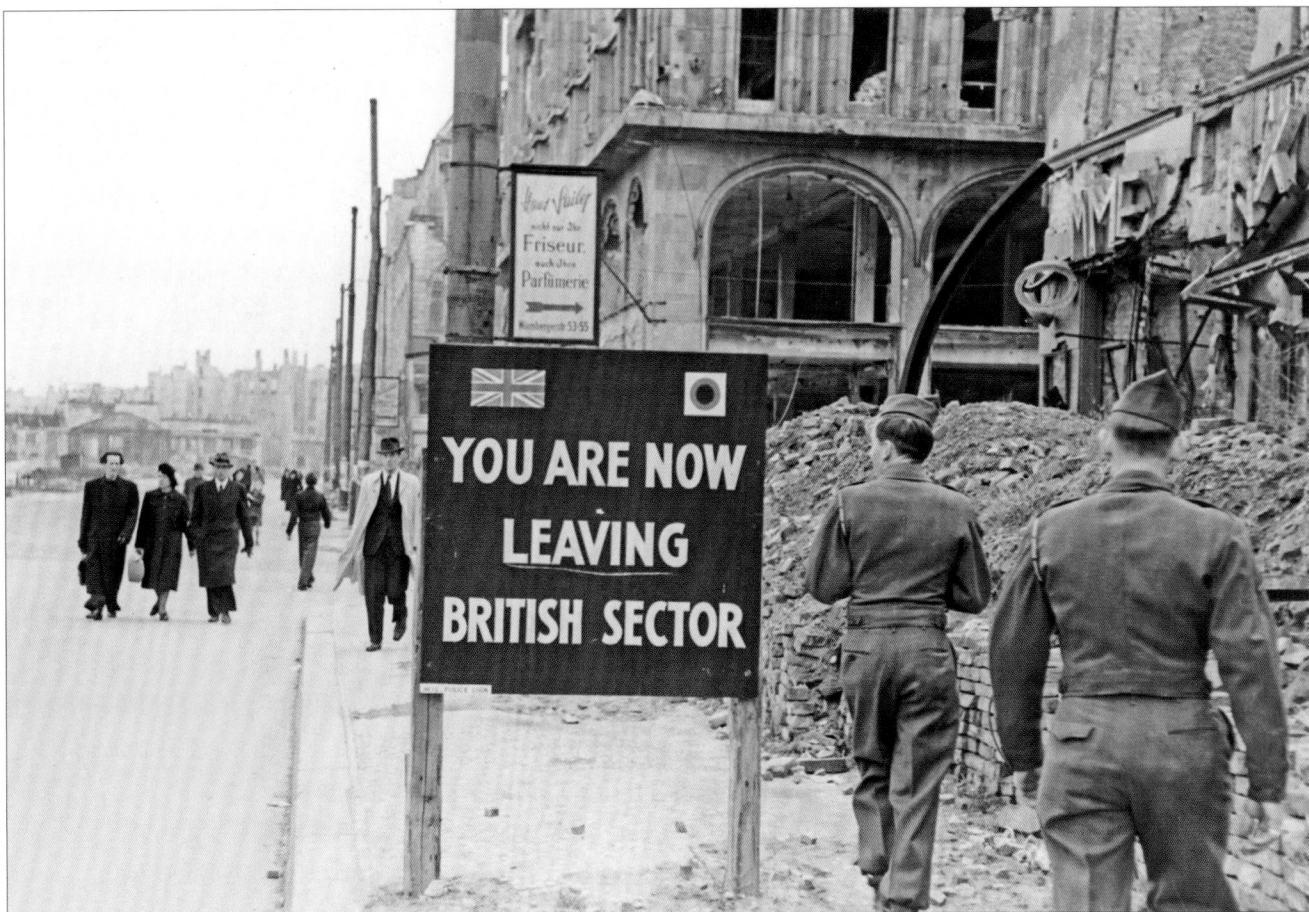

▲ 1946年，柏林被分割成了多个盟国军队占领区，这也象征着东西欧洲日益明显的政治分裂。

要支付战争赔款（意大利最多，保加利亚最少）；另外，意大利还失去了所有殖民地，国境线也被重新划分。

这次边界重划影响深远——意大利失去了它在希腊和南斯拉夫境内占据的领土。苏联则彻底吸收爱沙尼亚、拉脱维亚和立陶宛（三国加入社会主义阵营），并保留了比萨拉比亚和罗塞尼亚部分领土；除此之外，它还获得了一块以柯尼斯堡为中心的飞地（并将这个原东普鲁士首府城市改名为加里宁格勒）。德国在1949年被分裂成两个国家。波兰或许是在这次边界重划中受影响最大的，同盟国方面同意苏波边境按照1919年苏波战争前的寇松线（Curzon Line）重新划分；在这次划分中，波兰损失的领土由德国补偿，它因此获得了但泽、普鲁士大部、萨克森资源丰富的部分以及什切青，奥德—尼斯线成为当时波德两国的新边境线。

冷战

相对于新边界划分来讲，还有一个更大的分歧笼罩着欧洲。早在战争期间就有所萌芽的三大同盟国（苏美英）之间的不信任终于在1945年显现，世界需要形成新的权力平衡。在轴心国崩溃后，西方国家很明显地将苏联视为其意识形态上的下一个敌人，后者也正有此意。雅尔塔会议实际上已经预见了欧洲的未来形势——再次回到战间期里那种相互不信任且怀有敌意的状态。西方国家竭尽全力削弱苏联，而后者在还以颜色的同时，还进一步加强了自己对东欧各国的控制。

欧洲的情况因为无数在德国占领区奋战过的左翼、亲苏民族解放组织而变得更加复杂。不过，他们在希腊被武力镇压，在意大利被破坏削弱，在法国被边缘化——两者在西欧地区已趋于土崩瓦解。但社会主义在亚洲得以蓬勃发展，左翼及亲苏势力很快就在朝鲜、越南等东亚国家与帝国主义爆发冲突，而且取得了不俗成就。

帝国主义的崩溃

新的意识形态分歧给世界笼上一层阴影，在不断发生的冲突中愈演愈烈，民族解放运动也发展起来。战后，欧洲国家的许多殖民地通过各种手段获得了实质或名义上的自治权，开始履行职权实行自治。随着欧洲在战争中精疲力竭，殖民帝国的崩溃与原殖民地的独立已逐渐成为现实。约旦首先宣布独立（与此同时，以色列和叙利亚变成托管地）；印度（及巴基斯坦）的独立成为民族独立的一大里程碑。这一历史潮流在20世纪50年代里席卷亚洲，在随后的60年代成为非洲的主旋律。新世界的秩序在旧世界的废墟中诞生了。

1922—1945 年大事年表

1922年

10月27日　墨索里尼率部进军罗马，法西斯开始把持意大利政权

1933年

1月30日　希特勒被任命为德国总理

1934年

1月26日　《波德互不侵犯条约》签订

5月5日　《苏波互不侵犯条约》续约

1935年

6月18日　《英德海军协定》修改了对德国海军规模的限制

1936年

3月7日　德军进驻莱茵兰，使该地区重新军事化

7月18日　西班牙内战爆发

11月25日　德国与日本签订针对苏联的《反共产国际协定》

1937年

11月6日　意大利加入《反共产国际协定》

1938年

3月12日　德国吞并奥地利

9月20日　苏联表示如果法国支援捷克，那么它也会（对捷克）提供帮助

9月21日　英国和法国坚持要求捷克割让苏台德地区

10月1日　德军占领苏台德

10月2日　波兰军队占领捷克斯洛伐克特申地区

1939年

3月14日　斯洛伐克在德国支持下独立，随后德军占领了捷克剩余领土

3月22日　德国向立陶宛索取（并夺得了）梅默尔省（今克莱佩达）

3月30日　英国宣布保护波兰独立

4月7日　意军占领阿尔巴尼亚

4月13日　法国宣布保护波兰独立

4月17日　苏联寻求与英法结成同盟

6月9日　德国与拉脱维亚和爱沙尼亚签订互不侵犯条约

7月24日　苏联外交部长与西方代表举行会谈，讨论德国的侵略扩张行径

8月5日　英法向苏联派出代表团

8月17日　苏联提出的同盟要求最终被英法拒绝

8月17日　苏联向德国提出签订互不侵犯条约

8月23日　《苏德互不侵犯条约》在莫斯科签订，且英法随后得知该条约将瓜分波兰

8月25日　英国与波兰缔结同盟

9月1日　德军进攻波兰

9月3日　英国向德国宣战

9月17日　苏军进入波兰东部

11月30日　苏军入侵芬兰，苏芬冬季战争爆发

1940年

1月19日　英法开始筹划派军支援芬兰，但后者在3月决定接受苏联的条件

4月9日　德军入侵丹麦和挪威

5月10日　德军进攻荷兰和比利时

6月10日　意大利向法国和英国宣战

6月15日　苏军占领爱沙尼亚、拉脱维亚及立陶宛

6月22日　法国向德国投降

9月13日　意军开始进攻埃及

9月27日　德国、意大利及日本签订《三国同盟条约》

10月28日　意军入侵希腊

1941年

4月6日　德军进攻南斯拉夫，随后入侵希腊

4月27日　雅典陷落

6月22日　德军入侵苏联

9月19日　基辅陷落

▼ 德国新任总理希特勒与纳粹党成员一起合影，该图摄于1933年。

▼ 意军在1939年占领阿尔巴尼亚，其中有3000人是乘坐运输机进入战场的。

▼ 芬兰滑雪部队素以高作战效率著称，他们被称为"幽灵部队"，使用白色罩衫伪装自己。

▲ 一些志愿消防人员在德军空袭后开始扑灭伦敦一个仓库燃起的大火，该图摄于1940年。

▲ 1943年德军撤围前夕，被困在列宁格勒城中的苏军士兵。

▲ 奥斯维辛集中营中的一些幸存者在铁丝网后向外张望，该图摄于1945年。

12月5日 德军向莫斯科发动进攻，但最终失败

12月7日 日军偷袭珍珠港，随后美国对日宣战

12月8日 在日军进攻英属太平洋领地后，英国对日宣战

12月11日 德国和意大利对美国宣战

1942年

2月15日 号称"坚不可摧"的英属新加坡陷落

5月6日 菲律宾向日本投降

10月23日 轴心国军队在阿拉曼战役中被盟军击败

11月11日 法国南部被意大利和德国占领

11月19日 苏军在斯大林格勒一带展开反攻，并包围附近德军

1943年

1月31日 斯大林格勒附近的德军向苏军投降

5月12日 位于非洲的轴心国军队向同盟国投降

7月5日 德军在库尔斯克战役中被苏军击败

7月10日 盟军登陆西西里

7月26日 墨索里尼辞职，巴多格里奥元帅开始执掌意大利政权

8月25日 蒙巴顿勋爵受命指挥东南亚盟军，并准备进攻缅甸

9月3日 意大利宣布投降

9月23日 德国在北意大利建立意大利社会共和国傀儡政权

11月6日 苏军解放基辅

1944年

1月6日 苏军跨过1939年时的苏波边界，正式进入波兰

1月22日 盟军在位于轴心国军（欧洲）战线后方的安奇奥实施登陆，但效果不佳

1月27日 苏军打破德军对列宁格勒的包围

3月7日 日军发动对缅甸英军的进攻

3月23日 德军占领匈牙利，并建立亲德政权

5月17日 英军发动缅甸战役

6月4日 盟军占领罗马

6月6日 盟军在诺曼底登陆

6月22日 苏军发动巴格拉季昂攻势

7月20日 部分德军军官发动对希特勒的暗杀，但以失败告终

8月15日 盟军登陆法国南部

8月31日 苏军占领布加勒斯特（罗马尼亚首都）

9月16日 苏军占领索菲亚（保加利亚首都）

10月19日 芬兰与苏联停战

10月20日 贝尔格莱德（南斯拉夫首都）解放

12月16日 德军在阿登地区发动反攻

1945年

1月2日 纽伦堡90%的地区已被同盟国军队通过空袭摧毁

1月17日 苏军占领华沙

1月26日 苏军解放奥斯维辛集中营

2月3日 美军开始重夺马尼拉（菲律宾首都）

2月4日 决定战后世界格局的雅尔塔会议在克里木半岛召开

4月13日 苏军解放维也纳（奥地利首都）

4月23日 苏军攻入柏林

4月28日 墨索里尼被意大利游击队逮捕并处决

4月30日 希特勒自杀

5月8日 德国宣布投降

7月17日 波茨坦会议召开

8月6日 美军在广岛使用（第一颗实战化的）原子弹，三天后另一颗被投放到了长崎

8月8日 苏联对日宣战

8月14日 日本宣布投降（实际上在当地时间8月15日正午，日本天皇向全国发表广播讲话，表示接受《波茨坦公告》相关内容）

英国

　　英国曾是一个全球性霸主。在20世纪30年代经济萧条的日子里，它的广袤殖民地被证明既是沉重负担，同时也是宝贵财富。但这个庞大的殖民帝国已经难以维持——自治运动风起云涌，各被殖民国（或地区）逐渐不再顺从其宗主国的统治；但同时，凭借数量众多的殖民地，英国依然可以轻易获得来自这些遥远地区的资源——而战争还会进一步强化这一悖论。帝国需要坚固的防御，无论在马耳他还是马来群岛。但防御这些领地所需付出的资源让大英帝国在1939年到1940年间捉襟见肘。不过，随着这个帝国全面动员的开始，它又从各个殖民地获取了庞大的人力和资源支持。到1941年，这些来自殖民地的资源在对抗轴心国的战争中显得愈发重要，并最终帮助英帝国取得胜利。德国把筹码押到了一场需要快速取得胜利的战争上——但只要保证本土不失，英国就可以将战争无限延长，最终结局反而会是它（英帝国）走向全面胜利。

▲ 1940年2月1日，英国自治领大臣安东尼·艾登在靠近金字塔的一个埃及军营中检阅一支印度部队。

◄ 一队英军正走过亚丁的街头。亚丁是一个在战略上极为关键的港口，也是大英帝国控制前往苏伊士重要航道的前哨。在这张摄于战争早期的照片中，宽大的黑色袜子、卡其布短裤和热带头盔构成了英军不同寻常的外观形象。

战争中的英国

英国对其在1939年尚未做好战争准备的判断是正确的——多年以来的经费不足加上对本国外交和法军地面部队优势的依赖，导致英军并没有对一场全面战争的到来进行相应准备。

德国在1938年吞并奥地利和索取捷克斯洛伐克的行为大大加剧了欧洲其他国家的紧张，这也迫使英国加速扩充本国军队。到1939年3月德军占领捷克斯洛伐克剩余领土后，英国人开始怀疑其规模较小的本土军（Territorial Army）能否有力保障大英帝国领土的安全。为改善这一不足，虽然尚未处于战争状态，英国政府还是在1939年4月部分恢复了征兵制；到1939年夏季，英军常备陆军的规模已被扩充至212000人。

在英国最初的计划中，它需要组建并派遣一支远征军前往法国，帮助法军守卫他们的东部边境——就像在1914年时所做的那样。该部队被称为"英国远征军"（British Expeditionary Force，通常简称为BEF）——由英国国内最精锐的几支部队组成，装备了最先进的武器。也正因为如此，当远征军在1940年惨败时，英国的国力也遭受惨重损失，并导致本国军队在相当长的时间内都丧

▼ 英国远征军一部准备乘船前往法国，该图摄于战争爆发初期。

失了进攻能力。

更糟糕的是，除武装一支部队前去帮助法国外，随着意大利于1940年6月加入战争，战场的范围也随即扩大到了地中海及非洲地区（包括在东非和利比亚的意属殖民地）。这意味着在转瞬之间，英国就需要同时面对轴心国军在希腊发起的攻势、法国投降后成立的维西政权对北非和叙利亚的虎视眈眈、德国对伊拉克的野心以及意大利在非洲的进攻；与此同时，它还要应付德军对其本土的轰炸和得到法国西海岸作为基地的德国U型潜艇的攻势；后来，日本也加入到了这场混战之中。以上种种困境使得英国本就有限的资源捉襟见肘，而它坚持战争所需的资源也即将消耗殆尽。

补给和人力

英国随后在美国那里获得了补给和用以继续作战的资金，并开始向其殖民地索取人力资源。为得到美国支持，英国采取了种种措施，包括给美国企业送去大量订单；它还将自己在加勒比海的领地租借给前者，以此换来了50艘陈旧的驱逐舰。1941年3月，美国通过《租借

▲ 远征军的失败以及他们在敦刻尔克海滩孤注一掷式的大撤退对英国而言都是极其沉重的打击。

法案》，英国终于得到了它急需的大量物资（比著名的美国对苏租借方案多三倍）。但获得这些援助的代价也是高昂的，以至于英国为了偿还自己在《租借法案》中所欠债务，不得不在1946年向美国申请规模巨大的贷款——这些贷款直到2006年才最终还清。英属领地同样为英国在战争中所需的资金相助颇多，加拿大甚至将包括布料和食物在内的各类补给直接赠给了自己的宗主国。

人力资源的短缺也是个严重问题。我们一般认为英国是个孤立无援的岛国——但这并不完全是事实——它高度依赖自己的自治领及殖民地，并得到了由后者提供的各种支援。

加拿大

在大英帝国各自治领中，第一个行动起来的是加拿大——派出陆军师支援宗主国。早在1940年初，加拿大就开始招募军队，并允许志愿者前往海外服役。该国民众对此积极响应，不计其数

的加拿大人拿起了武器，成为前往海外服役部队的一员。但就算如此，由于战争对人力的需求巨大，这些兵员仍然供不应求。因此到1942年4月，加政府决定实行普遍征兵制，然后把这些部队派往海外；魁北克省坚决反对，并从政治上阻止这项决定的实施，但后者最终还是在1944年11月以立法的形式得以落实。截至1945年2月，该国大约有13000名（由征兵制所征召的）官兵前往海外。对这个国家整体而言，约有占其人口总数十分之一的军队被卷入战争；对这场世界大战来说，加军至少有100万人（先后）加入其中，付出了伤亡人数约10万人的惨痛代价。

澳大利亚、新西兰及南非

　　澳大利亚在战争中的反应与加拿大相似——征召部队守卫本土，志愿部队则前往海外。但比起加拿大，澳大利亚对征召部队的运用更为灵活（1943年，巴布亚新几内亚被划归为澳属领土后，澳政府就把征召部队派到了此地及周边群岛）。新西兰最初的做法也是这样（即志愿部队前往海外，征召部队守卫

▼ 在战争中，大约有1万名英国儿童被疏散到了一些本国自治领——图中这些人正在登上一艘前往加拿大的船。

▲ 1941年12月，新加坡举行的一次演习中，印度第17多格拉团的一个营正在渡过一个湖泊。

本土）；但到1942年6月，该国新法律做出规定——大于21岁的征召部队人员也可被派往海外。

　　南非于1939年9月5日向德国宣战。比起加拿大、澳大利亚和新西兰，其国内的情况要复杂得多，要想克服（国内）相应阻力的难度也更大。南非军队规模较小，其总员额仅有3300人，以及具有一

定规模的预备役部队——但这支部队的战斗力显然相当低下。不过，该国大量志愿者挺身而出，自愿前往本国北部服役（只有白人被允许在前线战斗部队服役）；随后，新兵入伍时的宣誓内容在1940年3月有所修改，以便志愿者们也能执行上述任务（比如进入战斗部队）。

印度

　　印度同样为战争的胜利做出了巨大贡献。由欧洲军官指挥的印度军队在第一次世界大战中起到了重要作用；在1939年，这支由志愿兵组成的军队通过海运前往埃及、东非和亚洲作战。虽然印度陆军一直是支带有自愿性质的军队，但此时（一战）欧洲军官的比例已经在战争期间明显下降。这一部分是出于现实需求的考虑，不过也导致了允许提拔和培训印度本土军官的政策在20世纪20年代得以通过。所谓的"八支印度化部队计划"创建了一个先例，并且在1939年之后被更大规模地推行。

英国武装力量

虽然在1918年取得了辉煌胜利，但这也使得英国军队高层对那些进步或是创新的军事技术反应消极。几乎所有那些导致德国最终失败的技术创新，以及现代战争所需的关键要素都在第一次世界大战结束后被束之高阁。与此同时，皇家海军也只有极少的资金来保持自身传统规模。

也许是因为这支军队完全由一个自视为绅士与军官的阶层所支配，他们对于创新和进步的这种敌视是不可避免的。由于身处一个复杂的家族网络之中（有许多家族在数百年间一直是军官世家），他们在私立学校度过中学时光，随后在剑桥或牛津完成大学学业。1938年3月，工党议员黑斯廷斯·李·史密斯（Hastings Lees-Smith）在下院对这一现象发表了评论："陆军现在是一个牵一发而动全身的巨大有机体，它当前存在的最主要问题并不是军官数量不足，这可以通过努力得以解决——而是缺乏足够数量的拥有科学与机械方面知识的军官，这也恰好是一支摩托化军队所需要

的。但是，在陆军缺乏这一类军官的同时，每年却有成千上万符合相应条件的人被拒之门外——因为他们来自（剑桥或是牛津以外的）中等学校。"

停滞

这种僵化的体制加上资金的缺乏，以及对（军队）取得进步的抗拒，最终导致了英军的整体发展陷入停滞。防空部队被划归成战争部名下的一个小部门，装甲部队也被缩减，甚至在1931年被高层边缘化。

军队中有许多人都认为下一场战争会在海外爆发——很可能就是对殖民地的争夺（所以英国不会被卷入大规模陆战）——因此"轻步兵部队在海军的运输和保护下进行作战"的模式就足够了（当时只有极少数人认为，在经历了一战的尸山血海后，欧洲大陆还会再一次爆发大规模武装冲突）。当英国对于爆发海外战争可能性的认识逐渐清晰后，空军和海军的投资就很快被提到了优先位置，以确保本土防御的万无一失。

▲ 英帝国总参谋长威廉·埃德蒙·艾恩赛德爵士正匆匆走在伦敦唐宁街上，该图摄于1939年。

现代化

英军现代化进程中的第一步就是在1932年废除"十年规定"（该规定是以"未来不会出现新的大规模战争"为指导思想出台的）。它的废除使得陆军可以调整原本不足的国防预算，但主要是通过举债——其余大部分资金多由皇家海军使用，以保持他们对于其他国家海军的优势；皇家空军也获得了一定的财政支持，以确保本部队能在与德国空军的对抗中达成均势（即便如此，他们对作战人员的训练依然不足）。于是，"和德空军达成均势"的观念逐渐喧宾夺主，甚至改变了这次现代化改革的初衷（本应主要针对陆军）。

比起空军和海军来说，陆军最初制订现代化方案的可支配资金就没那么充裕了。也就是说，即使到1938年，整个英国陆军也只有两个齐装满员的师可以部署到欧洲大陆。德军重返莱茵兰和对马奇诺防线作用的质疑在一定程度上引起了英国社会对本国陆军现状的关注，但慕尼黑危机以及德国吞并捷克斯洛伐克才真正推动英军开始扩充陆军规模。英国对法国许诺说，由于捷克灭亡导致同盟国方面减少的师级部队将由英军通过扩充来补齐——这意味着至少要有32

▼ 1940年时，英国皇家空军轰炸机的机组人员主要使用高空装备，并携带机枪和降落伞。

▲ 英国陆军坦克部队的一些成员正穿过伦敦的一条铁轨岔道，前往运载"丘吉尔"重型坦克的列车。该图摄于1942年9月。

▼ 为使用新型坦克进行相应训练非常重要——图中这些军官正在学习的是如何更换坦克履带。该图摄于1941年。

个（英国）师必须在战争爆发后的第一年里就做好相应准备。

大把撒钱对于解决陆军的问题来说毫无意义。比如在1938年，他们终于发现自己需要装备同等水平和规模的武器才能对抗希特勒的装甲集群，于是决定耗费不菲资金使骑兵机械化。然而，一大批骑兵部队在1938年春季失去了他们的马匹，却等到1939年中期也没有获得相应的摩托化车辆。骑兵军官们虽然抗议机械化，但没起到什么作用；不过，他们坚持保留并使用着传统的（骑兵）部队番号、标志和军官的相应职位称呼。陆军别无他法，为解决这一问题只好从头开始，训练出了一支新的皇家坦克部队（Royal Tank Corps）。在皇家坦克部队的一次会议上，一名军官写道："我的手下们十分感谢纳菲尔德勋爵（英国国内一个汽车生产商，莫里斯汽车公司创始人）生产的那些速度缓慢且加速性能同样如此的机器"——因为这一缺陷反而会让驾驶变得更安全。大多数骑兵部队换装了维克斯轻型坦克——这是一种稳定性不佳、制造工艺粗糙的作战车辆，因此也经常出现故障。

而那些用于运输补给的车辆情况就更糟糕了——为战斗部队运送补给的卡车和拖车数量严重不足；通过征用民用车辆虽然部分解决了这一问题，但为它们（民用车辆）寻找备用零部件时却出现了更大的问题。

1939年时，就是这些装备质量低劣、支援火力不足的部队被编成远征军，然后前往法国。多亏1940年夏季之前的西线没有爆发大规模冲突，英军才获得了足够的训练时间。陆军同样清楚，即使是自己那些齐装满员的精锐师也存在规模小、装备差以及缺乏训练的问题——而英军当前的整体战术还给他们（陆军）的训练带来了更多麻烦。

将军和参谋们

英国的将军们经常被塑造成"传统和规则的奴隶"这一形象。但实际上，他们在着装方面一点儿也不拘泥于传统和规定。

军衔和职务

特定的军衔往往对应着特定的职务。陆军元帅（Field Marshal）指挥一个集团军群，负责相应战区

的作战行动；上将（General）指挥一个集团军；中将（Lieutenant General）指挥一个军；少将（Major General）指挥一个师；准将（Brigadier）指挥一个旅（这一指挥模式从1928年开始推行，在此之前负责指挥旅级部队的军衔往往是上校）。

从外观上看，将军和参谋们的着装基本沿袭了他们在1918年时的风格。其中，常服外套依然是个人定制居多，通常配有四个矩形口袋，口袋上方有用于固定纽扣的开口；除此之外，他们还打武装带，穿马裤和骑兵长靴。

不过，在经历战争前几年的洗礼后，这样的惯例也悄然发生了变化。主要原因是将军们认为根据当地具体情况选择着装能使自己更舒适，同时体现出相应的独特性——它（独特性）经常被认为能振奋士气，并且给属下士兵一种对自己（该将军）身份的独特认同感。因此，常服外套会长期性地靠边站，军衔标志也因此经常被佩戴在作训服上——这就导致服装更难统一了。不过有一点是不变的，即军衔标志只会被使用在欧洲式或更为轻便的中东式作训服上，而不会出现在廉价的卡其布作训大衣或衬衫、法兰绒衬衫或羊毛套衫上；在亚洲，衬衫式夹克、绿色衬衫和卡其布作训大衣得到了相同待

遇。马裤（以及配套的马靴）曾在20世纪30年代流行一时，但在这10年的最后一段时间里被一种高尔夫球裤所取代，后者最终也让位于一些更为实用的产品（包括作训裤、卡其裤和短裤）。值得一提的是，骑兵短大衣和英国传统的保暖大衣（一种较短的双排扣大衣）依然被存放在将军们的衣柜中。

◀ **少将，1940年**。从1918年起，少将这一衔级（在包括制服以内的诸多方面）就很少发生变化。其领章上的纽扣和肩章都带有权杖与军刀交叉的图案（后者通常是一把轻骑兵所用的弧形马刀）。

▶ **准将，1941年**。准将有权在衬衫上佩戴领章（有一个专为衬衫和作训服翻领制作的稍小版本）。但他们不在衣领上佩戴任何徽标，仅通过肩章来表示军衔的情况也很常见。

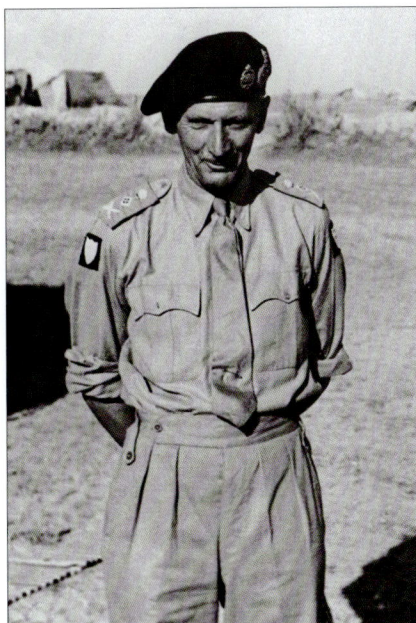

▲ 伯纳德·L.蒙哥马利将军在位于的黎波里的英国第8集团军作战指挥部,该图摄于1943年7月。

军帽

配有红色帽丝带的制式军帽相当常见。它带有一枚徽章,具体图案是一只趴在金色皇冠上的狮子(准将所用军帽的帽徽下方还有一道红色的布制帽墙);除此之外,帽徽图案也可能是"位于剑与警棍之上的狮子"——在实际情况中,能否使用这一帽徽与军衔(级别高低)关系不大。除制式军帽外,那些在亚洲的将军还喜欢戴宽边软帽;位于欧洲的将军则喜欢使用移除了填充物的制式军帽,或是配有表示其原先所属部队饰物的船形帽;指挥特定民族部队的将军有时会戴他所指挥部队(带有相应特色)的军帽——比如苏格兰部队的圆边帽和软帽、波兰部队的平顶帽、廓尔喀部队的宽边软帽,以及位于印度的将军在战争开始时所戴的软木质太阳盔(即"热带头盔")。

徽标

具体的军衔标志通常被佩戴在肩章上。陆军元帅的肩章图案是用金线绣在深红色底板上的皇冠,下方还有一个围绕着元帅权杖的花冠(元帅权杖略有缩小,以适应花冠的尺寸);上将肩章带有相同的皇冠图案,但下方是一颗将星以及相互交叉的骑兵军刀和将官权杖(比元帅权杖略长);中将肩章的图案是位于皇冠上方的交叉长剑和权杖;少将与中将大致相同,但把后者的皇冠换成了将星;准将则是位于三颗星星上方的皇冠。

制服上还配有领章(一种更小尺寸的领章被佩戴在作训服和衬衫上)。它含有一枚纽扣、皇室花押字母以及一道滚边,底板颜色会根据兵种的不同有所变化——对大多数将军和参谋来说,它(底板)是深红色的。但也有例外,比如工兵(将军及参谋,下同)为蓝色,医疗部队为樱桃红,军械局为深蓝(在1941年后改为红色)。除此之外,侍从武官的肩章上配有用金线绣制的皇室花押字母,预备役部队将军(的肩章上)则是字母"R"。

同样经常被佩戴的还有与所属单位相关的徽章标志,主要由以下单位使用:总司令部(包含印度司令部和中东司令部)、同盟国联合指挥部、本土指挥部、海外指挥部、集团军和集团军群指挥部、军指挥部及师指挥部。

来自自治领的军官和指挥其他国家军队的军官有时会在自己肩章上添加用于表示国籍信息的横条(通常使用白色丝线把国名绣在横条上),法国、波兰及捷克军官则一直保留并使用着本国的军衔徽章体系。

情报军官

参谋军官的兵种识别色为亮红,所用军衔肩章的底色也是如此;他们还有一种含兵种色的识别横条,但很少佩戴。军事情报部队的人员通常会使用绿色兵种识别条。不过,军事情报不仅仅由该部队人员提供,也来自侦察部队(Reconnaissance Corps)和总司令部直属联络团(GHQ Liaison Regiment,即所谓"幻影部队"——Phantom)。为表明身份,这两类部队人员会在自己臂章的黑色底板上添加白色字母"P";其中,后者(直属联络团)在1944年被合并到皇家装甲兵部队后正式停用了这种臂章。

▼ *情报部队上士,1943年。*这名士官穿着P1940式作战服(没有设置暗门襟,易于制造且生产成本低),在布制臂章推出前使用金属材质徽标,还佩戴着标有表示该部队名称(即"INTELLIGENCE CORPS")的弧形布章。

步兵

当战争在1939年爆发时，大英帝国步兵们的外观形象与其1918年时的前辈相差无几。从某种意义上讲，这种外观上的相似其实是战间期里相关装备发展缓慢造成的结果——在这段时间里，步兵装备及军服发展最看重的还是经济性，而不是舒适性和实用性。

值得一提的是，通常被统称为"步兵"的那些部队实际上也可划分为不同的类别，比如禁卫部队、轻型步兵部队、高地步兵部队和本土军部队。尽管以上部队的成员在服装、徽标，以及由此在士气鼓舞方面所带来的效果存在一定差别，但由于同样作为步兵，他们在战场上的角色和定位并不会因此（与普通步兵部队）有所不同。

英军的作战地域跨度相当大，他们的身影出现在了欧洲、非洲、地中海及远东。正因为如此，身处不同地域士兵的着装也大相径庭——以适应当地独特（与其他地域不同）的作战环境；而且在整场战争期间，他们的穿着打扮也在不断发生变化。大英帝国虽是一个工业强国，但还是依赖于来自其广阔殖民地、自治领和盟友（比如印度、加拿大及美国）的物资供应。

作战服

在英军步兵的全套作战装备中，最具识别度的就是英式作战服，这种制作面料粗糙且不合身的制服因为在化学物质中浸泡过而散发着恶臭。但它赢得了各国军队的广泛青睐——法军于1944年订购10万套（加拿大版本），德军也在战争末期配发了一种风格相似的外套。

这型作战服的诞生始于1932年，英军对配发哪种外套与卡其色军裤搭配最为合适的讨论中。1937年时，它的具体样式才最终得以确认，并从1938年开始投入生产。由于（生产军服的）资源相对有限，新式作战服（P1937式）的产量一直不足，因此到1939年出征时，英国远征军部队的不少成员仍然穿着他们原先的那款制服外套——即第一次世界大战中，英军步兵普遍装备的P1902式作战服。它配有立领和四个口袋（其中，位

◀ **边境团第4营列兵，1940年**。战争初期的英军步兵通常会在背包（通过一根过肩的白色带子固定）顶部，或是位于前胸的帆布包中放置Mark. IV型防毒面具——当遭遇毒气攻击时，他们就可以快速将其取出并使用。

▶ **国王皇家来复枪团第2营列兵，1940年**。英军来复枪团自视为精锐部队，佩戴了一系列的可识别标志，包括一种被染黑的纽扣。这名来复枪兵携带着罕见的P1939式皮制装具，但它仅被视作权宜之计供部队在训练时使用。

▲ *步兵军衔徽标图案。*
1. 一等兵；2. 下士；3. 中士；4. 上士；5. 中士（1945年版本）。
6. 三级准尉；7. 二级准尉；8. 一级准尉。
9. 少尉（步兵）；10. 中尉；11. 上尉；12. 少校；13. 中校；14. 上校。

▶ *东肯特郡团上尉，1940年。*军官可以使用制式军服，也可以选择私人定制的服装——在这两种情况下，他们所穿军服的布料都优于普通士兵。军官们通常携带"韦伯利"左轮手枪，并将其放在由帆布制成的枪套里。这种枪套一般呈漂白色，或是偏橄榄绿色调的卡其色。

于胸口位置的两个口袋带有褶饰，在下方的那两个则配有矩形袋盖），可通过五枚金属纽扣固定。这种作战服还可搭配领章和臂章（均含有使用者所属团团名或缩写字母）——位于制服衣领及肩膀处。

P1937式则不同，它被设计得（比P1902式）更短以节省布料（英军认为在穿作战服时不需要佩戴太多标志）。这种新式作战服配有五个可由暗门襟遮盖的暗扣、通过风纪扣固定的衣领，以及一条带钮扣（这种组扣的表面被设计得相对平坦）的背带；位于胸口位置的两个口袋带有褶饰和翻盖，其（制服）左下方还设有暗兜。相较之前的P1902式，新的P1937式对于腰部和肘部的整体强度也有所增加。

战争爆发后，由于布料严重短缺，P1937式作战服仍需进行改良——这也是战时物资管制导致的结果之一。一种经济型作战服早在1940年定型，但直到1942年仍未大规模配发部队。与此同时，哔叽面料不再用于生产现有制服

（P1937式），而是改由粗纺毛面料制造（以加快生产速度和降低生产成本）；制服上被暗门襟遮盖的暗扣和口袋部位的纽扣也被取消；另外，大部分组扣都改由塑料制造。

一种由美国生产的作战服呈橄榄绿色，而且质量较其原版（英国P1937式）更好，主要由那些在意大利作战的英军部队使用；与其原版一样，美式作战服也设有口袋和暗门襟。除美国外，加拿大同样为英军生产并提供了一些作战服——这种加拿大版本所用的布料显得更绿、质量也更好，主要特征是设计了（相较于英国原版）更多的袋盖。

军官作战服在设计上与士兵相同。不过前者采用开领设计，将制服内衬翻了出来，可以从外面就看到里面的绿色或卡其色衬衫及领带。由于这些作战服通常由军官私人定制，因此普遍采用了质量更好的布料。值得一提的是，在战争早期，军官们所穿的常服与他们在1902年时所用的版本相比并没有太多（设计方面的）不同。

徽标

P1937式作战服是一种既可用于平时训练，也可以在作战时使用的制服，配有采用黄铜制成的肩条以区分（使用者）相应的所属团。但是，这种标志最初并不是由军方规定使用，而只是一种许多部队在私下里的做法——这也导致那些佩戴臂章的部队往往更多地使用作战服，而不是常服外套，以便于佩戴本部队独一无二的识别标志（即臂章）。除黄铜材质臂章外，一种嵌套式臂章也

被英军广泛使用。这种毛纺臂章作为金属臂章的替代品，通常由棕色或卡其色矩形布料制成；不过在布制臂章出现后，它（毛纺臂章）就被广泛认为是作战服上的一大累赘了。新的布制臂章一般采用红色布料制作底板，带有用白色丝线缝制的数字编号——但也有例外，比如汉普郡团成员臂章所用的黑底白字样式。禁卫部队是最早一批使用布制臂章的单位，其他部队则是在1943年之后才逐渐引入。

1940年9月时，为重振士气，激发各部队自豪感，英军开始配发兵种识别条。这种较细的布条一般被装饰在作战服和大衣衣袖上方，以不同颜色表示相应的兵种。步兵的兵种色为红色，不过有趣的是，其下辖的来复枪团却选择了绿色。不同的专业兵种采用了不同颜色的组合——皇家财务部队为黄色；皇家教育训练部队为浅蓝；皇家体能部队为黑、红、黑；工兵部队为红、绿；陆军给养部队为灰、黄。此外，虽然步兵部队所用识别条均为红色，但也可以通过条数的不同区分出一些部队（在每个步兵师下辖的三个旅中，番号最靠前的那个旅为一条，居中的旅为两条，最靠后的那个旅则是三条）。

于上一次世界大战中流行过的师徽很快也在1940年再度兴起。它（师徽图案）最初只出现在车辆上，但很快就被那些前往法国部队的成员复制到了自己臂章上（包括师徽和团徽）。此外，师徽相较于团徽显然更受欢迎——英军1940年4月的备忘录对此行为（即使用师徽）的禁止就从侧面印证了这一事实。大约5个月后，出于对振奋士气的需要压倒了对不利于隐蔽的担忧，把师徽（以及军徽和集团军徽）作为臂章内容的行为最终被军方批准。按照规定，这一标志（师徽）在作战服上的位置应处于兵种识别条上方；另外，有些部队把团徽缝在了兵种识别条下方，这一装饰风格在1941年后的北部欧洲战场上相当常见。

被部署到地中海战区和亚洲战区的英军对他们卡其色作训衬衫的使用颇具特色，那些位于意大利的部队则只遵循了欧洲北部战区颁布的部分（着装）条令。

▲ **皇家阿尔斯特来复枪团第2营中士，1944年。** 这名中士上臂部位的两条横杠说明该团隶属于第2旅，"黑三角中的红三角"部队识别标志则说明此团（及旅）隶属于第3师；此外，位于肩膀末端的褐色扣襻说明他服役于本团第2营第2连。

▼ **英军步兵所用装具。** 承重能力较强的P1937式帆布装具于1937年推出，它不仅能携带比以往型号更多的弹药，还配有用于适应士兵不同需求的可互换组件。

军衔

除使用特点更为明显以及装饰更加精致的制服外，军官肩章上所显示的军衔内容也与众不同——包括低级军官使用的布制星标和高级军官的星标与皇冠组合，两者均由和平时期金属材质军衔章（的内容）演变而来。其中，星标

▲ *萨默塞特轻步兵团中尉，1944年*。这名中尉肩章上星标底板的颜色为深红而非绿色——虽然该团最初是个轻步兵团，但未被归入来复枪团，因此没有使用后者的识别色（绿色）。

▶ *北斯塔福德郡团第6营列兵，1943年*。图中士兵所穿的作战服经由化学物质浸泡，可在使用者遭受芥子气攻击时提供相应防护。这种防糜烂性毒气的处理方式（浸泡后的制服会被标记字母"AV"）往往被错误理解成一种防寄生虫手段。

军事宪兵部队在1944年后也使用红色。此外，准尉未被授权使用军官专属的黑色作为军衔标志的颜色（衣袖上绣有盾徽为一级准尉，皇冠与花环为二级，仅有皇冠为三级）。士官们在制服衣袖上方佩戴丝制的V形臂章——上士为三条V标，以及一顶位于其上方的皇冠；中士为三条V标，下士为两条，一等兵（准下士）则是一条。这些臂章有时会为了便于在制服上使用而有所简化，到1945年，它们干脆直接作为一种装饰被缝在了制服上。

轻步兵

很多来复枪团依然保留着以绿色作为兵种识别色的传统，包括苏格兰来复枪团、国王皇家来复枪团、皇家阿尔斯特来复枪团以及来复枪旅。经过一番辩论后，牛津与白金汉郡轻步兵团中的白金汉郡营也成了这一传统的拥护者。

这些轻步兵部队使用着一些颜色较深的徽标——包括绿色兵种识别条（一到三条）和绿色底板臂章（带有黑色或红色数字番号）。军官佩戴以绿色作为背景色的军衔标志（带有黑色数字番号），士官则使用红底黑色V形臂章。除此之外，这些部队还在积极争取黑色纽扣的使用权——经过长期努力，军官终于在1943年获得相应授权；其他人随后也开始了这一做法（尽管这是违反命令，或至少没有得到许可的）。

苏格兰和爱尔兰部队

作战服的统一使得爱尔兰和苏格兰部队中的许多传统难以为继——比如下摆被裁成圆边的军常服和苏格兰短裙被

象征的是巴斯勋章——少尉有一枚，中尉有两枚，上尉有三枚。对校级军官而言，少校的肩章图案是一顶皇冠；中校是皇冠以及位于其下方的一颗星；上校则是皇冠（上）和两颗星（下）。

继1939年末采用兵种识别色后，将其作为军官军衔标志底板的颜色也被提上议程，并于1940年9月得以落实。其中，步兵使用深红（来复枪部队则更青睐绿色）；先遣部队在1943年后以红色作为兵种色（以及军衔标志底板色）；

纳入正装范畴，因而平时不准使用。但苏格兰部队还是在头部装备方面坚持着自己的传统——尤其是军官，因为他们统一拒绝了那种配发于战前的平顶帽。

苏格兰船形帽和苏格兰软帽相对少见，但在洛弗特侦察团和一些地方部队中仍能发现。对大部分苏格兰部队而言，苏格兰圆边帽和他们原先那种条纹衬裙一样极受欢迎（高地警卫团还使用过一种饰有羽毛的自制圆边帽）。在戴帽子时，苏格兰人经常把他们的格子呢

◀ 装甲师冷溪禁卫团第5营列兵，1944年。第5营成员所用制服的装甲兵兵种条纹下方有一个罗马数字"V"（隶属于装甲团的步兵通常都采用这一装饰风格，但也有例外），再下方则是禁卫装甲师（组建于1941年）的"永远睁开的眼睛"师徽。

▶ 高地轻步兵团下士，1944年。在他外形独特的苏格兰软帽上，大象图案帽徽的上方通常还带有用于表示"阿萨伊战役"（Assaye，英军于1803年在印度取得的一次胜利）的字样。该团成员有权穿裤子呢紧身绒裤，以替换仅能用于正式场合的苏格兰短裙——许多军官在不执勤时都会这样做，这也是他们的一大特征。

为数不多的爱尔兰团还保留着（爱尔兰的）那些传统以及识别标志。伦敦爱尔兰团从1937年开始使用爱尔兰软帽（有时还会添加黑色颈羽）；后来到1943年，这种帽子逐渐在意大利战区流行开来，也被皇家恩尼斯基伦禁卫龙骑兵团（搭配灰色颈羽）和皇家爱尔兰燧发枪手团（搭配绿色颈羽）所采用。

禁卫军

禁卫军是最早佩戴彩色弧形臂章的部队之一。1936年时，他们被批准在自己的军常服上使用这种识别标志，但也经常违反规定地佩戴在作战服上。其中，冷溪禁卫团和禁卫掷弹兵团所用臂章样式为红底白字；爱尔兰禁卫团为绿底白字；苏格兰禁卫团为蓝底黄字；威尔士禁卫团为黑底白字。除此之外，禁卫部队成员还使用了一种金属材质的字母识别标志（比如以"SG"表示苏格兰禁卫团，以"WG"表示威尔士禁卫团）。在此类部队中，军官有权在自己的肩章上添加一些特别的军衔标志——皇室骑兵团、禁卫掷弹兵团、冷溪禁卫团和威尔士禁卫团（的军官，下同）使用嘉德勋章星章；苏格兰禁卫团使用蓟花勋章；爱尔兰禁卫团使用圣帕特里克勋章。冷溪禁卫团成员保留了在军常服衣袖部位佩戴罗马数字标志（以此作为所属营编号）的传统，禁卫装甲师则以他们上次世界大战中所用师徽为蓝本改进出了现在的师徽。

徽章挂在团徽后面。其中，戈登高地团使用戈登格子呢，苏格兰步兵团使用道格拉斯格子呢。在以上部队中，锡福斯高地团情况较为复杂——第5营（本土部队）使用苏格兰格子呢，其他部队则使用麦肯尼格子呢。总而言之，苏格兰部队官兵不会放过任何一个能穿苏格兰短裙、白色长筒靴，以及紧身格子呢绒裤的机会。

爱尔兰部队的情况有所不同。由于在此（二战）之前爱尔兰已经独立，并在战争中恪守中立，因此英军中只有

头盔

英军标志性的Mk.Ⅰ型头盔以其圆润的外观形象远近闻名，在第一次世界大战期间就被各国广泛生产和使用（主要是这一型号易于生产，而且也能在堑壕战中为步兵提供一定的防护）。作为改进版本的Mk.Ⅱ型头盔于20世纪30年代末期出现（1939年6月之后），并逐渐成为英军前线部队在整场（第二次）世界大战中的一大标志。在这场战争里，英国共计生产出了超过1200万顶Mk.Ⅱ型头盔。

它（Mk.Ⅱ型）的内部配有布制内衬和橡胶固定带，能为士兵头部（在受到撞击时）提供足够的缓冲。但内衬一般是通过螺丝钉固定在（内部）盔顶，螺丝钉有时会略微松动，因而导致内衬在盔内发生位移。头盔最早采用的针织盔带通过接线片固定在盔体侧面，但不久后（针织带）就被换成了松紧带。除常规型号外，英国还大量生产了一种采用酚醛树脂制造的头盔（一般由平民使用，以满足民防需要）。

Mk.Ⅱ型头盔虽然产量极大，但也存在一些缺陷。为解决那些在实践中暴露出来的问题，针对头盔的改良优化也逐渐开始进行。1940年秋，医疗研究理事会开始与战争部合作，打算设计出一种改进型头盔，其原型产品于1941年4月送至理事会进行验收。由于有人提议使用美式头盔，而且这一讨论的范围和规模一直在不断扩大；不过，这一提议因为很多人认为它（美式头盔）太大太重，而且容易让雨流进脖子里——这在英国是个很严重的问题，所以最终被否决了（但由此引发的讨论和有关新产品的设计及测试并未结束）。

Mk.Ⅲ型头盔就是这些讨论和测试的最终产物。它采用后倾式设计，能为使用者脖子和头部提供更全面的防护，灰绿色涂装则提供了更好的隐蔽，龟壳形盔体也使其整体防护能力有所提升。相对前一型号（Mk.Ⅱ型）来说，新的Mk.Ⅲ型更重，同时添加了使用无线电装备的设计；此外，后者在经过略微调整后就可以直接搭配前者的内衬。Mk.Ⅲ型头盔从1943年11月开始装备第21集团军群，其后继者Mk.Ⅳ型也在战争的末期开始了生产。

虽然没有相关的明确规定，但一些师总是习惯于把师徽佩戴在头盔盔体正面，把其他标志（比如高地团所用的格子呢徽章）放到侧面。不过，当后者（其他标志）被批准缝到衣袖上后，这一装饰风格就没那么常见了。值得注意的是，头盔的盔体一般都涂有防反光涂料，或是迷彩涂料；在很多时候，与头盔配套使用的伪装网及盔罩也会同时配发。

军帽

与作战服搭配的野战军帽在战场上是一种很实用的头部装备——一种带有两枚纽扣（最初为金属材质，随后改用塑料制作）的船形帽，在其正面左侧

◀ **约克郡与兰开斯特郡团列兵，1943年。** 英军会把在意大利和北非战场上所用的卡其布制服与在北欧使用的制服（更厚更暖和）搭配使用。图中这名士兵以毛料作战服搭配沙色卡其布长裤，并佩戴了第46步兵师的徽标（且该士兵隶属于该师排位居中的那个旅，本图为第138步兵旅）。

▶ **戈登高地团上尉，1944年。** 一些部队对作战服的抱怨之一就是它取消了传统制服的特色。许多高地团都在尝试打破这一限制，比如穿如图所示的短裙和袜子，或是在衣袖上添加格子呢补丁，并保留带传统风格的帽子。

位置缝有使用者所属团团徽，而且使用时通常会把军帽整体朝右侧耳朵方向倾斜。它的设计初衷是取代之前那种传统平顶大檐帽，但后者在实际情况中仍然随处可见。最初，这种船形帽上只配有使用者的团徽，但在战争末期添加了一条皮制下颚带。值得一提的是，新式军帽并不怎么受军官欢迎，他们往往更青睐于那种染有各种传统所属团识别色的

大檐帽——尽管这种军帽本应在参加典礼时使用。

1943年时，英军准备用一款新的哔叽材质通用军帽取代之前的野战军帽。这种通用军帽在使用时应稍微向右偏转，以免对士兵正在进行步枪射击的右手产生干扰——然而，特立独行的皇家恩尼斯基伦禁卫龙骑兵团由于之前装备苏格兰圆边帽所致，一般会在使用新军帽时将其往左偏转。

裤子

随作战服（P1937式）一同配发的裤子显得既长且直，主要识别特征包括左腿上方位置的大口袋，以及另一个位于右腰部位的较小口袋（用于放置野战急救包）；除此之外，其两侧还各配有一个裤兜。军官们一般穿一种进行了相应改良的马裤——在取消一些便于骑马设计的同时，对内衬的整体强度有所增加；也有少数人使用高尔夫球裤。不过，这两种流行于20世纪30年代的军官用裤到大约1940年就消失了。

前文所述的制式长裤可以与腰带或背带配套使用，而且两边裤腿的末端也都设有一根用来固定与裤子所搭配的长筒靴的布带。除此之外，英军还会使用绑腿——其内部由经过硬化的棉布填充而成，外部则为布制或皮制；绑腿的内

衬边缘采用皮革制作，以便把裤子的裤腿卷进来（防止滑落）。这款绑腿一般会与各种短靴搭配使用。

步兵们最初使用的那种靴子质量极佳，每只均配有25枚鞋钉（但最终降成了13枚）。军官所用靴子的质量较一般士兵更好；在来复枪团，他们依然按部队传统穿黑色短靴，而不是棕色皮靴。

◀ 爱尔兰禁卫团第1营中士，1943年。英军虽然为地中海战区专门生产了作战服，但在炎热的南方战区最常见的还是卡其布衬衫。这种制服不算时髦，但至少穿起来很舒适。军衔徽章一般被缝在袖子上，表示所属团的弧形标志则位于肩部；所属师徽标（本图所示为第1步兵师的白色三角形）在肩膀上，它可以拆卸，后来下移被缝在了袖子上方。

▶ 兰开夏郡燧发枪手团第2营列兵，1943年。这名士兵携带了布伦轻机枪，负责提供步兵所需的火力支援（这一型号的机枪在任何步兵营中都能发挥重要作用）。机枪弹药被放在标准型弹药袋里，每个弹药袋装有两个弹匣。弹匣设计容量为30发，可以完全放入弹药袋（相比之下，司登冲锋枪的弹匣就显得过长了）。

▲ 1940年4月，一些英国远征军官兵身穿羊皮外套，正准备前往挪威。

▶ *达拉谟轻步兵团中尉，1942年。*有关这名军官所属单位的唯一标志是达拉谟轻步兵团的号角徽章。在图案中，号角上方还有绶带装饰物，而且两者都位于皇冠下方；号角之上、皇冠之则是字母"DLI"。作战时，这枚徽章通常会被涂黑。

那种防毒斗篷在前线部队中一般会被当成雨披使用，尽管其设计初衷是让士兵们在卧倒时（用其）遮住全身，以免遭毒气侵害；在战争后期的部分战区里，防毒斗篷往往会被一种制造更为粗糙的雨披所取代。

抗寒衣物套装包含了一件实用的防风罩衫（从1941年开始采用丁尼布制作，另外还有一个雪地迷彩版本）、巴拉克拉法帽、由防水材料制成的长裤和厚羊毛衫。除了制造抗寒衣物外，丁尼布也常常被用于生产那些在体能训练中（因频繁使用）容易出现磨损的衣物。

大衣

1939年，一种实用的双排扣卡其色新大衣（P1939式）开始配发步兵，但并没有完全取代之前的老式单排扣大衣。这款新大衣有两排共四枚纽扣，领口可收紧；其肩膀和衣袖部位均没有内衬，下摆位置也有一些用于装饰的褶饰。按相关规定来讲，军官的军衔标志应在肩膀上（即肩章），士官的V形臂章则位于衣袖上；此外，兵种识别条一般在上臂位置。由于经济方面的原因，用来制造纽扣和大衣的原料在1940年时都被一些成本更低的材料所取代。

除制式大衣外，军官也经常使用（材质）更好的厚呢短大衣。这是一种厚面料双排扣卡其色大衣，长度与骑兵大衣相仿；战壕大衣（卡其色）和防雨大衣同样在军官中极受欢迎。在驻于挪威的部队和（本土）各地哨兵中，羊皮长大衣和一种带有护耳的帽子常常是他们的首选。

除此之外，英军还配发了一种皮制短上衣，而且它在步兵中极受欢迎。到战争末期，步兵们得到了一种新的冲锋衣。它（冲锋衣）没有袖子，可通过四枚纽扣扣紧。有意思的是，英军装备的

装备

在1918年取得胜利后，英军开始尝试着升级步兵部队的单兵装备。但在整个20世纪30年代期间，P1908式帆布装具仍是步兵们的主要装备；P1919式曾少量配发部队，最终却由于成本问题未能普遍装备。1925年时，英军开发出了一种配有新的较窄吊带和改进型弹药盒的装具系统——除了被加拿大少量采购以外，最终于20世纪30年代中期和战间期英军开发的其他装具一起被P1937式步兵装具所取代——它（P1937式）从1938年开始装备部队，并在后来的战争中得以大量生产。

步兵的新式干粮袋被设计得较以往型号更大，以容纳水壶和饭盒（还有勺子、叉子、匕首及呕吐袋）；但那种老式干粮袋仍很常见。另外，他们所用腰带的强度得到了增加，以放置新式弹药袋；如果需要容纳司登冲锋枪所用弹匣，那么弹药袋的尺寸会被进一步扩大。英军还装备了一种支撑带，使用时会将其吊在肩膀上（并从后背中部穿过），以便更均匀地分担负荷。此外，掘壕工具和刺刀一般被挂在腰带上，水

壶则位于掘壕工具旁边。

防毒面具被使用者装在专门与之搭配的袋子里，并挂在自己胸口；不过从1942年开始，在现实情况中采用这种携带方式的人变得越来越少。在新款轻型防毒面具投入使用后，它（防毒面具）一般会位于一个被挂到腰带上的棉制防毒面具袋里。在第二次世界大战中，防毒面具仍很重要（尽管二战的欧洲战场上从头至尾都没有爆发过大规模毒气

◀ **苏格兰禁卫团第2营列兵，1939年。**在战争爆发前夕，英国向巴勒斯坦和埃及派遣了部队。他们通常戴着久经考验的热带头盔，以使头部保持凉爽。苏格兰士兵所用型号的两侧还添加有皇家斯图尔特格子呢菱形装饰物。此外，他们在不执勤时一般戴船形帽——但这种帽子并不受欢迎，因为它在训练时很容易掉落。

帆布背包——后来突击队也大量使用。

在作战条令中，有些内容对如何放置装具、背包、水壶、掘壕工具及刺刀提出了具体要求——比如"防毒面具应被放于防毒面具袋中"——虽是条令，但它还是经常被摩托化步兵当成耳边风。

北非

卡其色作训外套在1939年时服役于埃及和巴勒斯坦的部队中相当常见，但到1941年，穿卡其色法兰绒衬衫（袖子一般会被卷起）和短裤的人变得越来越多。一种由更轻的棉布制成的作战服配发给了位于中东的部队，并且通常被称为"中东式作战服"；配有暗门襟的（作战服）版本也从1943年开始在意大利投入使用。在意大利战区的作战经历表明，美式橄榄绿作战服的使用范围相当广泛——该型作战服同样配有暗门襟、2个胸口口袋以及可收紧的腰带，与之搭配的裤子也采用了颇具美国特色的橄榄绿色调。由美国制造的衬衫和衬衫式夹克在1942年北非及1943年意大利的英军部队中也很常见。

在北非及中东地区部队成员中，军衔和其他徽章标志通常位于肩膀上，但师徽和团徽仍在衣领处。驻于意大利部队的情况要更复杂些——一些部队把所有标志都佩戴在肩膀处，但也有部队保留了他们在北非时的传统做法。

亚洲

英国陆军在亚洲的作战相当艰苦。20世纪30年代时，沃尔斯利热带树髓头盔在驻于亚洲地区的英军中占据着头部用具的统治地位。他们所穿的制服通常

是卡其色作训外套或长袖衬衫，那种在欧洲战区颇为常见的制服外套也能经常见到，但相对有所不同——亚洲版本配有立领、金属纽扣（采用单排设计，共5枚），以及胸口口袋（衣摆附近无口袋）。在亚洲，与这种（改自欧洲版本的）制服外套搭配的一般是短裤（包括孟买灯笼裤）、绑腿和短靴。

以上这套打扮对英印军也许合适，但对驻扎在马来西亚和缅甸丛林中的部队来说就有所不同了。卡其色外套从1941年开始就已经停产，但库存仍能使用相当长一段时间。不过实践证明，衬衫式夹克在这些驻于丛林的部队中更受欢迎——长袖使手臂免受蚊虫叮咬，不需要时则可将其卷起，并通过一个小夹子固定。这种夹克采用卡其色的埃尔特克斯布（一种较轻且宽松的棉布，一般用于生产衬衫和内衣）制作，由其制成的丛林衬衫随后也在士兵中流行开来。到最后，他们还得到了一种丛林绿作战上衣，并从1943年开始大规模装备。这种上衣配有5枚组扣和2个胸口口袋（和英军使用的其他制服一样，它最初的金属纽扣也逐渐被塑料、橡胶及合成材料制品所取代）。除此之外，驻于亚洲的

▼ 一队英军士兵，他们此时正在参加一次举行于北非西部沙漠的演习。

战），这也是美式头盔被英国拒绝的原因之一——英式防毒面具无法与其搭配使用。

军官随身携带的东西（比士兵）更少——一个望远镜盒、一个手枪弹药袋，以及一个看起来不算优雅的手枪枪套（后来改成了一种挂到腿上的枪套）；一些军官还带着防毒面具袋和皮制地图包。除标准装备外，老式的山姆·布朗腰带也仍被不少人使用。英军驻挪威部队的一些军官还装备有卑尔根

英军部队还装备了由其他多国生产的衬衫——美国（以战争援助的名义）、印度（多由当地小厂家生产，因此质量和款式不一），以及澳大利亚（比如丁尼布衬衫）。至于下半身——在丛林中，短裤被丢到一边，卡其色或绿色袋状长裤成了他们的新宠；同样是因为身处潮湿雨林中，英军选择了雨披作为一种常用外套。历史悠久的宽边软帽和毡帽在这里还是广受欢迎——这自然是出于实用性的考虑。

与欧洲部队不同，驻在亚洲的英军习惯把师徽缝到帽子前部而不是袖子上，这一点与很多反映该时代的影像资料有所出入。很多印度师同样拥有师徽，因为他们（在战时）出于需要会被编入欧洲部队。1943年后，为补充圆形宽边软帽数量的不足，一种丛林绿军帽开始配发部队。这一型号除了在材质方面采用强度更高的棉花外，与其欧洲同类基本没什么区别。

能用于佩戴师徽和团徽的帽子也有所不同。各种材质（无论金属、塑料还是合成材料）的团徽都能被佩戴在各种帽子上，但师徽一般只被用于宽边软帽和防晒头盔。虽然在亚洲部队中也有人戴头盔，但它沉重且闷热，没有一般的军帽那样受欢迎。最常见的是绿色Mk.II型头盔，士兵在使用它时一般会搭配伪装网以加强隐蔽；南非产的棕黄色头盔在亚洲也有（小批量）使用，但其主要用户为英军部队中的印度师。

英军步兵驻在亚洲时所用的单兵装备与他们在欧洲时基本一致，一般就是在当地生产欧洲制式装备的相同型号；但由于材料取自本地，因此在细节上难免与欧洲同型产品有所不同。在亚洲，无处不在的大砍刀一般会被英军士兵们挂在腰间。

一些被部署到海外的部队获得了热带制服，其他部队也装备着相对适用于热带地区的衣物。大部分军服及装备在其破烂得无法使用之前都会被一直用下去，正所谓"新三年，旧三年，缝缝补补又三年"。

◀ **格洛斯特郡团列兵，1944年。** 驻远东英军部队的制服很实用。格洛斯特郡团最引人注目的是所用帽子后部的团徽——这是他们在对抗法国革命军的战斗中赢得的殊荣。该团所隶属第36师的师徽位于宽边软帽侧面，在本图中相当显眼。

▶ **伍斯特郡团上尉，1944年。** 这名军官服役于第10营，头上戴着流行的宽边软帽，他经常会因为把袖子挽起而招致蚊虫叮咬。候补军官为此痛苦，因为他们的军衔徽标位于衣袖下方——但有人使用腕带来支撑徽章的重量，从而克服了这个问题。

骑兵

英军骑兵在战争爆发前不久进行了机械化改革，并在未来这场战争中的多个战场上发挥着重要作用。

机械化

传统上区分正规骑兵部队和义勇骑兵队（由骑马民兵衍生而来）的方法就是看这支部队骑马还是使用装甲车辆。从某种意义上讲，这种变化最早始于1930年——当时的义勇骑兵队开始为坦克部队提供人员，但这个转型过程充斥着长期的犹豫和徘徊。直到1938年，随着北爱尔兰骑兵团开始转型成为装甲车团，英军义勇骑兵队才开始了大规模转型（并成为装甲部队）。

但这并不是普遍情况。在当时，很多人仍然认为骑兵部队在中东地区的作战是有效的，因此有两支中东部队保留了坐骑。除此之外，1939年10月时，英军第1骑兵师被集结起来并很快前往埃及；随后，该部队在巴勒斯坦、约旦、伊拉克及叙利亚作战。其中，他们在叙利亚主要是与维西法国军队交战（1941年）。到1942年，该师共9个团中的少量部队仍然在骑马——比如柴郡义勇骑兵队，但他们很快就沮丧地发现自己会被改编为通信部队。英军还在中东得到了当地武装力量的支援，包括跨约旦边境部队，以及更有名的阿拉伯军团。

制服

骑兵一般会在自己所穿的作战服上佩戴团徽，不过地方骑兵部队有所不同——在皇家威尔特郡义勇骑兵队中，原本应是金属材质的字母"RWY"（团徽图案）变成了代表皇家威尔特郡义勇骑兵的"Y over R. Wilts"。这些骑兵一般都戴尖顶军帽，并在帽上添加团徽；其他各种颜色的军帽也很常见，具体颜色主要根据各骑兵部队的不同而发生变化。他们通常穿那款于1917年首次配发的骑兵短大衣。这种双排扣大衣为适应骑马需要特意缩短了尺寸，后来也

◀ **沃里克郡义勇骑兵团士兵，1940年**。图中士兵所戴的遮阳帽风格简洁，可保持头部凉爽，但完全无法防弹。该团所用头盔上带有蓝白双色菱形图案，其中部还有一条红色分割线；他们后来采用一匹白马在绿色衬底上飞掠而过的图案，还将其佩戴在了制服衣袖上。

▶ **跨约旦边境部队中士，1941年**。对于许多在中东英法托管领土上招募的部队而言，黑色的"科派克"帽（一般用俄国羔羊毛制作）是一种权威的象征。该部队所用军帽的帽顶为猩红色，这一颜色也出现在了他们的腰带和勋章上。巴勒斯坦准军事警察使用和这些欧洲士官样式相同的帽子（"科派克"帽），但帽顶为蓝色。

受到英军机械化部队的普遍欢迎。

驻在中东地区的骑兵部队中也有人穿卡其布制服，其中的大多数人还以卡其布衬衫及马裤作为搭配。马靴是军官的特权，其他人通常使用带扣的天然皮绑腿或布绑腿，以及短靴。这些骑兵一般戴热带头盔——尤其是沃尔斯利头盔，这个型号在上一次世界大战中已经得到了广泛应用。将菱形团徽佩戴到遮阳头盔上时一般会使它位于头部左侧——但也不总是这样，因为军官就更习惯把团徽佩戴在头盔盔体正面。最初，第1师并没有正式的师徽，不过从1941年开始，他们采用了一个狐狸头图案（作为师徽）；此外，还有证据表明该师使用过一个绿底白马图案的师徽。

服役于约旦和巴勒斯坦地区的地方骑兵部队经常戴那种曾经作为奥斯曼帝国权威象征的黑色毡帽，它一般采用阿斯特拉罕羔羊毛制作。奥斯曼帝国在仅仅二十年前还是该地区的统治者，如今，属于古老帝国的这一传统得以再次复兴。跨约旦边境部队成员相当与众不同，因为他们使用了颇具特色的徽章图案以及红黄双色帽顶；除此之外，该部队在军服方面与英军其他骑兵团基本一样。

那些已经使用装甲车辆的骑兵希望保留他们的传统制服。第11轻骑兵团仍在使用原先的贝雷帽，且帽上配有代表该部队的红色条纹；第8轻骑兵团则是一有机会就使用他们独特的红白色羽毛配饰。但到最后，这些骑兵还是接受了皇家装甲兵部队的制服，并开始佩戴后者的红黄色兵种识别条；其中，军官的肩章上带有表示其所属部队（装甲兵）的黄色背景色。

装备

最初，前往中东部队成员的装备与其上次世界大战中的前辈并没有太大区别——马鞍，这种对骑兵而言极为重要的装备之一已是久经战阵，甚至较其使用者都年长不少。在个人装备中，最关键的就是皮制弹药带（可容纳50发子弹），其设计也可追溯到1903年；还有一部分是P1905式弹药带，它与1903年那一款型的主要区别在于简化了外形。但英军军械部门并非碌碌无为，该部门一直在尝试对现有装备加以改进，一些试验性质的帆布装具也出口到了其他国家。不过，新设计的P1940式骑兵装具在（应当）配发给第1骑兵师时已经太晚（但还是有一批被生产出来并运到了中东）。这批装具于1940年末运达，从1941年开始在叙利亚投入使用，一些在印度的英军部队也使用过该型装具。它是一种用于支撑腰带（上的子弹盒和手枪套等物重量）的交叉式帆布背带，也能支撑水壶和野战背包。骑兵们可以通过装具上的一套系统来调节松紧和各部件位置，无论是在马上还是地面上。作为一个备用选择，水壶和背包也被允许系到腰带上——这一选择通常用来应对特殊情况，比如需要长途步行时。不得不说，这（P1940式）是一套相当高效的装具系统，但遗憾的是骑兵这一兵种在它出现时已经日薄西山了。

▶ *皇家骑兵团士兵，1940年。* 皇家骑兵混成团组建于1939年，且大部分部队都被派到了中东。这名骑兵在英国本土服役，使用新式的P1940型骑兵装具，图中可以看出他骑在马背上时背包和水壶的位置相当合适。

炮兵和技术兵种

英军炮兵拥有历史悠久的光荣传统。在第一次世界大战中，这一兵种对协约国军队夺取最后胜利起到了关键作用。由于30年代经济发展不景气，炮兵不得不进行一系列调整；但在1939年后，他们又迅速恢复了实力，并通过改革成为一支现代化作战力量。

皇家野战炮兵和皇家要塞炮兵（包括海岸炮兵）于1924年被合并为皇家炮兵，并由后者统一管辖所有野战炮兵及骑乘炮兵旅；1938年时，一次编制改革将这些炮兵旅改成了炮兵团。改革后的皇家炮兵以野战炮兵团为主，但也有骑乘炮兵团、反坦克炮团、轻型和重型防空炮团、中型炮兵和重型炮兵团，以及三个超重型炮兵团（在1940年的法国战场上全部损失）。本章还会对英军防空炮兵的一些单位展开介绍。

皇家炮兵

从大体上看，炮兵的穿着与步兵相似，而且也根据不同的战区装备了相应制服，比如在亚洲使用卡其色制服，在欧洲穿作战服。与步兵的主要区别在于他们独特的（炮兵用）帽徽，以及配有表示皇家炮兵的"Royal Artillery"（1943年后被一个蓝底红字布制版本所取代）弧形臂章或"RA"肩章。该部队使用红蓝双色兵种识别条，军官的军衔徽章也采用红色底板。部分炮兵成员会在自己制服衣袖上佩戴一种特殊的布制团徽，并将其置于兵种识别条下方。除此之外，到战争末期时还出现过一种红蓝色布制徽章，它呈正方形，内容为使用者所属团编号。

炮兵的军衔体系里设有一些特殊衔级——炮长（一级和二级）的军衔图案为步兵（下同）准尉军衔图案的下方再添加一门火炮，但三级炮长直接使用了二级准尉的军衔标志；炮兵中士则是在步兵V形臂章的上方添加火炮图案。除此之外，其他一些部队也拥有自己的独特徽标，比如无线电部队的闪电（仅在1944年里使用）、信号兵的交叉旗帜，以及司机的车轮图案。值得一提的是，炮兵们还可以在自己制服的右肩部位佩戴一条白色勋带。

防空部队

英军各防空部

▲ 第80野战炮兵团炮手，1944年。这名隶属于第52（低地）师的炮手负责操作左图所示的87.6毫米（25磅）榴弹炮。这种具有高作战效能的火炮于1940年4月出现，同年在挪威参加首战。该炮手的徽标位于制服衣袖上方。具有讽刺意味的是，这支低地部队在1944年底被部署到斯海尔德河口附近泥泞的平原之前，曾经进行过（并无实际意义的）山地战训练。

队最初被统一划归到了防空司令部指挥之下。但在1940年11月，由于战场形势严峻，防空部队被划分成了三个兵种，且使用各自的徽章（佩戴在作战服衣袖上）；在这些部队不隶属于具体某个师时，他们还会使用自己的兵种徽章。1943年后，该部队所有单位都被要求佩戴一种新的红底徽章，其具体内容为黑色的手臂和弓箭。防空部队人员主要来自本土辅助部队（ATS），其中包含有一些女性辅助人员——通常使用制式上衣搭配制式短裙或制式上衣与裤子。他们（该部队成员）所用尖顶帽上配有标着"ATS"字母的花环徽章，随后还装备过一种黄底棕色字母臂章。

技术兵种

一般来说，技术部队成员所用的制服与炮兵相差无几，不过也会使用带有自身特色的帽徽和相关标志。皇家工兵部队成员的穿着与前文所描述的炮兵基本一样，但佩戴工兵的徽章以及标有"RE"的红底深蓝色臂章；另外，他们也拥有属于自己的兵种识别色，即红色和蓝色，军官所用徽章的底色为蓝色。在军衔图案方面，工兵与炮兵大致相同，但工兵中士所用V形臂章上的大炮被换成了爆炸手榴弹。

皇家通信部队是一个相对年轻的兵种，组建于1920年。该部队的兵种识别色为蓝色和白色，军官所用徽章底色为蓝色。他们的臂章上原本带有表示本部队名称的字母"R.Signals"，但在1943年换用一种含深蓝底白色字母的布制弧形章后对其进行了转移（并改用英文全称"The Royal Corps of Signals"）。

皇家陆军军需部队（RAOC）于1940年9月开始使用深蓝色兵种识别条，但在1941年12月将其改成了红、蓝、红样式。该部队军官徽章的底色最初也是深蓝色，后来在1941年12月改为深红色；他们所用臂章为红底，标有蓝色字母"RAOC"，即"皇家陆军军需部队"的缩写。皇家电机工程部队的兵种识别色为红、黄、蓝三色，军官也在1943年获得了一种特别的徽章底色——深蓝色。该部队成员的臂章上标有表示其部队名称的缩写字母"REME"，最初采用金属或布料制作（臂章）；但它也在1943年后被换成了弧形章样式，并带有黄色的"REME"字母。

◀ 第10野战炮兵团炮手，1942年。驻于远东的皇家炮兵部队通常以位于宽边软帽侧面的彩色徽章（传统的红蓝双色样式）表示其独特性。他们缝于肩膀处的卡其色布料上带有"RA"字母，这也是一种流行的戴法。

▶ 皇家电气与机械工程部队少校，1944年。该部队创建于1942年，主要任务是为越来越多的军用机动车辆提供后勤、维修及保障服务。这个兵种从1943年开始服役，其帽徽图案为皇冠下由花环连接的四枚盾牌，盾牌上标有"REME"（一枚盾牌对应一个字母）。但这种徽章并不流行，到战后就被一个含有马的图案所取代。

装甲部队

在英国当局发现战争不可避免后，装甲部队终于得到了高速发展和扩充。不过，英军装甲部队在最初的发展过程中无视装备性能是否优良，而只顾着增加坦克及装甲车辆数量的观点和做法最终使自己在战争中付出了惨痛代价。

早在1923年，英军坦克部队就被改编成了皇家坦克兵，但后者直到1938年也只有8个营的编制。1939年，在以步兵部队人员为骨干的前提下，皇家坦克兵新组建了12个营；随后，该部队在1939年4月被改编为皇家坦克团，然后与机械化骑兵部队（当时正忙着接收新车辆）合并——这支新部队就是皇家装甲兵（RAC）。

侦察部队组建于1941年初，所辖若干团被分别配属给了不同的师，或成为总司令部的直属联络团（也被称为"幽灵团"）。最终，这一部队于1944年1月被划归到了皇家装甲兵指挥下。

徽标

装甲部队成员的作战服最初并没有搭配什么徽章标志，到1940年末，他们才在制服上添加了兵种识别条。它（兵种识别条）当时被佩戴在制服衣袖上，位于师徽下方；另外，这一标志通常也只会被用在作战服上。皇家装甲兵的兵种识别色为红黄，侦察部队则是绿黄，且两类部队军官的徽章底色均为黄色。

▲ 第8轻骑兵团坦克乘员，1941年。英军得自美国的装备补给多少有些"水土不服"的问题——美制"斯图尔特"坦克通常搭配美式无线电设备使用。这就意味着在坦克改装英式无线电前，乘员们必须使用美国坦克头盔，而不能戴与英制接收机搭配的英式坦克头盔。

▲ 英军各坦克团所用徽章（图案）。值得一提的是，第1坦克团的成员会在肩部佩戴勋带，而不是如图所示的色块型徽章。

在战争爆发初期，皇家坦克团（RTR）成员和其他皇家装甲兵部队之间还存在着一些在外观上比较明显的区别——前者保留了他们作为皇家坦克兵时的徽章（图案为一辆由花环围绕的中型坦克，下方有皇家坦克兵座右铭"无所畏惧"），后者所用徽章图案则是由花环围绕的字母"RAC"。此外，各坦克团都拥有各自的独特识别条。这种团识别条被佩戴在使用者制服右袖上，并通过一道位于臂章边缘（颜色不同）的彩色条纹来表示相应的营——通常情况下，一营为红色，二营为黄色，三营为绿色。皇家装甲兵部队成员有时会使用一种铜制臂章（含字母"RAC"，不过皇家坦克团为"RTR"）及布制铭牌。另外，他们直到1943年才得到属于自己的黄底红色字母弧形章，但它在皇家坦克团中并不受欢迎。坦克旅的官兵经常会在自己服役章下方添加一个恶魔（带有双重三角形）图案标志。

头部装备

通常，皇家坦克兵成员戴着那种在1923年配发给坦克部队的黑色贝雷帽；除此之外，他们用过比较有特色的就是坦克头盔了。最早的皮制坦克头盔于1916年配发，但由于它和德制钢盔过于相似，因此很快就被弃用了。

20世纪30年代时，随着英军高层对组建装甲部队的兴趣日益浓厚，给予坦克兵合适的头部保护也被提上议程。1934年，一家头盔制造公司开始测试一种以布条进行加强的黑色帆布圆顶头盔。它于1936年4月首次配发部队，并被命名为"皇家坦克兵（或皇家坦克团）防碰撞头盔"。这一型号带有护耳（可在此处安装无线电设备），顶部还配有用于缓冲碰撞的皮制内衬。1939年，英军对其进行了小幅改良，主要是

◀ **第7皇家坦克团坦克乘员，1940年。** 坦克部队军官会随身携带尽可能少的装备，然后将其他物品放在坦克里。由帆布制成的装备包括腰带、制式恩菲尔德左轮手枪的枪套（位于大腿部位）、带有卡其布罩的水瓶，以及置于帆布包内的防毒面具。

将盔带的材质改为帆布。这种头盔的改进型号一直生产到了1944年。

即便如此，对于不断扩充规模的装甲部队来说，当时头盔的产量仍然不足。因此，一种原本由矿工使用的圆顶帽在经过相应改进后也被交付给该部队使用；除此之外，一种橡胶头盔（类似于摩托车手所用型号）同样在1941年时有一定数量的使用记录。英军在战场上

得来的经验很快就表明了这样一个事实——他们的现有头盔仍然存在着较大缺陷。有关皇家装甲兵新型金属头盔的测试在1941年到1942年间展开。其设计基于步兵头盔，但加强了悬挂和内衬；另外，它的早期型号也在很大程度上受到了空降兵头盔的启发。最终，这型新头盔装备了波兰旅（当时刚组建不久）、侦察部队及第6装甲师。

新式金属头盔的改进型号很快随之出现——Mk.Ⅰ型增加了金属盔体的面积，对悬挂系统也有所改进；于1945年4月开始配发的Mk.Ⅱ型则添加了一个实用的设计，从而可以把头盔（内部）当成盛水容器使用。

工作服

采用丁尼布制作的工作服一般被他们穿在衬衫和作战服外面。从1943年末开始，装甲部队成员开始装备一种棉制工作服（通常将其称为皮克西套装）。这款乳白色套装由防水布料制成，带有13枚纽扣，脖子附近设有拉链；不过，它存在着一个极其严重的问题——乳白色色调过于显眼，使用者很容易就会暴露在敌方视线中。此外，还有一种丁尼布制服套装从1944年中期开始配发给那些伴随装甲车辆一起作战的工程人员。穿工作服时，装甲部队成员通常不佩戴军衔标志，但第13和第18轻骑兵团相对例外。

▶ **皇家装甲军第107团下士，1945年。** 这名下士佩戴着第2集团军及第34装甲旅的徽标（著名的"银色护手和权杖"），曾是一辆"丘吉尔"坦克的乘员。他还戴着改进型坦克头盔——除坦克乘员以外，布伦机枪运输车的驾驶员也使用这个型号。

侦察兵

侦察部队成员佩戴一种含绿底黄色字母的弧形章。在战争期间，他们执行侦察行动的次数越来越少，后来在1944年被并入皇家装甲兵。该部队使用的是他们极具特色的卡其色贝雷帽和交叉闪电长枪图案帽徽；但被并入皇家装甲兵后，这些都被后者的黑色贝雷帽（及相关标志）所取代。侦察部队军官（之前使用）的徽章底色为绿色。

突击队和特种部队

温斯顿·丘吉尔坚持组建一支特种部队来抵消德军此前在特种作战方面所占优势。1940年中期，英军在志愿者中选拔出了一批突击队员，随后将其编为特种任务连并参与挪威战役；1940年10月，这些特种作战连被合并成特种作战旅；1941年2月，该旅又被编为若干个突击队（简称为SS营，但这一简称因为某个显而易见的原因并未得以普及）。

突击队

最初，突击队员们在自己军帽上佩戴着原先所属团团徽。1942年末，第1突击营成员开始使用绿色贝雷帽，以此取代之前的黑色船形帽；随后，前者很快就在突击队员中流行开来。于是，含有原先所属团团徽的绿色贝雷帽很快就成了他们的标志性打扮。但也有几个例外——包括第6、第9和第11突击营，他们更喜欢使用苏格兰软帽。另外，第5突击营在1942年末给他们的贝雷帽添加了一个羽饰，但很快就将其摘去。

徽标

在成立之初，突击队只使用肩章和臂章；当英军决定使用弧形章后，他们也将其引入。但就算这样，该部队此时的徽标仍然缺乏统一性——有的人在使用罗马数字（作为部队编号），徽标字母颜色有红有白，表示编号的"第（No.）"字样也经常被省略。最终，他们于1943年初对徽标体系进行了重新整理，以实现所有单位在这一方面的统一。举例来说，带有黑色底板和红色数字"7"的臂章代表第7突击营，黑底黄色字母"ME Commando"（Middle East Commando的缩写）臂章则代表在中东的突击队。

其他比较有名的徽章包括一种佩戴在袖子上的圆形联合行动章——在圆形黑色背景中有红色船锚、冲锋枪，以及正在翱翔的雄鹰——意为该部队是一支海陆空全地形作战力量。其中，"鹰"很明显来自美国，此处将其用来致敬那些在联合作战指挥部中服役的美国军人。值得一提的是，一种黑底红匕首图案资格章也偶尔被突击队员们使用。

第10突击营是一支由欧洲各国志愿者组成的联合作战部队，并根据成员国籍分为以下几个支队：第1支队（法国）、第2支队（荷

◀ **第9突击营列兵，1944年。** 突击队所用徽标最初有些混乱。但在本图中，他们弧形章上的字母已经从白色变成红色；除黑色羽毛外，军帽上也没有再添加其他装饰或徽标。

▶ **长程沙漠部队上尉，1941年。** 这名上尉佩戴着原先所属部队的帽徽。"蝎子"徽章（有时也被称为金龟子徽章，因为人们认为这只蝎子太肥了）仅有少量配发部队，最初由当地制造商生产，因而质量各异。

兰）、第3支队（德语国家）、第4支队（比利时）、第5支队（挪威）、第6支队（波兰）、第7支队（南斯拉夫）及第8支队（法国）。该突击营成员除佩戴本营袖标外，还使用了标有各自国名的袖标（不同国家成员的佩戴方式有所不同）。其中，波兰人习惯把带有"波兰"字样的袖标佩戴于突击队袖标上方，荷兰人则把"尼德兰"字样及雄狮徽章佩戴在突击队袖标下方；法国人的洛林十字佩戴风格与荷兰人相同。

该营（第10突击营）所用帽徽同样展现出了各国特色——比利时人的狮子和波兰人的

鹰；捷克人服役于使用德语的第3支队，帽徽图案为波希米亚雄狮和交叉双剑。第4突击队包含了一些来自法国海军陆战队的人员，他们使用法式软帽和标有"法兰西"字样的袖标。

突击队使用着多种特种作战装备，包括一种专门用于特种作战的帆布背包以及首次出现的突击队匕首。

特种空勤团（SAS）

特种空勤团所用的徽章（图案）相当有名——一把置于该部队座右铭之上的短剑。这种徽章最初被佩戴在沙漠色贝雷帽上（有时也会与白色贝雷帽搭配使用）。1944年3月，英军空降兵开始配发栗色贝雷帽，特种空勤团自然也不例外；但该部队很多老兵还是喜欢使用他们的老式沙漠色贝雷帽。

特种空勤团所用臂章（采用栗色底板）标有浅蓝色"特种空勤团"（Special Air Service）字样，其带翼降落伞图案则是作为帽徽被佩戴在贝雷帽上。来自比利时独立空降连的志愿者在加入特种空勤团后就不再使用自己的狮子帽徽，并改用新部队的栗色底板浅蓝色字样臂章。

长程沙漠部队（LRDG）

长程沙漠部队最初是为袭击位于北非的敌后目标而组建，使用标有"LRDG"字母的臂章（一般为黑底红字）。他们有时也使用一种位于银色车轮中的蝎子图案帽徽，这也是该部队最常用的一个（图案）版本；但也有不少人仍然佩戴自己原先部队的帽徽。那些

来自各自治领的志愿者会在自己臂章下方添加写有所属自治领名的袖标。

钦迪特特种部队（Chindits）

奥德·查尔斯·温盖特（Orde Charles Wingate，英国陆军少将）所领导的钦迪特特种部队（Long Range Penetration Groups，官方名称为长程渗透部队）是一支从英军各部队中招募志愿者，在亚洲进行对日特种作战的部队。该部队成员大多不在制服上添加徽章标志，但有时会在衣袖上佩戴圆形的黄色"钦迪特"（意为狮子）臂章。

◀ 英国特种空勤团第1团列兵，1944年。栗色贝雷帽此时已在使用，但许多老兵还是喜欢沙漠色贝雷帽，以便与其他空降部队相区别。

▶ 兰开夏郡燧发枪手团中尉（现隶属于钦迪特特种部队），1944年。钦迪特徽章有时会被戴在丛林衬衫的右袖上，可与使用者原先所属团或营的徽标搭配（图中即可看到兰开夏郡燧发枪手团的爆炸手榴弹图案标志）。

空降兵

德军空降兵所获成功刺激了英国，后者因此也组建了自己的伞兵。除此之外，在即将到来的对欧洲大陆反攻中，空降部队能有效保持突然性，同时还可进行纵深打击的能力也进一步刺激了英军组建这一兵种。

早期发展

但是，从需求到计划再到落实是一个漫长的过程。尽管首相温斯顿·丘吉尔早在1940年6月就提出组建空降部队，但英军直到1941年才组建了第一个空降营；1942年8月，该营被扩编成团，后来又扩编为师（英军很快又在1943年组建了第二个空降师）。值得注意的是，英军空降兵不仅包括伞兵，1942年后，滑翔机飞行团也被纳入这一兵种。以上部队被统一归属在陆军航空兵指挥下。后来，特种空勤团也被划入空降部队。除此之外，还有一些步兵营被要求执行空降任务，他们在保留本团团徽的同时，也使用了空降兵的贝雷帽、装具，以及相应的徽章。

作战服是空降兵的标准制服，并且在最初与作战服裤子搭配使用。著名的"丹尼森"罩衫从1941年开始配发该部队（最初是灰色版本，后来在1942年改用了迷彩色调）。在实战中，丹尼森罩衫经常被空降兵们套在作战服外面。它带有4个大口袋，以及1条从后背往下绕到身体前侧的布带（起固定作用）。这种罩衫在使用时一般位于装具内侧（即罩衫靠近身体一侧，装具在其外面）。此外，它一般采用套袖大衣那样的袖口，但也有一些采用了其他样式。

有时，伞兵们还会套上一件绿色的斜纹布无袖罩衫，以防跳伞时装具与伞具缠绕（从而导致安全事故的发生）。

◀ **第11伞兵营列兵，1944年。** 伞兵使用格斗刀（通常由皮带固定在右侧大腿上）、步枪或司登冲锋枪、左轮手枪和各种手榴弹（防御型、进攻型、塑料材质型）。和步兵一样，这一兵种也设有布伦轻机枪小组。

该列兵所用装备。 这款轻型摩托车（Welbike）最初是为特别行动处（SOE）研发，主要用于联络和侦察。

由于作战服裤子在实际使用中暴露出不少问题，空降部队在1942年装备了一种更为实用的裤子。其左侧配有一个较大的口袋，右边（大腿位置）带有一个用于容纳格斗刀的套子，野战医疗包则被置于一个位于裤后的口袋中。

伞兵所用装具的样式与步兵相似，而且还装备了一种含有自身特色的腿袋。比起步兵来说，这些伞兵需要多带24小时的口粮、额外弹药，以及野外求生装备——这套装备包括指南针、火把和军官专用的口哨（用来收拢空降后四处分散的士兵）。

徽标

1943年前，空降部队使用着一种布制浅蓝色臂章，章上标有所属团番号。他们一般不佩戴兵种识别条，但会在师徽下方添加伞兵绶带（而不是伞兵章）。一个有名的臂章图案由塞戈（Seago）少校于1942年5月设计，展现出了柏勒洛丰骑在天马珀伽索斯上的情景（柏勒洛丰和珀伽索斯的形象均由天蓝色丝线绣在栗色布料上）。

带翼降落伞图案徽章有时会被佩戴于天马徽章上方，至少在士兵们穿作战服时如此。对部分特定的营来说，他们穿作战服时所用臂章的末端还会绣着相应颜色的识别标志。其中，第7营的标志为绿色，第8营为蓝色，第9营为砖红，第12营为浅蓝，第13营为黑色。但在穿丹尼斯罩衫时，伞兵们一般只会（在罩衫上）佩戴军衔标志和伞降章。

滑翔机飞行团成员的整体着装风格与伞兵相似，但使用标有"滑翔机飞行团"（Glider Pilot Regt）字样的臂章，以及一种位于制服左胸口袋上方的翼章。滑翔机步兵部队成员保留了他们佩戴在肩膀上的部队铭牌，同时在衣袖上添加弧形卡其色布章，并使用天马徽章和空降兵绶带。

◀ **伞兵所用徽标（图案）。**
第一排从左到右分别为飞行员的飞翼、滑翔机部队
徽章和滑翔机飞行员的飞翼；
中间两排为空降兵部队佩戴在贝雷帽上的所属团团
徽（即帽徽）；
第三排从左到右分别为滑翔机飞行团、伞兵团及空
中特遣队所用臂章。

重，因此在1942年诞生了一个改进版
本，即Mk.Ⅰ型伞兵头盔。最初，这种
头盔的下颚带为皮质，但后来改用针织
材料制作；它（下颚带）被固定在头盔
的三个点上，以提供额外稳定性。

◀ **皇家炮兵第1轻型空降团中尉，1943年。** 军官所
用的徽标位于作战服或丹尼森罩衫的肩部位置。陆
军航空兵团（大部分空降人员所属的部队）成员有
权佩戴那些以剑桥蓝作为底色的徽标。

▶ **滑翔机飞行团上士，1944年。** 该部队从1942年
开始投入作战，参与了打击挪威德军设施的行动，
是陆军航空兵团的一个组成部分（位于这名上士肩
部位置、代表其所属部队的弧形标志上就带有表示
航空兵团的剑桥蓝色调）。空降兵部队所用头盔的
质量极佳，而且能提供较好防护。

英军曾考虑过用一种蓝色贝雷帽取
代之前的栗色军帽，但很显然，后者远
比前者更受欢迎。这种（蓝色）贝雷帽
第一次参加实战是在1942年11月，北非
战场上。1943年5月，空降兵开始使
用一种新帽徽——图案包括降落伞和
翅膀，以及位于其上方的一头狮子
和一顶皇冠。一些营到此时仍然保留着
他们的传统——比如来自皇家威尔士燧
发枪手团的士兵们就仍在使用该部队特
有的贝雷帽丝带。

头部装备

1942年时，伞兵部队开始装备栗色
贝雷帽。最初，他们在这种贝雷帽上佩
戴陆军航空兵的徽章——由花环围绕的
飞鸟，或是自己原先所属团的团徽。但
第5营是个例外，他们更喜欢使用苏格
兰格子呢圆帽和格子章。后来，伞兵章
开始配发（伞兵）部队；但滑翔机部队
成员仍然保留并使用着之前的陆军航空
兵徽章。

常见的Mk.Ⅱ型头盔对空降兵来说
并不实用，所以他们开始寻求一种能更
有效保护头部的装备。在此期间，该部
队只能暂时使用防撞头盔或皇家空军装
备的飞行头盔；他们在训练时甚至使用
过蹦极头盔——因为它的确能有效
减轻因碰撞造成的伤害。新头
盔的原型——P型头盔到1941
年末才开始配发。但它相当笨

皇家空军

1940年时，皇家空军在英伦三岛的防御作战中起到至关重要的作用，随后更是统治了欧洲大陆敌占区的天空。

皇家空军最初于1918年4月由皇家飞行队改编而来，后者正是英国在第一次世界大战中的主要航空力量。在世界经济经历了崩溃与重组之后，面对德国愈发强势的重新武装步伐，英国也终于开始认真对待，并从1935年开始着手

▲ 1942年5月，一些皇家空军的飞行员在一艘航母的飞行室中整装待发。

扩大皇家空军的规模。到1936年，皇家空军已辖有四个司令部——轰炸机、战斗机、海岸及训练司令部；1938年，第五个，即气球司令部宣告成立。到1939年，皇家空军共有135个飞行中队和19个辅助中队；同年，女性辅助航空队（WAAF）正式成立。

制服

皇家空军成员制服的基准色为深蓝。在地面时，他们最常见的着装选择是一种制式开领束腰外套。1939年时，为了与其他部队有所区别，空军开始尝试一种浅蓝色衬衫和黑色领带的搭配。当作战服于1942年投入使用后，飞行员和地勤人员们也经常穿这款制服（配有暗门襟和荷叶边口袋）；另外，P1942式作战服有一个简化版本，但一般由观察员而不是飞行员使用。

空军所用裤子同样呈蓝色，脚踝处设有可收紧的外沿，以防裤脚从靴子里滑出，左侧有一个用于放置野战急救包的小

◀ 皇家空军第1中队上士，1940年。皇家空军对飞行员很是放任，在着装和行为方面都给了相当程度的自由——比如这些飞行员在飞行时可以不打领带；也有很多人敞开衬衫，或是戴围巾和打领结。

口袋。女性辅助航空队队员一般穿着与她们制式束腰外套相搭配的各色裙子。

空军部队主要使用一种带有帽徽的尖顶军帽（以制作材料划分的话，既有硬质、也有软质版本）。他们的军礼帽配有黑色尖顶及下颚带。低级军官的帽子采用皮质顶部，还绘有刺绣图案。另外，军官的军帽帽徽图案为皇冠与鹰，其他人员则是由花冠环绕的皇家空军军徽。除军帽外，空军成员还可以选择一种蓝色船形帽，不过后者所搭配的帽徽与前者无异。皇家空军军校生的帽子上带有一个白色布圈，以表明相应身份。在（皇家空军成员）使用头盔时，盔体一般会被漆成深灰色。女性航空辅助队所用军帽与皇家空军不同——这是一种软顶鸭舌帽，帽上饰有表示该部队的帽徽。

承担设施警卫职责的皇家空军地面各团成员通常穿陆军作战服，使用肩臂章和灰色贝雷帽。

徽标

空军士官会在自己上臂位置佩戴浅卡其色V形臂章；对那些在服役期间表现出色的人而言，他们还被允许在下臂处添加一枚倒V形臂章以示奖励；上士的V形臂章上方还有一个皇冠图案。在士官们衣袖顶部（高于臂章的位置），

◀ **女性辅助航空队（WAAF）中士，1940年。**这名小队长于1940年1月获得中士军衔。她戴着英国军队中女性官兵常用的软顶鸭舌帽，帽子整体采用了代表空军的深蓝色调。

▶ **第102飞行中队中队长，1942年。**由于国土四面都是冰冷的海水，英国因此专门设计了一款"泰勒"式救生衣，以帮助使用者在寒冷刺骨的海水中存活下去。它配有厚实的内衬，可帮助落水飞行员保持能见度、浮力甚至温度——部分型号采用了电加热技术。

"RO"，官方解释为无线电操作员，但实际上他们的职责是操作当时仍属机密的机载雷达；另外，这一徽章（无线电操作员所用）已于1942年被弃用。除了旧的，也有一些新设的徽章，比如于1944年出现、代表无线电操作员兼炮手的"WAG"字母标志章。飞行员会在胸口处佩戴完整的翼形徽章；引导员使用镀金雄鹰徽章；观察员也有自己的独特半翼徽章，其最早可以追溯到第一次世界大战期间。

飞行装备

飞行员的飞行装备包括皮制飞行头盔、各种款式的护目镜、救生衣（直到1941年才实现标准化）、降落伞和手套或护手，很多人还装备了氧气面罩（一般是配有麦克风的D型）。大部分飞行员在飞行时还会穿一种带有棉夹层的皮制飞行夹克以及配套裤子，有时也穿一种内部设有浅黄色救生衣的飞行外套。他们通常穿P1940式飞行靴，它同样带有填充层用以保暖，可通过拉链进行穿脱。

志愿者

为补充兵力，皇家空军还从本国多个自治领和殖民地招募了志愿者。他们来自新西兰（皇家新西兰空军）、印度（印度空军，1945年时更名为皇家印度空军）、加拿大（皇家加拿大空军）、澳大利亚（皇家澳大利亚空军）、南非（南非空军）和罗德西亚（罗德西亚空军）。这些来自不同地区的人员可通过他们所戴的标有来源地首字母的翼章加以识别；同时，他们还使用着写有自己来源地名称的臂章。后者（即臂章）对

通常还会有一枚由黑色、深蓝或灰蓝材料制成的信天翁图案徽章。

军官的军衔通过肩章、帽徽和位于袖口的花纹来表示。其中，袖口处条状花纹可分为三类——窄、中等或宽型。飞行员一般使用一条窄花纹，中队长则是一条窄花纹和两条中等花纹的组合。

在同一机组内，机组成员的职责划分主要通过位于其制服口袋上方的半翼徽章（所含字母）来表示。其中，"AG"为炮手，"N"为导航员，"E"为航空工程师。除此之外，还有一些已经过时的缩写字母——比如

那些来自没有独立空军国家的人来说尤其重要，比如锡兰（今斯里兰卡）和西印度群岛志愿者。以上所述外籍志愿者组成了英国皇家空军中的一些部队。在这些部队里，说明来源地的帽徽和制服部件被长期保留，但随着战争推进也逐渐变得统一化和标准化——至少从某种意义上讲是这样。但荷兰人依然使用着他们自己的徽章，做法相同的还有波兰人、南斯拉夫人、希腊人及挪威人；在法国和波兰部队里，他们的徽标要么与英国皇家空军保持一致，要么就还是使用自己国家的相关标志。

外籍志愿者

世人常说，1940年的英国是孤军奋战的——其实不然——成千上万的志愿者从他们已被占领的祖国来到英国，并加入到了这场战争中。这些外籍志愿者最初是通过一种偶然的方式进行编组，成为拥有独立编制的部队。在战争初期，报名加入英军的志愿者还很少；但到1940年，那些蜂拥而至的志愿者很快

就多得甚至可以组建一支建制完整的部队；1940年6月法国沦陷后，这一进程大大加快；直到战争结束的1945年，英军才把捷克和波兰志愿部队遣散完毕。

比利时人

比利时部队成员穿英式作战服，军帽帽徽为一头狮子，臂章上带有"比利时"（Belgium）的字样；1942年后，他们还在胸口口袋上方佩戴了一枚图案为王冠下的狮子的独特金属徽章。比利时人是各国志愿者中唯一接受英国军衔体系的部队，但不完全如此——后者的团徽在他们那儿变成了一种佩戴在袖子上的纹章，这与英式盾章有所不同。同时，比利时部队还装备了英军各单位佩戴的臂章——其中最引人注目的就是燧发枪手所用位于三色底板上的骷髅与盾牌（图案章）。在服役于英国的各比利时部队中，最著名的当数比利时第1旅（皮隆旅）。该旅于1943年组建，使用本部队特有的臂章，其图案为红色底板上一个黑色三角形中的黄色狮子头。

捷克人

很多捷克人在1939年捷克斯洛伐克灭亡后远走各国，四处流浪。其中，部分流亡到法国的捷克人于法国沦陷后在英国组建了一个捷克独立旅。最初，这些在英国的捷克人穿着法军的制服，使用捷克军衔。后来，他们开始穿英式作战服，使用卡其色底红色字

母臂章，章上带有"捷克斯洛伐克"（Czechoslovakia）的字样。一些人还佩戴着识别条，其中步兵为黄色，炮兵为红色。捷克独立旅于1943年被改编为捷克斯洛伐克装甲旅，此后还佩戴了一枚袖章（图案为位于红蓝格子盾章上的白色波希米亚雄狮）。

还有部分捷克人流亡到塞浦路斯。

◀ **第11捷克步兵营上尉，1941年**。捷克斯洛伐克营组建于巴勒斯坦，后转至埃及，然后在叙利亚与（维希）法军作战。该部队军官的肩章上配有捷克式军衔徽标，以及代表其国家的弧形字母标志。此外，他们在热带头盔右侧添加了捷克斯洛伐克国旗徽章（也使用过一种圆形样式的相同图案标志），后来还把这个图案移到了钢盔上。

▶ **第10波兰龙骑兵团士兵，1944年**。服役于英军的波兰部队坚持本国传统，以及1939年时波兰陆军所用的大部分徽标。唯一不同于往常的是，他们为钢盔搭配的是黄色波兰鹰徽，而不是传统的白色样式。

他们被编成了一个营，穿卡其色作训服，主要识别特征为用于表明自己国籍的肩章——不论身处何地，这些捷克人始终保留并使用着本国的军衔体系。

法国人

一部分法国人在德军占领其祖国后来到了英国。最初，他们使用着本国（被占前）军队的制服和装备；不过到1940年末，这支部队也开始装备英式作战服，并佩戴含有卡其色底板和红色字母的臂章，章上带有"法国"（France）字样。此时，该部队还很难统一装备新头盔，因此保留了一些阿德里安（也译作"亚德里安"）钢盔。由于数量不足，除头盔外，他们还使用过船形帽、贝雷帽和配有飘带的水兵帽（均带有法式兵种识别章）。法国人和比利时人所用臂章的图案相同——一把挥舞的剑；但不久后他们（法国人）改用了洛林十字。此外，法国部队一直使用着他们自己的军衔体系。

在殖民地作战的"自由法国"部队成员仍穿旧式制服（但装具由于消耗过大

▲ 艾琳公主独立旅级战斗群列兵，1944年。荷兰志愿者和海外出生（许多人来自南部非洲）的荷兰人组成了这支部队，与比利时志愿者并肩作战。该旅所用臂章图案是与众不同的"拿骚之狮"。

▶ 海军燧发枪手团第1营列兵，1944年。按照法军的传统，贝雷帽有时不会搭配帽徽，并被拉到使用者头部左侧，而不是更为常见的右侧（如图所示）——因为他们要求把步枪放在另一边肩膀上。值得一提的是，贝雷帽逐渐取代了法国传统的水手帽，成为法军的制式军帽。

换用了英式或美式型号），并佩戴洛林十字徽章。

希腊人和南斯拉夫人

希腊人最初在英国成立了两个旅，随后在1944年以组建第一个旅时所剩人员为基础成立了第三个；由军官组成的自由希腊团同样于此时组建。该部队（自由希腊团）被用来执行特种作战任务，他们使用英式制服，肩部有一个由花环环绕的斯巴达剑图案以供识别（这一标志也出现在大衣上）。希腊旅成员在意大利和北非作战时也穿英式制服，但佩戴本国军衔徽标，以及一个代表其国家的蓝底白色十字。南斯拉夫人在北非组建了一系列营级单位，使用带有鹰徽的南斯拉夫军帽，穿英式制服。

其他国家志愿者

来自荷兰的流亡者（以及美国和南非志愿者）在1940年接收了英式作战服，但使用本国的狮子图案帽徽；军官还会佩戴橘色勋带。这些荷兰人一直保留着自己的领章和其他军衔标志，以及绕在帽子上的兵种识别条——步兵为蓝色，炮兵为黑色。他们的袖章图案是著名的拿骚狮子和"尼德兰"（Nederland）字样。值得一提的是，大部分荷兰人都被编入了"艾琳公主"旅。

前往英国的波兰志愿者最初穿法式制服，直到他们获得了新的英式作战服（位于上臂的红底白色字母弧形章中标有"波兰"，即"Poland"

字样）。和其他多国志愿者一样，波兰部队成员使用着本国军队肩章，并把原先波兰军服上的各种配饰转移到了英式作战服的领口位置——比如装甲兵仍然使用着他们以前的长枪与三角旗图案标志，第1装甲师也保留了那些象征他们战前所获荣誉的装饰。该（波兰）部队装备有标准的英式头盔，并在盔上添加了波兰的黄白鹰徽；坦克部队成员积极地从英国人那里拿来了英军坦克兵所用的黑色贝雷帽；空降兵则使用铁灰色贝雷帽，并以之搭配黄灰色袖章。

加拿大部队

加拿大现役部队（CASF）于1939年，即战争爆发后被迅速动员，在当年12月便向英国派出一个师，第二个师也在八个月后抵达。1941年，加军成立第1军，第2军也于1943年组建。第1军在意大利作战，随后与本国主力部队在1945年初，于低地国家（包含荷兰、比利时及卢森堡）会师。

加军的制服和军衔在整体上遵循了英军模式，但制服颜色更绿、质量也更好（比如一直坚持用金属而不是塑料制作纽扣）；1943年后，他们装备了一种改进版本的作战服（主要是用布带替换了领口纽扣）。加军的装具也基本与英军相同，但和制服情况类似，两国所产装具在颜色上存在着细微的区别——加式装具的棉布显得更偏黄些。

在第一次动员时，加军的头盔供应相对不足。因此，第一批被派往欧洲的部队大多戴着老式的Mk.Ⅰ型；到1940年1月，加拿大开始生产Mk.Ⅱ型头盔，对库存的Mk.Ⅰ型也进行了改良以弥补性能不足；到1944年诺曼底战役爆发时，加军已开始装备新的Mk.Ⅲ型。除头盔外，他们还在1943年得到了一种棕色军用贝雷帽。

徽标

服役于现役部队的加拿大人戴着标有"加拿大"（Canada）字样的臂章。一条颁发于1939年11月的命令更是具化相应要求，规定了不能把臂章佩戴在大衣上。

加拿大人也使用师徽（均为矩形）。其中，第1师为红色；第2师为深蓝；第3师为浅蓝；第4装甲师为绿色；第5装甲师为栗色；第6师为沿对角线均分的红蓝双色；第7师为沿对角线均分的浅蓝和绿色；第8师为沿对角线均分的绿色和栗色。两个主要装甲旅均使用一种黑色菱形章，章上绘有黄色的加拿大枫叶，以及黑蓝双色横条。

第1军军徽最初为红色菱形，第2军则是蓝色（形状相同）。这导致了一些支援单位在识别上的混乱——支援部队兵种章是佩戴于菱形章（军或旅）或师徽上方的。在随后的实践中，一些团也开始使用团徽，并同时佩戴军徽和师徽。第2师最早遵循传统，允许下辖各营佩戴除师徽之外的标志；但由于随后引起了混乱，该部队于1943年取消了这一许可。

各式各样的团徽是加军一大特色。这种团徽最初由总督

▲ 两名加拿大皮克托高地团的士兵在等待从美国乘船前往欧洲时熨烫自己的军服，该图摄于1944年。

◀ 新斯科舍高地团列兵，1944年。于1944年进入战场的加军士兵穿着黑色的加拿大短靴（也被称为"军用皮靴"）。它没有靴尖，搭配帆布短袜（通常进行过漂白）使用。更长的"第3师皮靴"到1944年9月才装备该部队。

▼ 皇家第22团中士，1943年。这支加拿大部队被戏称为"范杜思"（法语中"22"的谐音），成员主要来自魁北克周围的法语区，位于他们肩上三色（从上到下分别为蓝、黄、红）长方形标志中的团名也以法语表示。此外，图中成员衣袖上的（单一色调）红色长方形图案表示该部队隶属于第1师。

色字母肩章标有"皇家加拿大炮兵"（RCA）字样；1943年时，他们还在此处添加了相应的野战炮兵团编号，以及一些特殊单位的缩写——比如表示第2反坦克炮兵团的"2AT RCA"，或是第6轻型防空团的"6LAA RCA"。

加军装甲部队成员在外观形象上与其英国同行相似，并且同样使用英式黑色贝雷帽。但加军各装甲团佩戴着自己独特的布制坦克臂章（通常位于制服右袖上）——团番号和坦克图案臂章是该部队成员作战服上仅有的徽标。

伞兵

1942年7月，加军使用志愿兵组建了第1伞兵营；第2伞兵营在后来演变成了第1特种勤务团。该（伞兵）部队成员穿步兵制服，戴栗色贝雷帽，帽上饰有本部队帽徽；他们在制服衣袖上佩戴着写有所属营番号的布条，以及位于空降兵臂章（在战争后期出现，标有绿色的"加拿大伞兵"，即"Airborne Canada"字样）上方的天马图案徽章；军官佩戴一种红底肩章。加军伞兵使用的装备与英军伞兵相似，即英式或美式罩衫及武装带。

第一特种勤务团成员穿美式制服，但使用加拿大弧形章，以及交叉箭矢图案标志。他们还佩戴一种美式徽标，即那种形象鲜明的红色箭形章，章上标有白色的"美国"（USA）和"加拿大"（Canada）字样。在美军部队中，臂章被要求佩戴于制服左袖上方，加军也遵守了这一规定。该团成员的帽徽（图案及类型）与本国伞兵相同。

英军第57和第59皇家炮兵重炮团；1941年11月后，第57重炮团被改编成第166野战炮兵团。以上两团成员均使用标有红色"纽芬兰"（Newfoundland）字样的臂章；但在战斗中，他们一般会将其摘下，以免暴露自己的位置。

▼ 皇家加拿大炮兵第14野战炮兵团炮手，1944年。加军新配发的Mark.Ⅲ型头盔带有伪装网，但它（伪装网）经常会被用来携带急救包或香烟。

禁卫队、禁卫掷弹兵团、帕特里夏公主轻步兵团及宪兵部队使用，随后在1940年末推广到大部分团级部队中；到1941年，团徽（的使用）已变得相当常见。

炮兵和坦克兵

皇家加拿大炮兵成员的深蓝底红

纽芬兰

来自纽芬兰自治领的志愿者组成了

澳大利亚和新西兰部队

当战争于1939年爆发时，它对澳大利亚人和新西兰人来说还是相当遥远的；但随着日军对太平洋地区发动进攻，战火很快就烧到了他们的家门口。

澳大利亚

虽然澳大利亚已在1926年获得自治地位，但该国军人仍活跃于第二次世界大战中的希腊、北非、意大利、亚洲及太平洋战场上——澳大利亚仍将自己视为大英帝国的一员，并积极参与了这场战争。在战争初期，澳军所穿的制服与上次世界大战中他们前辈所用的（制服）相差无几——卡其色立领制服，带5枚纽扣。纽扣上最初绘有"澳大利亚武装部队"（Australian Military Forces）字样及澳大利亚地图图案，但后来为简化生产，这些内容都被取消了。这款制服通常配有4个含袋盖的口袋；其袖口可以收紧，以保持制服整体的紧凑性，士兵们在使用时也更舒适；它还配有1个内口袋，主要用于容纳使用者的野战急救包。

由于经济原因，澳军在1943年改用了一种简化版制服。它的整体设计显得更为紧凑，纽扣等部件尽可能采用塑料制作，腰部口袋的形状也改成了矩形。军官一般穿一种开领外套，并搭配卡其色衬衫和领带。除此之外，澳军还配发了一种丛林套装——包括外套衬衫、夹克及丁尼布衬衫。

澳军所用的宽松长裤可通过配有3枚纽扣的帆布短袜于脚踝处收紧，然后再穿棕色皮制短靴；在地中海战区，他们也穿短裤，并搭配布制绑腿；在北非，由于沙漠地区夜间寒冷，大衣因此显得相当实用。澳军装备的一般是单排扣卡其色大衣，衣上只有肩头部位绘着"澳大利亚"（Australia）的字样，除此以外不添加其他徽标。

澳军一般使用英制P1937式装具，但也保留了一些P1908式装具和P1903式皮制弹药带（直到1942年，这两款老式装具才被逐渐淘汰）。

在帽徽方面，澳军一直使用着象征其本国的旭日徽章，并把它佩戴于宽边软帽左侧；他们在外套上使用的徽章除标有"澳大利亚"字样的臂章外，一般还有位于制服领口的旭日徽章（但这枚徽章在实际情况中被逐渐弃用了）。

使用师徽一直以来都是澳军的传统之一。通常情况下，它被佩戴在外套袖子上，位于臂章下方——第6和第7师为矩形；第8师为圆形中的菱形；第9师最初为内含圆形的菱形，但在1942年时，为纪念该部队在托布鲁克（位于现今利

◀ 英军第6师澳大利亚第2步兵团第5营列兵，1941年。澳大利亚部队使用英式标准头盔或宽边软帽，图中这名士兵衣袖上的识别标志有时会被他别在帽子帽墙上。

▶ 澳大利亚第2步兵团第43营列兵，1942年。澳军步兵所用的大衣通常不搭配徽标，因此（在本图中）也看不到该部队的褐蓝双色圆形标志。该营所属师在托布鲁克表现优异，因此获得了一种T形徽章，作为对其英勇表现的奖励。

◀ 澳大利亚第2步兵团第4营列兵，1944年。第6师于1943年从中东前往亚洲，该部队成员通常会在帽子左侧佩戴一枚含绿白双色的徽章。

▶ 新西兰长程沙漠部队少尉，1943年。这是一支侦察/突击部队，大部分成员都招募自新西兰或罗德西亚部队。该部队的现有臂章和蝎子徽章（带有字母"LRDG"）都很受成员们欢迎。

帽徽的卡其色宽边软帽，它通常还配有沙色帽墙布和皮制帽带。澳大利亚在一战期间获得了英制Mk.Ⅰ型头盔的生产授权，在第二次世界大战中，该型头盔的内衬改良版本依然活跃于澳大利亚士兵中；在得到生产授权的Mk.Ⅱ型头盔满足装备需求前，改良版Mk.Ⅰ型一直都是他们的主力头盔。在二战期间，澳大利亚共生产200万顶Mk.Ⅱ型头盔，其中一部分还出口到了新西兰和印度。

新西兰

新西兰武装部队成员身穿制服外套或卡其色作训衬衫，头戴柠檬榨汁器帽（新西兰人对英式宽边毡帽的别称），并在帽上佩戴俗称的"勇往直前"徽章——上方是由花环围绕的"NZ"字样，下方则是"前进"（Onward）。作战服从1941年开始配发给那些在希腊以及意大利作战的第2师士兵。此外，在欧洲作战的新西兰士兵一般穿长裤并打绑腿，在非洲（作战的人）则是穿短裤。

从1941年开始，新西兰部队开始使用黑底白色字母弧形臂章，章上标有"新西兰"（New Zealand）字样；它被用来替换旧式金属徽章，但实际上仍有部分旧徽章被士兵们保留并使用。此外，营、旅及师徽章在此（1941年）之后被要求佩戴在衣袖上。他们的兵种识别标志为几何图形样式，并与旅徽融为一体——骑兵部队为绿色，炮兵师为红

比亚）战役中的英勇表现，他们被允许将师徽（图案）改成了红色的"T"。此外，澳军各兵种佩戴了颜色不同的识别条。其中，当时已被改编为机械化部队的骑兵为棕、红、绿（第6师为矩形，第7师为菱形，第8师为圆形，第9师为圆形）；炮兵为红、蓝；工兵为粉色；司令部人员使用三角形识别章。

军官在战争初期戴平顶军帽，士兵则是船形帽。在澳军中，曾有人主张为士兵配发帆布贝雷帽，但该建议于1944年被军方高层驳回。澳军所用的标志性军帽一般是那种左侧被卷起、带有本国

蓝双色。这些兵种识别标志的图案形状根据各单位的不同而有所变化；但此后不久，这一体系进行了一次简化（以颜色表示兵种类型，以形状表示具体编制）。

驻于亚洲的新西兰部队使用了一种可拆卸式臂章，章上以不同颜色的文字来表示具体编制——红色为第2师，黑色为第3师。这种用于识别的标志可以佩戴在卡其色作训衬衫和夹克上。

新西兰部队也使用英式军帽。其中，装甲部队使用帽徽底色为红色的贝雷帽；骑兵所用款式与之相同，但采用绿色作为帽徽底色。

非洲部队

当战争于1939年爆发时，南非迅速成为大英帝国在非洲最主要的人力供应地（当然其他国家也提供了大量人力资源）。这些人员往往背井离乡，被派到了遥远的战场。

南非

南非武装部队在1939年时可谓微不足道——陆军正规部队只有3300名士兵，即使把预备役人员加起来也不过20000人左右。他们一般来自当地的欧洲移民后裔，而且不会被派往非洲以外的战区。事实的确如此——从1940年6月开始，一个南非步兵旅被派到东非地区与意军交战；随后，该旅在1940年8月被扩编成师。在此之后，还有更多的南非部队被派往北非或马达加斯加，与维西法国军队交战。

南非部队成员穿卡其色作战服，一般还会搭配沙黄色热带短衬衫。军官穿一种更为正式、带有4个口袋以及可收紧式袖口的开领外套，并且搭配卡其色衬衫及领带使用；此外，这种外套的组扣上绘有表示南非武装力量的图案，团徽在翻领处，肩部可佩戴肩章。

该部队成员使用过多种颜色及样式的作战背心和夹克——从20世纪30年代的灰绿色老版本，再到受诸多军官青睐的宽松版本（适用于灌木地区）都有。士兵和士官使用一种含4条绑带的帆布绑腿。这一型号在非洲沙漠中相当受欢迎，因为它除了具有（绑腿的）基本功能外，还能在炎炎烈日下保护使用者被包裹的双腿（不被晒伤）。除标准的4条绑带版本外，出于经济方面的考虑，也有一种含2条绑带的版本被投入生产；在此之后，南非部队还得到了一种英美混合样式的绑腿。另外，该国还生产了一些英式作战服，但这个版本比起英国原版来说颜色偏棕。南非部队中的志愿兵被允许佩戴一种表示自己自愿参军的橙色肩带，它被要求佩戴在肩章末端（即外侧），团徽则位于其之上。值得一提的是，不同团的成员可以通过他们使用的不同帽徽来识别。

在南非军队中，不同师的区分方式依然相对传统，即通过位于该师成员头盔和制服衣袖上的黄绿双色徽章来判断并识别——第1师师徽为上黄下绿的菱形；第2师为圆形；第3师（预备役部队）为矩形；装甲师为绿边黄色三角形。装甲师组建于1943年，随后在美军的指挥下与意大利军队交战。和其他多国同行一样，南非部队的军衔识别标志也位于使用者肩上。另外，该国军衔体系还在一定程度上继承了英国，比如后者所用的金属制深色星星和王冠。

最初，南非部队成员所戴头盔大多都是孟买礼帽和遮阳帽的变种型号，一种广受欢迎的遮阳头盔甚至在1939年就被买断货。因此，少量士兵不得不到1939年时仍然使用老式Mk.Ⅰ型头盔，并对其内衬和盔带进行了一些改良。值得一提的是，以上生产及改进需求均由南非本地的生产商加以满足。随后，当地工厂很快就开始制造南非版本的Mk.Ⅱ型头盔，并在不久后就生产出了足以武装本国部队的数量，甚至还把

▲ 一幅纪念大英帝国军队对战争重要贡献的宣传画，出现日期不详。

◀ **纳塔尔骑马步兵团中士，1943年。**该部队所用的热带头盔有多个样式，从孟买圆礼帽到更为简洁的遮阳帽都包含在内。图中的南部非洲帽制造于20世纪30年代，正面通常会别着使用者所属团相关徽标，后面则设有遮阳帘。

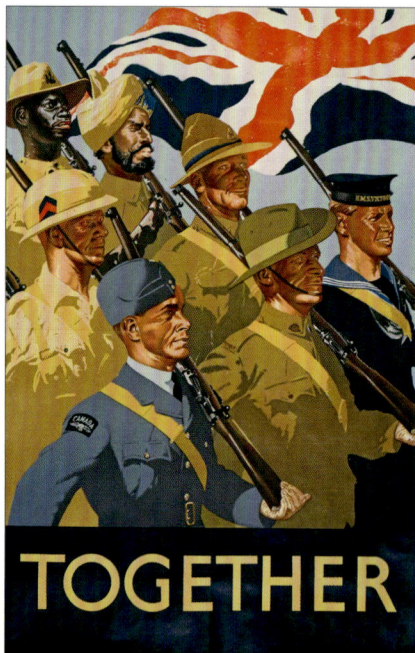

多余的产品提供给了印度。南非版本的Mk.II型头盔在盔体边缘打了三个洞，以固定伪装色布罩。

装甲部队成员（大多来自南非装甲兵，即SATC-SATK）一般使用黑色贝雷帽，它比英国装甲兵所用同类产品的尺寸更大。一般装备有装甲车的南非特种勤务营成员在自己帽徽下方添加了一根橙、白、蓝三色识别条；阿尔弗雷德亲王禁卫队的习惯与其相同，但他们使用的是红蓝双色识别条。

和其他很多英联邦国家军队一样，南非部队也使用过英制P1925式帆布装具。它最直观的特点就是外形狭窄的胸具。

挂和可调整的弹药带——在战争初期，还有不少士兵使用着这一型号。不过，也有一些士兵装备了于1935年配发的布雷斯韦特式装具，其一大特点就是外观奇特的背包（呈矩形，采用双单元设计）。另外，一些军官到战争爆发时都还在使用老式武装带。

罗德西亚

罗德西亚（今津巴布韦）也组建了很多部队，随后从1942年开始，在南非的指挥下参与作战。他们除了在肩膀上佩戴含"罗德西亚"（Rhodesia）字样的橙色肩章，以及使用本国的师徽外，在外观形象的其他方面上与南非部队基本一样。

西非

在英国从西部非洲征召的部队中，最著名的莫过于皇家西非边境部队。该部队的组成人员来自多个地区，包括尼日利亚、塞拉利昂、黄金海岸和冈比亚。除非洲地区外，这支边境部队中还有一些特殊成员，比如约400名来自波兰的军官——他们是英国派来领导该部队的。

皇家西非边境部队成员的臂章上含有表示该部队的英文缩写"RWAFF"以及团徽图案，在这一点上与诸多继承了大英帝国军事传统的军队一样。该部队有相当数量的成员被派往亚洲与日军交战。在那里，他们戴宽边软帽，穿丛林绿作战服或夹克。作为一种特有的习惯，大部分徽章标志并没有被他们佩戴在衣袖上，但帽上通常有师徽。具体来说，第81西非师的

师徽图案是一只在黄色矩形上的黑色蜘蛛，第82西非师则是位于黄色盾牌上的交叉长矛。

国王非洲来复枪团

国王非洲来复枪团是一种征召自非洲中部和东部的军队，该团各营成员都会在自己肩膀位置佩戴标有营番号以及该部队英文缩写"KAR"字母的徽章，并使用绘有号角和王冠图案的帽徽。与其西非同行一样，这支部队也有相当一部分成员被派往亚洲——这部分（前往亚洲的）人会佩戴第11东非师的红底黑色犀牛角臂章。

◀ *博塔团列兵，1941年。位于这名士兵肩章上的橙色扣襻是南非志愿部队的标志，表示这些志愿者应征在祖国之外战斗。根据条令，肩上的金属团名标志应置于扣襻之上，这支最早从1934年就开始招募的部队显然遵守了这一要求。*

▶ *皇家西非边境部队尼日利亚团第4营列兵，1944年。共有两个西非师（第81师和第82师）被派往远东作战。第81师包括尼日利亚第4营，师徽图案为黑色狼蛛；第4营的标志则是棕榈树和卷轴，军官有时会把它别在宽边软帽上，作为帽徽使用。*

印度部队

国内的众多人口使印度成为大战中一个重要的人力资源来源。实际上，它在这场战争中不仅为大英帝国提供了充足的人力资源，还有武器、制服、装备等多种持续战争所需的物资。

尽管英国人一直对武装印度人持有保留意见，但迫于现实压力，他们最终还是（非自愿地）武装了大量印度人。后者被编成印度陆军，主要由欧洲军官指挥。每个印度师都含有一定的欧洲成分——英国驻印军，这一传统可以追溯到19世纪，是当时英国对印度部队（的忠诚）持不信任态度的典型表现。

尽管如此，印度陆军中还是有相当数量的本国军官。1922年，随着全面重组的展开，英国陆军成立了一所军事学院。该学院主要负责培训军官，同时设有一个总督委任军官（VCO，英印军中的一个高级职位，一般比准尉高一级，由总督授予，也被称为印度军官或土著军官。总督委任军官在待遇上和正式军官基本一样，但只能指挥印度部队，并接受任何英国军官和英印军军官的领导）的培训班，在欧洲培养了一些印度军官。最初有8个单位被批准编入印度军官——第7和第16轻骑兵营、第1和第14旁遮普团、第5马拉他团、第7拉其普特团、第19海德拉巴团，以及没过多久就被解散的第1马德拉斯先遣团。这对于印军的印度化来说显然不够。但到1939年，战争的爆发迫使英国以更大的魄力和决心，开始真正推进利用印度人力的军队印度化计划。

缅甸的情况与印度有所不同。1937年时，印度陆军中的缅甸单位被调遣回国，组成了缅甸陆军。

印军士兵（在二战中）所穿的制服和他们在上次大战中相似——卡其色作训外套、热带衬衫，以及地中海战区部队所用的作战服外套（在地中海，卡其色羊毛套衫和卡其色或灰色法兰绒衬衫也在某种意义上成了制服）；在北非的沙漠里，印军士兵往往穿着英军所用的卡其色作训服；在缅甸的丛林中，各种绿色调制服占据着统治地位。他们常用的裤子包括奇特的孟买灯笼裤和长款及膝短裤；许多士官则青睐于臃肿的卡其色长裤，并搭配绑腿使用。另外，士兵

◀ **第8旁遮普团列兵，1944年**。印军制服中的头饰丰富多彩，有多个不同款式，以猩红色、蓝色和黄色为主色调。在战斗中，他们通常使用卡其布头巾或标准的Mark.Ⅱ型头盔。

▶ **第5马拉塔团中士，1943年**。该团遵循着轻步兵团的传统，甚至使用带有绶带和王冠的军号图案帽徽，让人很容易联想到达拉谟轻步兵团（但该部队用数字"5"取代了字母"DLI"，且军号图案的装饰效果稍微不如后者）。这名"陆军士官长"（Havildar，印度陆军中与中士同级的士官）在接受检阅时会添加一根红绿相间的羽毛作为装饰。

◀ **第7廓尔喀来复枪团列兵,1942年。** 1942年时,第17印度师(该团所属师)以黑猫取代了蓝色方框中的白色闪电作为臂章图案。该团团徽(的内容)通常是佩戴于一侧肩章上的 "7.G.R" 字样。许多军官仍然使用他们独特的金属纽扣——绘有两把库克利战刀(尼泊尔库克利弯刀的一个变种),以及位于其中间的数字 "7" 图案。

色字母臂章。和大英帝国的其他军队一样,印度部队也使用师徽——图案为彩色花环(根据不同的所属师采用相应颜色),一般将其佩戴于袖子上方或宽边软帽上。他们的军衔徽标体系也与英军相似,不过总督委任军官在1941年后还添加了一种黄红双色识别条。

印度部队的装备也主要来自英国,而且对于他们来说,老旧的P1908式装具要比P1937式更为常见。

专业兵种

1939年时,印军共有21个骑兵团,他们一般穿传统的卡其色长款作训外套。1940年,随着机械化大潮到来,大部分骑兵部队均改用装甲车。在此之后,他们显然更青睐于专用的工作服;但比起标准的黑色贝雷帽,这些印度士兵还是更喜欢戴卡其色头巾。印军空降部队穿罩衫大衣或灰色丁尼布罩衫,戴各种空降兵头盔(但有名的栗色贝雷帽往往是士官和军官的特权)。他们也使用英军空降部队的天马徽(臂)章,且臂章底部文字为 "印度"(India);另外,这种臂章一般和写有 "空降兵"(Airborne)字样的铭牌一起被佩戴在制服衣袖上。

头盔

尽管印度部队装备有英式头盔,但很多人还是更喜欢戴本国标志性的卡其色头巾;在亚洲的丛林里,宽边软帽同样受他们欢迎——从喜马拉雅山区征召而来的高尔瓦尔来复枪团成员就喜欢使用这种帽子。

在印度部队中,头巾也根据士兵的不同信仰而有所变化——因为这实际上也是信仰的一种表现形式。从大体上看,锡克人一般戴他们的传统头巾,来自马德拉斯(现金奈)的部队则使用卡其色方形头巾。

廓尔喀人

廓尔喀来复枪部队成员戴宽边软帽,所用的各种徽章和识别标志与英军来复枪团基本一样。他们的臂章最初采用金属制作,但随后改用了一种可拆卸的布制臂章,章上标有字母 "GR" 和表示部队番号的数字。帽徽位于宽边软帽上。该部队最鲜明的特征就是他们所用的廓尔喀刀及皮制刀鞘。

除来复枪部队外,英军序列中还有两个廓尔喀伞兵营。他们所用的徽章呈浅蓝色正方形,图案为两把交叉的廓尔喀刀和降落伞。另外,通过徽章内容也能将这两个营加以区分——第153营是刀把朝向降落伞,第154营则是刀尖(朝向降落伞)。这枚徽章通常位于使用者的衣袖或宽边软帽上。当它被佩戴在袖子上时,其下方往往还有一个带 "空降兵"(Airborne)字样的铭牌。值得一提的是,一些廓尔喀伞兵幸运地得到了红色贝雷帽。

▼ 占领利比亚城市奥马尔(Omar)后,两名英印部队成员在检查他们从西部大沙漠中轴心国军队壕沟里找到的纳粹旗帜。

们主要穿短靴或便鞋。

印度陆军使用的徽章标志包括帽徽和金属肩章(但常被一种可拆卸的卡其色铭牌取代)。组建于1935年的炮兵使用含火炮图案的帽徽(带有一颗星,以之取代英军炮兵的王冠),工兵部队则使用星形徽标。其他各种徽章一般根据需要加以增设——比如成立于1942年的情报部队所用的由花环围绕的星星及字母 "I" 图案徽章。

在英国的印度部队使用写有 "印度陆军"(Indian Army)字样的红底白

美国

　　美利坚合众国到1939年9月时仍然保持中立。但在1941年12月8日，也就是日军偷袭珍珠港的第二天，美国放弃了中立，其军队也最终被卷入战争。虽然此时距离美军登上欧洲大陆还有28个月，但它（美国）对同盟国的物资支持在很早以前就已经开始。在整场世界大战中，美国共起到了两方面的作用——一方面派出军队，前往全球各个不同的战区，对抗德国、意大利及日本军队——从冰天雪地的阿留申群岛，到烈日炎炎的北非沙漠；另一方面，它为自己的盟国提供了大量工业原料、物资及弹药援助。无数美制汽车、武器、飞机和船只出现在每一个战区，其使用者包括美军、英军、英联邦军队、苏军及其他多国军队。

▲ 美国陆军一辆"谢尔曼"坦克紧随其他坦克穿越突尼斯的崎岖地形区，搜寻德国装甲部队，它们的履带在土地上留下了明显的刮痕。

◀ 一群美军士兵和一门日制高炮的合影。这门高射炮在霍兰迪亚（荷属新几内亚城市）被缴获，美军后来用它击落过日军飞机。

美国对战争的准备

1939年时，美国较其历史上任何一个时刻都更符合沉睡巨人的形象。30年代的它在经济大萧条的灾难、常以军队镇压收场的工人运动，以及不断激化的社会矛盾中遭受沉重打击，在此时介入一场遥远的战争显然不是一个受到欢迎的选项，反而是这个已经面临20年明显衰退的国家肩上的又一重担。

"孤立"成了美国的流行词，同时也是一种弥漫在整个国家里的情绪；而"希特勒主义"——即德国元首希特勒所表现出来的威胁，对美国人来说只是一个遥远的麻烦。另外，他们对面临这一威胁的欧洲帝国仅表示出了极其有限的同情，因为这是后者在自作自受。尽管富兰克林·D.罗斯福（Franklin D. Roosevelt）政府所施行的"新政"已有一定成效，但本国国内的繁杂事务仍让美国人把目光从国际问题上转移开来；同时，这也让他们忽略了正在地平线上聚集的战争阴霾。

第一次世界大战的教训

从很大程度上讲，美国是在处于未

▼ 美国总统富兰克林·罗斯福在国会联席会议上发表1941年国情咨文演讲。

准备状态时加入第一次世界大战的。于是，他们很快就发现武装350万人对诸如美国这样的庞大经济体来说仍然是个巨大挑战。尽管1938年时美国国会通过了重新武装军队所需的拨款，政府也借此采取一些重要措施，但美军缺乏准备的境况还是没有得到根本改善。尤其是陆军，他们估计建立起一支现代化的远征军需要5亿美元，而自己所得拨款仅仅是杯水车薪。最关键的问题还在于，陆军在20世纪30年代中期的经济萧条中就用尽自己的资金储备——在此之后，他们已经没有能力为未来可能需要的扩军提供充足数量的武器和装备了。

就在这时，美国当局终于开始正视这样一个事实——如果动员起一支规模达到400万人的大军，他们就极有可能重蹈第一次世界大战的覆辙。实际上，制订于1938年12月的国防动员计划（Protective Mobilization Plan）仅打算动员武装人员40万，而"把武装部队的规模逐渐扩充至400万人"这一概念则

▲ 1941年8月10日，"大西洋宪章会议"期间，富兰克林·D.罗斯福和丘吉尔在英国的"威尔士亲王"号战列舰甲板上，这次会议宣布了美国和英国共同的战争目标。

来自于总参谋部在1923年制订的战争计划。但不论如何，美军的后勤状况已经大有改善，工业动员计划也可以确保足够数量的装备能在合适的时候被送往合适的地区了。

彩虹计划

美国政府密切注意着欧洲的情况，并从1938年11月开始制订彩虹计划。这一计划规定了动员的具体员额，同时也指出一支规模可观的武装力量做好战争准备至少需要两年时间的事实。在美国武装其19万人的常规部队（其中有5万人驻在海外——主要是菲律宾）半年后，将会有额外的20万国民警卫队和10万预备役部队待命。

德军在短短几周内击败波兰的事实不但震惊了英法两国，也让美国人相

当惊讶。在这一情况下，他们迫切需要采取相应措施来应对事态恶化。1939年9月8日，美国宣布进入紧急状态；随后，美国陆军航空队（1941年时被改编为陆军航空兵）得到足以制造出10000架作战飞机的巨额拨款，海军也获得了更大自主权。

陆军常规部队和国民警卫队在此时已经拥有50万人；1940年8月后，由于"新兵至少需要服役一年"的规定，其实力和规模还会得到进一步增长。终于，陆军开始发现自己拥有储备武器装备的能力了——但就算这样，在实际动员中仍有不少人进入军队后没有得到自己（应有）的武器装备。

对同盟国的出口

1940年5月16日，罗斯福总统签署了有关追加军事拨款的法案，给予航空器、弹药、制服和装备等方面的生产大量资金支持。相关工业部门迅速响应，开始扩大生产，同时进一步受到了处于孤立无援状态下英国对军事订货需求的刺激；当苏联在1941年6月遭到德军入侵时，它也同样需要大量工业产品的支持。这些对关键盟友的物资出口允许了

▼ 罗斯福向英国承诺的第一支美国赴欧远征军到达北爱尔兰港，图中的该部队成员正在喝茶。

美国在本国军队规模仍然有限（相应需求同样如此）的情况下扩大内部生产而不致出现浪费。直到1941年秋季前，美军自身的规模仍然相对有限。

军队扩充

在当时，美军总参谋部觉得欧洲会是未来的主要战区；同时，他们还认为到1943年中期，美军就能拥有足以在欧洲大陆发起攻势的能力。当然，总参谋部的计划不可避免地受到了上一次世界大战经验的影响——他们考虑派遣一支远征军与盟国军队并肩作战，这支远征军的后勤补给将由横跨大西洋的运输船队运送，并储存在英伦三岛。在制订这些计划的同一时期，即1941年末，美军完成了将部队规模扩充到150万人的第一阶段目标，陆军已经拥有34个师。但把这么多士兵留在本土（由事实证明）会引发诸多问题——1941年夏末，兵营不足和军民关系恶化（的问题）已变得不可小觑。为解决这一系列问题，政府延缓了动员进度，同时也放慢了将国民

▲ 一队美军波音B-17轰炸机正编队飞行，这展示出了美国日益完善的作战准备。

警卫队转为正规部队的步伐。

与此同时，总参谋部还充分研究了法军在1940年的惨败；甚至凭借着少量准确消息，他们还尽可能研究了1941年时苏德战场的战况。以上研究所得的经验在未来美国陆军装甲部队的组织和战术发展，以及航空力量的扩张中起到了至关重要的作用——比如夺取制空权就被认为是（苏德战场上）德军所用战术的一个关键要素。

不过，这一切的进展仍然缓慢。到1941年10月，美军只有一个步兵师被认定可以执行海外任务，而占据其陆军绝大多数份额的另外17个（步兵）师却只能进行本土防御——尽管这17个师是被指定在美国国外，具体是在欧洲大陆上作战的。更加"天不遂人愿"的是，这些本就进展缓慢的扩充计划最终因日军偷袭珍珠港而被全盘打乱了。

美国加入全球战争

日本于1941年12月7日向美国宣战；除此之外，它还在同一天向英国及其殖民地宣战。第二天，美国在加拿大和一些中美洲国家支持下，坚决回应了日本；随后，德国与意大利于1941年12月11日先后向美国宣战——这也是历史上最匪夷所思的举动之一。很快，这场并非美国所愿的战争就变成了一场世界大战——它从12月开始正式与德意日三国进入战争状态，阿尔巴尼亚、罗马尼亚、保加利亚和匈牙利的军队也很快与之交战；不过，维西法国作壁上观，芬兰也决定不主动向美国发起挑衅。

美军规模的扩充又变得迅速起来，在抛弃战前制订的计划后，他们生产装备和动员军队的速度得以大幅提升。新的计划是到1942年时组建71个师，共计

▼ 1942年9月，一队美国海军陆战队官兵集合起来，并计划发动一次攻击，最右侧的就是詹姆斯·罗斯福。

360万人（不久后改为500万人），以及生产并装备约60000架作战飞机和45000辆坦克——一切的一切都是为了打赢这场噩梦般的两线战争。

日军的猛攻

日军不但偷袭珍珠港，还对菲律宾、中途岛和关岛发动进攻——这一切都是在珍珠港被袭消息传至美国本土仅四小时后发生的。尽管已经处在这种紧张不断加剧的状态下，日军发起的猛攻还是让不少美国人出乎意料。

从1937年开始，日军侵占他国大片领土，并在其本土和由其托管的太平洋群岛上组建了大量军队。这些群岛——马里亚纳（Marianas）、加罗林（Carolines）、马绍尔（Marshall）、帕劳（Palau）及特鲁克（Truk）在一战后成为日本领土，现在则作为其海军基地发挥着巨大作用。察觉了日本意图

的美国往附近岛屿不断增加驻军，特别是在1941年春季，日军侦察机开始不断飞越那些美属岛屿后（但此前美国人为节约预算，减少了在这些群岛上对军事设施和要塞建设的投入）。

日军最初所向披靡——遭到进攻后，美属菲律宾群岛军事主官在1942年2月就撤离此地；同月，英军在新加坡的投降更是让同盟国在亚洲的形势走向最低谷。另外，日军占领关岛（Guam）和婆罗洲（Borneo）后，甚至开始对澳大利亚的达尔文（Darwin）进行轰炸；他们还占领阿留申群岛（Aleutian Islands），控制了这个位于苏联远东和美国阿拉斯加之间的重要据点。这也引起了美国国内对日军可能向其本土发动进攻的恐慌——但实际上，日军在整个战争期间仅用飞机轰炸过美国本土（1942年9月，一架从潜艇上起飞的轻型飞机轰炸了俄勒冈州）。给美

▲ 自1941年6月起，美军开始抵达冰岛，并前往欧洲大陆战场替换英军。

▲ 美军第1空中突击队的科克伦上校（最右侧站立者）和英军少将温盖特在缅甸向手下介绍情况。

国本土造成了最大伤害的其实是日军于1944年大量释放的热气球——它们载有炸弹，向美国和加拿大方向进发；三天后，火药将炸毁气球并丢下炸弹。总共有300个热气球炸弹成功轰炸了美国本土，但仅6人因此死亡。

美军到达欧洲

　　美国做出反应需要时间，但欧洲也需要军队。1941年夏，冰岛（原属英国）被转交给美国管辖，当地驻军被要求尽快组建起来。美军第34步兵师在1942年1月到达英国，但直到当年9月登陆摩洛哥和阿尔及尔的火炬行动（Operation Torch，主要与维西法国军队交战，这也导致了德军对法国南部的占领）开始前都没有参与大规模作战。不过，在这一年余下时间及1943年里，美军在突尼斯与德军和意军进行了激烈交战；随后，他们在这里集结了大量人员和装备，为1943年秋季盟军对西西里和意大利本土的进攻奠定了坚实基础。

　　美国武装力量一直在苏联所要求的开辟第二战场和英国首相温斯顿·丘吉尔提出的在地中海部署更多部队之间摇摆不定，除此之外，太平洋战区也需要投入更多部队。可以这么说，美国的工业产能带给了它远远超出轴心国的实力。后者过度扩充军队，使其原先的生产储备开始捉襟见肘；在1941年到1942年的交战中，他们还折损了大批精锐部队。1943年时，同盟国获得一次关键性胜利——意大利退出战争。在随后的1944年里，同盟国军队在法国北部诺曼底登陆，重返欧洲大陆；再过不久，盟军又在法国南部登陆，并开始将德国人赶回其本土。

　　在美军加入战争的最初阶段，其进展往往由于后勤供给方面的困难显得相对缓慢，这一点与苏军在东线面临的问题相同。但到1944年末，形势逐渐变得清晰起来——德国战败已成必然。因此，让苏联加入到对抗日本的战争也被提上了罗斯福的议程。

迫使日本投降

　　同盟国军队的对日最后一战不仅血腥，而且富有争议。《波茨坦公告》（Potsdam Declaration）要求日本无条件投降；同时，后者（日本）的本土已被美军通过轰炸夷为平地，饥饿行动（Operation Starvation）也使其国民陷入饥荒。在8月8日对日宣战后，苏军以迅雷不及掩耳之势重创日军；到8月18日，他们已经兵临朝鲜半岛和千岛群岛。8月6日，第一颗用于实战的原子弹被投放到日本广岛，第二颗也于8月9日被投放到长崎。最终，日本在一周后选择投降，美军参与的这场世界大战正式宣告结束。

杜鲁门的和平

　　战争终于结束，美国总统杜鲁门（Truman）将决定这个在战火中重生世界的命运。与主张联合苏联的罗斯福相反，他也许更愿意见到一个不同的未来。此外，杜鲁门早在1941年就宣称："如果德国获胜，我们就应该帮助苏联；如果苏联获胜，我们就应该帮助德国。总之，我们要尽可能使其相互摧残。"他一直对苏联保持着高度的不信任，同时也被后者所厌恶。

　　正因如此，人们在战后迎来的新世界中并未得到自己一直所期待的真正的和平。

将军和参谋

在世界各国军队中，将军们总是拥有（一定程度上的）根据自己喜好来选择着装风格的特权，这些美国高级军官自然也不例外。

美国将军彼此之间的外观形象往往各不相同，从某种意义上讲，这要归因于他们所处相距甚远的不同战区。这些战区的气候环境彼此相异，因此在英国和冰岛的将军自然就需要保暖衣物，而那些在菲律宾的将军则只需比如采用轻薄棉布制作的衬衫和裤子。不过，他们为自己以及部下进行个性化着装搭配的做法也是产生这种差异的原因之一。

将星

在将军这一衔级中，不同等级所体现出的区别主要就是将星——准将有一颗星，少将有两颗，中将有三颗，上将有四颗。另外，在1925年到1939年间，中将军衔（在美军中）并不存在；随后，这一衔级在1940年得以恢复，并被授给那些统率某一特定司令部（比如夏威夷司令部）的将军。同年（1940年）恢复的还有上将军衔，这是一个相当稀有的衔级——在欧洲战场结束战斗前，美军总共只有18名军官被授予上将或更高级别的军衔。

在战争已经处于末期的1944年12月，美军开始授予部分军官五星上将军衔（所用肩章的内容包括五颗将星和一枚鹰徽。其中，鹰徽居中，将星则在肩章的往外一侧）。在二战中，被授予这一军衔的（陆军）将领只有乔治·马歇尔（George C. Marshall）、道格拉斯·麦克阿瑟（Douglas MacArthur）、德怀特·艾森豪威尔（Dwight D. Eisenhower），以及亨利·阿诺德（Henry H. Arnold，实际上他隶属于陆军航空队，与另外几人稍有不同）。他们的五颗将星大致以五边形进行排列，而其他衔级的将军均为直线样式。

将星一般位于制服大衣的肩章上，衣上同时还带有含"美国"（US）字样的臂章或铭牌；不穿大衣时，将军们也可能把将星佩戴在衬衫领口。各式各样的大衣或抗寒夹克上的将星都位于肩章位置，这些肩章通常由金属制成；不过，他们有时也会使用一种布制将星，并将其缝在布制肩章上。

将星之类的装饰物也同样出现在将军们的头盔和军帽上，比如他们所用的镶金边船形帽（一般是在帽子左侧佩戴这些标志）。但在太平洋战区，将军们戴的任何一种军帽都无法搭配将星；宽边毡帽（镶有金边）虽采用平顶设计，但同样无法添加（将星）。除各种帽子外，将星还可与钢盔搭配，而且将军们经常这样做。

1941年之前，将军们经常在自己大衣袖口处佩戴一种黑色的袖标。

很多将军会酌情使用肩袖章，其内容不仅包括集团军群或军徽，还有地区司令部（如东南亚司令部）所用徽标。另外，一些战区司令部也使用过这种肩袖章，比如中国战区、缅甸战区、印度战区（于1944年设立），以及同盟国

▲ 德怀特·D.艾森豪威尔将军指挥了盟军于D日发起的诺曼底登陆，后来还成了美国第34任总统。

◀ 少将，1941年。位于欧洲北部战区的美军将官们仍然使用着军官的制服长大衣，一种带有一体化腰带和凹口衣领的短大衣也很流行。这两种型号制服的袖口处都带有表示将官衔级的黑色镶边。

▲ **准将，1943年**。在菲律宾服役的军官会得到这样一条建议——购买两套卡其布衬衫和配套长裤，以及用于正式场合的礼服。便帽通常不会在该地区出现，更受欢迎的是船形帽或战斗帽（可提供更好的防雨性能）。

还被授权添加一枚约星章四分之三大小的同款领章（有时这枚星形领章也会被佩戴在胸口口袋上方）。另外，这种领章的图案中还包含了一枚写有"美国"（US）字样的镀金盾牌。

侍从武官使用一种由珐琅制成的盾章，其图案为一只鹰。它曾在1936年进行过微调，以使盾牌部分的大小与相应衔级将军的将星数量相符（比如少将使用两颗星，其副官盾章中盾牌的大小也基本与两颗星星相近）。但五星上将副官所用的盾章不同，其图案是一面蓝色盾牌，上面带有五颗星星。

袖章

以上各类徽标都不足以准确表明这些参谋人员的身份，因此，他们重新使用了那种曾在1917年佩戴过的袖章。

总参谋部成员所用袖章含有"总参谋部"（GSC）的字样，但它经常被一种用来表示该部门的徽章所取代。服役于其他单位参谋人员的袖章上则含有表示其所属集团军、军或师的数字和字母。师级参谋的袖章为红色，军级参谋是上蓝下白底板和红色字母，总参谋部人员则是上蓝下红底板和蓝色字母。

参谋军官是美军中最早佩戴袖标的一批人员。他们最初使用的是一种佩戴在大衣上的黑色袖标，但这种戴法在1941年就被废除了。

军事情报人员也有自己的徽标，其图案为狮身人面像。除军官以外的军事情报人员还会在自己军帽上添加一枚缠有黄色和紫色识别条的徽章。然而，以上这些识别标志基本都没被使用到1942年之后——当时的一条条令规定，该部队人员必须佩戴自己所属单位的徽标或步兵部队相关标志，而不能继续使用他们原先那些徽标。但也有例外，成立于1942年的情报战部队就可以使用一种蓝色袖章，章上标有表示该部队的黄色字母"CIC"。

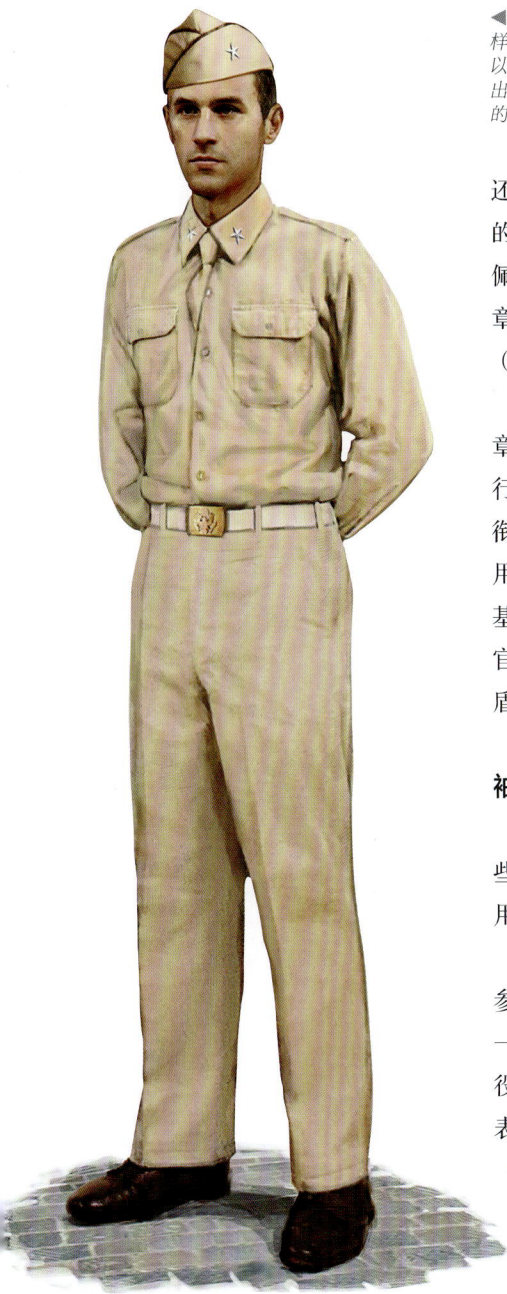

远征军最高指挥部（SHAEF，成立于1944年，欧洲战区司令部在此之后也使用该指挥部徽标，取代了他们从1943年开始使用的版本）。另外，将军们有时还会使用相应师级部队的肩袖章。

总参谋部

美军于1903年成立的总参谋部显著提高了陆军的决策效率。该机构成员在自己制服领口处佩戴着一种相当显眼的星形领章（现役人员所用星章通常由青铜制成）；在制服衬衫领口处，他们

▶ **中校，1945年**。这名参谋军官的制服左袖处佩戴着盟军最高统帅部（SHAEF）的臂章，右袖上则是带有"欧洲战区总部"（HQ ETO）字样的臂章。此外，他的右袖下方还有两道用于表示相应服役时间的金色条纹。

步兵

1941年时，面对不断扩充的本国陆军，美国政府发现自己必须采取一些快速且有效的措施，才能满足前者正在不断扩大的各方面需求。

那些在战争爆发时已经驻在海外的美军部队，比如菲律宾和太平洋各岛驻军，他们只能先充分利用自己现有的装备；情况类似的还有现驻于英国的一个旅，他们（及此类部队）大多是通过冰岛和北爱尔兰前往英国本土。

美军步兵的制服纯粹是仓促设计，从一开始就没有全面考虑——因此，诸多设计都属于临时采用，或仅仅被视为权宜之计。由于并未在制服生产上推行武器生产中的那些标准化措施，因此样式和质量等方面的问题层出不穷；实战中，制服上的诸多设计也被证明是毫无意义的。然而，由于没有其他选择，美军也只能暂时使用现有的版本。

制服大衣

在1918年的战争结束后，美军制服发生了明显变化。于1912年配发部队，既不受欢迎穿着也不舒服的那种立领大衣在历时14年后终于到1926年年末被淘汰。于同年（1926年）配发的新式大衣采用开领设计，领子上带有缺口，整体样式与现代西装相似，一般和衬衫、领带搭配使用。这款制服的诞生反映出美国当时已经注意到了欧洲的一些设计风格，并开始对此加以学习。

由羊毛制成的M1926式外套大衣在1939年时进行过一次改良——背带改为可调式，并增加了一条用于支撑武装带的皮带（但这一设计很快就被取消）。这种大衣可通过4枚镀金纽扣扣紧，衣上配有4个带盖口袋（不带任何褶饰）。除羊毛版本外，M1926式还有一个轻量化的棉布版本。虽然该版本看起来更为美观，但在战斗中并不实用。因此在1942年，这个棉布版本进行了一次改良，主要是移除了后褶饰，并使制服的整体设计更适用于驻防和阅兵。

帕尔森夹克

取代制服大衣的是一种橄榄绿色野战夹克，由陆军少将詹姆斯·K.帕尔森（James K. Parsons）设计，因此也被称为帕尔森夹克。它最早于1941年投入

◀ 第133步兵团（隶属于第34师）列兵，1942年。美军在战争爆发早期所用的制服外观优雅，但不受部队欢迎——由于制成上衣的毛料使用化学药品浸泡过，因此带有一股难闻的气味，而且质地也很粗糙。

▶ 第10步兵团（隶属于第5师）中尉，1942年。这名低级军官戴着M1917式头盔，但它已经不适用于二战——因为这款头盔是为25年前的堑壕战而设计，并没有为使用者头部侧面和后面提供防护。

组扣换成6枚塑料材质纽扣。

欧洲战区夹克

自帕尔森夹克流行后，艾森豪威尔的参谋人员也从1942年开始自主设计一款作战夹克（采用的风格与英式夹克更为相似）。这个设计的最终成果就是欧洲战区（ETO）式夹克——由英国卡其色羊毛布制成，采用单排扣设计，腰部可收紧，肩部不含装饰，总共生产了约30000套。它还有一个改进版本，相对不同的地方在于设置肩章并增加了纽扣数量，同时腰部可以收得更紧。澳大利亚也以绿色羊毛为原料生产了一些欧洲战区夹克，并将其提供给在太平洋作战的美军士兵。

▲ 马克·W.克拉克中将和海军部长詹姆斯·V.福里斯特与第100步兵营的第二代日裔士兵们在一起。该部队由生活在夏威夷的美籍日裔组建而成。

▼ 第168步兵团中士，1943年。这名中士戴着新式M1型头盔，它很受欢迎，是对M1917式的成功改进。M1型头盔共制造了2200万顶，大部分由位于美国密歇根州底特律的麦克德暖气片公司制造。

▼ 美军步兵所用装备。美军步兵的装备较轻而且相对实用。他们大部分装备上都印有无处不在的黑色字母"US"。

使用，是一种短款夹克，下摆只达到腰部稍下的位置。其表面由高强度棉布制成，还带有一层布制内衬。这种夹克的正面设有5枚纽扣，由一道暗门襟将其遮掩，并设有相应的拉链；另外，其脖颈和袖口位置也带有纽扣。帕尔森夹克是一个用于大批量生产的低成本制服型号，但这也导致衣上的拉链经常由于质量不佳而出现损坏。它在美军部队中被大量使用，颇受士兵欢迎，但高级军官们还是更喜欢穿英式作战服。

1943年时，帕尔森夹克进行了一次较大幅度的改进，改进后的型号被称为M1943式野战夹克。在1943年末经过测试后，它很快就被大量配发给驻欧美军。M1943式采用橄榄绿棉布制作，还增加了一层用于保暖的可拆卸内衬。另外，由于这款夹克被设计得相对宽大，在使用时还可以在里面多穿一件夹克。相对于帕尔森夹克，新夹克在腰部位置添加了松紧带的设计，并将正面的5枚

"艾克"夹克

在欧洲战区夹克已经投入使用的同时,美军后勤部门还在大力研发另一个款式——虽然前者早已投入生产和使用,但当时主张使其停产的观点也很强大。新的野战夹克于1944年秋投入使用。一般来说,它也以当时盟军欧洲战区总司令艾森豪威尔的绰号"艾克"来命名,即"艾克"夹克。

1944年夏,一些"艾克"夹克的样品开始在欧洲战区投入使用。它由羊毛制成,采用翻领设计,腰部可以收紧;

▲ 1945年1月13日,一名士兵正在为开往比利时拉罗什的第347步兵团士兵提供食物。

▼ 第60步兵团列兵,1944年。M19型60毫米迫击炮为美军步兵提供了极为有效的火力支援,它每分钟可以发射18到30发炮弹。这一型号以法国相关产品为基础设计而成。这名士兵的大衣由麦尔登呢制成,但事实证明它在前线并不实用,因此评价不高。

夹克内部有一个隐蔽口袋,外部胸口两侧也各有一个(均设有袋盖)。"艾克"夹克比一般的作战服略大,以便在寒冷环境中将其穿在作战服外面保暖。

军官夹克的样式与之相似,但很多人在实际情况中选择以更好的布料和剪裁方式来定制,而且这种行为也是上级默许的。他们的夹克大多呈橄榄绿色,不过偶尔也有巧克力色版本。约有500件欧洲战区夹克为军官定制版本,它们也采用了材质更好、颜色更深的棕绿色羊毛制作。

罩衫和毛衣

蓝色丁尼布罩衫在1941年前是作为工作服配发的。1941年时,人字斜纹布取代丁尼布,成为生产罩衫的主要布料。值得一提的是,罩衫以及与之配套的夹克和裤子都因其耐用性广受欢迎。一体式罩衫最初只装备装甲部队,但在1944年后也作为劳动服配发给了步兵。

在1944年的寒冬中,羊毛毛衣是美军士兵衣柜中的一个重要成员。但他们最初并没有标准版本的毛衣,这就导致士兵们不得不去找英国人借,或是让家里寄来。1944年时,美军终于配发了一种高领毛衣,并以此作为部队的制式衣物。

徽标

美军步兵在上次世界大战中使用交

◀ 第423步兵团（隶属于第106师）列兵，1944年。这名士兵穿着1942年时首次配发的白色长筒靴，它（上半部分）采用帆布制作，配有充足的隔热材料为双脚保暖。这种防水靴可通过帆布鞋带和一根拉绳进行固定。

在这枚步枪图案徽章中，交叉滑膛枪下方一般还带有用于表示使用者所属单位或职位的字母标志——比如"A"为A连，"HQ"意为指挥部，"S"是后勤补给部队，"MG"是机枪手，"HZ"则是榴弹炮部队。

军官和士兵不同，他们的上翻领——不论左右，都会佩戴"US"字母标志；步枪图案徽章则位于下翻领处（徽章上一般还有表示其所属团的数字番号）。在不穿制服大衣时，军官们一般会把这些徽标佩戴在衬衫翻领上，但有时也将其添加到船形帽上。除以上徽章外，一种由珐琅制成的团徽——比如第28步兵团的狮子纹章也经常出现在衣领或军帽上。但这种独特的（珐琅）徽章在1942年官方发布禁令后就很快退出了历史舞台。

在1918年的实践中，美军发现统一的师徽标志能有效振奋新建部队的士气。于是，军方在1918年5月颁布新条令，规定了把师徽作为臂章和其他徽标内容以及相应的佩戴方法。但它（师徽）真正得以发展和大面积普及还是在第一次世界大战结束后。战间期，师徽的一整套体系迅速成熟；到1941年战争爆发时，美军已经发展出了一套相对完整的师徽。位于士兵上臂部位的版本大致可分为两类——由机器制作的橄榄绿底色师徽和人工缝制的无底色师徽。

另外，一些军官在自己的师徽上添加了金银色丝线刺绣，还有一些师徽是由美国境外的厂家生产（这就导致了一些师徽在材质和样式方面的不同）。

有些人员只是临时服役于某个单位，他们可以选择戴陆军地面部队章或陆军服役部队章；如果以上两种都不选，他们还可以佩戴集团军群、集团军（比如在意大利的第5集团军）或军徽。一些战区司令部也配发了自己的臂章，比如1944年时设立的中国、缅甸、印度司令部章和同盟国远征军最高司令

叉来复枪图案作为兵种识别标志。1922年时，他们对这一图案进行微调，主要是把来复枪换成了滑膛枪。这枚标志通常位于衣领上，有多个固定（或佩戴）的方式——1941年前，最常见的就是通过一个止动螺母来固定，以便使用者对其进行拆卸打磨；1941年后，使用纽扣加以固定的方式变得越来越流行。根据条令规定，步枪图案徽章应被佩戴于左侧衣领上，右侧衣领则应搭配金属制的"US"字母标志。

▶ 第263步兵团（隶属于第66师）列兵，1944年。图中这款雨披最早由美国海军陆战队使用，但陆军也从1942年夏季开始对它进行测试；最终，他们为步兵开发出了带涂层的棉布及尼龙型号。此外，这些雨披也可以通过捆扎，做成一个临时的帐篷。

◀ 第115步兵团（隶属于第29师）少校，1944年。这种欧洲战区夹克由美国公司在英国制造，于1943年配发给航空兵部队和第29师进行试验，事实证明它很受部队欢迎。

▶ 第357步兵团（隶属于第90师）列兵，1944年。这名士兵的帆布绑腿通过钩子和鞋带固定，但穿上和解开绑腿都很麻烦（鞋带必须从下往上系或是松开），钩子也很容易在灌木中挂住其他东西。尽管如此，美军在战争中仍然主要使用这款绑腿。

上方（一道表示在海外服役满6个月）。其他用于识别的标志，比如1944年后引入的功勋部队花环一般被佩戴在使用者右袖袖口处；在战争期间，美军还大量颁发了神枪手资质章，但很少有士兵在战场上佩戴这种徽章。

军衔

军官的肩章上带有很明显的军衔识别标志。除此之外，他们和士兵的区别还包括（前者）质量更好的制服、带鹰徽的军帽、含刺绣丝线的宽边毡帽，以及配有独特绣带的船形帽。

在军官所用军衔标志图案中，少尉是一条金杠，中尉是一条银杠，上尉是两条平行的银杠（由两根细条相连）；少校是一片金质树叶，中校是一片银质树叶，上校是一枚鹰徽。技术军官（这是美军中的一个特殊衔级，他们主要负责技术和管理工作，不承担领导责任。美军的技术军官体系相对独立，所划分出的不同级别只是为了表示资历深浅而非上下级关系）使用一种棕色圆形臂章；首席技术军官所用章的样式和颜色同上，但中间部分镀金。另外，这些技术军官还使用了一种和其他部队军官样式不同的鹰徽作为识别标志。

士官们一般在衣袖上佩戴V形臂章，其底板为黑色，V形图案由卡其色丝线绣制而成。与制服上的其他部分相同，他们所用的V形臂章也可以分成多个样式——有的用银色丝线绣制内容，有的使用蓝色底板，还有一个版本采用了橄榄绿色底板和棕色镀金线绣制内容的组合。1942年，美军对军衔体系进行调整，在首席军士之上增设了排军士，前者V形臂章中的V标因此被去掉一条。一般来说，在佩戴兵种识别标志或技术兵种标志时就不需要再戴V形臂章；但这项规定经常被忽视，尤其在医务人员中。值得一提的是，作为战斗指挥人员的那些士官还会在自己V形臂章的下方添加一根绿色布条。

衬衫

美军在第一次世界大战期间使用法兰绒衬衫。但在随后的1926年改革中，

部所用章。不过，大多数部队的成员还是会选择在自己制服左袖上方佩戴师徽。当然也有例外，比如常驻巴拿马的第158步兵团和由日裔美国人组成的第442步兵团——他们选择佩戴团徽，而不是所属师徽。值得一提的是，服役于太平洋战区部队的成员会尽量避免使用那些颜色过于鲜艳的徽章。

美军的服役袖标一般位于使用者制服左袖下方，每服役满三年就可以增加一道。海外服役袖标则是在战争规模扩大后才被引入，一般被佩戴在服役袖标

下数）第二枚和第三枚组扣之间的缝隙把它塞进去。

裤子

1938年时，美军配发了一种橄榄绿哔叽直筒长裤。它的两侧各设有一个口袋，后面为两个，前面还有一个表袋。1942年，就像对衬衫进行的改良那样，这种裤子也添加了针对毒气（尤其是芥子气）的防护设计。

这款裤子的设计并不适用于作战，所以美军很快就在1942年给士兵配发了一种更为宽松的野战长裤；为了与"艾克"夹克搭配，后勤部门也生产过一种颜色更深的裤子；除此之外，美军还在英国生产了约40万条由卡其色布料制成的裤子——这种带有英伦风格的裤子同样配有两个后口袋，并且外形笔直。

最后，美军还装备了一种被称为"胜利裤"的裤子，它于1944年年末出现并配发部队。

对军官来说，除作战以外，他们还需要为一些更加正式的场合准备一种更为正规和美观的裤子。这种裤子大部分呈浅玫红色，也就是俗称的粉色；但也有一些军官仍然青睐于传统的橄榄绿或浅色斜纹棉布制服长裤。

鞋与靴子

最初与这些裤子搭配的是深棕色制式皮鞋。它于1939年配发部队，采用鞋帮及踝的设计和橡胶鞋底，还配有鞋头装饰（但该设计于1943年被取消）；1943年时，为了使鞋底提供更大的摩擦力，设计部门还在此处添加了一圈鞋钉。由于这种鞋子需要和一种一体式帆布绑腿搭配使用，因此随鞋配发的还有一个布圈（当战争爆发时，美军还保有大量绑腿布）。值得一提的是，这款一体式帆布绑腿不是用扣子，而是通过鞋带和钩扣来收紧的。

1943年，一种更为实用的作战靴开始在战场上出现，但它真正得以普及还是在1944年年末。从总体上讲，作战靴就是把制式皮鞋的鞋帮进行拉高，以便将绑腿（或裤腿）塞进去。

伞兵靴同样很流行，它不仅被伞兵部队，也被步兵们自1942年开始大量使用。军官们一般穿着那种从战间期发展而来的高帮骑兵靴，尽管它在二战爆发时已经显得相当过时。

穿各种各样的军队配发鞋（及脚部用品）显然不是一件令人愉快的事情——绑腿难以穿戴，被水浸湿后会感觉相当难受；制式

▲ 美军所用军衔徽标。
1. 一等兵；2. 下士；3. 中士；4. 上士；
5. 参谋军士；6. 排军士；7. 首席军士；
8. 五级技术军士；9. 四级技术军士；10. 三级技术军士（于1942年后出现）；
11. 主管技官（左图，于1941年8月设立），初级技官（中图），飞行技官（右图）；
12. 少尉（上），中尉（下）；13. 上尉；
14. 少校；15. 中校；16. 上校。

▶ 第317步兵团（隶属于第80师）列兵，1945年。可以反穿的派克大衣非常实用，它能搭配标准型内衬，在寒冷天气中也可使用羊皮内衬和兜帽，腰部和袖口均可拉紧。这种大衣在1944年意大利中部的山地战区部队中颇受欢迎。

他们发现自己需要一种采用更好布料制作的翻领衬衫——这就是M1934式外套衬衫诞生的原因。

每个士兵都会得到2件M1934式衬衫，它配有6枚纽扣和2个胸口口袋。在这款衬衫的1941年改进版本中，纽扣数量增加到了7枚，领口也被改成既可搭配领带、也可以直接打开的样式。

1942年时，一种俗称的"特种衬衫"开始配发部队。它在组扣后面添加了一条衬布，还在袖口位置增加了一块布料——防止士兵皮肤直接接触到芥子气。同年，之前的那款法兰绒衬衫也被重新投入生产。

在1943年之前，美军所用的领带一般为卡其色或黑色；在此之后，他们还得到了一种橄榄绿色领带。根据相关条令，使用领带时可以通过衬衫（从上往

皮鞋和皮靴在太阳下暴露过久后则会缩水。以上情况在战场上显然是无法避免的。美军也不是没有尝试过解决问题，比如使用替代品，但发现它们也存在着各种问题。举例来说，现在所称的高筒防水保温靴就曾是试验品之一。他们采用从阿拉斯加海豹皮到橡胶的各种材料生产了相当数量的该型靴子，但最终发现它的防水性能太强，以致于内部的潮气根本无法挥发出去，在寒冷

气候环境中反而会让脚冻伤。最终，美军在1944年末才得到一种让他们满意的产品，即丛林靴。但它诞生的时间太晚，最终只配发给了太平洋战区部队。

大衣

美军所用的大衣（M1927式）是一种不容易穿的衣服，而且和他们在一战期间所穿的那款有所区别。在1939年的改良中，M1927式改为采用双排铜质纽扣（1942年时改用绿色塑料纽扣）、开领、后襟和平肩设计。总的来说，它又长又沉，在潮湿环境中穿着会让人很不舒服。军官们则青睐于私人定制的版本，它采用了更短的裁剪样式；1943年时，军方还专门为他们配发了一种短款大衣（但也有军官喜欢穿战壕大衣或雨衣）。

自1938年以来，雨衣一直是美军的一类制式装备——简单地说，这就是一种由不透水橡胶制成的长款大衣。其设计相对简单，采用5枚纽扣和立领设计，衣内侧面有开口，以便放置装具。到战争后期，这种雨衣被改为采用合成材料制作，但样式不变。

在雨衣这一方面，海军陆战队和陆军有着不同的偏好——前者喜欢雨披，后者却对此毫无兴趣。在进行过一些测试后，一种大衣式的布制雨披开始配发（陆军）部队；不过更受欢迎的还是一种与其同时配发、由合成尼龙材料制成的雨衣，它可以通过袖口系带（此设计在当时颇为新潮）和衣领部位的松

紧带调整松紧。除此之外，一种非官方的穿戴风格也在美军中广受欢迎——在使用雨披的同时戴钢盔，这样就可以防止雨水顺着脖子流进雨披里面了。

在多个款式的大衣中，最受欢迎的莫过于派克大衣。1941年，最初版本的派克大衣诞生；1943年，其改进版本开始生产并配发部队。美军在这种大衣的设计中接受了分层保暖的概念，它

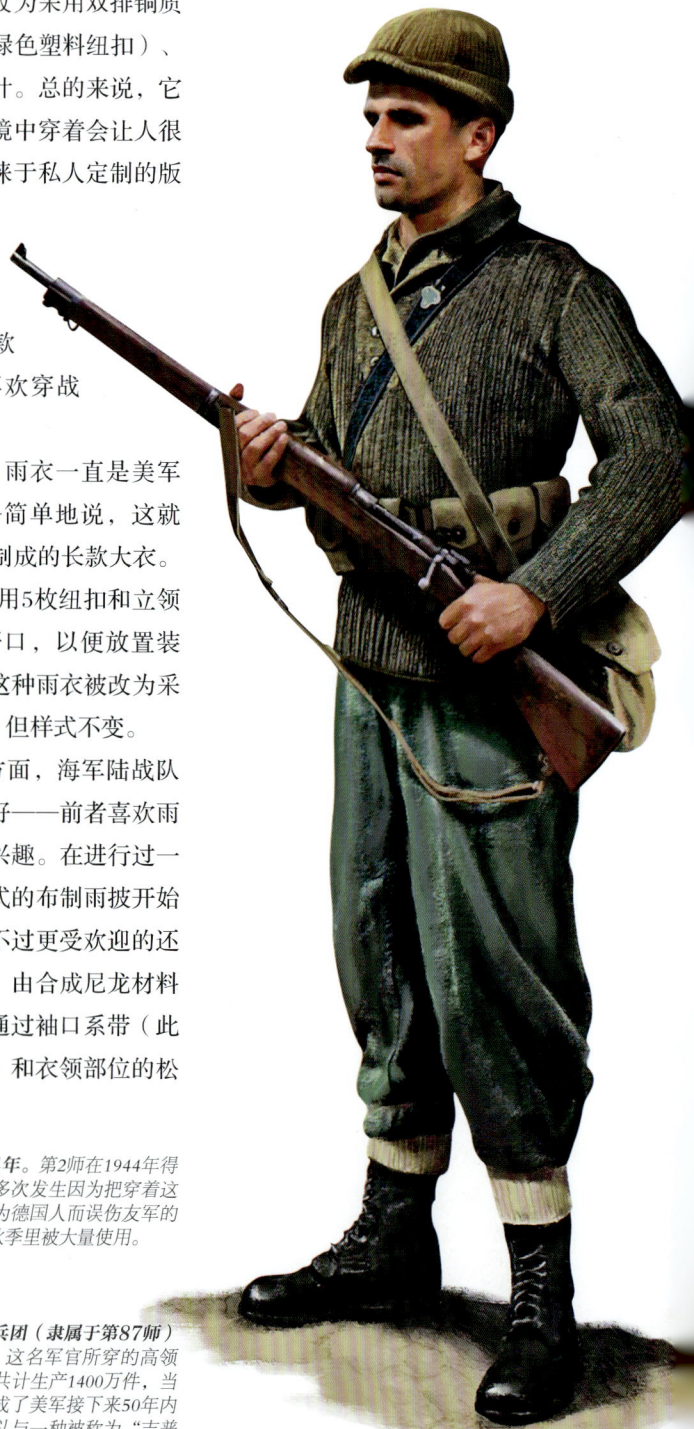

◀ **第41步兵团列兵，1944年。** 第2师在1944年得到了迷彩服。尽管盟军部队多次发生因为把穿着这种不同寻常制服的士兵误认为德国人而误伤友军的事件，但它仍在法国该年的秋季里被大量使用。

▶ **第346步兵团（隶属于第87师）中尉，1945年。** 这名军官所穿的高领毛衣于1944年配发部队，共计生产1400万件，当时很受欢迎，改进型号更是成了美军接下来50年内的制式衣物。另外，它还可以与一种被称为"吉普帽"的针织小便帽搭配使用。

▲ 美军师徽。 师属徽标是美国陆军军服的一个明显特征，在整场战争中，士兵们都很爱护这些与众不同的徽章。

▼ 第359步兵团列兵，1945年。 这名士兵穿着新装备的橄榄绿制服。随着时间推移，它（制服）已经由于日照和水洗影响褪成浅绿色——这导致了官兵们的忧虑，因为该色调很难实现伪装。

也正是为了容纳内部的多个保暖层而被设计得较为宽松。1943年时的改进版本在大衣两侧分别添加了一个白色和一个草绿色（但经常褪成浅棕绿色）的侧边口袋。派克大衣带有暗门襟、纽扣，以及拉链（纽扣在外，拉链在内）；其领口周围也设有纽扣，腰部还有口袋。在1941年到1942年间，美军中还出现过一种少量配发的改进版滑雪用派克大衣。

除大衣外，美军度过寒冬的另一个依仗就是厚呢短大衣（也被称为"吉普大衣"）。它配有防水外层和厚实的羊毛保温层，采用双排扣和外翻衣领设计，可以通过腰带收紧腰部。M1942经济型厚呢短大衣取消了羊毛保温层，并将腰带扣所用材质改为塑料；M1943式短大衣在没有搭配腰带的情况下就配发给了部队，但在没有实现普遍装备时就被一种野战夹克所取代。

在欧洲战区，美军所用的各种服装很少采用迷彩色调，但在登陆诺曼底时有些陆军部队使用过迷彩夹克和裤子（这个色调最早于1943年出现）。

头盔

二战刚爆发时，美军使用的还是一战中他们父辈曾经戴过的M1917式头盔。它曾在第一次世界大战期间大量生产，并在整个战间期被美军使用。但不管从哪个角度来看，M1917式都算不上一款性能优良的头盔——它缺乏对使用者侧脸和颈部的防护，因为其设计初衷就仅仅是保护堑壕战中士兵的头顶。

1936年，美军对该型头盔进行了一系列改进，并由此催生出M1917A1式。和其他很多国家对本国老式头盔的改进一样，M1917A1式也改用了新式内衬和新盔带。老式皮制盔带在实战中已被证明不实用，尤其是在突发情况下很难将其解开；相比之下，新的纺织布盔带就显得更为实用了。同样被取代的还有老式内衬，新的皮制内衬除了能增加头盔在遭到冲击时对头部的缓冲外，士兵在佩戴时也更加舒适。在1942年之前，涂有防反光涂层的M1917A1式一直是美军主要使用的头盔型号。

随着战争步步逼近，美军后勤部门也开始尝试设计新型头盔。其中的一个试验型号——TS3型头盔凭借其扁平衬垫、半球外形的合理设计赢得了美军青睐，最终被采用，成为制式装备，并在1941年6月时被命名为M1型头盔。最早的一批M1型主要由麦克德暖气片制造公司制造，随后很快进行大规模生产，并转由更多的生产厂家制造。这款头盔

450克（约16盎司）。沉重的头盔使盔带在实战中暴露出了一系列问题，美军也随即针对它进行了改良（如盔带改为采用三点式固定）。除此之外，有报告指出头盔在遭受子弹或弹片冲击时盔带会折断佩戴者的脖子——这个问题最终在1944年通过开发出一种新式自解盔带后得以解决（在此之前，士兵们一般会选择不系头盔带）。内衬也同样在实战中被证明太过脆弱，尤其是在太平洋的潮湿环境中容易损坏，因此后来生产的头盔都改用了塑料树脂来制作内衬。

M1型钢盔从1942年开始配发，当时主要由在北非和瓜达尔卡纳尔岛作战的美军部队装备。尽管将栓皮粉和涂料混合就足以在头盔上产生一层坚实且不易反光的涂层，但他们还是更青睐于专门的橄榄绿防反光涂料。不过人们在实战中发现，当这种涂料上覆盖了一层潮气后，它的反光效果就会消失，甚至变得闪闪发亮——这一点在北非也许无关紧要，但在太平洋战场的不少战役中就会变得相当致命。克服钢盔反光的另一种方法是在盔体上覆盖一层伪装网，并通过盔带将其固定；伪装网并不重，而且不会影响钢盔的正常使用。随着战争持续进行，迷彩涂装也变得越来越常见，其图案一般为相互交织的棕色和绿色，或是用于冬季的白色。

从某种意义上讲，钢盔上的那些图案标志是相当常见的。军官钢盔上一般带有白色的军衔标志，其他人也会在自己钢盔正面画或是印上师徽。在标准师徽版本上，美军官兵经常发挥创造力，从而创造出无数个变种（这些师徽也都会被画成或是印到钢盔上）。团所属各营也会在钢盔上添加本部队的独特（营）识别符号，比如第7步兵团所用的扑克牌——黑桃代表第1营，红心代表第2营，梅花代表第3营。热带地区部队使用的头部装备——比如一种曾在1941年风靡该地区的热带头盔。它配有一条皮

▲ 这名美军士兵使用着一套笨重的制式丛林装备，包括防蚊面罩、橡胶鞋、雨披和迷彩裤。

制盔带，并设有若干小孔提供通风；但很明显的是，这种热带头盔所能提供的防护就相当有限了。

帽子

不戴钢盔时，美军士兵一般会使用各种各样的帽子。这些帽子反映了各个部队的传统，同时也为使用者提供了舒适的头部体验。美军所用宽边毡帽的历史最早可以追溯到1911年，并在第一次世界大战中成为"美国牛仔"的象征（到二战期间仍很常见）。这款帽子配有一种被称为"蒙大拿尖顶"的圆帽顶，四周均设有帽檐；它还带有用于通风的小孔、吸汗带以及帽带——这使它变成了一项让人舒服的帽子；除此之外，这种帽子的四周还配有一圈装饰性彩色细绳。一般来说，士兵所用细绳为蓝色，军官为金色和黑色，技术军官则是银色和黑色。一些人还在帽子正面添加了他们的兵种图案标志，比如步兵的交叉步枪。但最终，这种帽子还是因为既不防水也不便于携带而被弃用了。

美军的深绿色大檐帽同样不实用，但外形相当美观。这种帽子的前部一般配有棕色的皮制帽檐及帽带；军官所用大檐帽的正面配有鹰徽，士兵则是在相

▲ 第19步兵团列兵，太平洋战场，1944年。人字斜纹布夹克通常为长袖样式，可通过将其衣领束紧以使人感觉更加舒服。这也能减少由蚊虫叮咬带来的影响，毕竟在太平洋战役中，所有美军官兵都饱尝了这一痛苦。

最具革命性的一个设计就是衬垫——只需调整盔带和颈带，就可以使盔体适应大部分人的头部。

M1型头盔的盔体制造材料是哈氏高锰钢。最初，这种材料的磁性会导致指南针倒转——于是，在1942年之后生产的头盔都会进行消磁处理。

M1型相当沉重，比M1917式重了

同位置佩戴一种表示美国军队的盾章。根据条令，驻在菲律宾的部队不得使用标准型大檐帽。因此，许多在这里的军官开始戴上了他们所谓的"粉碎机帽"（也就是取消让帽子布料硬化的原

▼ 第105步兵团（隶属于第27师）中士，太平洋战场，1943年。从1851年起，美军步兵一直以浅蓝色作为识别色——这名士官的船形帽就保留了蓝色帽边，将其作为自己的兵种识别标志。此外，没有徽标和帽边的帽子在太平洋战场上也很常见。

料，使其变得更柔软，但也没那么笔挺了）。此外，驻在此地的女性军人一般会使用一种尖顶圆帽。

在不执勤时，美军一般会选择使用一种舒适性颇佳的帽子，即船形帽。它基于法式警察软帽的信封形状进行设计，以便放置和携带。从生产原料上看，这种帽子可分为黑色羊毛和轻质棉布两个版本。其中，棉布版本一般会和夏季制服搭配使用。另外，大部分船形帽顶部都带有兵种识别色。1942年之前，美军一般把兵种徽章佩戴在船形帽上；但在此之后，他们更习惯于在帽上添加军衔标志，而不是兵种或部队识别徽标。

一种针织吉普帽也很受欢迎。它带有一个短短的帽檐，以及一条可以放下以保护耳朵的布帘。这种帽子最初是在1941年进行生产，从1942年开始在战场上出现。吉普帽的设计初衷是将其戴在M1型钢盔里面（以提供缓冲）。除此之外，英式突击队帽也受到了美军侦察兵的欢迎。

美军在不执行作战任务或进行劳务运动时一般戴平顶劳动帽。这种帽子在20世纪30年代进行过大量生产（最初是蓝色丁尼布版本，后来从1943年开始也生产橄榄绿布料版本）。除此之外，他们在冬季经常使用一种带侧边飘带和羊毛衬垫的帽子，一种配有通风孔的宽边圆帽也曾被驻在太平洋战区的部队使用。

装具

当美军所穿制服正经历剧烈变革时，所用装具却因为20世纪30年代末的相关改革保持了相对稳定。从总体上看，他们在战争初期使用卡其色（或浅绿）的9号帆布装具，在战争中期开始装备浅绿色的3号装具，到战争末期还使用过橄榄色的7号装具。

▲ 第34步兵团列兵，太平洋战场，1941年。事实证明，太平洋战场是一个要求苛刻的试验场，不仅对士兵，对武器、军服及装备也是如此——在这种环境中，鞋子每过五个月就需要更换一双。

美军从1937年开始配发标准的帆布腰带，它配有一个金属带扣，而且不能用来携带步枪弹的桥夹（弹夹的一种）。对非骑兵部队而言，他们的弹药需要使用M1923式弹药带来携带。这种

▲ 在训练中徒步及滑雪经过崎岖的山区后，来自第503伞降滑雪营的美军士兵正在睡袋里休息。

弹药带同样为帆布样式，在1938年进行过局部改良。它最多可携带80发标准步枪的子弹，额外弹药则需要放入棉布子弹盒。另外，一种可拆卸的背带能有效帮助使用者将弹药的负重（较为均匀地）分摊至身体其他部位。

背包

美军一般使用M1928式帆布背包。它的顶部可以放置一件被卷起来的大衣，掘壕工具一般被挂在后面，侧面挂着一个装有口粮罐头或其他食物的袋子；刺刀——无论较长的M1905型还是改进后更短的M1型，都需要先放入特制刀鞘中，再将其挂在背包上。

M1928式背包显然算不上完美，甚至有诸多不足。因此，美军在1944年配发了一种新型野战背包。其设计基于本国海军陆战队所用的一个型号，共分为上下两层。背包的基本功能大多由上层执行，这一部分主要采用防水的耐久

材料制作。到战争的最后一年，也就是1945年，美军还配发了一种改进版本背包，但它显然来得太晚，因此没有进行大量装备。

山地部队和常规步兵部队不同，他们装备了一种设计于1942年的专用背包。这种帆布背包的顶部有一根细绳，内部容量很大，还配有多根用于调整背包的背带。其早期型号含有金属框架和腹带，用来稳定结构并提供支撑；1942年的改进版本取消了金属框架，并添加了一条胸带，让士兵们在使用时更为舒适。

驻在太平洋的部队最初也使用标准背包（M1928式），但它并不适用于当地的作战环境；直到1943年，后勤部门才研发出了丛林专用背包。这种背包

采用橄榄色或迷彩色材料制作，配有细绳、防水层和一个可以通过拉链拉合的额外容纳空间（一般用来装水壶）。它的其余部分和普通背包没太大区别，同样用于携带口粮、吊带床、野战急救包和衣物；砍刀、菲律宾大刀及刺刀等装备一般被置在背包（外部）侧面。

M1910式掘壕工具在此时仍很常见，但它的历史已经可以追溯到一战甚至更早之前。这套掘壕工具均配有帆布外套和T形手柄。在每10个人中，

▶ 第165步兵团列兵，1945年。在对日军重兵把守的太平洋岛屿发动的战役中，火焰喷射器是重要武器之一。这名隶属于第27师的列兵携带着1941年首次配发的M2-2型火焰喷射器。它虽然在早期型号的基础上进行了改良，但有效射程仍然只有大约30米（100英尺）。

◀ 第103步兵团狙击手，1945年。美日双方都部署有狙击手，并在南亚和太平洋的极端恶劣环境中取得了极佳战绩。美军狙击手使用过多款不同的枪支——图中这名狙击手装备的是带有"韦弗"瞄准镜的斯普林菲尔德M1903A4式狙击步枪，不过当时"加兰德"步枪已经在快速替换这个旧型号了。

▶ "菲律宾"师第45步兵团（"菲律宾侦察兵"部队）列兵，1941年。"菲律宾"师是使用臂章的两个无编号师之一（另一个是"美国"师）。这种徽标于1942年夏季首次配发，使用了旧的西班牙皇家颜色——黄色与红色，图案为菲律宾水牛头。

（从20世纪20年代开始被授权使用，在野战环境中通常与两个肩带搭配使用），但也可以携带M1936式手枪枪带——这种配有可拆卸背带的枪带可携带手枪、手枪弹药、野战急救包和水壶。M1928式背包也是军官的一个选择，因为他们在个人装备选择方面拥有比士兵更高的自由度。

防毒面具

在第一次世界大战中，美军只能向法国人和英国人租借防毒面具，第一种美制防毒面具（M1型）直到战后才诞生。尽管这款产品有着尺寸单一、目镜过大等缺陷，但还是被用到了1940年。在战场上，士兵们一般使用帆布防毒面具袋来携带它。1935年，M1A2型防毒面具作为M1型（于1919年研发）的改进型号开

▼ 一些佩戴防毒面具的驻巴拿马美军士兵的摆拍。这种防毒面具在实战中很少应用。

有7个人携带铲子，剩下的人则携带鹤嘴锄。1943年时，美军开始配发新的掘壕工具（M1943式）。它在对老式掘壕工具有所创新的基础上增强了实用性，整体设计也更为合理——铲子、鹤嘴锄及铁镐合三为一；铲身可根据使用者身高进行相应的调整，铲头在不使用时可以折叠起来。M1943式一般会被漆成浅绿色，以便与早期卡其色的M1910式相互区分。

军官有时会使用山姆·布朗腰带

始配发部队。之后在1941年，随着橡胶制造技术的进步，更好的M2型防毒面具也开始投入生产；这一型号终于有了更多的尺寸供士兵选择，但它依然过大过重。更轻的M3型（缩小了导气管和目镜尺寸）于1942年配发美军；M4型把传统防毒面具的灰色色调改成了橄榄色；M5型彻底去除了以往防毒面具上长长的软管，从1944年开始配发（在"D日"，也就是盟军于1944年6月6日登陆诺曼底的行动发起前）。

▲ 美军医疗队在使用军用骡子运输血浆，并前往一处位于意大利的前线救护站。

于1910年开始配发的那款水壶到一战结束后仍然留在美军的装备清单上。它一般被放在背包左后侧，与口粮袋和手榴弹袋相邻。部分袋子上绘有表示美国的图案标志。急救包也经常被挂在腰带上。除这些必要物品外，士兵们还可按需携带剪线钳、哨子、指南针，以及其他装备。

行军时，士兵们一般还会携带棕褐色帐篷布和无根帐篷柱（由两人共同携带），以便合伙搭起帐篷，将其作为临时住处。另外，他们通常还带有毛毯。

太平洋战区

于20世纪30年代研发的夏季制服颇受驻在热带岛屿地区美军的欢迎。它一般包含有卡其色作训衬衫以及同色长裤——这个色调通常被称为"香港卡其"；此外，这一称呼在1938年时被官方认可并使用，还大量配发了采用该色

调布料制作的制服。

人字斜纹棉布制服，也叫一体式套衫，同样是太平洋战区部队经常使用的一个款式，尤其是在1942年后。它包括一件夹克，以及与之搭配的裤子。1944年后，其生产原料被改成了一种颜色更深的棉布。美军进行了一系列测试，以得知并比较人字斜纹棉布、府绸和格伦菲尔平纹布（即拜尔德双面平纹布）这三种布料的舒适性、耐久性和对昆虫叮咬的防护性能。在测试中，拜尔德双面平纹布取得了性能上的绝对优势，但由

▼ 美军所用急救装备。美军医务兵的背包里配有绷带、医用敷料、碘酒、烧伤药膏、剪刀和针。

▶ 第36步兵团医务兵，1945年。医务兵可以选择佩戴红十字图案臂章（背面有医务兵登记号），或将红十字标志漆在头盔上。

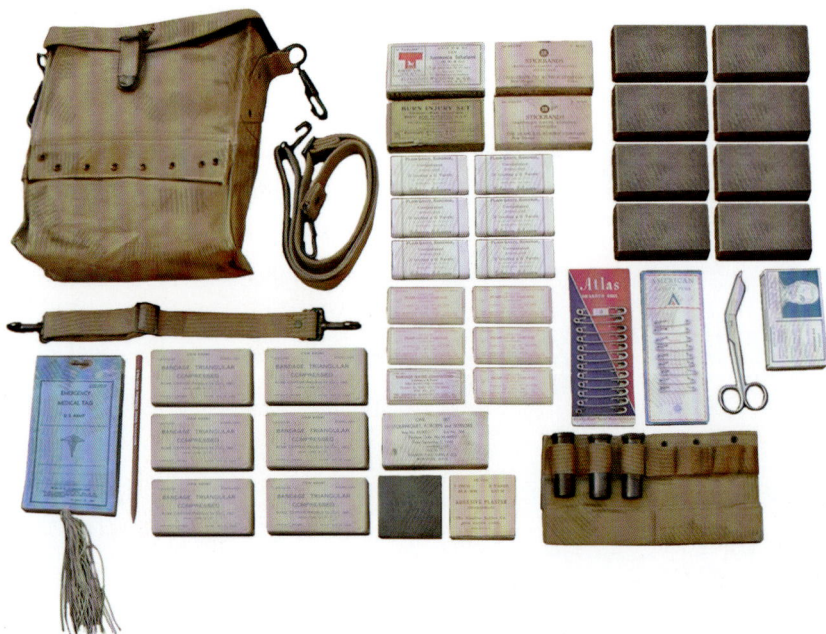

于价格过于昂贵，采用这种布料制作的制服只装备了在缅甸作战的部队。

比起陆军来说，海军陆战队更早看到了迷彩制服的优越性，并付诸实践，将其大量装备部队。从1942年起，海军陆战队开始配发一种一体式迷彩制服（也被称为丛林制服）。它的剪裁相对宽松，因此通风良好，但由于为了避免蚊虫叮咬，其总长度（即尺寸）也因此偏长——很显然，这一点在丛林中并不受欢迎。在实战中，为了使自己能不受束缚地行动，士兵们通常会剪掉这种制服的下摆。1943年，一种新的两件式外套开始配发海军陆战队。由于该部队的主要任务是进行抢滩登陆和滩头作战，制服也因此被设计成了沙黄色与棕色夹杂的迷彩样式。但很显然，这个色调对陆军来说并不合适，所以大部分（陆军）部队都很少使用；不过，陆军中的狙击手和侦察兵有时也会使用一些涂有迷彩的装备。

总而言之，发生在太平洋战区的战役无论对士兵，还是其武器、装备及制服而言都是一场极其残酷的考验。

山地部队

虽然太平洋战区的战况相当艰苦，但值得注意的是，在其他战区作战的美军部队同样处在极端作战环境中，尤其是山地部队。为此，美军为该部队专门研制并配发了一系列特殊装备，以帮助他们适应山地寒冷、残酷的作战环境。

山地部队的装备包括M1942式山地夹克、一种特别的针织衬衫和一条配有宽松口袋的裤子。比起其他部队的背包来说，他们更喜欢使用山地背包。

山地部队——如第10山地师，还会使用滑雪靴或登山靴。滑雪靴最早于1941年5月配发山地部队，并进行了一系列试验；但最终还是一种高帮的橡胶底滑雪靴成为该部队的标准装备。

医疗人员和宪兵

医疗人员的船形帽上配有一条白色或栗色帽边，其宽边毡帽也配有一圈颜色相同的细线。他们以蛇杖（蛇盘绕权杖一直是西方医学界标志，后来也成为世界卫生组织的官方标志）图案作为部队识别标志，并且一般把它佩戴在衣领上（作为领章）。

美军二战时期的宪兵拥有双重身份，他们既是以维持部队纪律为己任的师属人员，同时也是成立于1941年的宪兵部队所属成员。该部队以交叉手枪图案作为兵种标志，可以在军帽上佩戴黄绿双色识别条。他们还会使用一种专门的袖章，章上带有表示本部队的大写字母"MP"，并在自己的头盔上添加相同字母。

◀ 第3步兵师宪兵，1944年。第3师使用了一个蓝色正方形与三道白色条纹相交的图案来象征他们在一战中参与过的三场战役。另外，宪兵在该师中的任务包括惩罚违纪、处理战俘，以及（在需要时）进行交通管制。

▶ 第85步兵团（隶属于第10山地师）列兵，1945年。山地部队标配的背包在1941年到1942年间进行过战场试验。它最初配有一个用于减轻负担的铁框，但在战场上通常会被扔掉。

骑兵

美国陆军中的骑兵当时正紧锣密鼓进行重组。但就在此时，第二次世界大战爆发了。

骑兵职能的变化

在第一次世界大战中，骑兵经常被用来执行护送任务，并承担通信员和信使的职责。到战间期，各国军方均对骑马骑兵的未来进行了激烈辩论。在美国，陆军到二战爆发时仍编有两个骑兵师，以及分散在本国本土和殖民地的诸多辅助骑兵单位。骑兵将会进行机械化改革，并作为摩托化步兵继续存在；但也有例外，因为马匹还是能在一些特殊情况中起到重要作用——比如在菲律宾的复杂地形环境里。1943年，第1骑兵师被改编成机械化步兵师，第2骑兵师则在不久之后被编为若干工兵营。

除师级部队外，美军的骑兵一般承担侦察职能。这些部队在1943年后被逐渐编成若干骑兵大队，其中第4骑兵大队作为空降骑兵被配属给了第82空降师。

制服

到战争爆发时，骑兵的穿着与步兵基本一样——以制服外套搭配衬衫和领带，或是穿野战夹克；在寒冷气候环境中使用麦克奈尔大衣或短大衣；执行体能工作任务或进行演习和训练时穿人字斜纹布外套（既有一体式，也有夹克和裤子分开的款式）。除此之外，这些骑兵还会使用靴子和绑腿。在穿前文所述最后那套制服——人字斜纹布外套时，他们还会佩戴军衔徽章和各种标志（根据1941年出台的新条令，就算不穿外套也要在橄榄绿衬衫上佩戴徽标）。骑兵的马裤一般由橄榄色或浅卡其色羊毛制成，它们要么是穿着让人不舒服的M1926式，要么是那种在膝盖以下有各种线绳把小腿绑得过紧、大腿又太松，导致风一吹就会鼓起来的更老款式。一般来说，马裤会和棕色皮靴搭配使用。1931年，美军配发了一种配有鞋带的高帮皮靴。它看起来虽然美观，但在战场上系好那些复杂的鞋带显然是一份耗时耗力的工作，因此这种皮靴在部队中并不受欢迎。1940年，骑兵又引入了一种

◀ **第113骑兵大队士兵，1944年。** 这名下马作战的骑兵（随身）携带着弹药带和额外的子弹盒；但之前（即骑马时），其大部分装备都由坐骑驮带。他的头盔上绘有表示第113大队的红马图案。

▶ **第9骑兵团（隶属于第2骑兵师）军官，1941年。** 这名军官戴着船形帽。虽然骑兵中普遍流行较宽的作战帽，但它不适合在车辆中使用，因而此时更受欢迎的是一种较小的帽子。图中这顶帽子绣有金色和黑色镶边。

样式简单的马靴，它很快就在军官和士兵中普及开来；与之配套的是M1911型马刺。但比起马靴来讲，绑腿和短靴的搭配显然更受骑兵们欢迎。与步兵不同，骑兵所用的短靴一般配有3枚纽扣，而且看起来更长。

骑兵保留了他们热爱的宽边毡帽，并顽固地拒绝使用其他任何船形帽或大檐帽。他们在帽子上添加了黄色丝线（从1855年开始黄色就是骑兵的兵种识别色），以此表示自己的军衔和兵种；与其步兵同行一样，骑兵军官帽上的丝线也是金色和银色的。不过，在已经完成机械化的骑兵部队中，这样的打扮显然不合时宜而且并不适用——所以他们还是选择了船形帽。

在菲律宾的骑兵使用由斜纹卡其布制成的衬衫和马裤，但也只有第26骑兵团位于该地区，并采用以上着装风格。

1942年后，随着骑兵部队机械化进程的开展，他们也开始使用装甲部队的制服和装具，但仍然保留着本部队的独特徽标。

徽标

骑兵所用徽章的图案是交叉的剑，它一般和军衔等级标志一起被佩戴在衣领上。作为与普通士兵的区别之一，军官的徽章会位于下翻领；另外，如果他们穿的不是制服外套而是衬衫或罩衫，那么就会在左边衣领佩戴交叉双剑标志，右边衣领则添加一种含"US"字母的徽章。

有时，交叉双剑图案徽章上也带有表示使用者所属部队的数字番号。常规骑兵部队的番号在1到10之间，国民警卫队骑兵部队则是从100之后往后排列。那些侦察骑兵中队也保留着在徽章上添加数字番

号的传统。

师徽于20世纪20年代之后投入使用。其中，第1师师徽（图案）为黄色盾章上以黑色菱形为背景的马头，第2师则是黄色盾章上以蓝色三角形为背景的两颗星星；骑兵大队同样拥有他们独特的识别标志，其中最著名的当属第113骑兵大队的红色马头。

装备

在战争刚开始时，骑兵们仍使用着M1918式骑兵弹药带（设有9个口

▶ 第26特种骑兵团（"菲律宾侦察兵"部队）中士，1942年。这名士兵使用着菲律宾战区的"海马"图案臂章（深蓝色背景中的白色海马）。值得一提的是，该团并不隶属于"菲律宾"师。

袋，每袋均能容纳一个8发子弹夹）、M1918式手枪弹匣袋、M1916式手枪枪套，除此之外还有M1941式悬挂装具。一般情况下，手枪会被挂在腰间，通过短绳固定——在马刀被弃用后，手枪就成了他们在马上最常用的武器。

额外的装备和弹药一般被放在马鞍上，骑兵身上所带的主要是急救包和水壶；他们也不需要携带掘壕工具，但在太平洋战区的（骑兵）部队一般会自行携带骑兵军刀或砍刀。

1941年时，美军骑兵使用的是M1928式麦克莱伦马鞍；但在菲律宾的骑兵军官往往更青睐于当地所产那种更为美观的M1936式马鞍。大部分M1928式都配有皮革外沿，1940年时还添加了木制马镫，但缰绳仍是老旧的M1909型。骑兵们携带的步枪一般会被放入马鞍前面的鞍袋里，水壶则通过绳子固定在他们背后。

炮兵

美军炮兵到战争爆发时仍在进行重组。在经过可观资源的投入和新战术研发并使用的共同作用下，这支部队终于在1942年中期蜕变成了一支现代化支援力量。

分支

美国陆军中的炮兵可主要分为两个大类。其中，野战炮兵规模较大、实力较强、地位也更高，在1930年及其之后，该部队的实力得到了大幅提升。欧洲大陆爆发战争时，他们仍以团为单位进行编组；到1940年，野战炮兵被重新改编为若干野战炮兵营，并分别配属了相应的支援和后勤单位。

除此之外的海岸炮兵则是一支负责海岸和地面要塞防御，使用所有防空炮、牵引重炮、列车炮和战壕迫击炮的部队。20世纪20年代时，该部队拥有18个岸炮团、2个列车炮团、6个防空炮团和3个牵引重炮团。随后，战壕迫击炮兵被剥离出来，攻城炮兵也被划给了野战炮兵。1942年，防空炮兵被拆分成若干防空营，配属给陆军各单位，以提供防空保护；1944年，一部分防空炮兵还被改编成了反坦克部队。到1944年，岸炮和牵引重炮部队也被剥离出了海岸炮兵。

▶ **第157野战炮兵营中尉，1945年**。他穿着本来为驾驶员设计的M1938式"麦基诺"外套。它配有厚实的毛料衣领和毯状内衬，适用于寒冷地区；后来，衣领取消了厚重的可翻转内衬。这种短款外套在军官中特别流行。

制服

炮兵部队的着装风格在整体上遵循步兵和骑兵。1939年时，该部队仍然主要依靠马匹牵引火炮；但他们很快就全面改用了机械化牵引设备。第74野战炮兵营是最后使用牵引车辆取代马匹的单位之一，他们到1942年夏天才完成换装。此后，炮兵的火炮就可以完全通过卡车或吉普进行牵引了。火炮牵引方式的改变让野战炮兵既可以穿步兵的裤子和绑腿，也能使用骑兵的马裤和（皮革或帆布材质）绑腿。

炮兵所用的帽子是美军标志性的宽边毡帽（添加了红色丝线），或是带有红边的船形帽。但也有例外（的兵种识别色）——化学迫击炮部队是蓝黄双色，坦克歼击部队（在行政上隶属于炮兵）也在1943年拥有过自己独特的识别色；另外，军械部以交叉的深红和黄色作为识别色。

徽标

在20世纪30年代中，团徽曾经流行一时。但当第二次世界大战爆发及其之后，"团"已经不是各国军队的主要编制——当然，在一些有关战争早期的影像资料中，在领章和臂章上佩戴团徽的人也并不难发现——不过，以识别兵种为主要目的的标志仍是二战各国军队所用徽标的主流。美军野战炮兵的识别标志一直是交叉加农炮管，位于佩戴者的领章、制服翻领或衬衫衣领上；这个图案的下方通常还印有代表使用者所属炮兵连的字母，或是军官所用徽章上的营数字番号。

海岸炮兵和野战炮兵不同，他们在炮管图案基础上添加了一个内部含有炮弹的圆形。尽管这一部队主要负责美国国内的防御，但欧洲战场上也经常能看到佩戴该部队徽标的人员——因为防空部队和反坦克部队（尤其是重组后）成员仍然保留并使用着他们过去的海岸炮兵徽章。

在师徽投入使用后，大部分炮兵很快就接受了它，但化学迫击炮部队除外——他们要打造属于自己的身份特征，所以仍然在袖子上佩戴着营徽。美军的化学迫击炮营一般在战场上被当作普通迫击炮部队使用，也就是负责为步兵提供火力支援。

◀ 第599野战炮兵营（隶属于第92师）列兵，1944年。艾森豪威尔将军认为，一个军里要是有超过30%的非裔美国人就会对他的威望有损。美国陆军的种族隔离现象很严重，他们通常会将黑人官兵集中在特定部队里。

▶ **第120野战炮兵营少尉，1943年。** 炮兵军官可以在衬衫衣领上佩戴兵种徽标，但这也使他们容易遭到狙击手攻击。军衔标志可能位于另一侧衣领上，也可能是在头盔上以白色长方形表示。美军常用的火炮是75毫米（2.95英寸）榴弹炮。

开始使用一种新徽章，其图案为一辆镀金的M3半履带车——官方命名为"M3型75毫米火炮/迫击炮运载车"。这枚徽章被要求佩戴在左侧衣领上，而且车头朝右。虽然很少出现，但部分徽章上的确标有使用者的所属营番号。

坦克歼击部队的另一种领章以橙、黑两种兵种识别色为基础进行设计，从1943年开始配发。大部分徽章的图案都是橙色圆形背景中的黑豹，而且这头黑豹正在咀嚼一辆坦克——很明显，它所表达的含义就是美国坦克比德国坦克更为优良；在不同时期的徽章上，坦克负重轮分别有4对、6对和8对之分。军官有时也会佩戴这种徽章（绣有金银双色丝线）。随着战争持续，在徽章上添加营番号的情况也变得越来越普遍。

第802坦克歼击营在所有同类部队中是个例外——比起后者的"黑猫"图案，他们更加青睐于自己独特的带翼骷髅领章。在这个图案中，黑色的骷髅只露出了侧脸，舌头呈红色，背景是一道黄色闪电。值得一提的是，该部队的特立独行只持续到了1943年，在那之后就被派往海外，因此统一了徽标。

坦克歼击部队

美军中第一批具有坦克歼击职能的营（第93、第94和99营）于1940年末组建。这些部队最初隶属于步兵，所用领章的内容与后者相差无几，但在步枪图案两侧各添加了字母"A"和"T"（anti-tank的首字母大写，以此表示反坦克职能）。

坦克歼击部队于1942年正式组建，并成为一个独立的兵种，部队番号从800开始排列（国民警卫队中的同类单位则是从600开始）。他们最初的徽章图案只是把原来的"AT"改成了"TD"；但从1943年3月开始，该部队

装备

炮兵在个人装备方面很大程度沿袭了步兵，但也有人使用卡宾枪，还有些人更喜欢装甲兵的装备；此外，空降炮兵一般使用空降兵的装备。

机枪手和巴祖卡（美军在二战时期所用的反坦克火箭筒型号）射手在炮兵的作战行动中同样发挥着重要作用。从整体上看，美军炮兵拥有一些（比德军）性能更好的先进火炮——新式105毫米榴弹炮和155毫米榴弹炮；另外，由于装备了更多运输车辆，他们的机动能力也比自己的德国同行更强。除此之外，凭借野战电话（比最初的无线电通信可靠得多）和空中观察员，美军炮兵也能在战场上获得更大的优势。事实上，由于盟军在1943年后取得战场制空权，他们在空中侦察、监视及支援方面都拥有了无与伦比的优势。

总的来说，美军步兵的火力虽然较其德国同行稍弱，但他们的炮兵和陆军航空兵很好弥补了这一不足，并迅速夺取了战场主动权。

工兵与技术部队

技术兵种，尤其是以工兵和通信兵为代表的此类部队在现代战争中所发挥的作用越来越重要和专业化，也因此获得了越来越高的地位。

工兵

美国工兵是一支拥有悠久历史的部队，其组建时间最早可以追溯到1802年。当时，工兵军官主要负责规划和指挥，并监督驱使步兵们进行挖掘作业。到20世纪，工兵不仅要负责进行实地作业，还需要执行构建防御工事和为进攻部队提供相应支援等任务（后者主要由战斗工兵团负责）。1941年，他们组建了工程建设营，专门负责军事设施的建造，以及桥梁的建设和维护；除此之外，该部队还编有一些专业的重型/轻型舟桥营和舟桥工兵连。

和其他部队军官不同，工兵军官所用制服纽扣的样式在整个陆军中都是独一无二的。该部队的识别徽章图案为一座堡垒，一般被佩戴在制服左侧衣领上。其兵种识别色为交叉的深红和白色，这也是他们所用船形帽边缘和宽边毡帽所带丝线的颜色；在1941年12月之前，专门负责军事设施建造的建设营曾以浅黄色作为兵种识别色。

其他隶属于工兵部队的单位还包括装甲工兵营（若干）、空降工兵营（1个）、空降航空工兵营（1个）、工程维修连（若干）、工兵航空营（若干）和工程伪装营（若干）。其中最著名的莫过于第604工程伪装营。这一部队曾被部署到英国，承担当地部队的伪装训练工作，同时为盟军反攻欧洲大陆进行相应准备。值得一提的是，工兵部队的所有建设职能最终都被移交给了通用勤务团。

从1943年开始，工兵中的团、营编制都被逐渐改编为战斗工兵大队。尽管有人依然使用团徽，比如第36战斗工兵团（团徽图案为红白双色盾章上的白色海马），但大部分工兵还是逐渐接受了其所属师的师徽——空降部队的工兵一般佩戴空降部队师徽，两栖工兵们则统一佩戴两栖部队徽章，或是两栖训练中心的胸章（图案为蓝边白色圆形中的红色海马）；其中，胸章的配发数量相对较少，一般仅被当作特殊的识别标志使用。

装备

工兵所用制服的样式与步兵基本一样，但由于职能方面的明显不同，他们使用的装备就难免会存在较大差别。相对步枪而言，工兵更喜欢使用卡宾枪；此外，突击工兵还经常用M1936式手枪套额外携带一把手枪，并装备M3型战斗刀。

1944年时，很多突击工兵都开始在战斗前穿上突击夹克，因为它可以容纳更多子弹和手榴弹。另一种具有相同功能的装备是作战短款上衣，它不仅可以让使用者携带更多弹药，还能挂载一些专业工具。

这些突击工兵有时也会参加两栖突击行动。在进行于安奇奥（1944年1月）和诺曼底（1944年6月）的登陆作战中，他们穿着M1926式救生衣，并携带各种专用工具，包括掘壕铲、斧头和

▶ **第36战斗工兵营列兵，1944年。**这名工兵携带着SCR-625型探雷器。工兵部队开发单位于1941年底测试了这个型号，并于1942年初装备部队，成为搜索金属壳地雷的制式装备。它的原型是一款利用音频搜索目标的商业设备。这种探雷器所用的干电池通常由帆布包携带。

◀ **第3战斗工兵营中尉，1941年。**作为一个最早可以追溯到1802年的兵种，工兵军官们培养出了该部队的团队精神。图中这名军官的制服上配有样式不同于其他陆军部队军官的纽扣，上有格言"我们将不懈努力"（法语"Essayons"）。

自1917年以来，化学战就一直是美国陆军重点关照的一种作战模式。1918年，美军成立化学战部队。其识别色为交叉的蓝色和黄色，所用徽章图案是交叉的曲颈瓶——这也是日后北约标准军事符号中代表化学部队的标志；和其他同类（识别）标志一样，这枚徽章一般也被佩戴在衣领上。化学迫击炮部队是作为化学部队的一个分支而组建，但他们在整场二战中都是作为常规迫击炮部队进行作战。

通信部队

通信部队于1860年左右正式组建，并在第二次世界大战期间得到大规模扩充——毕竟这场战争比以往任何一次战争都更加依赖于通信的快速、准确和有效。该部队所用领章的图案为交叉信号旗，以及位于图案中间的一个燃烧火炬；他们的兵种识别色是交叉的橙色和白色。

美军通信部队的主要职责包括建立并维护野战电话和无线电通信网络畅通。第一种实用的野战无线电——EE-8型无线电于1937年出现；但移动无线电的概念却远远落后于技术装备的发展，直到20世纪30年代末才出现（相关概念）。随后出现的M500系列无线电给军事通信带来了巨大变革，其独有的便携性使得很多原本用笨重的SCR-194型无线电

无法完成的任务也能较为容易地实现。在第二次世界大战中，美军最为著名的便携式无线电型号是SCR-511型。其主体部分被集成在一个箱子里，并外接送话器、无线电接收天线、解码器、电池和电池盒。由于设有一根接地的支撑杆，该型无线电也因此得名为"弹簧高跷"。

剪线钳（以上所述工具大多配发于1938年）；除此之外的专业设备还包括探雷器，比如先进的SCR-625型（配有一个探测线圈和一个声呐装置）。有扫雷的自然也会有布雷的——陆军为此专门成立了布雷部队，其识别标志为交叉加农炮管，以及位于图案中间的一颗地雷。战斗工兵参加了1944年6月在诺曼底发起的两栖登陆作战，他们在行动中携带了多种特殊装备——如突击梯、炸药、信号弹、起爆器，以及火把。

▶ **第56通信营中士，1944年。**这名通信兵士官携带着SCR-511型无线电话收发机。这种通信设备最初由骑兵使用，在1942年配发后就很快得到了"马上对讲机"的昵称。

装甲部队

美国陆军在1917年到1918年间就试验性地装备过坦克。但随着战争结束，多款新式武器的研发都被叫停，坦克自然也未能幸免，装甲部队的训练一度陷入停滞。直到新一次世界大战爆发的前夜，该部队才再次在装甲作战能力方面取得了进步。

1940年时，美军成立了一个装甲军，其包含有两个装甲师。每个师都以轻型和中型坦克团为基干，再配备机械化步兵、侦察部队（装备装甲车）和机动炮兵分队。除此之外，美军还组建了一批配属给步兵师的独立坦克营，以提供火力支援。

徽标

到战争爆发前，美军坦克部队都还只是步兵的一个分支。该部队最早的识别标志出现在1917年，图案为一辆法国坦克。不过这个标志在1921年被废除，改成步兵的交叉滑膛枪图案，但在两支滑膛枪中间添加了一个字母"T"表示坦克。这个标志显然不算美观，因此也不受欢迎。随后，字母"T"被换成了一辆坦克的轮廓，他们一直使用这个标志到了1942年。同年，装甲部队终于成为一个独立的兵种；1943年，装甲司令部正式成立。

新独立的装甲部队在1942年2月时选择了一个图案为Mk.Ⅷ型坦克的标志作为部队徽章。它被佩戴在军官的衣领或衬衫翻领上，以及士官和士兵的衣领上，并伴随装甲兵度过了整场二战。同时，该部队还被授权使用自己的独特兵种识别色——交叉绿白双色，既可用于装饰船形帽的边缘，也可添加到宽边毡帽上——但军官除外。不过在实际应用中，外形宽大的宽边毡帽并不适用于狭窄的作战车辆（内部）。

装甲部队成员还在上臂部位佩戴着自己的师徽。这些师徽在样式方面大致相同——一个被分为黄（上）、蓝（左）、红（右）三部分的三角形，中间有一道红色闪电和一根黑色的坦克履带。所属师番号被画在三角形黄色部分的顶部，分别为1到14，以及16和20；独立坦克营使用黑线在徽章上

◀ **第66装甲团机械师，1943年。** 工作服一般被穿在其他制服外面。早期工作服型号在大腿内侧设有开口，可在不脱靴子的情况下更换裤子，开口可用带子束紧；但后来的型号改用了钉扣，还在胯部添加了一个开口，以便使用者上厕所。

▶ **第18坦克营列兵，1944年。** 坦克作战服是一种实用的制服，在穿着它离开车辆时不容易被绊住，而且可以避免身体沾上润滑油、灰尘或燃油，保暖作用也相当明显。这名士兵所戴防护头盔的内部（在冬季）可以添加用于保暖的棉毛内衬。

新的坦克兵头盔轻便、通气、舒适，而且配有内置耳机。其盔体一般会被漆成深绿色，内外均设有皮制衬垫。除标准的坦克兵头盔外，坦克兵还得到了一种带内衬的布制头盔，以便他们在寒冷的冬季将其戴在前者（坦克兵头盔）里面保暖。虽然坦克兵头盔本就可以戴在M1型钢盔里面，但一些坦克兵还是选择了陆军航空兵所用的防空头盔，以其为自己的头部提供额外防护。

▲ 一辆美军的"谢尔曼"坦克从意大利安齐奥向前推进，紧随其后的是载着摩托化步兵的卡车。

绣着数字番号，装甲兵学院成员则在徽章上添加字母"S"。

独特的制服

尽管可以在其他兵种样式繁多的衣橱里进行挑选，但装甲兵还是选择了一些标志性制服，以展现其自身特点。坦克乘员在车内所用的制服也由于所处环境有一些特殊要求——尺寸不能太大，表面要光滑，以免被坦克内部的各种零件刮破，同时也方便使用者在必要情况下快速进出（坦克）；制服的保温性能同样要出色，毕竟冬天蹲在一个铁盒子里是相当寒冷的。

为找到一种保暖且实用制服而努力的成果就是坦克兵夹克，其正式名称为冬季战斗夹克。它于1941年研制而成，尺寸较短、保暖、实用，而且便于穿脱（胸口暗门襟下设有一条拉链，穿或脱都很方便）。这款夹克的面料为橄榄色或卡其色，内衬由芥末黄防水棉布制成，领口、腰部和袖口位置均有加厚。它有两个型号，即M1941型和M1942型。两者的唯一区别在于M1942型采用垂直侧兜（兜口）设计，而M1941型是水平方向。这款夹克一经配发就受到了前线部队的热烈欢迎；此外，虽然其设计初衷只是装备坦克兵，但由于性能优

良也很快被其他兵种"借用"。

坦克兵还得到了一种与夹克搭配的裤子。它实际上是一种吊带裤，但被美军命名为冬季战斗裤。这种裤子由棉布面料制成，配有宽松的内衬，裤腰可提到胸口位置，然后把吊带挂在肩膀上。1942年时，美军配发了这款冬季战斗裤的改进版本，主要是添加了一条拉链，以便坦克兵在必要情况下可以不用解开其他配件就脱下裤子。改进版本的裤腿依然很紧，但因为新增了一条拉链，可以把裤腿拉紧固定到靴子上面一点的位置。奇怪的是，在实际应用中，这种裤子有时会被穿在坦克兵夹克里面，有时却在外面。

防护装备

20世纪30年代时，世界各主要国家都在研究和试验加强坦克乘员头部防护的措施，美国自然也不例外。美军在1938年进行了一系列试验，最终研制出一种带有衬垫的橡胶防护头盔，以供坦克兵在车内佩戴。这种坦克兵头盔从1942年开始配发部队，取代了早先那款被称为"甜甜圈"的型号。

▶ *第32装甲团中尉，1945年。M38型坦克头盔足以应对撞击，但不能提供充分的防弹保护。坦克乘员有时会选择标准的M1型，不过也有人使用陆军航空队的M3型防弹头盔，并将它套在M38型外面。*

游骑兵和特种部队

在第二次世界大战爆发前，美军还主要依靠海军陆战队执行特种作战任务。然而，这场从1941年开始进行的新战争给他们带来了一种新的作战概念，以及一类由受特殊训练人员所组成的新型单位。

当时，世界上大部分主要国家军队都没有在战间期重视特种部队的选拔和训练——毕竟组建并维持一支这种规模虽小但装备精良的部队花销过于惊人。但在轴心国军队占领了大半个欧洲后，同盟国对特种作战和渗透部队的需求突然激增。和英军一样，美军也为此组建了若干特种单位，以便在反攻欧洲大陆前就能把战火烧到敌人家门口。

梅里尔突击队

第5307混成团，代号"加拉哈德"（效忠于亚瑟王的圆桌骑士之一），是一支在缅甸作战的志愿特种部队，主要任务是对当地日军进行远距离突袭。这支部队很快就因其指挥官，即弗兰克·道尔·梅里尔（Frank Dow Merrill）得名梅里尔突击队（也称麦瑞尔突击队或梅列尔突击队，主要是对人名的翻译有所不同）。该部队成员一般穿自己原先所属部队的制服，但很少添加原部队识别标志。很快，他们就设计出了一种非正式的盾形识别用臂章——一枚写有本部队名称的盾牌，而且盾牌被一道红色闪电分割成为绿色和蓝色两个部分；此外，盾牌左上方有一个白色的太阳，右下方则是一颗白色的星星。

这一识别标志还被发展出了多个版本，其中一部分是在战争后期由机器纺织而成，但也有些是在作战地域采用当地布料制作。后来，该部队人员被吸收进入第475步兵团（第5332"火星"旅的一个下属单位），但原先所用标志的基本样式仍然得以保留，只是把"梅里尔突击队"（Merrill's Marauders）这一字样换成了第5332旅的"火星"（Mars）。

▲ 第5307混合部队士兵在弗兰克·道尔·梅里尔准将指挥下，于缅甸丛林中进行巡逻。

游骑兵

美军第一个游骑兵营成立于1942年夏天，北爱尔兰，随后被派往苏格兰接受训练。该部队的组建很明显是受到了英国威廉·奥兰多·达比（William Orlando Darby）所建突击队的启发。在"游骑兵"的名称正式确定后不久，设计本部队特有的徽章标志也被提上了议程——卷轴图案显然是受到了英国突击队所用徽章的影响，但（徽章的）主体部分仍是由该部队原创而成。其中，卷轴左侧标有数字番号"1"（意为第1营），然后是"游骑兵"（Ranger），右侧则是"营"（"Battalion"被缩写成了"Bn"）。不过，这种卷轴式臂章到战争结束时也没有得到美国军方的正式认可。

官方徽章的第一次使用是在1942年的北非"火炬行动"中，并且很快就在第一批游骑兵的5个营中流行开来。它的图案是一个蓝色菱形，并且带有黄色的"游骑兵"字样。到1943年，这种臂章也被第2和第5游骑兵营接受和使用，但在整体上依然不算流行。另外，被派

◀ 第5307混合（临时）部队，梅里尔突击队列兵，1944年。虽然可以选择本国陆军的制式弯刀，但在中国、缅甸和印度作战的美军部队还是倾向于装备当地刀具。梅里尔突击队在缅甸丛林中很好利用了这些武器，这名士兵的库克里弯刀是从廓尔喀人部队那里借来的，是对当地美国陆军常规装备的一大实用补充。

◀ **第1特殊任务部队列兵，1944年。**这是一支从美国和加拿大士兵中招募人员的特种部队，图中的士兵携带着约翰逊半自动步枪。此图人物原型照摄于1944年夏季，法国南部。

部队，他们后来经常同时佩戴原先的游骑兵飘带和现役第1特殊任务部队所用的徽章。

　　游骑兵使用的是步兵部队标准制服，但他们获得的一般都是质量最好的版本以及最为实用的那些装备。比如与英军突击队并肩作战的第29临时游骑兵团，其人员来自第29步兵师，是第一批配发欧洲战区夹克的部队；另外，这种制服的相关测试也是由该部队成员在苏格兰群山中完成的。

特殊任务部队

　　第1特殊任务部队组建于1942年7月，成员主要来自于美国和加拿大的伞兵部队，美国军方当时准备将其派到挪威参战。由于他们最初准备在北欧寒冷地带中行动，因此装备的是冬季制服。它（制服）带有一个红色的箭头图案标志，"美国"（USA）字样在箭头，"加拿大"（Canada）则在箭尾。军官们一般把这枚箭头徽章佩戴在大衣翻领或衬衫衣领上，其他人则是将其添加到自己军常服的圆形领章上；另外，他们有时也会以这个图案作为帽徽。该部队成员基本都有的伞降资格章通常被佩戴在他们的胸口口袋处。最初，这支部队经常把美军和加军的制服部件混合起来使用，但最后还是美国产品赢得了胜利。除制服和徽章外，该部队还拥有一些标志性的装备，比如专门为他们设计的V42型战斗刀和约翰逊轻机枪。

　　在第1特殊任务部队的基础上，美军于1945年1月成立了第474步兵团，当时下辖的单位包括第1、第3和第4游

骑兵营，以及由挪威人组成的第99步兵营。该部队成员通常在制服左袖上佩戴第474团徽，然后在右袖上佩戴原先所属部队的徽章——游骑兵是箭头或卷轴标志，挪威人则是红蓝双色维京战船盾章。第474团团徽图案是其所辖各部队徽章的混合——红色箭头的上方有一艘战船，下方则是一个卷轴。

往太平洋战区的第6游骑兵营一般使用适用于当地的制服，在1944年年末时也学起了他们在欧洲战区的同僚们（第1营），开始使用卷轴图案徽章。

　　这些游骑兵营在后来的1943年8月被命名为游骑兵步兵营。他们经常和其他特种部队合编为一个旅级单位进行作战，比如1943年时，在北非成立的第6615游骑兵旅——该部队包括了第509伞兵营、第83化学迫击炮营，以及第1、第3、第4游骑兵营等单位。还有一些游骑兵部队人员被调往第1特殊任务

▶ **第4游骑兵营中士，1944年。**美军游骑兵与英军突击队类似，都会使用尽可能实用的制服。唯一的例外是帆布绑腿，美军的型号难以束紧，而且容易被绊倒。法兰绒衬衫被这名中士穿在他私人购买的衬衫之外，以提供额外的保暖。

海军陆战队

美国海军陆战队（USMC）从20世纪30年代末开始就是美国海外驻军的主要力量，在接下来的世界大战中更是起到了至关重要的作用。

海军部队

海军陆战队是海军的一部分，在1939年时拥有20000人（是当时海军授权其最大规模的20%）；到战争临近爆发的1941年，该部队规模已达到65000人。他们着重于登陆和两栖作战方面的训练，以执行未来可能在太平洋、欧洲或东亚地区实施的快速反应任务。实际上，海军陆战队早在1937年就已经参与到了美国在东亚地区的撤侨行动中去；也正是从这时候开始，该部队迅速扩充规模，逐渐成长为一支拥有自己的空中力量、空降部队、装甲部队和特种部队的"多军之军"。

从1941年开始，海军陆战队就在陆军指挥下参与了在冰岛、太平洋的诸多作战行动；加之当时几乎每艘美国军舰上都有一小队陆战队员，因此该部队在全球各战区都有分布。这些海军陆战队员因所处战区和作战环境不同本就需要不同的（适应当地的）制服，况且他们作为一个专业军种也应该装备自己的制服。在美军的多个军兵种中，海军陆战队往往是开发舒适、实用制服的先行者；此外，由于他们隶属于海军，因此制服样式和陆军存在着较大区别。

然而，无论战前准备如何，真正到来的战争还是证明了海军陆战队没有做好准备——在整个战争过程中，他们仍然需要不断改良、完善自己的制服。

制服

海军陆战队制服套装里有一件不怎么实用（但的确舒适耐磨）的制服大衣，旨在作为正式场合着装——但很明显的是，这种大衣并不适用于战场。它由绿色羊毛面料制成，因此被海军陆战队员昵称为"绿袍子"；衣上共设有4个口袋，上面的2个配有扇形袋盖（带褶饰）。这种大衣一般和衬衫、领带，以及配套的裤子一起使用。到冬季，也就是一年中的9月到来年4月（算法与国内有所不同），该部队成员会穿一种棉布卡其色冬季制服（一般不搭配领带）。在太平洋战争前期，它也经常被当成作

◀ **海军陆战队第6团陆战队员，1941年。** 战争初期海军陆战队所用制服主要由森林绿毛料制成。这名陆战队员穿着一件并不实用的勤务外套，在帆布弹药带上悬挂着小型急救包（服役于太平洋战区人员会使用一种更大的急救包）。

▶ **海军陆战队第4团陆战队员，1941年。** 这名士兵穿着卡其色斜纹棉衬衫，这也是太平洋战区和菲律宾战区海军陆战队员在战斗时最常用的一种制服。由于配有专门用于加固门襟的白色内衬，这会使它比标准型号的衬衫更为耐用。

过多种用来临时应急的方案——其中一种是改穿人字斜纹布工作服（亦称劳动服），并将其染成灰绿色。这种两件式工作服配有3个口袋，上面1个，下面2个；其中，位于上方的那个口袋在制服左胸处写有表示美国海军陆战队的字母缩写"USMC"。此外，从1944年开始配发的改进版本还添加了一个胸口口袋（无袋盖）。

他们使用的裤子同样为灰绿色，且其侧前方配有2个菱形裤袋和1个用于放置急救包的小袋，后面还有2个（口袋）。在实战中，这些口袋无论在数量还是样式上都不算适用，因此军方在1944年时配发了一个改进版本。这种改进版本的裤子把原先的裤袋改成了前面两侧各设1个大口袋，后面则是1个专门容纳雨披的裤袋的样式。

不管使用什么制服，海军陆战队员都会穿野战军靴（Boondockers），它由皮革制成，相当耐穿。除此之外，他们有时也会穿海军所用的及踝短靴。

1943年时，海军陆战队开始配发一种迷彩外套。但这款由两个色调搭配而成的迷彩制服并不适用于该部队所执行的抢滩行动，因此不怎么受他们欢迎。这种迷彩外套共有两个颜色款式，即沙黄色和棕色以及绿色和棕色。以上两款制服上都印有表示该部队的字母"USMC"。它（制服）最初是从1943年开始配发部队，但在1944年后因为不受欢迎就很少出现了。

尽管海军陆战队也配发了森林绿制服大衣，但在炎热潮湿的太平洋战区，显然还是雨披更为实用。海军陆战队所用的雨披带有纽扣——如果把两件（雨披）组合到一起，再扣上相应的纽扣，就可以将其搭成一个帐篷。值得一提的是，这种从1943年开始配发的遮雨衣物也采用了迷彩色调。

军帽

在海军陆战队员中，他们通常用"兵营帽"来称呼那种与制服配套的制式大檐帽。为搭配冬季和夏季不同的制服样式，"兵营帽"也配有不同厚度的内衬。使用时，他们经常会让帽子呈现出一定的倾斜角度（即斜戴帽子），以显示自己的与众不同，同时培养本部队的内部自豪感。如果不执勤的话，帅气

▼ 美国海军陆战队士兵在占领的硫黄岛折钵山上与国旗合照。

▲ *海军陆战队第5团陆战队员，1942年。这名士兵携带着罕见的赖辛M50式冲锋枪，它相当不可靠，最初的制造意图是出口给荷兰东印度部队。但该地区被日军占领后，这些枪支就被美国海军陆战队悉数没收了。*

战服使用。这种制服配有2个带尖袋盖的胸口口袋，袋盖上各有1枚纽扣；制服内部设有棉布内衬，使人穿起来会感觉更加舒服。裤子一般与海军陆战队长款绑腿（M1910式）搭配使用，这种由高强度帆布制成的绑腿带有7个小孔，以便用细绳穿入，然后将其束紧。

作战服

海军陆战队作战服的实际应用情况并没有想象中那么理想，现实中也出现

的宽边毡帽往往是这些海军陆战队员的最爱。它一直被用到了1943年，主要供受训人员使用。作为海军陆战队夏季卡其色制服的制式军帽，一种带有信封外形的船形帽获得了一个不算优雅的外号——"小便切割者"。人字斜纹布劳动服一般会与一种通用便帽搭配使用；它从1943年开始配发部队，帽檐较短，正面钻有小孔以佩戴部队徽章。另外，他们还装备过一种宽边圆帽。

海军陆战队也得到了M1型钢盔，但在战争爆发后的第一个月里，他们也在多个战场上使用过外形扁平的M1917

式。该部队装备的M1型钢盔通常配有迷彩色盔罩，迷彩的具体色调在战争期间进行过多次改动，包括沙黄色和棕色以及绿色和棕色两个版本。

除制式头盔和军帽外，驻在太平洋战区的海军陆战队员中还很流行一种防晒头盔（也被称为遮阳头盔或热带头盔）。它由纤维材料制成，头盔正前方带有海军陆战队徽章。这种头盔既轻便又舒适，但很明显的是，它无法为使用者提供对头部真正有效的防护，所以最终还是被淘汰了。

装备

战争爆发初期，海军陆战队员仍然使用着那些在第一次世界大战中用过的装备（如M1910式帆布背包和M1917式弹药背带）。但随着战争持续下去，这些已经落伍的装备也逐渐被新式产品所替代。值得一提的是，在陆军中流行一时、比起以往单兵装具的性能有了巨大提升的M1928式装具系统却在海军陆战队里水土不服。

最终，海军陆战队在1941年装备了新的装具系统（M1941式），其颜色主要为浅卡其色，背包带则是橄榄色。这套装具系统包括一个背袋（或野战背包）、一张被卷起的毯子（有长短两个版本，一般位于背包顶部），以及一面防水帆布（既可用来搭建帐篷，也可当雨披使用）；背包后面还绑有一套掘壕工具——通常被装在一种由陆战队专用的皮套里。除野战背包和背袋外，如果需要携带额外的衣物和靴子，这些陆战队员还会使用一款更大的背包，在海军陆战队它被称为运输背包。军官们一般使用绿色的帆布野战背包，以携带自己的个人物品。最初，这些背包和装具的容

▲ 1945年，在冲绳岛获得来之不易的胜利后，一名如释重负的美国海军陆战队员。这场战役也是二战太平洋战场上规模最大的两栖战。

纳系统都或多或少存在一些问题，但大多都在1943年进行的改良中得以解决。

除此之外，海军陆战队也会使用M1923式弹药背带（用来携带斯普林菲尔德步枪的弹药——随后改为M1加兰德步枪的子弹），以及一种绿色的帆布装具系统——配有棉布制的刺刀鞘，其中1942年版刺刀鞘的质量反而比1910年版本更差。额外的弹药和防毒面具会被放在帆布背包里，背包上通常印有字母"USMC"；海军陆战队所用的防毒面具一般为海军款式。此外，他们还装备了一种本部队独有的大砍刀（官方名称为海军陆战队砍刀），以及由帆布和皮革制成的刀鞘。

徽标

海军陆战队徽章图案是有名的地球、鹰和船锚。军官所用徽章的图案包括地球和鹰（由白色金属制成），以及船锚和"美洲"（Americas）字样（由黄色金属制成）。标准尺寸的徽章一般被佩戴在宽边毡帽上，另一个较小版本

◀ 海军陆战队第1团陆战队员，1945年。这名陆战队员得到了精准高效的约翰逊M1941式半自动步枪，他还穿着蛙皮色迷彩服。美军想把迷彩服拓展到其他战场，但到战争结束时也基本只停留在计划层次。

◀ **海军陆战队第2伞兵营上尉，1941年。** 这名隶属于海军陆战队的伞兵一般会携带T-4型降落伞、汤姆逊（"汤米"）冲锋枪和精巧的"康派克斯"可折叠自行车。他的军衔徽标位于旧式跳伞服肩部——但这种制服（和"康派克斯"自行车）很快就降级为供训练部队使用了。

▶ **海军陆战队第21团中尉，1945年。** 太平洋战场上的美军军官很少佩戴军衔徽标，因为这容易招来日军狙击手的袭击。因此，军官和士兵很难从装备上进行区分，但前者偶尔会在衣领或帽子上佩戴经过了黑化处理的徽标。

队员所用徽章的图案还出现在了他们制服的纽扣上。纽扣图案一般包含有鹰和锚，以及在其之上的13颗星星；其（纽扣）材质最初为青铜，但不久后被换成了塑料。还有一个用于人字斜纹布工作服纽扣的简化版本，它的具体图案是海军陆战队的英文缩写"USMC"。

在海军陆战队中，军官所用军衔的图案在整体上与陆军相似——少尉是一道黄色金属条，中尉是一道银色金属条，上尉是两道银色金属条；校级军官的军衔图案是树叶和鹰（少校的金叶和中校的银叶在颜色上比较相似）；技术军官，一种美军在战争中设立的军衔，其军衔图案为一道黄色金属条（同少尉）和一个红色正方形。但在士官这一衔级中，海军陆战队和陆军的区别就逐渐体现出来了。比如在海军陆战队中，冬季制服上的士官V形臂章为红底橄榄绿色字母，这种制服一般只在当年9月到下一年4月间使用。但在实际情况中，陆战队士官们一般会使用浅卡其色V形臂章。

海军陆战队仅在一战期间佩戴过（部队识别用）臂章，到二战爆发已经很少使用。1942年时，第1海军陆战旅——一个被临时编成并驻在冰岛的单位，他们所用臂章的图案为一头位于黑色矩形中的北极熊，并按照英军习惯佩戴在上臂两侧。随后在1943年初，海军陆战队开始为军级和师级部队配发臂章。第1、第5军在1943年，第3军在1944年分别采用了臂盾章。海军陆战队第1两栖集群有一套完整的臂章体系，其图案均以蓝色盾章上的一个红色菱形和五颗银色星星为基础进行设计。6个海军陆战师分别使用了不同的布制臂章，其形状包括菱形、盾形和圆形。其中，第2海军陆战师在1943年对他们的臂章有过两次改动。拥有跳伞资格的陆战队员会在自己制服左袖下方佩戴红色伞降章，由此类人员组成的部队也被称为伞降陆战队。他们从1941年开始被组织起来进行伞降训练，以便在两栖作战中提供相应支援。海军陆战队使用红底绿色字母的服役袖标，并将其佩戴在制服袖口处。

则适用于船形帽。

海军陆战队军官经常把他们的军衔标志移到帽子右侧，并在左侧添加部队徽章；士兵们所用的徽章除了材质为青铜，并为了适应战场有所暗化外，在其他方面和军官相同。这枚部队徽章（地球、船锚和鹰）在早期制服大衣上被要求佩戴于左侧衣领上；制服大衣被撤装后，它也以同样的方式被佩戴在了人字斜纹布外套大衣和衬衫上。此外，不管与什么制服搭配，徽章图案中的锚尖都是朝向下方的。

除了被单独制成徽章外，海军陆战

空降兵

美军空降兵的组建耗费了相当长时间。但自从开始组建，到它的无穷潜力被挖掘出来后，这支部队的规模就在不断地加速扩充着。

试验

早期关于空降作战的探索促成了1940年第一支试验性质空降部队的成立。1941年末，该部队被扩编为一个营，随后扩建成团（下辖有炮兵和工兵部队）；1942年中期，美军组建了第一个滑翔机步兵团，开始选拔并训练滑翔机步兵，但他们没有伞降部队的额外补贴。从总体上看，伞降步兵（空降兵）一般配备有专门的制服和装备，滑翔机步兵则使用步兵制服，并部分借鉴了空降兵的装备和徽标。

对空降兵来说，制服是否适用这一点显然要比其他兵种更为重要——在空降过程中，制服合适与否往往会带来生与死的区别。有关可靠作战靴和头盔的研发早在1940年就开始进行。不过，这一系列研究的最初成果是一种一体式防风制服，但由于穿着它在野外作战时过于显眼而未大量装备。直到1941年，空降兵部队才拥有了第一种适合他们的制服。这种伞兵用外套由棉布制成，带有立领、拉链以及4个口袋；与之搭配的裤子在腰部设有松紧带，因此不需要士兵通过腰带或武装带收紧。但实践证明，这套作战服的口袋不足以容纳伞兵的各种物品。因此，从1942年开始配发的新式作战服（M1942式）尤其扩充了口袋的容量。M1942式仍设有4个口袋，可使用纽扣将其盖住；它还添加了一根腰带，但实战中很少有人使用。

M1942式作战服在1944年后被逐渐撤装，随后伞兵们大多开始使用野战夹克套装（主要对象是第101空降师，相比之下第82空降师就显得更为保守）。一些伞兵还穿着M1942式作战服中的裤子（膝盖处设有补丁），并为其更换了强度更高的内衬。

扁平的M1917式宽檐头盔显然不符合空降部队的要求。在过渡期间，他们使用过里德尔式头盔和飞行头盔，但最终采用M1型钢盔；随后，伞兵们发现这种钢盔的盔带对他们来说并不适用，于是从1942年开始装备M2型钢盔，并因其字母"D"形状盔带昵称为"D"字头盔；除此之外，M1型钢盔的改进版本，即增加了额外稳定性的M1C型也装备了伞兵部队。值得一提的是，以上这些新头盔在使用过程中给伞兵们带来了不少麻烦——最严重的就是头盔后檐在着陆时经常与颈部发生磕碰。

靴子

为了让伞兵们降落成功，一双实用且可靠的伞兵靴就是必不可少的。美式伞兵靴主要是基于其他国家军队对这方面的研究，并以此为基础发展而来。早在1940年时，美军就开始把试验性质的缓冲鞋投入到伞降训练中；到1942年夏季，标准的13孔伞兵靴已开始投入使用，并受到伞兵们的普遍欢迎。在穿这种高帮伞兵靴时，他们一般会把裤腿末端塞进靴子；但如果穿的是普通作战靴，这一做法就显得相当怪异了。

徽标

伞兵和滑翔机部队都是步兵的分支。他们一般佩戴步兵徽章，但也会使用本部队的独特识别标志。其中，伞兵们有一种金属制的翼形伞降资格章，一般将其佩戴在制服左胸口袋上方；此外，他们有时也会戴一种含有单一或多种颜色的圆形徽章（炮兵为红色）。同样是在左胸口袋上方，滑翔机步兵也会佩戴他们的翼形金属章。

◀ 第517伞降步兵团，第1伞降特遣队伞兵，1944年。美军伞兵倾向于用油漆、伪装网或取自降落伞和帐篷帆布的材料伪装自己的头盔。下颚带在跳伞时会被系紧，但许多伞兵喜欢一落地就将其松开，因为它很容易擦伤脸部。

很多伞兵和滑翔机步兵团都将自己的团徽作为胸章，比如第503伞降步兵团所用的黑猫图案章；但在作战时，他们一般不会佩戴胸章。师徽标志或臂章经常采用一些相对明亮的色彩，没有所属师的单位人员则会佩戴空降兵司令部所用、带有白色滑翔机及降落伞图案的红色盾章（1944年后改为使用第18空降军军徽标志）。第11空降师的师徽图案为带有红色翼状数字"11"的蓝色盾章；第13空降师是绘有金色独角兽

▲ 第82空降师的一些士兵抵达纽约，正准备回家。

的蓝色盾章；第17空降师是带有金色鹰爪的黑色圆形章；第82空降师是含有两个字母"A"的圆形章；第101空降师使用的是著名的黑色盾章上的咆哮山鹰。这些师徽都被佩戴在"空降兵"（Airborne）铭牌下方。根据相关条令，铭牌所用样式应为黑色底板和金色字母，但各个单位的传统派和守旧派往往固执己见——比如第82空降师就依然坚持他们的蓝底白字徽章，一些炮兵部队则保留了红底白字的样式。

伞兵所用船形帽带有一枚圆形徽章，军官将其佩戴在帽子右侧，然后把其他军衔标志佩戴在左侧。除伞兵船形帽之外，滑翔机步兵部队还有一个自用版本，随后还出现了一种结合前两者特点的船形帽——这种帽子在含有兵种色的圆章周围添加了一圈白色（军官为金色）边线。

空降师成员所用头盔的右侧通常绘有识别标志或代号，一般是扑克牌花色图案以及其改进版本——第101空降师各团（的图案）都带有一个白色圆圈，但圆圈里的具体图案不同。其中，第501

伞兵团为方块，第502伞兵团为红桃，第506伞兵团为黑桃，两个滑翔机步兵团（分别为第327和第401滑翔机步兵团）则是梅花。另外，他们还添加了一根白条代表营番号，并通过白条的不同位置来表示具体各营或其他单位（1营在图案右侧，2营在下方，3营在左侧，指挥部及团属部队在上方）。即将被空投到法国作战的美军伞兵部队还会在制服右袖上佩戴一个含美国国旗的图案，以表明自己国籍。

◀ 第506伞降步兵团第2营四级技术军士，1945年。图中军士所持武器是精巧的M1式卡宾枪，它带有折叠枪托，便于在狭窄的运输机中携带，是伞兵们的理想装备。他还穿着M42式伞兵服，这种专用制服设有宽大的口袋，但很笨重，穿着也不舒服。

▶ 第325滑翔机步兵团列兵，1944年。滑翔机步兵被称为"滑翔机骑士"，他们通常穿着与步兵相似的制服，但也试图从伞兵同行那里借用一些装备。从臂章（的内容）可以看出，这名士兵隶属于第82空降师。

航空部队

美国在作战飞机的生产上毫无疑问压倒了整个轴心国集团，它通过充沛的人力资源和飞行装备有力支持着同盟国的战争，并统治了战场的天空。

早在飞机诞生之初（1903年），美国军方就很快发现了它惊人的军事潜力。很快，1907年时，陆军在通信兵的编制下组建了一支具有试验性质的飞行部队；到1914年，该部队改名为陆军通信兵航空处；1918年时，它被改编为

▲ 在对德国目标的轰炸任务完成后，一架美军"空中堡垒"轰炸机的机组人员正前往英国的一个空军基地提交任务报告。

美国陆军航空勤务队；1926年，这支部队被改名为美国陆军航空兵团；随后在1941年夏季，陆军航空兵团改名为美国陆军航空队；最后，陆军航空队于1947年从陆军中独立出来，成为一个独立军种，也就是现在的美国空军。在战间期，它的规模还相当有限；但到1942年，这支曾经规模有限的部队已被扩充到40万成员和9000多架飞机；到战争结束时，陆军航空队已经拥有250万人和64000多架飞机。

徽标

陆军航空队的现役人员在穿制服大衣时需要佩戴一种缝在衣领上的螺旋桨翼章，军官则是把它佩戴在西装或衬衫衣领上。除制服外，这种徽章（的图案）也经常在各种帽子和士官所用的V形臂章上出现。1920年时，航空部队获得了他们的兵种识别色——相互交织的靓蓝色和橙色；他们所用船形帽的侧边和宽边毡帽上均带有这一识别色，以便与其他军兵种人员相区分。

◀ 第373战斗机大队飞行员，1944年。美军飞行员使用过多种类型的降落伞——本图所示为S1型，它于20世纪20年代首次配发，是一种座式降落伞，也就是说降落伞位于飞行员腰部后面。这名飞行员还携带了独特的黄色充气救生衣。

和地面部队一样，航空部队也很快使用并普及了臂章。他们所配发的臂章是一种通用徽章，图案为蓝色圆底中的橙色翅膀，以及白色圆底上的一颗红色星星。各战区指挥部（比如欧洲或远东指挥部）和一些特殊的航空队（第1到第15航空队以及第20航空队）一般会使用带有他们自身特色的徽章。随后不久，负责进行后勤支援的勤务部队（比如空运司令部）也被授权佩戴那种蓝底橙色翅膀臂章。

许多中队还同时使用了带有本部队特色的中队徽章，并将其佩戴在制服衣袖或飞行夹克胸口处。与他们全世界的同行一样，美国陆军航空队也是通过样式各异的翼章来区分职务不同的空勤人员。这种白银材质翼章通常被佩戴在制服胸口口袋上方（还有一个用于衬衫的较小版本），并通过（翼章）图案的不同来识别相应职务人员。其中，盾牌为飞行员，炸弹为投弹手，螺旋桨为飞行工程师，带翼炸弹为航炮手，圆环（内圆中填充有若干条横线）为观察手。

1943年时，一些专业人员开始使

用袖章。这些袖章最初为蓝色倒三角样式，并通过添加不同的橙色图案来表示相应职位——炸弹表示后勤专家，相机表示摄影师，齿轮表示工程师。

飞行装备

　　航空部队人员的制服基本遵循着陆军款式，但使用了一套带有自身特色的飞行装备——不过这也不是什么出人意料的事情，毕竟这两类部队在装备上的需求本来就截然不同。在这些特别的装备中，最为常见而且最有名的大概就是棕色的A2型飞行皮夹克了，最早于

◀ 美国陆军航空队第8航空队女性辅助航空队成员，1943年。第一批女性辅助航空队（从1943年起改名为妇女军团）人员于1942年12月抵达欧洲，替换支援部队中的英国辅助人员。该部队徽标图案是希腊神话中的雅典娜头像，一般位于（圆盘状）衣领上，军官则将其戴在翻领或领章上。

1931年投入使用。这款配有一条拉链的夹克宽松且舒适性良好，因此广受飞行部队欢迎。除此之外，该部队还使用过一个相对更厚重的版本，即B3型飞行夹克；它带有羊毛衣领和较厚的内衬，以及配套的裤子。1944年时，除之前所提版本之外的一种棉制夹克也开始配发部队，这种生产成本更低的经济型夹克在战争后期逐渐取代了昂贵的皮夹克。它通常会搭配制服裤子或短裙使用，但皮裤也是一个常见选择。

　　飞行靴，包括英式的毛皮内衬飞行靴都需要系鞋带。但也有例外，比如美制A6型羊毛内衬飞行靴就是拉链和鞋带并用的。

　　在一些气候较为温暖的战区，美军会配发一种卡其色棉布飞行制服，比如A4式一体套装。随着战争的持续，这款飞行套装的整体性能通过不断改进变得越来越优良，也被越来越多的飞行员使用——但不管怎样，那些皮革飞行装备往往都会因为其所具有的防火性能而更受欢迎。

　　皮制飞行头盔同样是美军飞行部队成员的常用装备。他们在战争初期所装备的头盔并没有考虑采用新技术，比如呼吸设备和通用的通信设备。因此，不久后就出现了B6型飞行头盔，它在设计上就考虑到了氧气面罩的装备需求，这对飞行人员的使用体验来说也是一种进步。从某种意义上讲，配有一体式耳机的AN-H-16型无线电才是真正实现作战现代化的通信设备；为了在热带地区正常使用，后勤部门还专门设计了一个卡其色棉布版本。

老式的飞行头盔一般与B6或B7型护目镜搭配使用，但这些装备并没有考虑过与氧气面罩的搭配。因此，B8型护目镜应运而生，解决了这个问题。这款护目镜采用一系列塑料材料制作，在当时属于先进产品。

　　各种飞行装备，包括氧气面罩、救生衣、飞行夹克和降落伞，它们以及各个改进版本都被飞行员们佩戴在前胸和背后。此外，这些飞行员也有一定的特权，比如在装备和制服选择方面拥有相当大的自由度，不过这也导致一些民用衣物及装备被投入了军事用途。

▶ 第350战斗机大队上尉，1944年。战斗机飞行员一般穿经典的A2型皮革飞行夹克，携带降落伞、救生衣和原本为空降部队设计的急救装备。他的衬衫衣领一侧带有军衔标志，另一侧则是陆军航空队兵种徽标。

德国

　　德国因其在20世纪30年代戏剧性地重返国际舞台而震惊世界。在经历第一次世界大战苦涩而耻辱的失败和雪上加霜的经济灾难之后，这个国家在20年代及30年代初期变得越来越极端。阿道夫·希特勒（Adolf Hitler），德意志民族社会主义工人党党魁及1933年以后的德国总理，为那些对现状不满的人们提供了一个看起来似乎可行的解决方案——尽管希特勒有关其国家的真正远景目标要么被人不屑一顾，要么就被错误理解。他一手促成了德国的经济增长，并为德国武装力量重建提供了坚实的经济基础。这支重建的武装力量为德意志赢得了英国和法国一次又一次的妥协——吞并捷克斯洛伐克、入侵波兰，以及随后在西线取得胜利。德国人民支持希特勒，并认为法国屈服后战争就会结束。但到最后，希特勒还是决定进行他人生中规模最大的一次赌博——入侵苏联，以此击败甚至灭绝其所认定的意识形态和种族方面的敌人。希特勒在战争中主要使用的侵略工具是德国国防军。这支军队曾在1940年为他带来胜利，但在其越来越膨胀的野心推动下，国防军在后来的战争中也逐渐变得力不从心。

▲ 1940年，一些足蹬皮靴的德国士官和士兵站或坐在车厢门口，准备奔赴前线。

◀ 1934年，德国某城镇，一群警察向通过党卫队警戒线的希特勒敬礼。

纳粹和陆军

1935年5月，魏玛共和国的魏玛国防军(Reichswehr)成为历史，一支新的武装力量以此为基础诞生，这就是后来的德国国防军（Wehrmacht）。

《国防力量重建法》通过后，德国摒弃了自己作为非军事化国家的理念，并组建了一支在国防军总指挥部（OKW）指挥下的国防军。从1938年起，希特勒开始担任该部队首脑。随后，国防军更是被进一步划分为地面部队（即陆军，德语为Heer，还可进一步分为野战部队和预备部队）、海上部队（即海军，德语为Kriegsmarine）和空中力量（即空军，德语为Luftwaffe）。除国防军外，德国武装力量还包括武装党卫军（德语为Waffen SS，也称武装党卫队），它是党卫队（德语写作Schutzstaffel）的一个分支。

希特勒得以上台仰赖于其所推行的民主体制，但他很快就把德国变成了一个极权国家。在希特勒的领导下，德意志民族社会主义工人党，也就是纳粹党

▲ 德国战争部部长维尔纳·冯·布隆贝格、陆军总司令维尔纳·冯·弗里奇、空军总司令赫尔曼·戈林，以及海军舰队司令埃里希·雷德尔向希特勒致敬。该图摄于1937年。

▼ 佩戴万字标志的奥地利"保安团"成员，该国军队在1938年被全体并入德国国防军。

逐渐掌握了德国全部权力。其中，他的第一步就是组建党卫队，这是一个用于保障国家安全的武装组织。党卫队由海因里希·希姆莱（Heinrich Himmler）领导——从1929年开始，他就以党卫队全国领袖的身份指挥该部队。

种族纯洁

武装党卫军最初只是党卫队内部的一支武装力量，仅拥有警察职能。其成员不但在制服和征兵标准上与国防军有所不同，甚至还使用着一套独立的军衔体系，并由党卫队进行管理。党卫队军官秉承了纳粹的意识形态，作为希姆莱执行自己种族主义政策的工具而存在。纳粹宣称，所有德国人——也就是雅利安人都是天生的优越种族，保证本国国民的种族纯洁和清除犹太人及斯拉夫人等"劣等种族"是他们的天然使命。然而，从1943年起，非雅利安人同样被允许加入武装党卫军；也正是从这时开始，武装党卫军通过征兵实现了极大规模的扩充。该部队军官并没有接受过陆军的正规军官训练，因此经常被后者鄙

视。但武装党卫军坚持突击部队的精英化，并为他们所认同和坚持的意识形态而战——这也是战争中一系列残忍悲剧发生的一大重要诱因。

在党卫队中，武装党卫军并不负责管理各大死亡营——这些地方关押了成千上万的犹太人、罗马尼亚人、同性恋者、无产阶级者，以及其他纳粹政权认为有必要投入死亡营的人——武装党卫军主要针对帝国外部的敌人，他们会被派往前线，在陆军总部的指挥下与本国陆军并肩作战。

军队和纳粹党

在纳粹德国里，军队坚持着一套独立自主的人事体制，但也不可避免地受到了政权的影响和控制。希特勒对于军队事务的个人影响力和因其直接得到晋升人员的数量都是可观的，新兵在入伍时也要向他个人宣誓效忠。

第二次世界大战结束后，德国陆军军官大多都与党卫队以及纳粹政权划清了界限。但事实没有那么简单。一些陆军军官强烈反对纳粹——少数对这一政权极其不满的人甚至在1944年时密谋炸死希特勒；即使在战争早期，一些军官也蔑视纳粹政权所采取的宣传手段，并阻止后者在军队中的任何政治干预。另一方面，有些军官却狂热地效忠于纳粹，认为这个政权能恢复德国昔日的威望，还能为军队配备充足的资源。最终，许多军官得到准许，只要恪尽职守就不必参与政治。

德军军官往往因为职责所系而与纳粹政权沆瀣一气。德国陆军在一战中就已经表现出残忍的倾向，他们劫持人质并射杀可疑的叛乱者，还掠夺被占领土地上的资源；此时，在种族主义和意识形态强化下，德国陆军变得更加残忍（这一点在东线尤为明显）。

东线的恐怖统治

德军东部前线之后的占领区处于陆军管辖下，由其设立的军管机构对苏联人民实施了名副其实的恐怖统治；在希腊、意大利、法国、南斯拉夫和其他各占领区，德军也施行了相同的统治，只是规模要小一些——德国人大量枪杀游击队员，肆意摧毁村庄并强征粮食，还把当地平民送回德国充当强制劳工。

这些罪行都是德国陆军（因为行动前制定的法令而免于罪责）利用本部队

▼ 这张被纳粹用来宣传的照片展示出了一名德国军官监督苏联强制劳工进行食品分配的场景。

▲ 1938年时，德国军队进入以德语为母语的苏台德地区，受到了弗里德兰当地民众的狂热欢迎。

资源实施的——将犹太人运往死亡营也是如此。针对苏联红军战俘的罪行同样常见。根据陆军高层的一系列指令，师级或团级军官指挥枪杀了政治委员、犹太籍囚犯、拥有亚洲面孔的囚犯及女性囚犯，并且断绝了大批苏军战俘的粮食供应——仅在1941年夏季到冬季的6个月里，就有280万人因此死亡。

这些活动都是纳粹政权战争目标的直接组成部分。虽然在大部分领域中，德国陆军和政权机关相互勾结，很多时候也有着共同的目标，但东线战事是由一支似乎有着自身意识形态冲突的军队所实施——值得注意的是，这条战线是在德国陆军总司令部（OKH）控制之下的。到战争即将结束时（尤其是在1944年7月之后），随着胜利的可能逐渐消失，这种紧密关系也遭到削弱——武装党卫军得以扩充，影响力随之增大，陆军却受到了焦虑的德国政府越来越严密的控制和监视。

从胜利到失败

1919年的《凡尔赛和约》限制了德国陆军的规模，取消其装备重武器的资格，并解散空军，将海军舰艇分配给各战胜国——德军只能保留少量水面舰艇，并被禁止拥有潜艇。

第三帝国（1933—1945年的纳粹德国）制订的目标是扩充军队并使其现代化，以便在本国激进外交政策不可避免地与欧洲主要军事强国发生冲突时有所依仗。德国的工业体系拥有大量制造武器的知识和能力，在这一方面甚至能与英法两国相媲美。早在1933年之前，德国就表现出了打破《凡尔赛和约》限制的意愿，而同盟国对和约的执行实际上在1926年就已经结束。

德国所缺乏的就是意志，但这也在1933年显露了出来。在纳粹统治下，德军军费预算增加到了原来的三倍（当年达到5700万马克）。为新空军（1935年时被命名为Luftwaffe）制造飞机的进度明显加快——但飞行员和机组其他成员的数量仍然不足。到1935年3月，希特

▼ 1940年，一个批量生产作战飞机的德国工厂里，工人们手上的又一架亨克尔HE-111双发轰炸机接近完工。

勒甚至吹嘘，认为他的空军在力量上已经能与英国皇家空军持平。

然而，突如其来的重整武备给德国造成了巨大的压力和无数内部冲突，这也是其军队在世界大战中最终失败的重要原因之一。

高速扩充

人力资源是德国面临的首要问题。1939年时，该国人口为8060万（男性为3890万），其中有470万人在德国国防军中服役。武装力量在短时间内进行大规模扩充意味着士官和合格军官的数量将会逐渐不足，战争所带来的伤亡还会使这个问题变得更加严重——对苏作战的前9个月里有15000名军官伤亡，是1940年时西线战役损失的10倍；战争条件下，其他人员损失后的补充和训练也相当困难。

军队的高速扩充还带来了另一个问题，即那些新的军队成员也需要武器、制服和装备——到1942年，德国国防军已增加到910万人。为盟国和附庸国提供补给也是一大问题，虽然其中大部分都是缴获而来的，不过到1942年，这些

▲ 由于当时（1940年）德制坦克设计精良，工厂的生产效率也很高，德军因此统治了战场。

物资也没什么用了。

德军的重新武装进程正在快速进行，当然代价也很高。1938年，德国将大约六分之一（17%）的财政收入投入到了军备建设中（同年，英国的国防预算只占其财政收入的7%）。原材料可以（相对廉价地）大量进口，但钢铁、石油和制造武器所需的其他材料很难廉价取得；浪费的现象也很普遍。由于德国的经济不是集中控制，政府内部相互竞争的派系控制了这些在其他领域更容易发挥作用的资源。缴获的外国物资和强制劳工的使用暂时弥补了相应不足，这也意味着德国妇女不需要加入到与战争相关的工作，工人的工作时间也不用延长。所有这一切表明，德国从未像苏联等国那样将其经济完全改造为战时经济体制。

被苏美超越

到1942年，与苏联和美国相比，德国军事工业在生产数量上的劣势已经越来越明显。从1940年9月到战争结束，美国制造了197000架飞机；德国极尽

战场主动权时那样，所有技术优势也同样丧失了。

前功尽弃

1939年到1941年间，德国取得了引人瞩目的成功，在损失不大的情况下蹂躏西欧，征服巴尔干和乌克兰。由于这些军事成就以成功的军事理论作为基础，因此同盟国很快效仿了这一做法。然而，苏联的抵抗很快就证明，对于已经难以维持战争机器的德国来说，一场旷日持久的作战是个巨大难题——比如到1941年，它（德国）就已经难以生产出至少能补足损失数量的坦克了。

德国战争机器很快就只能处于守势，被迫守卫漫长的海岸线，或是俄罗斯—乌克兰境内的辽阔平原。战争初期的大胜意味着德军此时也有责任守住自己的"财产"，因此需要一些新的军事理论——以及新的作战手段，以击败已经重新武装并赢得主动权的盟军。然而，德军的优势早在1941年消耗殆尽，从此之后，失败也只不过是时间问题。

▲ 一队德军士兵正在部署一门150毫米加农炮，并将其驻锄埋入土中以吸收发射时产生的巨大后坐力。这型重炮难以搬运，因此不受部队欢迎。

努力也只生产出80000架，而且还不一定有充足数量的飞行员投入使用。在其他方面，德国人同样举步维艰。到1945年，苏联共制造35000辆T-34坦克，而德国仅生产了5000辆"豹"式和2000辆"虎"式（而且从1944年起被分散到了多条战线上）。从长远上看，由于德国在人员和资源方面都存在明显劣势，因此产生的压力甚至使这个国家在1940年获得胜利时也是捉襟见肘的。

从某种程度上说，1939年时的德国国防军造成了一个假象。尽管在精心挑选的关键地区集中了具有压倒性优势的力量，取得一次又一次胜利，但1939年的德军在坦克和作战飞机方面的优势并不算突出。其103个师中只有14个机械化师，补给和人员的运输也仍然依靠马匹和铁路。

德军的一些武器可能在1940年领先于法军和英军，1941年时在质量上也优于一些苏制武器，但只在少数领域占有明显优势。德国从未真正拥有过（绝对的）技术优势（但必须肯定，德制武器得到了更好的应用）——尽管生产出了一些相当有效的小型武器和装甲车辆，但这也是在盟军以更大批量生产改进型号后才做到的。正如德军在1942年失去

▼ 炮兵的日子很难过——作战时容易造成耳聋，每年9月到来年5月期间还必须拖着沉重的装备，在泥泞道路上跋涉前进。

将军与参谋

德国将军在二战中所穿制服的样式与他们一战时期的前辈相似。在以尊重传统为特征的军官阶层中，这倒也不算令人吃惊。

但其中也有一些小的差异。有些将军遵循着传统制服的穿戴风格，但更多人依照自己喜好对其进行了改造。这些将军通常会保留并使用原先所属部队的制服，然后再添加那些将官专用的徽章标志。装甲部队将军往往使用带有本部队军衔标志的装甲兵制服，以此团结手下士兵；同理，指挥山地部队的将军也会使用相应的制服、徽章和标志；武装党卫军是支新近成立的武装力量，拥有一套属于自己的军衔体系（但也融合了陆军的一些传统并有所创新），隶属于该部队的将军们也因此显得与众不同。

制服

将军们通常穿着私人定制的军装（Waffenrock），或是当时由军方配发的制式外套（Feldbluse）。在战争早期，最常见的制服型号是M1936式，它采用深绿色衣领、5枚镀金纽扣、4个带有扇形袋盖的褶饰口袋和直袖口设计。衣领两侧都配有独特的平行四边形领章，它由鲜红色底板、镀金橡叶形饰物，以及两道阿拉伯式花纹（Alt Larisch，最早出现于18世纪的普鲁士掷弹兵制服上）所组成。这种传统的徽章在整个二战期间都被持续使用，但到1944年5月，那些隶属于非作战部队的将军们也可以选择佩戴一种带有兵种色（也用作肩章底板颜色）的领章。

将官所用的肩章通过镶有金边（元帅肩章全部镀金）的铝线和位于衣领旁的一枚纽扣被固定在制服上，底板均为红色，并采用不同图案代表相应衔级。其中，陆军元帅是交叉的银色元帅权杖；领元帅衔的大将为4颗星，2颗居中、2颗靠近肩部；大将为3颗星，1颗

▲ 埃尔温·隆美尔的这张照片摄于1940年，法国。当时他的军衔为少将，但头上戴着一顶与自己军衔不相符合的（士兵及士官用）船形帽。

居中、2颗靠近肩部；上将为2颗星，1颗居中、1颗靠近肩部；中将为1颗星，位置居中；少将没有银色星标。

按部队类型，德国的将军们分别隶属于步兵、骑兵、炮兵、工程兵、装甲兵、通信兵，以及山地部队。

如果所用外套不能佩戴肩章，将军们还可以使用另一种标志——带有镀金横条和橡树叶的黑色扣襻。其中，少将的橡树叶下方有1根横条，上将则是3根；大将额外添加了3颗银星，元帅则是交叉权杖。

将军们在制服上佩戴着以金线编织的雄鹰徽标，其底板呈较深的蓝绿色。

陆军元帅（General field marshal）这一衔级于1936年4月引入，1938年到1940年7月间共任命9名（陆军元帅）；后来，又有9名将军在战争中晋升到这一

◄ 少将（位于非洲战区），1943年。图中所示的长筒靴在北非战役早期很受军官欢迎，但后来变得越来越少见。它的下半部分由天然皮革制成，上半部分则采用赭色或橄榄色的强化帆布制作，脚踝后面还用皮革进行了加固。

领章，但佩戴元帅衔级所用肩章。

将军们通常穿着与制服颜色相同的马裤。这些马裤在大腿处比较宽松，小腿周围可通过5枚黑色纽扣系紧，左右两侧共饰有两道鲜红色条纹，通常搭配马靴使用。他们所用大衣的翻领处配有鲜红色内衬，这里的纽扣通常会被系上，以展现出内衬的独特颜色。不同兵种将军的野战帽会统一采用陆军风格添加徽标，而且深色帽墙周围绘有金色镶边，帽冠附近也是如此。

徽标

党卫队（此处特指武装党卫军）设有一套独立的职衔体系，因此等同于将军的党卫队军官们也拥有自己的独特徽标。他们不佩戴陆军所用的领章，而是在衣领上使用一种黑色领章，两边领章上均带有独特的银色三片橡叶图案。除此之外，还有银色的钻石形将星——党卫队全国总指挥（武装党卫军大将）为3颗；党卫队全国副总指挥（武装党卫军上将）为2颗；党卫队地区总队长（武装党卫军中将）为1颗；党卫队旅队长（武装党卫军少将）没有星标。

这些将星也出现在肩章上，其风格基本遵循陆军，但使用银灰色作为底板颜色。

党卫队高级军官的野战帽上带有含银色滚边的黑色帽墙，帽墙正面为骷髅图案。

总参谋部军官的制服衣领上绘有独特的识别标志，其蓝绿色领章上还有更具装饰性的铝制（总司令部相关军官为金制）猩红色编织纹饰物。由于许多参谋军官穿着较为正式的制服，他们外套上的滚边一般会采用相应兵种色，位于

衣领处的纹饰也出现在了同色（即兵种色）领章上。

总参谋部军官的马裤外侧还带有两道深红色条纹。希姆莱个人幕僚的制服风格是党卫队中最接近总参谋部的，其兵种色为深灰色，但这只会用来作为帽子滚边和肩章底板的颜色。

▲ **步兵上将，1941年。**这名隶属于山地部队的上将穿着采用上好灰色布料制作的M1928式制服。高级军官使用私人定制制服的情况并不少见，其所呈现出的灰色调包括了从浅灰色到陆军其他大部分官兵使用的"原野灰"。

衔级。陆军元帅的领章带有3个阿拉伯式花纹，但也有例外——比如1940年入侵法国时的A集团军群指挥官格尔德·冯·伦德施泰特有时就会使用上校样式（他是第18步兵团的名誉上校）的

▶ **少将，1942年。**双筒望远镜通常被装在一个胶木或皮革材质盒子里，但这样会显得很笨重，因此将军们往往把它放在车上或（军官用）坐骑的马鞍上。这名将军的帽子上配有用镀金线编织的帽饰带（由位于军帽两侧的镀金纽扣固定在帽冠位置）。

步兵

德军步兵的制服在纳粹掌握政权后并没有进行彻底修改，在总体样式方面与魏玛共和国时代的型号相似。虽然只对制服做出了一些有限修改，但新政府（纳粹政权）对其新征召陆军所用的徽标体系进行了大幅改动。此外，尽管当时处于万字旗统治之

▲ 1940年取得对法作战胜利后，德军列队经过弗赖堡。注意图中士兵将头盔绑在皮带上的独特方式。

下，不过德军制服的一些传统元素仍是得以保留的。

在1935年推行征兵制度后，德军步兵团得到了大规模扩充。大部分常规步兵团吸收新兵和预备役人员（要求年龄在35岁以下），"国土防卫军"（Landwehr，年龄要求在35岁至45岁之间）则作为二级预备部队。最根本的一次改变发生在1942年11月——步兵团正式更名为"掷弹兵团"，同时还有9个步兵团被命名为"燧发枪兵团"。

制服

标准陆军野战服（Feldbluse）由一战时期德国陆军的制服发展而来。它（一战时期制服）在魏玛共和国时代并没有发生明显变化，而新的纳粹政权最初对其进行了一些临时性改良，但随后于1936年为规模大大扩充的陆军制造了大量改进版本的新制服

◀ 第19步兵团军官，1940年。瓦尔特P38型手枪是德国军官们最喜欢的武器，一般会被放入皮套（多被漆成黑色），并扣紧悬挂在腰带上；16发9毫米手枪用弹通常被他们放在一个专门容纳子弹的硬纸盒里。

（即野战服）。

M1933式野战服（于1934年首次配发）以原有制服版本为基础，并且一直在进行完善和改良——到1936年，其内衬变得更为实用（1933年所产款式只配有肩部内衬，实用性相对不强），制服质量和耐用性也得以改善。它本应是灰绿色的，但因为同时由不同厂家生产，所以在色调方面也略有不同。M1933式共设有5枚纽扣、2个胸口口袋（样式为带有扇形袋盖的褶饰口袋）和2个腰部口袋（比胸口口袋更大，但样式相同）；制服衣领可分为立领和翻领（使用钩子固定），均由深蓝绿色布料制成；可拆卸肩章通过纽扣被固定在衣领旁边，腰带还配有支撑带。

在接下来几年里，M1933式进行了一系列改良——1940年，由于经济原因停用深色衣领；1941年，纽扣数量增至6枚；1942年，位于口袋上的褶饰被取消；1943年时也有一些改动。此时（即1943年），这款野战服的扇形袋

◀ *第60步兵团步兵，1940年。* 进攻法国的德军步兵通常戴着刚漆上灰色反光漆的头盔，这种油漆取代了由工厂制造、在1939年波兰战场上广泛使用的缎绿色涂层——因为在潮湿环境中，后者会让头盔变得很显眼。

▶ *第16机枪营机枪手，1942年。* 机枪营肩章中的营编号上方有一个与众不同的哥特字母"M"。作为步兵的一部分，该营肩章的周围还带有白色滚边。

有2枚位于腰部；此外，这也是一种紧身衣，在使用时可以敞开衣领。与该型野战服搭配的裤子设有2个裤袋。值得注意的是，德军还使用过大量来自奥地利陆军的野战服，以及缴获自荷兰军队（并进行了染色）的野战服。

军官穿相同型号制服，但选择了以质量更好的布料制作（往往是私人量身定制的，但也可以在官方供应商处购买），采用法式袖口。轻便型的夏季制服包含了从沙色到灰色的多个色调。阅兵用版本在衣领周围配有表示兵种的彩色镶边，有时制服正面和袖口附近也有。除此之外，军官们有权穿一种较为正规的礼服，但到1940年时这种情况已相当少见。另外，他们还用过一款白色制服。

肩章

野战服一般与肩章搭配使用。在1938年之前，其（肩章）两端显得相对较尖，但之后被改成了圆形样式。最初，普通士兵的肩章底板和衣领一样呈深蓝绿色，但前者从1940年夏季起改为原野灰色调；此外，位于肩章顶部的纽扣上刻有（使用者的）所属连番号。

肩章上还带有表示相应兵种的彩色镶边——白色表示步兵、要塞步兵、机枪营、迫击炮营、边防军，以及自行车部队（原本为黄色，后在1936年改为该色调）。1939年至1942年底，隶属于装甲部队的摩托化燧发枪兵使用过草绿色肩章（隶属于轻装甲师的此类部队使用黄色版本），并且后来改名为装甲掷弹兵。轻步兵、维也纳卫戍营和柏林卫戍团使用浅绿色肩章，但最后者只使用到了1939年，即该部队被改编为"大德意志"步兵团之前。

除普通士兵的徽章或一些独特的单位徽章外，当战争开始后，德军还在肩章上添加了一套识别体系（但这些编号在1940年1月时都被刮掉了，并由一种便于拆卸、带有相同识别机制的带子所

盖已经消失，由10%毛料和90%化纤混纺而成，内衬采用人造丝制造（但这一材质容易刺激皮肤，导致使用者在穿野战服，尤其是皮肤与内衬接触时很不舒服）；此外，由于染料稀缺，制服色调已经无法保证标准化了。

M1944式野战服以英式作战服为设计蓝本，于1944年到1945年间进行了小批量装备。它一共配有6枚纽扣，其中

取代）。部队识别码采用罗马数字（代表地区或军）或阿拉伯数字（即部队番号）表示，数字之上还有用于区分部队类型的哥特或拉丁字母。以上字母和数字均为白色（军官使用白色金属材质版本），在作战中有时会被一种与制服同色的布条所遮掩。不过这一做法在1939年到1940年间并不流行，后来被逐渐淘汰。

步兵团成员的肩章上只有团编号。除单位编号外，要塞步兵（的肩章上）还有一个哥特字母"F"；机枪营为哥特字母"M"；迫击炮部队为哥特字母"GW"；隶属于装甲师或轻装甲师的摩托化步兵则是哥特字母"S"。还有一些部队佩戴着自己的独特徽标，比如"大德意志"步兵团的"GD"（1940年后），这一标志一直被使用到了该部队被扩编成师；1943年时，扩编后的"大德意志"师所辖各团为肩章搭配了一种颜色不同的布条，比如掷弹兵团为白色，燧发枪兵团为红色。

1943年到1944年8月间，"元首"掷弹兵营成员在肩章上佩戴着"FG"字母标志，但此后改用"GD"；从1944年起，"高等骑士与德国骑士"掷弹兵团（原第134掷弹兵团）在肩章上添加了一枚十字标志，以此纪念该团的奥地利血统；1943年时重组为装甲掷弹兵的"统帅堂"步兵团在他们肩章上添加了"SA"以及另外3个如尼字母（Runes，也称卢恩字母）的识别标志。

战争爆发后，徽标的佩戴方式及样式发生了一些变化。到1939年12月，许多部队都取消了肩章上的单位标志；数字或金属徽标有时会被完全清除，肩章会被摘掉或是用布条加以覆盖。1940年时，德军配发了一种印有部队编号的灰色布条，它可以在需要时被轻松取下；直到1944年2月，条令仍然要求各部队成员在战场上佩戴这种布条，但后者的实际做法不一。

制服徽标

步兵们的制服右胸口袋上方有一枚雄鹰徽标，其图案与帽徽中的雄鹰相同，不过尺寸更大。有些高级军官使用的是别在外套上的金属版本或镀金线版本，但这种徽章大多为铝制品，或是由灰线在深灰或蓝灰色衬布上编织而成；1940年6月后，灰线版本逐渐占据了主导地位（1944年时，德军还使用过一种三角形版本鹰徽）。这种雄鹰图案徽标有多个版本，最常见的是一种所谓"贝沃"（BeVo）风格编织制品；但到战争后期，大部分鹰徽已经采用劣质化纤材料机织而成。

另一种标准徽标是佩戴在衣领部位的领章。这种极具普鲁士风格的军用徽章在整个战争期间都出现在德军的制服衣领上，由两条（其他颜色）花边和一条兵种色花边组成。军官制服采用金属材质的花边和兵种色（作为背景），野战服（1940年之前版本）则是由灰线或铝线在灰蓝色底板上编织相关内容；士兵制服上的领章采用一些较为普通的材料制作，战争期间甚至会被直接缝在衣领上。

▲ 第62步兵团一级下士（机枪手），1943年。比起短靴，德军步兵更偏爱黑色皮靴。这种靴子的高度为35厘米（约14英寸），但随着时间推移，为节约皮革有所缩短；脚跟和鞋钉处都用金属进行了加固。值得一提的是，这种皮靴还是一种地位的象征。此外，德军从1938年开始效仿奥地利军队，也逐渐使用短靴。

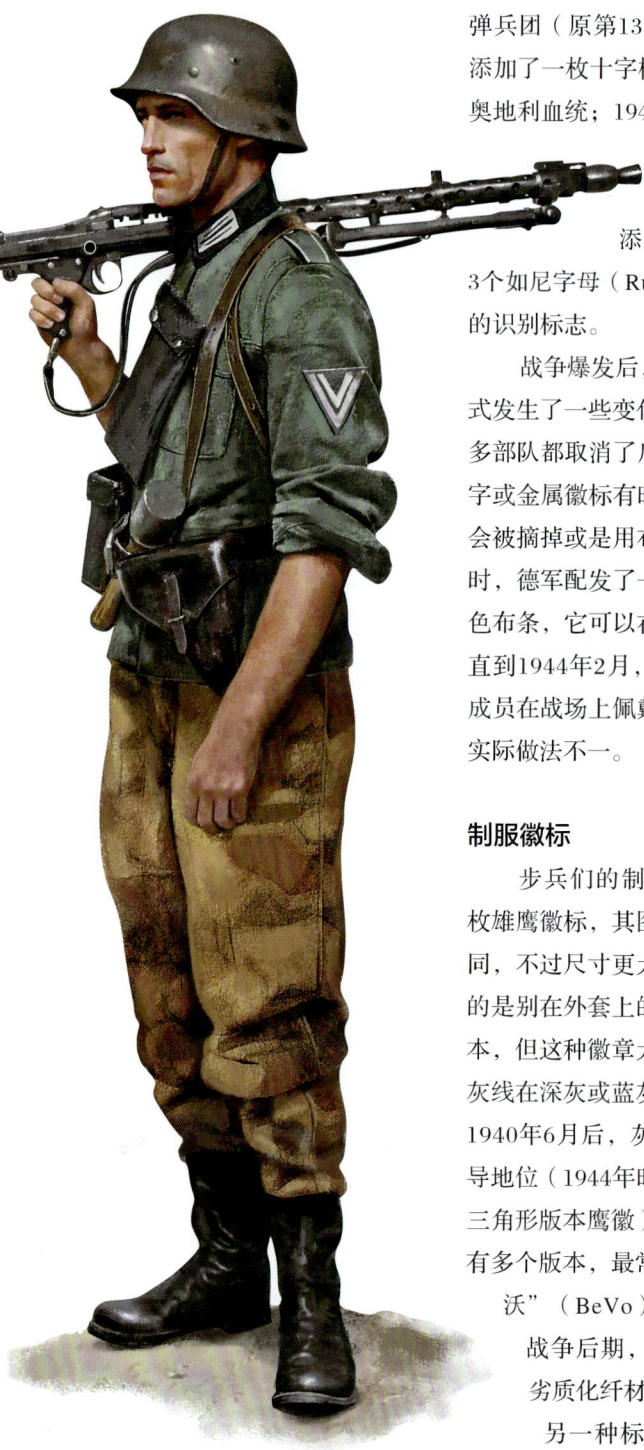

◀ 在两名骑马军官的指挥下，一队德军预备役步兵正沿着穿过波兰多布罗米尔—普热梅希尔的土路开往前线。该图摄于1940年。

在战争中，士兵制服上的领章进行了一些改良。尽管1938年时采用过一个标准化样式，即以灰绿色分割灰色横条并以其取代彩色条纹，但带有兵种色条纹的旧版本仍在继续使用；到1940年，花边被改为灰色，图案也有所简化，底板则是被直接取消了。

部队徽标

党卫队最早使用袖标，随后许多部队也加以效仿。参与西班牙内战的德军官兵获准使用西班牙式袖标，但他们大多是技术顾问；精锐的"大德意志"步兵团从1939年6月开始就应该使用，但直到1940年10月才得到他们的黑色袖标（带有哥特字母标志）。

"李斯特"步兵团（希特勒曾经服役的部队）于1943年开始使用袖标，"统帅堂"团也在1942年9月到1943年6月间佩戴过；1944年10月，一些部队得到了一种带有上将迪特尔名字的袖标。第17步兵团的军官们似乎希望延续传统，他们依然佩戴着"不伦瑞克骷髅"图案袖标——其历史可以追溯到1809年。此外，在克里特（主要是伞兵）、梅斯（1944年时）、"库尔兰"口袋地区和非洲作战的德军官兵也佩戴了袖标。

◄ **第504步兵团步兵，1942年。** 战时的改动使制服风格变得更加简朴，领章此时也是风格朴素而且缺乏装饰的。

► **第116步兵团中尉，1943年。** 图中所示大檐帽是德国军官普遍偏爱的一种军帽，这个在当时颇为时髦的款式带有含白色滚边的蓝绿色帽墙。橡叶图案位于蓝绿色衬布（但有时也可能是橄榄绿布料）上，并且组成了国徽周围的花环装饰。由于戴这种帽子时一般不使用下颚带，因此它的侧面也没有设置纽扣。

▼ **德军步兵所用装备。** 尽管背包已经比以前更为轻便，但他们（此时）的负担仍很沉重。从左上到右下分别为被装在圆罐里的巧克力、防毒面具、水壶、餐具、防毒面具罐、皮带扣（左下）。

军衔徽标

德军高级士官佩戴着以铝线镶边的刺绣领章和肩章（中士所用徽章的外缘没有装饰物），这一装饰风格可以追溯到18世纪；他们的热带制服也可佩戴相同领章和肩章，但（相应标志）采用了浅褐色丝线镶边。低级士官一般会把军衔徽章佩戴在制服左侧衣袖的上方。

下士的军衔徽章由蓝绿色底板和银灰色倒V条纹图案组成，如果服役满6年还可以添加一颗星星。其中，一级下士拥有两条倒V条纹；所谓的"上等兵"（Stabsgefreiter）有两条条纹，以

及一颗星星；上等列兵没有条纹，但会在制服衣袖的圆形衬布里添加一颗星星。从传统上讲，高级士官有权佩戴剑结，其具体衔级通过位于肩章上的不同数量星星来表示。其中，上士有一颗星星，军士长有两颗，总军士长有三颗；中士则没有星标——只有刺绣镶边。军士长还可以佩戴一种用于表示其在训练中拥有特殊地位的兵种色布带。军官佩戴着不同风格的肩章，这一做法可以追溯到1864年。少尉、中尉和上尉均佩戴由铝或亚光铝制成的U形肩章，其开口朝向肩膀外侧，肩章整体都被固定在兵种色衬布上。其中，中尉（的肩章图案）为一颗金色星星，上尉为两颗；少校、中校和上校所用肩章还配有交织穗带，中校拥有一颗星，上校则是两颗。

对于那些不能佩戴肩章的制服，德军也相应开发出了一种带有军衔标志的布制徽章，于1942年8月开始配发部队。这种徽章被用于佩戴在制服衣袖上，适用范围包括厚夹克、防雪双面厚夹克、衬衫，以及炮兵和装甲兵的工作服。军衔标志（的内容）由位于黑色长方形中相应数量的水平方向横条组成，军官们还可以在自己的标志上添加装饰性橡叶图案——比如上尉就是三根横条以及在其上方的橡树叶。

军官和高级士官有权佩戴剑结，它通常由铝线编织而成，以相应颜色的带

结表示所属单位（比如团部人员为深绿色）或一个营里的某个连（包括白色、红色、黄色、蓝色及浅绿）。服役于预备部队的军官也可以佩戴军官肩章，且同样采用白色金属作为编号，但具体形式有所不同——他们（预备军官）所用版本以罗马数字表示军区编号。

专业徽章

1942年，参与过进攻克里米亚半岛的德军官兵陆续得到了"克里米亚盾徽"，其图案为翱翔在半岛上空的雄鹰以及万字符。1942年11月后，与敌人进

◀ **第2步兵团中士，1943年。** 专门为哨兵设计的这种外套在躯干部位衬有羊皮，因此保暖效果极佳，但德军针对苏联冬季装备的适用制服还是太少了。值得一提的是，这名哨兵还穿着长筒木底毡靴。

▶ **"大德意志"团中士，1942年。** 这名中士戴着毛皮内衬野战帽，以便在寒冬中为头部提供防冻保护。这种帽子配有耳罩和厚实的内衬，毛皮呈白色（如图）或黑色，帽上通常只有一枚鹰徽。

▶ **第916掷弹兵团掷弹兵，1944年。** M1944式制服较为节省布料，样式与英制作战服相似。这种由橄榄绿布料制成的制服最初主要配发给国防军，以及那些作为陆战队步兵进行战斗的水兵。

行过白刃战的人可以得到"近身战斗"勋章——分为铜、银和金三种材质版本，使用时应佩戴在制服左胸口袋上方；勋章的图案是位于雄鹰下方相互交叉的刺刀和手榴弹，以及在橡树叶上的万字符。

专业技术徽章通常被佩戴在制服右袖上方，最常见的一个版本采用圆形原野灰布料作为底板，具体的徽标图案则采用兵种色。其中，装甲兵（的徽标图案）是交叉步枪，无线电操作员是闪电，电气技工是字母"M"以及一道闪电；担任以上职务的士官还可以在自己的技术徽章上添加铝制镶边。值得一提的是，直到战争初期，德军都还保持着之前那种在制服左侧袖口缝制铝条，并以此表示神枪手的惯例。

裤子

最初，德军所用的裤子有两个主要版本——直筒长裤和多数军官都会使用的马裤。这些裤子开始采用的是一种与原野灰略为不同的"新灰色"作为色调，但最终还是在1940年改用原野灰。其中，直筒裤配有两个垂直侧袋，以及一个位于裤子正面的表袋（较小）。军官马裤采用更好的布料制作，大腿内侧部位带有内衬，有时还会在裤缝处添加滚边。1943年时，德军引入了一种灯笼裤，后来还在1944年配发了一种带有足底带的宽松型野战裤。

与裤子一起搭配使用的包括一种软皮行军靴，或是日益增多的短靴和带扣皮绑腿（M1933式）。军官偏爱长筒马靴，但到1943年时高层已经不鼓励穿这种靴子，而建议他们使用绑腿（旧式皮绑腿或1941年配发的布绑腿）和短靴

的搭配。短靴一般是1937年或1944年所产款式，后者的设计进行过简化，正面设有5个鞋带孔。此外，德军还配发过一种用于哨兵或驾驶员的户外毡靴，但数量相对较少。

头盔和帽子

于1916年到1918年间生产的那型钢盔到20世纪30年代时仍在使用，甚至还进行了小批量生产。一种魏玛国防军在1932年短暂表示过有装备兴趣的塑料

头盔于1934年在塔勒进行了测试，目的是在不完全破坏德制钢盔独特外形的前提下，改善这一型号的设计和性能。1935年时，德军推出了一个改进版本（M1935式），并准备生产出足够数量来装备此时已经完成规模扩充的军队。新钢盔配有一种固定在外部盔体上的皮革衬垫，总重量为1.3千克（2.8磅），盔体边缘呈卷曲状，右侧有一个三色盾徽，另一侧则是国防军的雄鹰图案标志和万字符；采用皮革制作的下颚带被固定在衬带的D形环中，通过一个钢扣拴紧，钢扣通常会被漆成灰色（以防生锈）。

M1935式在1940年时进行了改良。此时，它拥有一个直接被开在外部盔体上的通风孔，并根据命令采用亚光原野灰色调（但不久之后又改用深灰作为盔体色调）；另外，原先位于盔体右侧的盾徽已经去除，不过左侧的雄鹰标志一直被保留到了1943年8月。1942年时，该型头盔的设计被再次修改（新型号于1943年开始配发），主要是改用单一的钢片制造盔体，而且为节约成本取消了盔体边缘的卷边。

德军还少量装备过产自奥地利的贝恩多费尔头盔，并为其添加了本国国防军相关标志。

德军士兵使用过多个型号的软帽。1934年时，他们得到了一种无檐船形帽，帽上的国徽图案位于兵种色V形花边下方。在最初的设计中，这种帽子看起来较高，国徽位于上方位置，但没过多久就被下移；此外，使用者有时会在原先的（上方）位置添加一枚代表德国的雄鹰徽标。

于1942年首次配发的一种新软帽配有带纽扣的耳罩，1943年时德军还推出了一款以山地步兵所用帽子为蓝本设计的野战帽。热带作战部队专用的野战帽于1940年首次配发，供驻在巴尔干、地中海和苏联南部战区的部

◀ 第88步兵团医务兵，1942年。医务人员可以通过他们使用的蛇杖图案加以识别。这个图案有时被佩戴在肩章上，但有时也会出现在一个位于制服外套右袖上的圆形区域中。此外，位于他们衣领的领章中还含有深蓝色条纹。

▶ 第1053掷弹兵团掷弹兵，1944年。单兵帐篷帆布也可以作为如图所示的雨披使用。这名掷弹兵所用工兵铲的铲头被他放在了一个铲套里，并通过皮带将（铲套的）套口束紧。

兵种色也会出现在帽冠边缘）；此外，帽子的正面绘有一个由橡树叶围绕的国徽图案。

大衣和外套

　　1935年9月，德军推出了一种带蓝灰色衣领的灰色大衣。它采用双排扣设计，设有较大的侧面口袋；1940年时，原先的深色衣领被改为灰色，到1942年又改成了尺寸更大的翻领。供哨兵使用的防护外套（Wachmantel）显得更为厚实，设有一个布制兜帽，但配发数量较少。值得一提的是，获得过铁十字勋章的官兵在穿大衣时可以敞开领口（以便展示勋章）。军官有权穿长款皮衣、雨衣、雨披，以及毛领外套。

　　除大衣外，德军还开发了其他一些外套。1942年冬季，许多陆军部队开始使用一款浅灰色工装，作为在东线雪地里的伪装服饰；此后，他们还装备了一种白色棉服。于1931年首次配发，采用帐篷帆布制作的那种迷彩服大量装备了部队，一些后来从本国武装党卫军和意军借鉴而来的伪装用品也是如此。

　　一种可以反穿的带帽风雪衣很受部队欢迎。其一面为白色，另一面为国防军（WH）或党卫队（SS）所用迷彩色调，颈部和下摆都可以通过拉绳系紧；

队使用——当然，也包括驻非部队。这种帽子采用硬质帽檐和红色内衬，其褐色衬布上绘有浅蓝色雄鹰图案、国徽，以及V形花边。

　　军官使用与上文所述样式相同的军帽，但有时也会戴一款配有皮革帽檐和灰色帽冠的软帽。他们的礼帽是一种采用硬质帽檐的帽子——配有经过了硫化处理的黑色帽檐及帽墙，还有一条带兵种色镶边的深蓝绿色带子（相应的

山地步兵所用型号在袖口、腹股沟和颈部设有松紧带，同样受到了青睐。羊皮外套和防风衣也是德军的常用制服。许多摩托车手穿防风衣、大衣或皮衣，并（在制服上）佩戴可拆卸式肩章。

装备

　　步兵们可以使用一种由军方配发的皮带，其白色金属带扣上带有帝国雄鹰图案。军官们还可以用一种标准版针式

皮带扣，但在较为正规的场合中会改用圆形铝制皮带扣和黑色皮带。Y形战斗背带（主要在1939年后配发）能携带6个黑色皮革子弹盒——一种德军从1911年就开始使用的装备（但他们在二战中使用的版本只能携带60发子弹，即之前版本携弹量的一半）；冲锋枪所用弹药会被放在一个长方形帆布袋中。此外，用于刺刀和掘壕工具（铲头被放在一个皮罩里）的挂环一般被固定在皮带上。

M1934式背包采用牛皮制作，呈长

▲ 这张宣传照片显示，德军在1941年8月底就控制了塔林——这座城市当时的名字是雷瓦尔，现为爱沙尼亚首都。

方形，所配背带为黑色。大衣和帐篷帆布一般由皮带固定在背包顶部，铝制饭盒和烹饪用锅具则位于（背包）内部。M1939式背包对原先版本的皮带和卡扣有所改良，并取消了Y形战斗背带。

餐盒和水瓶大部分为铝制（后改为用铁制作，一般会被涂成黄褐色），于1931年首次配发，通常位于背包下方或靠近臀部的位置。

与众不同的金属材质防毒面具罐（M1934式和改进了固定方法的M1935式，还有使用橡胶面具、整体显得更长的M1938式）也被固定在腰背部，最常见的是M1938式。防芥子气布袋一般被

放在使用者胸前的一个长方形小包里。士兵们还会携带帆布面包袋，最常见的是M1931式；值得一提的是，M1944式（面包袋）设有一个长方形口袋，可用于收纳步枪清洁工具。

一套较轻的野战装备包括子弹盒、帐篷帆布、面包袋、水壶、防毒面具罐，以及尺寸较小的橄榄色帆布包。由伪装材料制成的帐篷帆布通常会被当成雨披或披肩使用。

军官一般携带有皮革地图包，并将配备的手枪（型号多为鲁格尔或瓦尔特）放在位于腰带上的皮套里。他们在1934年时获准使用武装带（这种皮革腰带可用于携带匕首或刺刀）和肩带，但通常只使用前者。此外，这些军官基本都不再携带佩剑。

◀ **第58掷弹兵团步兵（狙击手），1945年。** 这名狙击手携带着一支M1943式半自动步枪，穿着配有宽大兜帽的双面风雪衣。这种外套的躯干部分含有内衬和填料，但不包括兜帽。图中士兵所穿靴子为M1942式毡靴，可通过位于后部的一根皮带和靴子顶部的卡扣系紧。

非洲军团

德国在战争中派遣部队支援了位于北非的意大利军队，并试图通过此举威胁经过苏伊士运河的盟军补给船队。

沙漠战

德军的相关计划在1940年底就已制订，但直到1941年初才开始从意大利派遣部队前往非洲。由于意军在需要长途快速奔袭的沙漠战中表现不

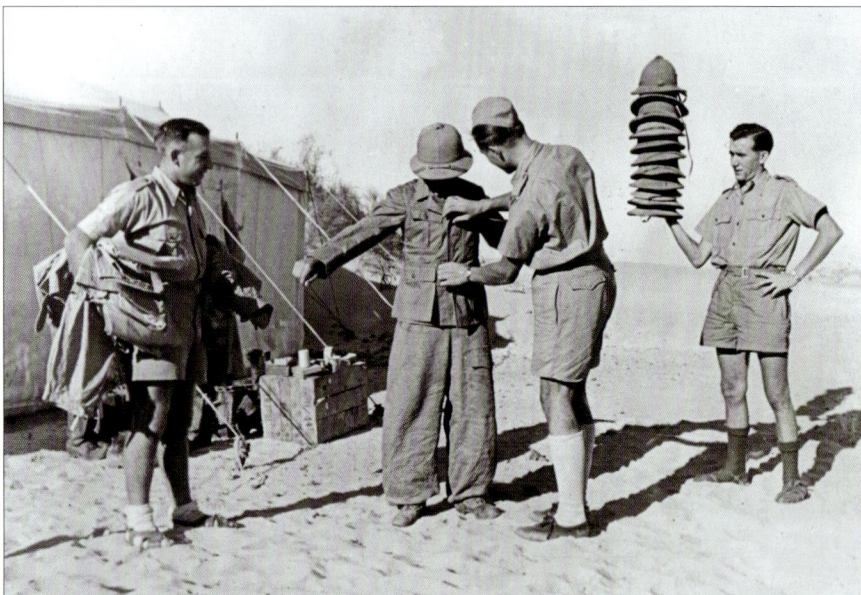

▲ 一些驻在非洲的德国国防军士兵正为1941年抵达此地的新兵穿上沙漠制服和遮阳头盔。

佳，因此德军派出的大多是摩托化部队和装甲部队。

前往这一战区的德军官兵并不都隶属于"非洲军团"，但那些在此参加战斗的部队一直沿用着这个称号。"非洲军团"组建于1941年2月，1943年在突尼斯战败后被解散。

最初，这支部队包括一个较小的指挥部（由第357步兵团的一个营负责警卫）、第90轻步兵师、第15和第21装甲师（后者由第5轻装甲师改编而成），以及各防空与支援单位。

第999非洲旅（后被改编为同名师）也在1943年时加入了在北部非洲的作战——值得注意的是，这是一支惩戒部队。

热带制服

第一批抵达非洲的德军部队成员穿着M1940式热带制服。它通常呈橄榄

◀ 第347步兵团步兵，1941年。这名士兵是最早被派往北非支援意军的部队人员之一。后续抵达的德军佩戴了含有"非洲军团"（Africa Corps）字样的袖标，他们外套上的雄鹰标志也使用了更适用于当地环境的橄榄色底板。

绿色，但当地的气候条件和阳光照射很快就使其褪色，变成了从浅褐色到浅绿色不一的各种色调。这种制服的样式与驻欧部队所穿的原野灰版本相似，但两者也存在一些区别——主要是前者所用的识别标志均为卡其色，包括雄鹰以及衣袖和肩章上代表军阶的V形图案。此外，热带制服的领章采用铝线在卡其色或浅绿色布料上编织而成；与之搭配的是黄褐色衬衫和黄褐色或黑色领带；肩章滚边一般采用兵种色。非洲军团中的标准步兵团很少，所以大部分步兵的肩章滚边都使用了轻装甲师摩托化步兵的金黄色，或是装甲部队摩托化步兵的草绿色。这些肩章的风格大都很朴素，没有添加单位编号或是伪装手段。

"非洲军团"袖标只在1941年7月出现过，主要用于常服、大衣和正规礼服，由被分配到非洲的部队人员、这些部队的仓库人员，以及被送到欧洲医院中的官兵使用。这种袖标共有两个版本，常见的一种是在带有褐色外缘的绿色袖标上采用铝线编织具体内容，但后来改为在卡其色布料上两棵棕榈树之间

◀ 第15装甲掷弹兵团装甲兵，1942年。在这些前往非洲作战的德军士兵中，也有人戴着含热带色调的船形帽，其两侧各设有一个通风孔。图中位于国徽上方的粉红色花边虽然已经褪色，但还是可以判断出这名士兵隶属于某个装甲师（根据翻领上的骷髅图案也可得此结论）。

▶ 第3侦察分遣队中士，1942年。热带野战帽有多个版本。图中士兵所戴的帽子配有茶色滚边，但已褪成米黄色，并且没有添加兵种色倒V形花边（不过有时会出现在国徽上方）。

戴黄褐色或浅绿色的圆形帆布（或毡布）热带头盔。其侧面带有常规的雄鹰图案徽标和代表本国的盾徽，徽标以皮革镶边，此外还有一条皮制盔带；内衬通常为红色，通风孔位于头盔顶部。他们也使用过意军的一些型号，部分空军官兵甚至戴过一种蓝色的头盔。

这种热带头盔大多呈沙褐色，由于戴起来太热，因此很不受欢迎。较为实用的是野战帽——这种热带军帽（Afrikamütze）于1940年研发，采用全棉斜纹布料制造。它配有红色内衬，以及两个可使头部保持凉爽的通风孔；位于正面的帽徽在一块钻石形或圆形衬布上，其上方还有V形图案、饰带或兵种色花边（这个传统于1942年被取消），以及雄鹰徽标。此外，军官所用军帽的帽冠带有银色滚边。

添加"非洲"（德语为Afrika）的字样。

宽松的灯笼裤或长裤在炎热的非洲很受欢迎，与之搭配的是褐色长筒靴，其鞋带贯穿了靴子的整个正面。短靴和绑腿（腿套）通常与较长的宽松长裤或意大利长裤搭配，或是靴子和袜子搭配黄褐色短裤。为度过沙漠中的寒冷夜晚，官兵们有时还会使用褐色或绿色的毛料大衣。

头盔

第一批前往非洲的德军部队通常

装甲部队

驻在非洲的德军大多隶属于装甲部队。与其欧洲同行精心设计的独特外观不同，这些在非洲作战的装甲兵遵循着本军团的总体外观形象（但也有例外，比如炮兵会穿短外套，因为装甲兵的黑色外套和长裤对他们来说很不实用）。他们以热带外套替换了自己在欧洲时使用的制服，并以粉红色作为兵种识别色和肩章滚边颜色（自行火炮部队为红色）。

这些装甲兵有时会在衣领上佩戴骷

髅图案领章，还有少数人使用黑色船形帽或野战帽。此外，许多分遣队中的侦察兵会以金黄色作为识别色。

第288特种部队

该部队由拥有在非洲作战经历的德国人或北非志愿者组成。其成员在右袖上方佩戴着一种独特的徽章——位于花环中的棕榈树和落日，这些图案都在一个绿色圆形底板上。1942年时，这支部队被改编成了一个装甲掷弹兵团。

党卫队

党卫队（德语Schutzstaffel，意为"护卫队"，但本节及下节多指其下辖武装力量，即"武装党卫军"）缩写为SS。这支精锐部队最初是纳粹领导人的卫队，不过随着战争到来，其任务范围也有所拓展。

武装党卫军

1938年时，武装党卫军（Waffen SS，此时仍名为"党卫队特别机动部队"，到1940年才改名"武装党卫军"）下辖编制包括4个"旗队"（Standarten，即"团"）、2个摩托化营、1个工兵营和多个支援单位。到战争结束时，该部队已经拥有三十多个师，其所辖的80万官兵甚至来自整个欧洲。

制服

武装党卫军在战争开始之前就接收了自己的制服——衣领最初为蓝绿色，其他方面则主要采用陆军的样式，在后续修改中也基本效仿后者。此外，由于之后不再使用那种颜色独特（蓝绿色）的衣领，因此武装党卫军的M1943式制服更是与当时陆军使用的款式极为相似。不过两者还是有所区别——原本位于陆军制服胸部的雄鹰图案被移到了制服左袖上方，并采用了一个独特的设计样式；武装党卫军也没有使用陆军的领章，而是佩戴两枚黑色领章（突击队小队长有银色滚边）。其中，右侧领章上是用铝线编织的如尼字母"SS"，左侧则是相关的军衔徽标。

武装党卫军成员的军衔徽标一般位于其制服领章和肩章上。其中肩章为黑色，并带有兵种色滚边。他们的兵种色也遵循陆军体系——白色代表步兵，红色代表炮兵，黑色代表工程兵，柠檬黄代表化学部队，粉红色代表装甲兵（但武装党卫军所辖装甲掷弹兵通常使用步兵的白色，而摒弃了陆军中同类部队的草绿色），黄色代表骑兵和

侦察部队，浅蓝色代表后勤部队，深蓝色代表医务兵，橙色代表宪兵，浅绿色代表山地部队。许多武装党卫军成员会在肩章上添加花押或部队首字母缩写标志，比如"警卫旗队"（Leibstandarte）师或"元首"（Das Führer）师名称的花押字母，或是表示"德意志"的"D"；但也有特殊情况，比如一些人平时会在肩章上佩戴部队番号，但到作战时就将其去掉。

◀ **武装党卫军"希特勒青年团"装甲师第26装甲掷弹兵团队员（列兵），1944年。**迷彩色调制服有多个不同版本，但多由浅绿色布料制成，然后再印上迷彩图案。它的腰部和袖口各设有一条松紧带，腰部这条可在穿过10个小孔后（将此处）系紧。大部分制服的正面都设有开口，并且可以由此接触到里面的衣服或装备。

▶ **武装党卫军"党卫队全国领袖"掷弹兵师第35装甲掷弹兵团三级小队副（下士），1943年。**被派往意大利、希腊和法国南部的武装党卫军士兵通常穿着厚实的黄褐色棉布衬衫，与这种衬衫搭配的通常是赭色长裤，但也可以选择图中这种迷彩裤。

◀ **武装党卫军第2装甲团副官，1944年**。老式军帽戴着很舒服，也非常受欢迎。它没有添加加固衬料，给人一种柔软的触感，下颚带可以卸下。此外，帽檐进行过硫化处理，但不是特别坚硬。

▶ **武装党卫军各衔级所用领章及臂章（括号内为国防军对应军衔）。**

1. 队员（列兵）；2. 高级队员（上等列兵）；
3. 突击队员（二等兵）；4. 分队长（一等兵）；
5. 三级小队副（下士）；6. 三级小队长（中士）；
7. 二级小队长（上士）；8. 一级小队长（军士长）；
9. 突击队小队长（总军士长）；10. 三级突击队中队长（少尉）；
11. 二级突击队中队长（中尉）；12. 一级突击队中队长（上尉）；
13. 二级突击队大队长（少校）；14. 一级突击队大队长（中校）；
15. 旗队长（上校）；16. 区队长（国防军中无对应军衔，但等同于英美军队的准将）。

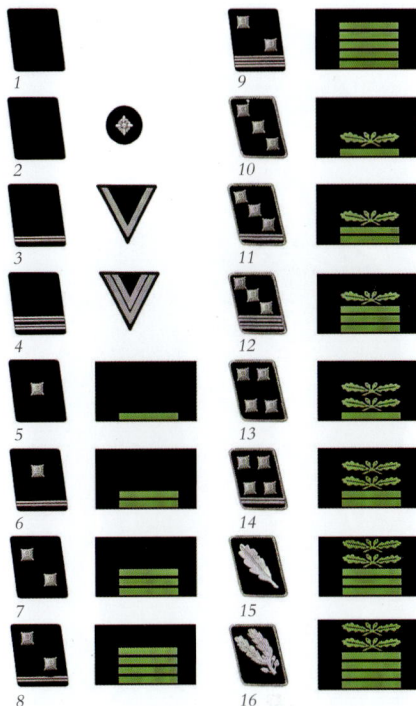

◀ **第3"骷髅"步兵团二级小队长（上士），1944年。** 这名二级小队长携带着StG-44型突击步枪。它轻便、易于制造且精度良好，每分钟可发射大约400发子弹，所需弹药一般被放在用皮带和卡扣固定的长方形帆布袋里。

条。他们在外套里面还可以穿一件卡其色翻领衬衫，这件衬衫同样可以搭配肩章。随着战争的持续，衬衫和制服都逐渐改用了劣质化纤织物制造。

军衔标志

具体军衔也可通过位于制服衣袖上雄鹰图案下方、黑色三角形（指向下方）中的V形标志来识别。如果所穿制服不适合佩戴肩章，军官们还可以使用一种黑底绿色横条标志——高级军官则是位于橡树叶图案中的横条。大部分武装党卫军成员在制服衣袖下方佩戴着所属师袖标，少数情况下还会在此处添加表示所属团的标志；标志中的字样由铝线编织而成，图案也带有（在袖标上下的）两根铝线边

部队类型

装甲兵部队成员通常穿黑色短夹克（Feldjacke），但不会在衣领上添加粉红色滚边或陆军装甲兵所用的骷髅图案徽章，而是佩戴武装党卫军特有的领章（军官领章上还带有银色滚边）。他们穿在制服里面的衬衫和领带通常也是黑色的，马裤和长裤（的颜色）同样如此，但普遍使用的船形帽和军官野战帽帽冠均为原野灰色。自行火炮车组成员也穿短夹克，但其色调呈原野灰，并以红色作为识别色。

1943年时，装甲兵得到了一种风格独特的迷彩服。它可以反穿，内外两面分别采用

▶ *武装党卫军女性辅助人员，1943年。这些女性成员身穿一种风格独特的外套，位于其制服胸口口袋附近的黑色圆形区域内标有如尼字母"SS"。从袖章可以看出，这名女性成员服役于通信部门。*

标记的是如尼字母"SS"，左侧则是表示纳粹党的万字符图案盾徽。他们越来越普遍地给头盔罩上了迷彩盔罩（所用色调与迷彩服相同）——它于1937年首次进行测试，武装党卫军到1939年时已接收6800个，参与法国战役的前线部队也及时装备了这种盔罩。

武装党卫军从1943年开始佩戴野战帽。它的正面带有独特的骷髅图案，以及用来将耳罩固定在武装党卫军雄鹰标志上方的两枚纽扣。以上徽标通常都位于灰色或黑色衬布上。他们也使用标准的船形帽，但骷髅图案在兵种色V形穗带（指向上方）的下方，雄鹰标志则在上方。这种帽子一般采用灰色、黑色或独特的沙色棉布制作。

军官使用带有黑色帽墙的野战帽，帽墙上方和帽冠周围均配有白色滚边（但也有人喜欢使用兵种色样式），帽冠采用与外套颜色相同的布料制造；此外，帽墙正面还带有以白色金属制作的骷髅头图案标志。这种军帽的质地较硬，但可以通过拆下里面的支撑物，使帽冠看上去不那么圆润。装甲部队最初使用的是黑色贝雷帽，但因为不受欢迎就很快被淘汰了。

尽管武装党卫军没有派出部队前往非洲作战，但那些驻在意大利和巴尔干的部队仍然使用了热带头盔。

外套和装备

武装党卫军所用装备在整体上与本国陆军相同，但也使用了一种与众不同的皮带扣——绘有一只雄鹰抓住花环、万字符标志和该部队座右铭"忠诚是我的荣耀"（Meine Ehre Heisst Treue）的图案。另外，军官还可以选择一种带有以上内容的圆形皮带扣。

外套方面最为明显的进步就是迷彩服（Tarnjacke）。它和迷彩盔罩一样

于二战爆发前开发，是德军第一种重要的伪装制服（不考虑M1931式帐篷布的话）。这种迷彩服可以反穿，主要采用棉布和人造丝制作，伪装性能和舒适性都很不错，可通过拉绳在胸部位置系紧，袖口和腰部都配有松紧带。它有多个改进版本，早期使用的迷彩图案为深绿，带有深浅不一的绿色斑点，后来还加入了黑色和褐色。著名的"斑点"迷彩图案于1943年投入使用，但并不是武装党卫军单独占有；其后续改良版本中还添加了棕榈叶图案，但用于战争末期

▲ *武装党卫军侦察营三级突击队中队长（少尉），1940年。各国装甲和侦察部队在战争开始后就主要使用黑色贝雷帽（巴斯克贝雷帽）。德军选择的是一个相对过大的版本，但事实证明它在车辆内显得过于笨重，而且不方便佩戴耳机。到1941年初，这一型号大多都已被淘汰。*

卡其色棉布（内）和伪装材料（外）制作。此外，山地部队成员有权以"雪绒花"图案标志作为臂章和帽徽。

帽子

武装党卫军所用头盔型号与本国陆军相同，但他们在头盔右侧白色盾徽上

的迷彩图案仍是褐色和黑色斑点（于1944年投入使用），并且主要在浅褐色战场环境中应用。

武装党卫军在1944年时配发了一种采用伪装材料制作的制服，用于代替原野灰版本，但数量有限。

各师的区分

武装党卫军"阿道夫·希特勒警卫旗队"师成员的袖标上带有"阿道夫·希特勒"（Adolf Hitler）的字样，肩章字母为"LAH"，领章则是如尼字母"SS"；"帝国"师的袖标上带有"帝国"（Das Reich）的字样（从

1943年开始使用），领章上是如尼字母"SS"；"骷髅"师的袖标上原本是骷髅图案，但在1943年改成了"骷髅"（Totenkopf）的字样，领章上也是骷髅图案，而不是通常的如尼字母。"霍亨斯陶芬"师、"弗伦茨贝格"师以及"希特勒青年团"师的袖标和领章上都带有如尼字母"SS"。

希姆莱的卫队于1943年被改编为"党卫队全国领袖"装甲掷弹兵师。该师士兵在袖标上搭配了"党卫队全国领袖"（Reichführer-SS）的字样，在领章上添加如尼字母"SS"，并且不同寻常地使用了热带制服。"格茨·冯·贝利欣根"装甲掷弹兵师组建于1943年，他们的袖标上带有如尼字母"SS"和部队名称，组建于1944年的"霍斯特·韦塞尔"师也是如此。"弗洛里安·盖尔"骑兵师的领章上带有如尼字母"SS"，袖标上则是部队名称，其大部分官兵使用了骑兵独特的兵种色——黄色。"迪尔勒万格"师最初是为那些被调去执行惩戒任务官兵所设的一个旅，他们的制服领章图案是位于一枚手榴弹上的交叉枪管。

◀ 武装党卫军"弗洛里安·盖尔"骑兵师，第1骑兵团队员（列兵），1943年。样式简单的船形帽（Feldmütze）上通常带有该部队的骷髅图案标志，以及象征其国家的雄鹰和万字符。这两部分图案都是由铝线或银线编织而成——在黑色底板上，然后再被缝到帽子上。这种帽子看起来像个信封，其帽冠高度低于20世纪30年代中期所生产的那个型号。

党卫队外国志愿者

战争期间，有大量来自不同国家的人员加入党卫队（中的武装党卫军）。

"维京"师

这个装甲师吸收了一些西欧志愿者。他们从1942年9月起使用带有"维京"（Wiking）字样的袖标，但下辖的一些团仍在使用团名（作为袖标内容）；其中，"日耳曼尼亚"团的肩章上还标有哥特字母"G"。该师原定的计划是在领章上使用维京战船图案，但最为常见的还是如尼字母"SS"。

巴尔干部队

武装党卫军"卡玛"师和"圣刀"师是分别于1944年和1942年在克罗地亚招募的山地步兵部队。他们穿武装党卫军山地部队制服，"卡玛"师成员的制服领章上绘有车轮图案，"圣刀"师则是"握在手中的弯刀"和万字符。这两支来自克罗地亚的部队都戴毡帽。

阿尔巴尼亚志愿人员被集中在"斯坎德培"师（一支山地部队，其领章和冠状头盔上都带有双头鹰图案）。在不执行任务时，该师成员一般使用本国的传统白帽，而不是制式大檐帽。

以德意志民族志愿人员为主组建的"欧根亲王"山地师所用领章上绘有来自古代北欧的"奥达尔"（Odal）图案，袖标上则是"欧根亲王"（Prinz Eugen）的字样；从1944年11月起，该师第13团改为佩戴含"阿图尔·菲尔普斯"（Artur Phelps）字样的袖标，以纪念武装党卫军中的同名将领。

其他师

来自拉脱维亚、爱沙尼亚和乌克兰的志愿人员大多组成了各"武装掷弹兵"师（Waffen Grenadier Division）。其中，爱沙尼亚师的领章图案是一把被持在手中的利剑，拉脱维亚师则是三颗燃烧的星星（第2拉脱维亚师还添加了一个万字符）；加利西亚掷弹兵师中乌克兰士兵的领章图案是一只狂暴的狮子，有些士兵还在制服衣袖上添加了图案相同的盾徽。

来自荷兰的志愿者一般会加入"维京"师。但"荷兰"师中也有不少荷兰志愿者，其领章图案为"狼钩"，袖标上则是"荷兰"（Nederland）的字样。"朗格马克"师组建于1944年，所用领章的图案为手榴弹或三脚万字符（第一支荷兰志愿部队"韦斯特兰"师也使用后者）。"瓦隆"师中的比利时志愿人员佩戴含"瓦隆"

◀ **武装党卫军"圣刀"师第27志愿山地步兵团队员（列兵），1944年。**"圣刀"师是最奇特的武装党卫军部队之一，其人员主要是来自波斯尼亚的阿拉伯人，但后来也有一些印度人加入。

▶ **武装党卫军"加利西亚"师第31武装掷弹兵团队员（列兵），1944年。**该师人员大多来自乌克兰，但师名来自古代波兰的一个省。他们有时不会在黑色领章上添加雄狮图案，而是使用简单的如尼字母"SS"。

◀ 英国军团二级突击队中队长（中尉），1944年。一些来自英国和英联邦的士兵加入了这个军团，其袖标上带有以拉丁文字表示的"英国自由部队"（British Free Corps）。

▶ 武装党卫军"查理曼大帝"师第57武装掷弹兵团队员（列兵），1945年。这名法籍士兵手持反坦克火箭筒，站在柏林的废墟上。从制服上可以看出，他过去曾服役于第8（法国）志愿突击旅，所以佩戴了黑色领章和如尼文字；其他法国志愿部队（比如法国志愿军团）则没有使用此类武装党卫军特有的标志。

丹麦、挪威和芬兰志愿者

北欧志愿者在"诺德兰"师和更为有名的"维京"师中服役。前者所用领章的图案为太阳，士兵们的盾形臂章上还绘有丹麦或挪威国旗。"丹麦自由军"成员佩戴标有"丹麦自由军"（Freikorps Danmark）字样的袖标，还曾使用过丹麦国旗作为领章图案，但时间很短。这支部队后来被"诺德兰"师吸收，挪威军团也是如此。该（挪威）军团成员的领章上绘有代表挪威的雄狮图案，袖标上还有挪威盾徽。在芬兰营中服役的芬兰志愿者袖标上带有"武装党卫军芬兰志愿营"（Finnisches Frw. Bataillon der Waffen–SS）的字样。

（Wallonien）字样的袖标，领章上则带有如尼字母"SS"或勃艮第十字图案。

法国、意大利和匈牙利志愿者

"查理曼大帝"武装掷弹兵师于1945年由法国志愿者组建，该师官兵佩戴袖标，领章上绘有宝剑及花环图案。"卡斯特猎手"师是一支山地部队，其领章图案为十字号。掷弹兵师中，意大利志愿者的领章图案为法西斯束棒。来自匈牙利的志愿人员组成了多个武装掷弹兵师（领章上带有字母"H"），以及"玛丽亚·特蕾西娅"骑兵师（领章上带有矢车菊图案）。

苏联师

到战争后期，来自苏联的志愿人员组成了两个武装掷弹兵师。第一个师使用带有字母"POHA"的盾徽（"POHA"字样下方有一个白底红边盾形，内有黑色马耳他十字）以及马耳他十字领章，该师被吸收到了安德烈·弗拉索夫将军的集团军中；第二个师的领章上只有东正教十字图案。弗拉索夫集团军原先招募的哥萨克部队于1944年被改编为武装党卫军哥萨克部队，但没有对制服进行修改。东方军团的残余部队进行过重组，其中部分官兵组成了新的武装党卫军东土耳其分遣队，所用识别标志（的图案）是一个狼头。

其他志愿部队

武装党卫军中有一支约30人的印度部队（领章上绘有一个虎头），此外还有一支约60人的"英国自由军"。后者的领章上最初带有如尼字母"SS"，但后来改用了三狮图案，衣袖上带有含英国国旗图案的盾徽和"英国自由部队"（British Free Corps）字样袖标。西班牙志愿者组成了武装党卫军中的两个连，保加利亚志愿者则组建了两个团（识别标志为戴王冠的雄狮）；罗马尼亚志愿部队的规模与后者相似（两个团），识别标志为两把交叉的剑和橡叶花环。

陆军中的外国志愿者

德国陆军从外国志愿者和战俘中招募了一些人员，用以组建部队。

克罗地亚志愿者

来自克罗地亚的志愿者由克罗地亚附庸政权组织，被派往东线服役，最初组建的是第369（克罗地亚）步兵团。他们制服左袖上带有克罗地亚传统的红白棋盘格盾徽（后来改为佩戴在右侧衣袖上），上方还有表示其国名的克罗地亚字母"Hrvatska"，头盔左侧也带有相同盾徽。

▶ 第638（法国）步兵团中士，1942年。法国志愿军团（LVF）由来自法国的反布尔什维克志愿者组成，其中大部分都是成立于战间期的右翼组织（大多都有自己的准军事部队）成员。

法国志愿者

法国志愿军团（LVF）由法国反布尔什维克志愿人员组成，于1941年底成为德国军队中的一个团（第638团）。该团成员的制服右袖上有一枚法国三色盾徽——头盔上也是如此，但均为自愿使用。瓦隆军团由来自比利时法语区的志愿者组成，也被称为第373（瓦隆）步兵营。该营成员所用制服的风格与第638团相似，但使用带有"瓦隆"字样的袖标，以及含比利时国旗图案的盾徽。该营于1942年被并入一个山地师，并得到"雪绒花"图案臂章——此后，比利时盾徽被他们佩戴在了制服左袖上。

印度志愿者

1941年时，德军招募印度战俘和志愿者组成了"自由印度军团"，即第905（印度）步兵团。该团所装备制服采用了德国风格。锡克人得以授权，可使用独特的灰色或卡其色头巾，但在所用标志方面与全团人员统一——含印度国家颜色的盾徽、老虎图案标志，以及带有"自由印度"（Freies Indien）字样的袖标。于1943年组建的阿拉伯部队也被称为第845德国-阿拉伯营，在巴尔干半岛服役。他们使用热带制服，盾徽中的"自由阿拉伯"（Freies Arabien）字样位于一面阿拉伯旗帜和红色三角形中的两颗白星下方，最上方是以阿拉伯文书写的该部队名称。

◀ 第3库班哥萨克团上尉，1943年。德国军方明令禁止身穿德军制服的斯拉夫人在右胸位置佩戴德国鹰徽，并向他们配发了如图所示的灰色（右胸口袋上方）和绿色（肩章）标志作为替代。

苏联志愿者

德国人最初从苏联少数民族（比如波罗的海人和乌克兰人）中招募反苏维埃志愿者，但到战争结束时，也有许多俄罗斯族人穿上了德军制服。以上所述部队包括临时组建的志愿军（Hilfswilligen，通常只使用白色臂章来说明他们服役于国防军）、"东方营"，以及到战争后期才出现的"俄罗斯解放军"（ROA）。

除了波罗的海人和乌克兰人（主要被编成辅警部队，使用灰色制服和黑色帽子），德军在1942年时还组建了6个民族军团——土库曼斯坦军团、伏尔加–塔塔尔军团、格鲁吉亚军团、亚美尼亚军团、阿塞拜疆军团及北高加索军团；此外，还有一些哥萨克部队服役于德军，其中捷列克、顿河和库班哥萨克都使用自己的臂章和帽徽。

带哥萨克风格的帽子和马裤一般与德式制服外套（衣领处不是德军所用样式，而是一种红色领章，从1943年起领章图案为交叉长矛；军官所用版本带有白色滚边，士兵则为绿色；此外，哥萨克部队的肩章和滚边一般也为红色）搭配使用。"东方营"成员通常穿德式制服外套，使用带红色滚边的绿色肩章，但无权佩戴德军样式的鹰徽或领章。"俄罗斯解放军"通常从这些部队（包括乌克兰辅警部队、各民族军团，以及哥萨克部队）中招募人员，使用更正规的制服。他们穿德式制服外套，在制服上佩戴表示本部队的盾徽（斯拉夫字母"POA"下方有一枚红色盾牌，盾牌中的图案是位于白色圆形里的圣安德鲁十字）；该部队似乎还使用了红蓝双色帽徽和一种风格独特的肩章（带红色滚边）和领章（采用绿色底板和白色横条）；到1944年，他们才开始使用德军的军衔徽标和领章。

1943年时，一些（成员）来自苏联的部队组成了弗拉索夫集团军（详见"党卫队外国志愿者"一节）。

西班牙志愿者

西班牙内战中的一方曾接受德国援助并获得胜利，因此，来自该国的志愿者也满怀热情加入了希特勒在1941年时对苏联发动的战争。第262、第263和第269步兵团均由西班牙志愿者组成，在这三个团的基础上，西班牙政府还组建了大名鼎鼎的"蓝色师"（Division Azul）——这一名称来源于一个法西斯民兵组织，即"长枪党"成员所穿的蓝色衬衫。

"蓝色师"中的长枪党成员在他们所穿德军制服的（德国）盾徽上添加了该组织的"十字架与五支箭"图案标志，其他官兵则使用没有添加装饰的西班牙盾徽（位于字母"ESPAÑA"下方）和盔徽。1943年底，该部队中的大部分人员返回了西班牙，但缩编后的"蓝色军团"继续在德军中服役；到1944年8月，德国陆军中的大多数西班牙志愿者都被调到了武装党卫军。

◀ *西班牙"蓝色师"第263步兵团列兵，1942年。德国陆军中的西班牙志愿者在外套和大衣右袖上佩戴着代表他们国家的臂章。这种臂章有两个版本，其中一个是样式简单的三色徽章（由上到下分别为红、黄、红），另一个则是在相同三大色块中添加了黑色铁十字被五支银箭射穿图案的徽章。*

▶ *第845德国–阿拉伯营（"自由阿拉伯军团"）中士，1943年。主要人员来自北非和中东的阿拉伯军团所用制服上带有一枚写着一句阿拉伯格言的盾徽；土库曼斯坦军团成员的盾徽上也有阿拉伯文，尽管它（阿拉伯语）并不是他们的常用语言。*

骑兵

德军骑兵团拥有悠久且辉煌的历史，但在1939年陆军动员时进行了复杂的重组。

一战之后的过渡期

1914年到1918年的事实证明，骑兵部队在西线发挥的作用相对有限，但在对俄国的作战中扮演着重要角色。自1919年《凡尔赛和约》签订后，德军骑兵团的数量遭到削减——但不是很严重，因为德国已被禁止研发重武器（相对而言，骑兵削减数量的多少就显得没那么重要了）。1935年，那些仍然幸存的骑兵团进行了重组；到1939年9月，大部分骑兵团已被改编为侦察部队。

1935年时，有5个骑兵团被改编为装甲团；随后，其他骑兵部队（Reiter，1936年时改名为Kavallerie）中的大多数中队开始装备自行车或装甲车，只有5个中队仍在使用马匹。

1939年9月，有13个骑兵团被先后改编为侦察分队；但同年12月时，第21和第22（侦察）团曾短暂地恢复过骑兵身份。这些侦察骑兵承担战术侦察任务。1942年，德军开始在东线重建骑兵部队，其中最有名的当属"北方""南方"和"中央"骑兵团；其他一些骑兵部队（比如第105骑兵团）只在组建后存在了极短时间。

骑手

这些骑兵统一装备陆军制式的头盔、船形帽和外套。其兵种识别色为黄色，因此普通士兵的肩章上也带有该颜色滚边。即使在许多部队被改编为侦察分队后，这些骑马作战的官兵仍然使用黄色作为识别标志的色调，甚至一些本该使用褐色滚边的（现隶属于）摩托化部队成员也保留了黄色（滚边）；除此之外，那些加入第24装甲师的骑兵也仍然坚持使用黄色滚边（但装甲部队所用识别色为粉红）。

在骑兵所用的布制船形帽上，国徽上方还有一道黄色的花边。军官所用的肩章配有黄色衬垫，野战帽的帽墙和帽冠也带有同色滚边；他们和马术学校教官佩戴的肩章上都带有一个风格独特的图案——一只向上的马掌。这些人员

◀ **"北方"骑兵团中尉，1943年。** 德军骑兵所用的制式马鞍于1925年首次推出，逐步取代了那些已经损坏的旧马鞍。它（M1925式）共有五个规格，由木材和亚麻布（以及一些金属板）制成，表面和裙面均由皮革覆盖，皮革下方还有填充垫料。骑兵们所用的装备（包括供马匹使用的防毒面具）一般沿马鞍边缘放置。

▲ **第21骑兵团中士，1940年。** 德军骑兵习惯于将装备放入鞍囊（以便携带），但由于他们所执行任务的要求越来越高，往往需要下马徒步行进，因此军需部门进行了将其中一个鞍囊改造为背包的尝试。第一个背包型号于1941年推出，随后还添加了Y形背带的设计——这种背带相当实用，但只有一个尺寸型号。

在肩章滚边上倾向于使用兽医的深红色，而不是本部队的黄色样式；此外，兽医的肩章上还有蛇杖图案和以阿拉伯数字表示的所属兽医连编号。马裤是骑兵的一种制式装备。军官们通常穿着做工（比普通士兵）更好的款式，其马裤的大腿内侧部位配有麂皮内衬，以减少常年与马鞍摩擦产生的磨损和撕裂。另外，骑兵马靴大多都配有扣式马刺。

识别特征

骑兵团成员的肩章上带有以阿拉伯数字表示的部队番号，侦察部队在他们新的分遣队编号上还添加了哥特字母"A"；除此之外，自行车部队添加的是字母"R"（1936年之后，而且他们在此之前使用步兵识别色），教导分队是"L"（不带数字编号），重新使用马匹或中央训练学校成员则使用以罗马数字表示所属地区的编号。另外，黄色仍然是轻装甲师中摩托化步兵的识别色。当"北方"骑兵团组建时，该部队决定保持传统做法，即在野战帽和肩章上添加普鲁士骷髅图案——这一徽标最早由普鲁士莱布轻骑兵部队使用；其中，普通士兵的图案为银色，军官则是金色。1944年时，该团（"北方"骑兵团）改名为"陆军元帅

冯·马肯森"团，并保持着传统做法；此外，他们在黑色袖标上添加了以铝线编织的团名"冯·马肯森"（von Mackensen），铝线边缘之间也带有上述文字。

由钉马掌铁匠佩戴的圆形布制徽章上带有一个向上马掌的图案，熟练工匠则是马蹄铁以及位于其下方的一颗星星。其他拥有专业技能人员所用的徽章一般遵循步兵惯例，但背景通常为黄色而非白色。

骑兵所用装备与步兵相似，但很多物品都可以放在马鞍上由马携带。他们也有自己的Y形背带（1940年时进行了改良，主要是将一个鞍囊改成背包），可通过三根被染成黑色的皮带连接到一个铁环上。他们的腰带上悬挂着子弹盒、由挂环悬挂的刺刀、水壶，以及防毒面具罐。

武器

骑兵们一直尝试重新装备马刀。1940年时，他们还经常携带马刀，但从此之后就逐渐减少了次数；一战中作为德国骑兵代名词的长矛也于1927年被弃用。最常见的德制马刀仍是M1897式，但许多军官也会同时携带自己的随身武器。最常见的马鞍则是由天然皮革制成的M1925式，有五个尺寸规格可供选择。皮制鞍囊一般被放在马鞍两侧或置于Y形背带上；此外，骑兵们的背后还带有被卷起来的灰色毛毯和迷彩帐篷布，并通常在自己身体左侧携带着桶式卡宾枪套——不过卡宾枪有时也会被他们悬挂在肩上。

◀ *第105骑兵团列兵，1942年。圆柱形防毒面具容器是德军的一大明显特征，里面容纳的往往是M1938式防毒面具。这种圆筒式容器共有两个长度版本——27.5厘米或25厘米（即10.8英寸或9.8英寸），从1930年开始大量生产。*

炮兵和工兵

德军炮兵和工兵享有令人敬畏的声誉，而且前者逐渐实现了摩托化，后者的专业化水平也在不断提高。

炮兵

除了隶属于步兵的炮兵——迫击炮和高射炮部队（均使用步兵兵种色，并分别以字母"GW"和"FL"作为识别标志），德军炮兵包括野战炮兵、骑乘炮兵、摩托化炮兵、山地炮兵、防空炮兵、要塞炮兵、铁道炮兵，以及自行火炮部队。

除骑乘炮兵和摩托化炮兵外，其余炮兵部队都基本采用了步兵的制服风格（比如山地炮兵所用制服的样式就与山地步兵相似），但在少数情况下会使用红色作为识别色。野战炮兵的肩章上带有数字番号，骑乘炮兵（仅有1个团）还在他们的番号上添加了哥特字母"R"；防空分队成员所用制服上配有带翼榴弹炮图案和分队编号，观察手还会添加字母"B"；后备炮兵成员的制服上带有以罗马数字表示的地区编号；铁道炮兵的识别字母为"E"，且装甲列车炮兵的兵种色为粉红；"大德意志"师师属炮兵部队成员在他们肩章上添加了该师字母缩写"GD"。

负责施放烟幕的部队（Nebeltruppen）以酒红色为兵种色，负责运送弹药的辎重部队则使用浅蓝色（作为兵种色）。

自行火炮部队稍有不同。他们从1940年开始使用一种样式与装甲兵相似的夹克，但色调呈灰色。这种短夹克一般搭配黄褐色衬衫使用，有时还会打黑色领带；夹克的右侧设有7枚金属纽扣，衣领质地较为柔软，带有含红色花边的领章。

军官肩章带有红色滚边或衬布。与装甲部队不同，炮兵部队成员没有被要求在领章上佩戴骷髅标志；但他们似乎这样做了，因为1943年时该部队得到了去掉这枚徽标的命令。摩托化反坦克部队应该也使用过骷髅图案标志。由于需要穿装甲兵工作服，士官们的军衔徽标

◀ **第242突击炮旅中尉，1943年**。自行火炮部队介于坦克部队和炮兵之间，因此也装备了一种"混血"风格制服。这名军官戴着装甲部队中常见的野战帽。它带有2枚纽扣（有时会被漆成黑色），可以把耳罩放下来遮住耳朵，帽冠绣有银线或铝线滚边。

▶ **第1骑乘炮兵团中尉，1940年**。德军骑乘炮兵最初组成了一个战斗群，但在1939年时又被改编为一个骑乘炮兵团。图中军官的肩章上带有镀金金属哥特字母"R"，即"德国骑兵"（Reiter）的大写首字母。

就不能再以铝制色环的形式添加到衣袖上。拥有专业技能人员的金属徽章一般被佩戴在外套上，比如防空部队徽章或岸炮部队徽章。

工兵和轻工兵

德国工兵部队大部分被编成了轻工兵营——这是一类承担一系列工程建造和战斗任务的专业人员，主要负责为突击部队开辟道路或为他们的撤退提供掩护，伤亡往往较大。

工兵的常规制服与步兵相同，但使用黑色识别标志，他们的深蓝绿或灰色肩章上还标有所属营编号（呈黑色，边框带有编织白线）。被分配到要塞的工兵在营编号上添加了拉丁字母"F"，铁道工程兵则是在其分队编号上添加字母"E"；"大德意志"师所辖工兵在他们的肩章上添加了字母"GD"；技术部队是在1942年才正式出现的一类部队，其肩章上带有哥特字母"T"，教学人员则是哥特字母"L"。隶属于坦

▶ **第11工兵团工兵，1942年。**德军火焰喷射器操作手在一战中就证明过自己的价值。德国于1935年制造出了一个（相较一战所用型号）没那么笨重的款式，还在1941年推出改进型号（M1941式火焰喷射器，即下图所示型号），并从1942年开始使用。这个火焰喷射器型号更为轻便，内含柏油与汽油混合物。

克部队的工兵使用一种黑白双色交叉的肩章。舟桥部队没有识别标志，但服役于渡船的工兵有一种图案为船锚的肩章。劳工营最初以浅褐色为兵种色，预备工兵原先与之一样，但在1943年时因为表现优异被授权使用黑色（作为兵种色）。负责监督囚犯的工作人员所用肩章上带有锄头和铲子图案。

轻工兵虽然在制服方面遵循了步兵样式，但使用的装备与之不同。1942年3月，该部队开始装备一款专门为其开发的背包。它设有两个分别位于身体两侧的侧包，以及一个在背上的主包。两个侧包一

个用于取代弹药袋，主要容纳手榴弹；另一个则装有（在带内衬隔舱中的）防毒面具和弹药。主包内装有饭盒，还设置了一个专门容纳烟雾弹和炸药包的隔舱。值得注意的是，这种装备只配发给了那些通过相关挑选的士兵。

轻工兵使用的其他装备还包括悬挂在腰带上的掘壕工具——一把带皮套的斧头、被放在黑色皮套里的锯子和黑色皮制工兵工具包；配有黑色皮罩的长版或短版剪线钳通常也被悬挂在腰带上。军官们倾向于只携带作为其权力象征的手枪和哨子，以及一些精心挑选的专业设备。

通信兵

从1936年4月起，通信兵的兵种色由浅褐色改为柠檬黄。负责进行测试的人员还添加了哥特字母"A"，破解截获电文的人员则是拉丁字母"D"。奇怪的是，随军记者也使用柠檬黄作为兵种色，但在1943年改为灰色——这恰好是宣传单位的兵种色。

◀ **第291炮兵团中尉，1942年。**德军炮兵军官很好利用了野战电话与总部进行通信，或是联络其他炮组和友邻部队。图中所示型号是德军普遍使用的M1933式野战电话，通常会被放在一个胶木盒子里。

装甲部队

凭借二战早期在波兰和西欧取得的胜利，德国装甲部队赢得了盛誉。随着地位提高，他们也得到了一套与众不同的新制服。

闪电战

1919年的《凡尔赛和约》禁止德国拥有坦克，但这一限制到1934年就已经基本失效，德国陆军开始组建并装备

装甲部队——最初被称为战车部队，到1938年时才改名（为装甲部队）。该部队成员穿黑色制服，以骷髅图案作为识别标志——此举是为了保留他们的传统，因为普鲁士骠骑兵就曾经使用带有银色花边的黑色战衣，并在帽子上添加骷髅图案标志。冲锋队和"自由军团"也都使用了这个深深吸引着纳粹精锐部队的图案标志。

独特的双排扣黑色短夹克原本是供坦克手进入车辆时使用，搭配灰色（后来为原野灰）衬衫和黑色领带，夹克顶部通常会敞开，以便于展示他们穿在里面的衣物。两侧袖口均可（通过纽扣）扣紧，以便车组人员更轻松地戴上手套。它（夹克）的领章最初带有粉红色滚边（侦察部队为金黄，工兵则是独特的相间黑白双色），黑色肩章和军官肩章底板周围的滚边也都采用兵种色（粉红）；到1942年，大部分衣领都取消滚边，士官也摘掉了衣领上的穗带镶边，并改为在袖口周围添加花边。领章上绘有银色的骷髅图案标志，并使用相应的兵种色滚边作为装饰——但它们（滚边）同样在1942年时随着花边逐渐减少而被停用。衣领上的编织纹仅限于少数参谋军官佩戴。此外，这种夹克搭配有以铝线编织的雄鹰图案徽标，其底板为黑色布片样式。

独立的自行火炮部队使用红色的识别标志（所用外套色调为灰色），如果隶属于装甲部队则同样是粉红样式。

装甲部队所用的裤子也为黑色，配有踝部纽扣（给人一种宽松的印象）以及足底带，以防止裤子向上拱起。陆军其他部队一般穿标配大衣，但它并不受装甲部队欢迎，也谈不上实用，因此

◀ 第6装甲团中士，1940年。头戴式耳机和精巧的喉式麦克风（Kehlkopfnikrofon）是1940年德军坦克部队成员开进法国时的重要装备。耳机有时会只被戴在一只耳朵上而不覆盖另一只，以便使用者听到车组其他人员的谈话。

▶ 第33装甲团中士，1942年。这名装甲部队士官获得过铁十字勋章，而且佩戴着装甲兵战斗徽章——只颁发给那些分别在不同三天里参加过三次战役的老兵。此外，位于他制服肩章上的标志、肩章边缘（不在衣领周围）的金属滚边均可用于表示军衔。

▼ **第11装甲掷弹兵团列兵，1944年。** 反坦克手臂章一般被配发给那些独立摧毁过敌军坦克的人。这名装甲掷弹兵使用着帆布绑腿和短靴，到1944年，这个搭配样式已经比早先的皮靴更为常见。

▶ **第7装甲掷弹兵团中尉，1945年。** 很难从穿着上区分出这名军官和他手下的士兵，因为他穿的迷彩服遮住了原野灰外套上的识别标志；此外，他携带的主要武器是StG-44式突击步枪。

案的下方是由橡树叶围绕的国徽；帽边附近设有用以调节和固定位置的松紧带，帽上配有6个用于保持空气流通的通风孔。这种贝雷帽在1941年1月被大多数人弃用，此后通常只由装甲车驾驶员佩戴。1940年3月，一种黑色船形帽获得批准，开始配发装甲部队（他们同时被禁止戴灰色船形帽）；在欧洲南方作战的部队使用卡其色版本，那些服役于非洲的部队也是如此。这种军帽的帽徽上方有一条带粉红花边的饰带，军官的帽冠上还添有铝线或银线滚边。1943年时，装甲部队得到了一种野战帽，其徽标装饰通常都按船形帽的样式设置。

该部队的个人装备一般维持在最低水平上。大部分坦克乘员都配有一支手枪，但很少携带枪套，因为它在空间有限的坦克里很容易被绊住。德军于1935年首先装备喉式麦克风，1938年时的改进版本更是沿用了7年；这一型号（Kmfa）进行过多次改良（比如1944年时推出的经济型版本），且从未被新产品完全取代。

特殊徽标

"大德意志"师成员的制服肩章和袖标上均带有缠绕在一起的字母"G""D"。1944年6月后，"统帅堂"部队开始佩戴与众不同的"SA"图案，并在肩章和袖标上添加了如尼字母识别标志。第90装甲掷弹兵师所用徽章上绘有撒丁岛的地图和一把利剑。第

他们更倾向于使用派克大衣或厚夹克。1941年时，装甲部队装备了一种实用的工作服。它设有宽大的口袋，通常采用灰色厚布料制作，可以当成冬衣穿在黑色短夹克外面。他们的军衔识别标志一般被佩戴在长方形布制领章上，由绿色横条和橡树叶组合而成。

帽子

向装甲部队配发的是黑色贝雷帽，它的内部填充有人造海绵以防头部磕伤，还带有油布内衬，帽子正面雄鹰图

24装甲师原本是一支骑兵部队，改编成装甲兵后依然使用着黄色滚边。第19装甲师成员的军帽上带有一个"狼钩"图案，第116装甲师则是野兔。

装甲掷弹兵

德军摩托化步兵在1942年夏季时更名为"装甲掷弹兵"。其兵种识别色为草绿色（比山地步兵所用的绿色更深），但少数部队仍然坚持使用黄色或粉红，以及独特的哥特字母"S"（德语"Schützen"的缩写）。

山地部队

德国在第一次世界大战中就曾为山地作战组建特种部队，二战中的国防军同样继承了这一传统。

编制

德军山地部队的主要编制为山地猎兵团（Gebirgs Jäger）。到1940年底，该部队共编有13个现役团（这些团所用编号的形式相对独特）——第13、第85、第91、第98、第99、第100、第136到第139、第141、第142和第144团。德军在1941年时组建了更多的（山地猎兵）团，并在1942年增设若干高山营；此外，他们还组建了2个滑雪猎兵团，以及一些由自行车营人员临时编成的（滑雪猎兵）营。

不应该把山地步兵部队与那些1942年时被改编为轻步兵营的猎兵相混淆，因为后者主要承担的是标准步兵作战任务。猎兵营成员也在制服上添加浅绿色滚边，但佩戴绿色橡树叶臂章，使用金属帽徽。在这些部队中，最为有名的当属"勃兰登堡"师。

制服

山地步兵使用步兵制服（所有款式），但所用肩章滚边为浅绿色。他们的所属团编号最初被佩戴在肩章上，但后来和步兵一样，也改为使用布条将其遮掩或直接去掉。有些（该部队所用）制服进行过改良，以便能扣紧衣领，并保持其方向朝上。

此外，山地部队还获准在制服右袖肘部上方16厘米处佩戴雪绒花图案臂章。它于1939年5月首次配发该部队，带有白色花瓣、黄色花蕊，以及位于其下方的绿色叶子，花的四周还带有以铝线编织而成的链条；这种臂章所用圆形底板的色调为浅蓝色或原野灰，很少会被直接缝在衣袖上。已经被分配到其他部队的原山地部队成员有时仍在使用这一徽标，军方后来也在1944年正式批准了该做法。

◀ 第12山地步兵团列兵，1944年。由于需要在一些特殊的地形环境，比如高海拔雪地中作战，山地部队因此装备了一系列有助于他们适应恶劣环境的山地战装备——比如图中这名士兵携带的山地短靴、冰爪（短靴和冰爪的组合能让使用者在较滑的冰面或雪地上站得更稳）及绳索。

帽子

山地步兵部队成员有时戴钢盔，但使用得更多的还是山地帽（德语称Bergmütze）。他们所用的山地帽带有两枚纽扣，解开后可放下当成耳罩使用；纽扣上方是国徽（有时位于圆形的浅蓝色衬布上）和标准版雄鹰图案徽标。帽子左侧有一枚金属制雪绒花徽章，花茎指向上方——关于使用这枚徽章的相关规定极其严格，它应（被）佩戴在高于帽墙底部20毫米处。此外，图案中的花蕊通常会被漆成黄色，军官则使用镀金材质版本。他们在夏季穿灰色或绿色衬衫，衣上通常也带有雪绒花图案。

山地部队同样装备了大衣，大部分人都偏爱那种可以反穿的风衣（Windbluse）。这款设计精巧的制服采用防水布（由棉和人造棉纱混纺而成，但后来主要采用人造棉）制作，一边为白色，另一边则是浅褐色、橄榄绿或灰色；它一共设有3个胸口口袋，以及1个兜帽。

该部队也使用过棉制防风夹克（Windjacke）。这是一种双排扣制服，通常采用浅褐色布料制作；其外部设有4枚纽扣，与地面呈垂直方向的2个位于臀部上方，水平方向的2个则在腰部。这款夹克通常与可拆卸式军衔肩章搭配使用，其1940年版本还装备过武装党卫军山地部队。

冬季制服

双面风衣通常与一种同样可以两面

◀ 第13山地步兵团列兵，1940年。德军山地步兵喜欢穿原野灰马裤，而且在小腿部位用皮带将其扎紧。有些人选择了高山袜，但设有卡扣（可扣紧以防松开）的原野灰绑腿同样很常见。袜子和绑腿通常与由天然皮革制成的靴子（脚踝处带有垫料，设有7个鞋带孔）搭配使用。

靴底上可以安装一些鞋钉（在任何情况下都带有金属抓爪），以更好地适应（山地）作战环境。

他们所用的肩章为浅绿色，但那些隶属于山地师的支援部队成员通常会保留其原先所属部队的兵种识别色——炮兵为红色，工兵为黑色，侦察部队为黄色。

山地部队不携带背包，而是使用一种带有黑色皮带的橄榄色帆布背囊。它于1931年首次配发部队，用于携带标准型号饭盒及个人用品，帐篷帆布被放在背囊中或是作为雨披使用。此外，他们一般使用标准版本的步兵装备（以及冰镐、绳索和防护眼镜等山地装备）。

滑雪部队

滑雪猎兵包括两个拥有编号的团以及多个分遣队，所用徽章以猎兵相关样式为基础进行设计——位于制服衣袖上一块蓝绿色圆形底板中绘制的绿色橡树叶，以及军帽侧面采用金属材料制作的雪绒花。该部队成员所戴臂章的图案为两块交叉滑雪板，帽徽图案则为一块（滑雪板）。

▶ 滑雪猎兵团上尉，1943年。德国陆军装备了多款手套，包括阅兵时使用的白色版本和军官专用的灰色版本（腕部有1枚或2枚纽扣），以及配发给普通士兵的原野灰布制版本；他们还装备有白色的伪装手套。这名军官使用的是他私人购买的滑雪手套，这是一个流行于20世纪30年代的款式。

穿的长裤（Windhose）搭配使用。在不穿以上制服时，山地部队一般使用一种宽松长裤（Berghose），其膝部以下可以扎紧，带有2个侧口袋和1个位于正面的表袋。这种裤子的尺寸比国防军标准长裤更大，主要搭配灰绿色绑腿（有多个规格）或长筒高山袜使用。

山地部队还装备有一种为适应他们山区地形作战需求进行了改良的短靴。它采用褐色皮革制作，顶部配有为脚踝提供缓冲的原野灰衬料；木制

伞兵

由于被《凡尔赛和约》剥夺了合法拥有空军的权力，德国因此到20世纪30年代中期才开始进行本国伞兵部队（Fallschrimjäger）的一系列速成试验——结果相当成功，它甚至成了（二战中）在空降部队战术应用方面最具创造力的国家之一。

1937年时，德国陆军组建了一个带有试验性质的伞兵连；1938年之前，该连成员在肩章上使用的一直是白色滚边和哥特字母"L"，后来改为哥特字母"FJ"，直到1939年1月转隶空军。这支部队（伞兵）接下来的扩充相当迅速，规模最后达到了41个团（编号为1到63中的部分数字）和一些临时部队，以及多个伞降机枪营、迫击炮和反坦克分队，最初可通过他们肩章上的哥特字母进行识别。其中，最为奇特的一支部队当属德军计划于1944年组建的伞降装甲团——但该团在入役之前就被撤编了，考虑到当时空投重型装备的潜在困难，也许这反而才是明智之举。

专业人员

当时，伞兵使用了空军的蓝色外套和金黄色领章——肩章滚边也采用后者的兵种色。他们的领章上带有飞鸟图案，并以此说明具体军衔。其中，士官以飞鸟数量的多少来表示相应衔级，军官则是在飞鸟图案下方添加橡树叶，少校以上军官的飞鸟周围还带有花环。他们也会在肩部佩戴自己的军衔标志，比如位于士官制服衣袖深蓝色三角形（指向下方）底板上由铝线编织而成的相应数量V形标志。

驻在意大利南部、巴尔干和俄罗斯南部的伞兵部队成员装备热带制服，不过多数人只穿了热带衬衫（不一定使用领章，但通常佩戴肩章）。大部分伞兵都会在制服外面穿一种独特的浅绿

▲ 降落后，德军伞兵们立即开始回收降落伞，以免风将其刮往别处。

色棉布罩衫（第一个版本所设拉链的数量太多，所以战争爆发后配发的是简化型号）。它长及大腿，设有宽大的腰袋和胸部口袋，但无法与肩章搭配使用。因此，军官所用的军衔标志一般位于其深蓝色袖袢上，或是干脆不使用这些识别标志。其（罩衫）最初采用拆卸式设计，但这既不受欢迎也不实用，因此在后续改良中改为可通过一些钉扣将罩衫下摆固定在大腿周围；德国空军所用的雄鹰图案标志一般位于罩衫前胸位置。后来，德军还研发了一种迷彩版本罩衫，它最初采用的是帐篷帆布迷彩色调；到1941年，采用碎片图案版本迷彩的制服仍然相对罕见。从1943年起，驻在意大利的德军伞兵开始使用该国（意大利）库存的迷彩服和伪装材料。

这些伞兵通常不穿大衣，但各个款式的厚夹克（包括那款实用的绿白两色双面带帽厚夹克）和派克大衣还是很受欢迎。除此之外，他们往往装备着一种专门为空降作战设计的宽松长裤。它设有护膝，以及用来容纳一种重要刀具的侧面口袋——伞兵们需要随身携带一把带木柄的小刀，以此割开伞降时连接自己身体和降落伞的绳子。

◀ 第2伞兵团伞兵，1940年。德军空降兵的专用装备相当先进。除了实用的罩衫（可套在战地制服外面，以减少刮擦带来的伤害），他们还装备有跳伞靴——这种黑色皮革作战靴设有12对鞋带孔，鞋带从靴子侧面穿过并将其固定。

头盔

德国空军于1936年推出伞兵专用头盔（M1936式），它比陆军所用型号轻便得多，内部带有附加的衬垫。军方对这型头盔进行了改良，并于1938年推出相应型号。它（改良版本）配有一条坚固的灰色皮革材质下颚带，附加衬垫最初采用麂皮，但后来改用合成材料制作。头盔盔体一般会被漆成原野灰色，其侧面的一边印有空军雄鹰徽标，另一边则是用于表示国家的盾徽，通风孔位于这些徽标的上方；由于原野灰不大受欢迎，后来生产的（头盔）盔体改用了绿色作为色调（或根据具体情况采用卡其色或白色色调）。此外，由于伪装网和盔罩的使用，这款头盔原先的圆润外观形象也因此得以改变。1940年后，这个型号不再进行生产。此外，伞兵们一般使用那种在侧面系鞋带的黑色跳伞靴，它设有宽大的橡胶材质鞋底。

装备

作为一支精锐部队，1941年时的伞兵大多都装备了MP-40式冲锋枪；不过，军官们往往更喜欢手枪。他们（MP-40式使用者）在跳伞时会把枪支所用弹匣放入一个配套的弹匣袋中，将其绑到大腿上，但着陆后改为佩戴在腰间。此外，伞兵们还可以选择FG-42型自动步枪（专为该部队开发款型）。他们的个人装备通常保持在最低限度，主要携带水壶和面包袋，以及其他少量装备。武器箱（Waffenhalter）一般与士兵一起进行空投，后来还设计有小轮以便牵引。

据说，伞兵对他们所用的降落伞很不满意。常见型号有RZ-16和RZ-20，其设计粗糙，而且在跳伞时难以进行控制，许多人因此在着陆后受伤。背带可通过夹子安全地固定在降落伞上，但这也在跳伞过程中形成了问题——当伞兵试图卸下降落伞时（有时处在敌方火力打击下），它（背带）可能会被风刮跑，也可能与降落伞缠在一起。

◀ **第5伞兵团下士，1944年。** 伞兵所用的头盔通常会被漆成亚光原野灰色，而且盔体侧面带有空军的雄鹰徽标。下颚带是专门为该部队设计的，主要用来提供稳定性并能快速解开；它通常呈灰色或黑色，内侧衬有麂皮（提升使用舒适性）。

▶ **第3伞兵团军士长，1943年。** 这名军士长携带着新研发的FG-42型自动步枪。作为空军的一部分，伞兵拥有独立于陆军的采购渠道，因此可以得到一些与之不同的武器和装备。这款独特的武器（FG-42型）于1943年9月德军伞兵一次大胆的行动中首次亮相——营救被囚禁在亚平宁山区的贝尼托·墨索里尼。

德国空军野战师

1942年夏季，德国空军开始组建用于进行地面作战的师级部队。最终，共有至少19个空军野战师加入了位于各条战线上的战斗。

野战团

德国空军野战师由空军人员组成，但由于在作战时归属陆军指挥而被命名为野战师（识别字母为L）。这些师以空军猎兵团和燧发枪兵团（以及野战团）为基本编制单位，同时还配备有相应的支援部队，包括炮兵、反坦克部队，以及工兵分队。

带有试验性质的突击团早在1940年就已经组建，但直到1942年，"德国空军步兵"这一概念才真正得以确立。除拥有编号的师外，属于此类部队的还包括"迈因德尔"师（于1942年由多个野战团合编而成）和"赫尔曼·戈林"旅——最初只是一个团，在1942年秋与一些掷弹兵团和猎兵团合并为旅，而且在1943年被扩编成师；此后，该师又被改编为装甲师，并在1944年被扩编成一个拥有伞兵和装甲兵的合成军。值得注

▼ 一些空军飞行员在一个位于柏林的机场里接受米尔希将军的命令。

意的是，这支部队（"赫尔曼·戈林"旅）不在陆军管辖范围内。

到战争后期，各空军野战师中的幸存者奉命合编为一个武装党卫军师（即"帝国元帅"师），但该命令还没生效战争就已经结束了。

徽标

野战师成员所戴肩章位于一块带有相应识别色滚边的蓝色布制底板上。其中，防空炮兵和反坦克炮兵的滚边（即识别色，下同）为红色，工兵为粉红，通信兵为深黄，医务人员为深蓝，步兵为绿色。这些步兵大多都是猎兵（采用团级编制），而且他们最初使用的很可能是空军地面部队所用的黄色滚边，到1943年底才改用绿色样式。在野战师中服役的燧发枪兵一般使用白色（步兵）作为识别色，而非浅绿色（猎兵）——这一现象在1944年7月后愈发普遍。但第20师相对不同，其军官使用黄色作为兵种识别色。

宪兵的兵种识别色为橙色。"赫尔曼·戈林"师所辖部队采用了一种与众不同的识别机制，即通过领章滚边颜色来表示具体兵种——白色为掷弹兵，粉红色为装甲部队（反坦克部队使用带有粉红色滚边的绿色领章），红色为炮兵，黑色为工兵。该部队所辖装甲团成员的领章上带有骷髅图案标志，且大部分人都佩戴着一种风格独特的袖标。隶属于这个师的高级士官在制服肩章和衣领上添加了由铝线编织而成的穗带镶边；另外，他们的具体衔级可通过位于

▶ 第43空军猎兵团士兵（燧发枪手），1944年。国防军在战争末期使用过多种不同类型的伪装材料。图中这件夹克带有伪装型肩章，可由5枚纽扣固定。到这一时期，德军所用的纽扣都改为采用合成材料或塑料制作，但也有些军官保留着上过漆的较老款式。

衣袖上的V形图案进行识别，这些图案在一块三角形（指向下方）蓝色布制底板上，底板边缘为黑色。高级士官和军官的军衔图案是飞翼而非V形标志；他们的领章上也带有军衔识别标志，但空军师属部队人员的领章为绿色，滚边则是相应的兵种色（比如工兵使用的就

◄ **第64防空团一级下士，1944年。** 空军防空部队以红色作为兵种色，这些部队在德军消除盟军空中优势影响的努力中发挥了重要作用。图中的下士佩戴着从1941年7月开始使用的银色防空部队徽章，由德国著名的战争徽章设计师威廉·恩斯特·皮克豪斯设计，通常只被颁发给作战英勇或得到了16分（击落一架敌机得4分，如果与其他火炮同时命中则只算2分）的人。

调为蓝色，但后来改用了陆军的灰色。这种"飞行外套"（Fliegerbluse）的胸部位置带有德国空军的标志性图案，即抓住万字符的翱翔雄鹰，但没有设计口袋。虽然配发了一种带有领章或直接把领章缝在衣领上的大衣，但他们在战斗中还是更喜欢使用迷彩服（采用碎片迷彩图案）。这是一款样式简单的作战制服，生产成本比伞兵用的迷彩服更低，设有5枚纽扣和2个带纽扣的腰部口袋；它可以搭配肩章（有时采用迷彩布料制作）或袖标使用，空军所用的鹰徽通常被缝在右侧胸口。此外，这些部队所用的长裤或灯笼裤最初为蓝色，但后来因为空军库存耗尽而改用了陆军版本的原野灰裤子。

驻扎在地中海和南部战区（主要是指意大利和巴尔干半岛）的空军野战师官兵穿热带制服，并以此搭配沙色长裤或短裤和沙色军帽。他们的钢盔通常会被漆成芥黄色。

该部队（空军野战师）成员使用过多种不同的头部装备，其中既包括左侧带有空军鹰徽的头盔（部分还配有迷彩盔罩或用于伪装的头盔网），也包括船形帽（同样带有空军鹰徽）。他们一般不使用伞兵头盔，但驻在意大利的"赫尔曼·戈林"师部分官兵例外。1942年时，空军效仿山地部队，推出了

一种蓝色的软檐帽，其正面设有一枚用于固定耳罩的纽扣。

空军野战师还使用过多种陆军的装备，包括从厚夹克到绑腿的多个类型。随着时间推移，他们原本所用带有空军特色的制服装备逐渐让位于标准的陆军型号，一些驻在挪威的部队甚至使用过武装党卫军的派克大衣和山地装备。

是带有黑色滚边的绿色领章），还添加了镀银的飞鸟图案标志（被亲切地称为"海鸥"）。其中，列兵的军衔图案为一只飞鸟，少尉是位于一束橡树叶上的飞鸟（数量同上），少校则是在橡树叶花环中的飞鸟（数量同上）；高级士官的领章底部和侧面均绣有铝线镶边，军官的领章带有兵种色滚边。

空军野战师成员所用制服的主色

▶ **第1"赫尔曼·戈林"装甲掷弹兵团掷弹兵，1943年。** 该部队主要在意大利作战，混合使用了北欧地区的深色制服和南部战区的卡其色制服，而且这一现象相当常见。他们的袖标文字或部队名均为采用银线或铝线编织而成的大写拉丁字母，且上下都带有白色滚边，被缝在高于右袖底部约16厘米（6.3英寸）处。这些标志都位于袖口位置穗带（如果有的话）的上方，一些高级士官的上衣袖口处还设有袖箍。

德国空军

1939年到1940年间，德国空军赢得了一场又一场胜利，但从此以后就开始走下坡路——德军飞行员和地面部队成员都在为遏制盟军的空中优势而苦苦挣扎。

空军所用制服的基本色调为蓝色，而非陆军的原野灰。这些制服大多是采用流行设计样式的带肩章飞行外套，但军官使用一个更为正规的款式，不过这两种制服的前胸位置都带有空军鹰徽，立领和翻领上也都有领章（或是佩戴在礼服的上翻领处，后来改为使用铝线镶边）。他们所用肩章底板的颜色与制服相同，且带有兵种色（或表示相应职位的）滚边——在空军中，白色为将官，深红色为参谋，黄色为飞行军官，鲜红色为炮兵（主要是高射炮部队），金褐色为通信部队，深蓝色为医务人员，粉红色为工兵，浅绿色为空中管制及导航人员。防空部队成员最初在肩章上佩戴了所属团编号（或以罗马数字表示的地区编号），但后来为达到伪装目的，他们通常会把这些编号遮盖、去除或翻转（使有内容的那一面朝下）。

在军衔体系方面，空军通常采用陆军的样式。其中，士官的肩章和衣领边缘还添加有铝线穗带，军官肩章使用兵种色作为底板颜色，并以铝线编织而成。军衔标志位于制服衣袖的肘部，一般是蓝色三角形底板（指向下方）中的铝制V形图案，高级士官和军官则是在相同位置的金色横条及飞翼；值得一提的是，通过兵种色领章也可以识别出相应军衔级别——主要图案为飞鸟（军官的飞鸟位于橡树叶上方，但少校以上衔级的在橡叶花环内）。此外，将官的白色底板领章上带有金色的图案。

军官通常使用标准版本的野战帽（配有蓝色帽冠，国徽位于带翼橡树叶

▲ 一些德军飞行员正在登上他们的He-113型战斗机。该图摄于1942年7月。

图案中，鹰徽则在其之上）；普通士兵相对喜欢戴船形帽，从1943年起也用野战帽，但帽顶不一定为蓝色；地勤人员戴制式钢盔（绘有白色鹰徽），民防人员（LSW，也被称为防空预警人员）则使用缴获的头盔或从1938年起进行了少量发放的所谓"角斗士头盔"。

热带制服

非洲、地中海和俄罗斯南部战区气候温暖，驻在以上地区的德国空军部队一般穿热带制服。但它不同于陆军版本的卡其布制服，因为后者的色调为浅沙–橄榄色，前者（空军版本热带制服）则是一种相对浅的沙褐色。空军制式热带有檐帽由斜纹棉布制成，采用亚麻布内衬，而且令人惊讶的是它没有设置通风孔；雄鹰徽标位于卡其布底板上，并被缝在军帽顶部，帽徽（同样采用卡其布底板）则是在（军帽）正前方。军官所用军帽的帽冠有时会添加铝线滚边，有时他们还会使用一种更为正规的黑色野战帽。它配有黑色帽墙、帽徽和带翼橡树叶图案，帽冠为蓝色或白色。在上述地区部队成员中，他们最常用的热带外套是一个带有6枚纽扣和4个口袋的敞领款式。

◀ **第52战斗机中队飞行员，1940年。** 飞行员可以选择多种类型的护眼设备。其中，护目镜通过绿色松紧带固定，使用可替换镜片（深色或无色），主要由P.M.温特（P.M. Winter）工厂制造；还有一种树脂飞行眼镜（Splitterschutzebrille），它带有鼻夹或松紧带，可以固定在鼻子上。

◀ **第106战斗群飞行员，1940年**。轰炸机飞行员喜欢穿蓝色的棉制飞行服，因为它带有人造毛皮内衬，在高海拔环境中（也就是进行高空飞行时）同样保暖。这种制服在右肩到左腰处设有一条带拉链的开口，腹股沟、口袋和袖口上也有拉链。

▶ **第27战斗机中队飞行员，1942年**。驻在意大利、地中海和北非的德国空军官兵得到了半球形热带头盔。一个蓝色的头盔型号也曾短暂出现过，但更常见的还是一个具体色调类似于沙子的卡其色版本。带有5枚纽扣（不含袋盖纽扣）的外套也采用沙色卡其布制作，驻北非空军成员的袖口上还标有"非洲军团"（Africa Corps）的部队名称。

拉链的口袋，侧面也是如此（但不含拉链）。裤腿一般会被塞进黑色长筒飞行靴里（靴子侧面带有拉链）。到战争中期，德国还生产过单独（非连体样式）的飞行夹克和长裤。值得一提的是，战斗机飞行员往往偏爱以皮夹克搭配飞行长裤的穿戴风格。

飞行员在飞行中使用褐色皮制飞行头盔和护目镜，以及宽大的皮制手套。飞行头盔通常配有一体化耳机，并由褐色皮革将其覆盖，以免这种脆弱的装置因磕碰受损。他们还携带了其他装备，如降落伞、救生衣（可充气，还有一个从1943年开始配发的笨重版本，它填充有木棉纤维，以提供更大浮力）、防毒面具（配有两到三条带子）和腕式指南针（或是被固定在皮带上的指南针）。

大部分飞行员都装备有手枪，并将其放在位于飞行裤侧面的口袋里。

飞行装备

飞行员所用的飞行服有多个不同型号，最常见的一种是从左大腿到右肩部位以拉链进行固定的深蓝色（连体）套装。它采用毛皮内衬和衣领，但夏季版本取消了毛皮，并改由较薄的棉布制作相应部位。这种制服在腹股沟以下沿腿部两侧设有拉链开口，袖口也带有可用拉链拉紧的开口；它的大腿部位设有带

识别标志

带有部队名称的袖标于1935年推出。一种纪念性质的蓝布袖标带有铝制哥特字母，主要用于颁发给一些特定的中队。这些袖标往往被用来纪念上一场战争（即第一次世界大战）中的王牌飞行员，如马克斯·伊梅尔曼或曼弗雷德·冯·里希特霍芬，不过一些纳粹官员和空军高级军官也得到了相同

的荣誉（即以其名字作为袖标内容）。在北非的飞行员有时会添加一条含有所在战区名称"非洲"（Afrika）字样的袖标，其他战区的人则通常佩戴"秃鹰军团"识别标志，或是用于纪念克里特（Kreta）战役的袖标。许多飞行员、观察员和滑翔机飞行员会把自己的徽章以及其他奖章佩戴在外套上，或是选择性地添加到飞行夹克上。

苏联

　　苏联经历了一场痛苦的内战、20世纪30年代里的镇压和饥荒，以及大规模的工业化进程，最终才确立大国地位。虽然纳粹德国领导人阿道夫·希特勒确信这只是表面现象，只要"踹开大门"就可以使整个苏维埃体制垮台，但1942年的事实证明他错了。德军野蛮的进攻和对苏联人民制造的恐怖气氛引起了后者迅速有力的反抗。爱国主义浪潮以及人们对"德国发动的是灭绝战争"这一认识使苏联红军将士们得到了英雄一般的地位——他们往往也真的成了英雄。东线（从苏联的角度看则是西线）的战场条件非常恶劣，而且作战规模宏大，毫无疑问是现代战争史上最为重要的一场战役。同时，苏军在这条战线上取得的胜利也是他们战胜德军、解放欧洲的关键。

▲ 三名苏军步兵在战场上按照习惯佩戴自己的奖章，手持由什帕金设计的冲锋枪进行摆拍。

◀ 1944年4月，两名苏军士兵在乌克兰城市敖德萨策马前进，当时他们正好经过一支被摧毁的德军车队。

苏联红军

东线战事是二战的核心战役，有80%的战斗发生在这条战线上。即使是西方盟军于1944年（在西线）开启诺曼底登陆以及一系列残酷战役后，德军在苏联前线（即东线）的兵力仍是他们在西线的两倍。

战争的巨大规模和它所具有的毁灭性质都意味着——无论胜负，双方付出的代价都必然相当高昂。苏军消灭了敌军600个师，给轴心国军队造成400万人的伤亡；但同时，苏联有800万军队成员和1600万平民死于战争。战争造成的物质损失也很严重——600万所房屋和10万个农场被毁。这场战争不仅使苏联变得贫穷，而且让它失去了大量宝贵的青年人力资源。

误导性的历史叙述

可能是由于东线战事的庞大规模令人望而生畏，西方对这场战争和苏联

▲ 1937年12月，苏联领导人约瑟夫·斯大林在莫斯科列宁选区参与投票，这是新宪法通过后苏联举行的第一次选举。

▼ 在1941年11月7日举行的莫斯科红场阅兵中，一队苏军骑兵列队穿过莫斯科的街道。

红军（在战争中）所起到的作用缺乏了解；这个问题也存在意识形态层面的原因，西方人通常带着1945年之后冷战时期的眼光去看待苏联军队。总之，在战后将近40年中，西方对苏联军队仅有的详细叙述就是战败的德军将领所塑造的战时苏军形象。

德国人所描绘出的苏联军队形象是——在苏维埃执法机构，即内务人民委员部（NKVD）特遣队的驱赶下，苏军步兵冒着德军机枪喷吐的火舌没头没脑向前冲锋，而且前者（特遣队）还负责射杀后退者；除了性能卓越的T-34中型坦克外，苏军拥有的大多是作战效能低下的老式飞机和坦克，还处在无情的政治压迫之中——这意味着任何犯了错的人都会被送到古拉格（强制劳动营）或直接处决。然而，寒冬拯救了苏联。

这些叙述一直占据着西方舆论界的主导地位，甚至掩盖了更为复杂的

事实。苏联红军艰难地在战斗中不断学习，并逐渐成长为一支令人敬畏的军队——如果仅仅依靠恐惧和寒冬，他们是无法在对阵德国国防军这种可怕对手过程中取得胜利的。

只有士气高昂、装备精良的军队才能（在这样的战争中）获胜。和任何一支成功的军队一样，苏联红军的作战动力绝不是恐惧。他们的纪律的确严明，但内务人民委员部成员在前线成批射杀胆怯士兵的说法纯属谬论——逃兵很少被枪杀，因为军队急需人手。比如在1942年8月—10月德军突入斯大林格勒期间，有140755名苏军士兵因为离开前线遭到拘禁。其中，只有1189人被处决，而131094人回到了原先所属部队。此外，战败也并不意味着会被送到古拉格。西方历史学家往往反复强调，由德军释放的苏军战俘会被当成叛国者投入监狱，作为他们没有战死疆场的惩罚。可事实明显不是这样——从战争结束后到1946年3月1日，在410万被西方遣返的苏联公民中，有240万人回归平民生活，80万人重新加入军队，60万人加入军队重建单位，只有20万人被送到内务人民委员部的"筛选营"中遭受审问或拘禁。

与德国人作战的动力显然来自其他方面。苏军大部分士兵了解在德占区发生的情况——战俘被杀害或是饿死，平民则沦为奴隶。许多人都知道这是生死之战——这一点加上爱国主义情怀汹涌，以及复仇渴望日渐增强，往往就足以成为他们的动力了。

至于"冬将军"的神话（即冬天的恶劣气候起到了关键作用），当苏军在寒冷环境中作战时，他们也会遇到相同的问题——与芬兰的"冬季战争"就有力说明了这一点。泥泞道路和严寒气候同样会严重影响苏军的作战能力，在这一方面，他们与自己的对手并无二致。

物资短缺

苏军最初并没有为德军所发动的新式战争做好充分准备。和同时期的其他多国军队一样，苏军有多种重要装备处于短缺状态——鉴于其庞大的规模，这一点可能并不使人惊讶。举例来说，苏军缺乏机动运输装备，坦克、装甲车数量不足，作战飞机的性能也无法适应战争需要；对步兵而言，自动武器和反坦克炮短缺的问题同样明显。在1939年与日军作战时，这些局限性还没有完全暴露出来，但随后面对装备精良的德军就成了严重问题。

除缺乏优质装备外，苏军还在战略层面上犯了错误——这意味着那些有效的装备也没有得到充分利用，尤其是在战争早期。

斯大林和德军的进攻

德国将军在他们对苏德战争的叙述中至少有一个方面抓住了要点，那就是苏联领导人约瑟夫·斯大林对军队事务的干预。1934年到1938年间，斯大林对被指控为"内部敌人"的一系列苏联领导人实施了清洗。这一事件将军队指挥员人数削减了4%，武装力量领导层的损

▲ 在从1941年9月持续到1944年1月的列宁格勒包围战期间，位于莫斯科大街上的一群苏军士兵和一辆KV-1重型坦克。

失尤为惨重——实际上整个统帅部都被消灭了；此外，大清洗对部队士气的消极影响相当明显，军队在提拔更年轻军官后的重组工作中也付出了沉痛代价。

斯大林在德军入侵前夜仍然坚持无视有关对德战争准备的报告也是一大致命错误。内务人民委员部边防军早在1941年6月18日就处于高度戒备状态，但他们得到命令，不许向飞临苏联领空的外国飞机射击；部队也没有得到集结的通知——尽管德军很明显在进行大规模集结，但他们（苏军）仍是分散且毫无准备的。

当战争真正来临时，苏联一方所处的境况非常糟糕。德军没有遭遇什么明显挫折就一路打到莫斯科和列宁格勒城下，苏军在克服了极大困难后才终于将其击退——此后又令人惊叹地把他们一路赶回柏林——只有一支具有极高作战效能，并拥有坚定作战信念的军队才能实现这样的命运逆转。

沉痛的教训

伟大卫国战争（苏联于1941年到1945年与纳粹德国作战并最终获胜）是一个从惨败走向全面胜利的传奇。在德军入侵的前几个月里（以及1942年的部分战役中），苏军一次又一次被敌人击败——空军几乎在地面上就被消灭，海军只能绝望地停在锚地，陆军的师被一个接一个地打散、消灭或是俘虏。

苏联早已得到警告——德国重整武备，在西班牙内战（1936—1939年）中起到了决定性作用，并在1939年至1940年里席卷西欧；处在东方的日本于1939年遭苏军重创，但到1940年已夺取大半个东亚——然而事实是，他们（苏军）到德军发动进攻时仍然在消化吸收（却

没有警惕）这些教训。

战斗准备不足

1940年时，苏军参谋部门估计完全实现军队的现代化需要5年。实际上，他们在1928年到1938年间对各项计划进行了多次草拟、重拟、修订和更改，使整个战争计划变得混乱不堪。比如到1940年，苏联人就发现那个于1938年3月拟定的计划完全没有考虑从当时到1940年7月诸多方面的变化。后续讨论设想了德军攻入乌克兰——他们曾在1918年占领该地区，而且这里可以为其提供丰富的原材料；但这个设想没有正确预见到德军会迅速发动全线（而非局部）突袭。这些理论研究意味着苏联红军的部署并不合理，甚至到德军发动攻

击时，他们都还没有集结到事先选择的那些并不理想的阵地上。

苏军做好充分准备对德军发动先发制人攻击的想法到现在已经基本被斥为臆想——苏联本国的动员计划到1941年5月都还没有制订或是实施，参谋们预计，某些地区的动员要到1941年7月20日才能完成——结果就是红军甚至缺乏足够的自卫能力。尽管个别部队表现出色且殊死奋战，但苏联红军整体并没有形成一股协调的作战力量，很少在局部地区获得优势。西方习惯上都将这些不足归罪于斯大林或是该国体制——尤其是1940年时。

改革与改进

西班牙内战和苏芬战争暴露出了

▲ 苏军坦克携载步兵参战，这是苏联红军二战时的经典形象之一。

苏军在战术、装备和战略设想方面的不足。这导致了一系列改革——尤其是针对装甲部队，但相关工作到1941年时仍未结束。对一支规模达到500万人的军队进行改革必然是复杂而且混乱的，尤其是在急迫的局势下；一些明显的缺陷已经凸现出来，但到1941年只解决了一部分。苏军装甲部队规模庞大，一些特定型号装备——比如柴油动力的KV系列及T-34坦克相当引人注目。然而，在1941年驻于西部地区部署有12782辆坦克的新建装甲师中，他们大多还在学习如何进行协同作战，怎样把自己与步兵、炮兵及空中支援相结合，而这些领域正是德军所擅长的。苏军经历了一个艰难且代价沉重的学习过程，最终在诸兵种协同作战上超越德军，并在将其逐出苏联国境的"巴格拉季昂"大规模攻势中表现出了决定性优势。

在反坦克作战方面存在的问题使苏军的缺陷更为明显，其45毫米（1.8

英寸）反坦克炮可以在500米（1600英尺）距离上击穿38毫米（1.5英寸）厚的装甲，在100米（330英尺）距离上击穿50毫米（2英寸）厚装甲——但大部分德制坦克的正面装甲厚度均达到50毫米，这就使苏军步兵显得相当脆弱了；他们的炮兵训练有素，但缺乏机动性。好在这两个问题都得以解决，苏军很快就采取措施，不仅增加步兵用火炮口径，还加强了步兵师的火力；炮兵和步兵的机动性都获得加强，并得到了装甲兵和空中火力的支援；那些在1941年就已经难堪大任的通信设备最终（在美国租借法案援助下）让位于一些更现代化的系统，指挥控制部队这一方面也有极大改善。

新军队和改进后的武器

从字面意义和隐喻意义上讲，旧的苏联军队已经在1941年被消灭了。取而代之的是一支更为谨慎的新军队，他们很快就从德军手中夺取战场主动权，并以小规模胜利为基础，于1942—1943年间在斯大林格勒取得了令人瞩目的成

功。为实现这一作战意图，苏联工业进入了战备状态。将工厂东移以避免被德国人摧毁的明智之举已经取得许多成果，但同样重要的还有对武器设计加以改良，以便在兵工厂和军械库之外的地方迅速、经济地大量生产——1941年生产出的托卡列夫半自动步枪超过了100万支，"波波沙"冲锋枪1942年的产量是其1941年产量的16倍；到1942年中期，苏军每个月已经可以得到35万件各型武器。

最后，高层也发生了明显变化。1941年时，苏军只有25%的军官参与过作战，其他人在这一方面的经验普遍不足；在清洗中遭到严重破坏的统帅部也是如此。斯大林过多干预军务更是加剧了这一情况，直到他觉得将自己的名字与失败联系在一起不合适（才有所改变）。他反复坚持苏军应采取攻势，导致后者在更胜一筹的高机动敌军面前遭受惨重损失；当其放弃指挥权，让越来越有经验的将军们指挥自己部队时，局势才有了明显改观。军官们不断在战争中学习战争，许多富有智慧、进取心和天赋的苏联将军登上了军事舞台，其中最为卓越的就是格奥尔基·朱可夫。

▼ 1945年德国战败后，苏联元帅格奥尔基·朱可夫身着盛装时所摄照片。

将军

苏联于1935年设立元帅军衔，到1940年共有5名将领晋升至这一衔级；此外，苏军在此（1940年）之前并没有将官军衔——指挥旅、师及集团军的高级军官分别被称为旅级指挥员（Kombrig）、师级指挥员（Komdiv）和集团军级指挥员（Kommandarm，分

为一级和二级），再加上若干名元帅；到1940年，他们的军衔制度有所变动，等同于将官及其以上的相应军衔被改称为少将（包含多个专业兵种——空军、装甲兵、炮兵、工程兵、技术部队和参谋，1942年时还增设了一些兵种及相应军衔）、中将（专业兵种同上）、上将、大将和元帅；1943年时，苏军还在元帅之下增设了"军兵种主帅"和"军兵种元帅"军衔。

在制服方面，苏军将领同样拥有一定程度的自由选择权——许多人选择下级军官所用带有独特风格的制服；但身处前线时，他们往往会抛掉相关管理条令，选择一些风格较为低调或是复杂的制服（利于隐蔽）。

基特尔制服

1940年时，苏军将军和元帅通常穿基特尔式（Kittel）或开领弗伦奇式制服。基特尔制服为立式翻领设计，由5枚纽扣扣紧，前胸设有2个口袋，直筒袖口（空军为尖角袖口）和衣领周围（高级将官还有额外的金色滚边，位于深红色滚边内）配有滚边（通常为深红色，尽管骑兵保留了传统的蓝色，但该兵种元帅和大将同样为深红色）。基特尔式或弗伦奇式制服一般为卡其色，但也有用于夏季的白色版本；此外，指挥装甲部队的将军喜欢穿铁灰色制服，而航空兵将军选择了深蓝

色版本，至少在1941年之前如此。他们所用的领章为菱形，底板为兵种色（炮兵为黑色，步兵为深红色，骑兵为蓝色）；但元帅和大将除外，他们使用红色领章，其顶部边缘配有金色滚边。

具体军衔可通过领章上相应数量的金星图案进行识别（从1940年起，一种

◀ **元帅，1940年。**苏军高级军官的制服简洁实用。其仅有的装饰包括军衔徽标、所获奖章和黄铜材质纽扣，纽扣从1940年起添加了一些表示苏联的图案。

▶ **中将，1941年。**苏军的冬季制服包括羊皮帽和带黄铜纽扣的双排扣大衣。1940年时，大衣的袖口样式由尖角改成了直筒。

▲ 埃米尔·弗雷德·莱因哈特将军的第69师与弗拉基米尔·鲁萨科夫将军的近卫第58师在易北河会师。

红色珐琅钻石形饰物也被用来表示指挥官的衔级）。其中，少将为两颗星，中将为三颗，上将为四颗，大将为五颗，元帅则是一颗金星以及花环。根据个人爱好，这些高级军官有时还会佩戴兵种徽标。军衔识别标志还可能位于他们的制服衣袖下方——配有红色滚边（航空兵将军为浅蓝色）的金色V形标志和一颗金星（元帅和大将的金星较大，其他衔级相对较小）。在上将及其以下（将官）衔级中，V形标志为金色，下方带有兵种色条纹。此外，大将的金色V标上方有一条红色V标，下方也有一条较细的（红色）V标；元帅拥有位于红色背景中的两条金色V标，其间还有一颗金星和一个花环。

大衣和帽子

他们的灰色双排扣大衣配有相同的军衔标志图案，衣领、袖口和大衣正面右侧均带有滚边。马裤通常为暗蓝色，沿着裤缝和将官服金色条纹之间的部位也配有兵种色滚边；此外，他们有时还会穿一种便于搭配鞋子的长裤。

将军和元帅们头戴大檐帽，其帽檐配有刺绣的金色叶子和黄色饰带花边；在战场上，他们通常改用外观简洁的白色或卡其色版本（大檐帽）。此外，他们有权戴一种配有红色帽冠和黄色花边的帕帕克毛皮帽，其圆形帽徽正中有一颗红星，大檐帽也是如此。

1943年改革

苏军于1943年重新引入肩章，并以此淘汰了前文所述的领章。将官的肩章采用金线（一些非作战部队人员为银线，比如医务或纠察）或卡其布制作，带红色滚边（航空兵为蓝色，技术和补给部门为深红色）。一些将军的肩章上带有兵种色徽标，但通常只是将星（图案）。其中，少将为一颗居中的银星；中将为两颗，沿肩章中心分布；上将为三颗；大将为四颗；元帅有一颗金星，以及靠近衣领圆形区域内的一个金色花环（由11根红色横条缠绕，以此代表苏联的11个加盟共和国），花环内红星（苏联的一大象征）下方还有镰刀铁锤

以及蓝色地球的图案。引入新肩章后，制服通常仍搭配之前的滚边，即高级将官采用红色，较低衔级（将官）或兵种将官则用兵种色样式。

将军（及元帅）们的装备通常仅包括皮制腰带（配有含星形图案的带扣），以及一种于1932年配发的一体化皮带（用于携带地图包和枪套等装备）。他们还带着马刀和匕首，以此作为自己权威的象征。

▶ 中将，1944年。从1917年起就失宠的肩章于1943年被再次启用。图中这名中将的肩章由金线编织而成，带有两颗银星，靠近衣领的黄铜纽扣上绘有表示苏联的图案。

内务人民委员部

内务人民委员部（Narodniy Kommissariat Vnutrennih Del，简称为NKVD）近年来引起了广泛关注，但许多人对其任务性质和组织结构仍然存在不少误解和混淆。在20世纪30年代末和第二次世界大战期间，这是一个负责苏联国家安全的机构。为实现有效运作，

它甚至拥有自己的部队，并在管理上独立于苏联红军。

演变

内务人民委员部由布尔什维克安全部门"契卡"演变而来。1934年，该机构（前者）的成立被视为简化布尔什维克复杂体制的一大步骤。其任务范围包括保障国内安全、保护国有设施，以及对抗国内反对势力。在实际情况中，这个机构负责管理边防军、工厂和监狱，1941年战争爆发后，它还开始负责前线军队的补给运送（铁路安全和押运部队）。1942年时，内务人民委员部所辖部队规模达50万人，包括步兵团（其中有一些是摩托化部队）、装甲营、押运部队和炮兵部队，以及被空投到德军战线后支援游击队的训练有素的人员（隶属于所谓特种作战独立摩托化旅，英文简称为OMSBON）；此外，它还拥有自己的小型航空部队——1941年时包括一个团和多个独立中队。

后来，反间谍工作再度成为该机构的一部分职责，但从1943年起改为主要由国家安全人民委员部（NKGB）负责（与所谓"施密尔舒"，即反间谍总局共同进行）。

▲ 内务人民委员部曾因处决政治犯（如卡廷惨案）和己方违纪军人等而口碑不佳。

内务人民委员部所辖部队的制服通常采用红军相同兵种的风格，因此其步兵团（或内务部队）使用步兵制服，装甲营也使用装甲部队制服——但佩戴自己的独特徽标。

步兵团

此机构（内务人民委员部）下辖部队所用制服于十月革命之后就有所变化，但新的M1935式制服（1935年时确定样式，从1936年开始配发）还是保留着一些传统。最常见的是卡其布苏式制服衬衫（Gymnastiorka，即"套头衫"）或法国式制服，它们均采用开领设计，一般搭配衬衫和领带使用。深灰色制服在步兵中相对少见，主要是由装甲营使用。1940年之前，该机构所辖部队士兵的领章为深红色，带有深红色条纹和滚边（军官所用条纹和滚边均为金色）；军官的衣领和袖口周围配有深红色滚边（其蓝色马裤也是如此）；内务与步兵部队成员（并不总是）在衣领上佩戴步兵兵种徽章——图案为交叉步枪和靶标。他们的军衔通常采用红军相关体系，但在袖子上添加的是星标而非V

◀ 边防第132团列兵，1941年。边防部队的任务是保障边防安全和在交通线上巡逻。图中士兵外套上挂着的手电筒是20世纪30年代中常见的埃莱克特里特（Elektrit）工厂所产型号。

◀ *步兵第14团中士，1941年*。二战期间，苏联执法机构内务人民委员部（NKVD）人员组成了13个步兵师。不戴图中所示这种带有该机构识别色的M1935式大檐帽时，他们一般使用标准的苏式头盔。

▶ *步兵第290团少校，1943年*。1943年时，内务人民委员部的军官也开始穿时髦的基特尔制服，其衣领、肩章周围和直筒袖口处均带有浅蓝色滚边。这种制服通常搭配皮制腰带（位于制服内）使用，腰带还可用于携带托卡列夫手枪枪套。

战时被取下。该徽标的背景为红色，图案由银色花环内的镰刀铁锤和位于其上方的利剑组成。

1937年时，后勤部门对M1935式制服的样式进行了一些改良（政工干部此时以深红色滚边代替了原先的金色滚边）——两侧衣袖改为佩戴圆形徽章，军衔体系也与红军更加趋同。不过，最重要的一次改良出现在1943年，主要是重新启用肩章（Pagonii），稍微升高了那款苏式制服衬衫的衣领并取消领章。军官的衬衫或制服袖口改用蓝色滚边（夏季制服通常不带滚边），他们的卡其布马裤也是如此。

内务人民委员部所辖部队的肩章外形独特，没有红军所用的肩章那么长。他们在作战时佩戴的肩章为卡其布材质，军官和士官还添加有蓝色滚边及蓝色条纹（军便装采用带有蓝色滚边的红色肩章）。步兵部队成员有时会把所属团编号漆在肩章上，并在编号后添加字母"K"；铁路安全部队添加西里尔字母"Ж"，工业安全部队则是西里尔字母"P"。

形图案；从1940年起，士官还可以在领章一角添加一个金色三角形标志。

步兵团所用大衣为步兵样式，领章同样如此——主体呈深红色，盾形底板的顶部带有深红色滚边。他们所戴的帽子配有黑色帽檐、红色帽墙和蓝色帽冠，帽冠和帽墙滚边为深红色，并带有红色帽徽。

步兵团所属人员的制服左侧衣袖上方也带有独特徽标，但通常会在作

边防军

边防军隶属于陆军、海军和空军，但在同类（陆海空）部队所用的标准制服上添加了内务人民委员部的识别标志——陆地边防团士兵穿陆军制服，但佩戴含红色滚边（军官为金色）的绿色领章。他们所用军帽的帽墙为黑色（带红色滚边），帽冠为绿色（带红色滚边）；从1943年开始使用的制服肩章（以及军官的制服袖口

和马裤）带有绿色滚边。海岸边防部队成员穿海军制服，所用的水手帽上带有含"内务人民委员部海岸警卫部队"（МОРПОГРАНОХРАНА Н.К.В.Δ）字样的铭文。空军边防部队使用空军制服，但领章为绿色（带红色滚边），制服衣袖上配有用于表示军衔的绿色星标（带红色滚边）。

步兵

步兵团是苏联红军编制中的骨干部分，他们尽可能地保持了制服和装备的统一性。通常，一个团由三个营组成，大部分成员是步兵，但也配有各种不同的专业人员——每营都编有反坦克手、迫击炮手和重机枪手（并在1939—1940年的苏芬冬季战争结束后有所增加），以及一个通信排；此外，步兵团辖有医务人员和额外的支援炮兵、通信兵、工兵和侦察部队；步兵师不仅能得到额外的后勤支援（包括战地仓库），还设有侦察、技术（1941年起设有防化连）、装甲、炮兵等部队。

下一个重大发展就是M1935式制服，这是苏军在1939年进行苏波战争和苏芬战争（即1939—1940年冬季战争）到1941年抵抗德军入侵期间最为常见的一款制式军服。

专业人员

虽然大部分步兵团都采用标准或常规的编制形式，但苏军中也有一些专业的山地部队、摩托化和机械化步兵团（成员通常装备自动武器）和机枪营；从1941年起，有些步兵部队还被授予了"近卫"称号。为支持国家战备，苏军除了组建不同种类的步兵团外，还下辖有武装民兵、惩戒部队，当然也包括游击队。

苏军步兵在1919年之前使用一些临时制作的制服，此后才逐渐发展出自己的相关体系。当时，该国的国内战争仍在激烈进行，无法为所有红军部队提供统一化、标准化的制服，不过M1919式制服已经以其箭头形胸部搭扣和尖顶帽显得与众不同——具有讽刺意味的是，1914年时，负责设计新制服的那个委员会曾经拒绝采用这个风格。到1924年，这款制服已被弃用，当时刚成立的苏联军队也开始装备一个新的款式。

◀ **步兵第609团列兵，1940年**。这名步兵携带着苏军步兵常用的M1937式子弹盒，它采用天然皮革、黑色皮革或防水帆布制作，配有皮带。此外，士兵们有时还会额外携带一种空间更大的布制子弹盒。

▶ **步兵第37团列兵，1940年冬季**。苏军的大衣采用了多种不同布料制作，因而颜色各异（从规定的灰色布料到苏联南部供应商使用的褐色卡其布都有）。它的肩部和胸部设有内衬，穿着很舒服，可通过一条位于背后的布带调整松紧。

靶标上的交叉步枪，但没有普遍使用。这种徽章于1940年配发给了一些部队，到1942年，它的使用人群基本只局限在士官和军官中。

兵种徽章通过穿透衣领并在背面展开的尖爪固定。但从一些照片上也可以发现，部分红军官兵还把图案中的步枪枪管和枪托缝到了衣领上，以免（徽章）掉落。

1940 年时苏军所用军衔（部分）

军衔（中文）	军衔（俄语）	图案标志
红军战士	Krasnoarmyeets	无
上等兵 *	Efreitor	一个镀金三角形
下士 *	Mladshiy Serzhant	一个镀金三角形和一个红色三角形
中士 *	Serzhant	一个镀金三角形和两个红色三角形
上士 *	Starshiy Serzhant	一个镀金三角形和三个红色三角形
大士	Starshina	一个镀金三角形和四个红色三角形
少尉	Mladshiy Leytenant	一个红色正方形
中尉	Leytenant	两个红色正方形
上尉	Starshiy Leytenant	三个红色正方形
大尉	Kapitan	一个红色长方形
少校	Maiyor	两个红色长方形
中校 *	Podpolkovnik	三个红色长方形
上校	Polkovnik	四个红色长方形

上述军衔中，标有*的均为1940年时引入。此外，1942年5月前，苏军通常将"列兵"称为"红军战士"，但为避免在理解方面造成混乱，本书统一采用了"列兵"。

制服

独特的苏式制服衬衫（Gymnastiorka）起源于19世纪俄国士兵执行勤务时所穿的一种制服，在一战中发展成普通士兵的主要制服，并于1935年被指定为所有衔级军人的基本制服（有分别用于夏季的棉质和冬季的毛料两个版本）。与沙皇时代的样式不同，这种制服衬衫在1929年改用了一种修改过的立式翻领设计——总的来看，它的衣领上带有兵种色领章（带滚边）和军衔识别徽标，制服正面有3枚组扣，有些还添加了暗门襟；前胸部位配有2个口袋，并且都带有1个含纽扣的扇形袋盖；其袖口采用直筒设计，可由2枚组扣扣紧（普通士兵的制服袖口一般会添加更多布料进行加固）。他们通常会在这种制服的里面搭配一件无领衬衫，并把假领（白色，用于保持使用者颈部清洁）垫在颈部。

军官制服的样式与此相似，但不会加厚衣袖部位，衣领和袖口周围均配有滚边；他们制服上的口袋一般采用长方形袋盖，但也出现过扇形版本。许多军官还会选择使用流行的弗伦奇式制服。

它得名于一位英国将军，采用敞开式翻领、6枚大纽扣和4个口袋（在上方的2个有褶饰，位于腰部的2个为隐藏式）的设计样式；其袖口带有兵种色滚边，一般搭配白色衬衫和深色（通常为黑色）领带。

衣领徽标

步兵的长方形领章为红色，从1940年起，他们还在这个图形的中间添加了一道红色条纹。普通士兵的领章采用黑色滚边，军官则是金色样式。军衔识别徽标的形状可分为长方形、正方形和三角形，以及专由某些特定衔级使用的镀金三角形。其中，政工干部——最基层的是下士和中士，他们在团级部队中相当重要——制服衣袖下方带有红星和镰刀铁锤图案，大衣衣袖上也是如此。

衣领上除了军衔标志还有兵种徽章。对于步兵来说，其兵种徽章图案为

▶ *步兵第77团军官，1940年。当不戴船形便帽时，苏军一般戴Ssh-1936式钢盔。它在战争的前几年里被大量使用，但从1941年开始，在苏军中经常可以看到的就是他们混合着戴这型老式钢盔和新配发的1939年改进版本——被派往前线的预备役人员通常使用那个较新的型号。*

上尉拥有三条较细的V标，大尉则是一条较粗的V标。这一佩戴样式于1940年7月有所修改，主要是改成了混合使用红色和金色的V形标志——大尉是以金、红、金上下顺序排列的三条V标；中尉使用的V标数量和排列顺序与之相同，但位于最下方的那一条金色V标相对较粗。

长裤和靴子

长裤也分为夏季棉质版本和冬季毛料版本。其大腿部位比较宽松，膝部以下可以扎紧，以便塞进绑腿或靴子里，腰部可通过一块穿过小卡扣的布片扎紧。除此之外，士官可以穿蓝色的灯笼裤，军官还可以选择一种带有红色滚边的蓝色或卡其色长裤。

苏军所用的靴子是短靴（搭配卡其布绑腿或皮制绑腿）或更传统的皮靴，前者主要是鞋底带有鞋钉的M1938式黑色短靴，后者于1939年配发前线部队，这两个款式都可以搭配裹脚布使用（不同于普通袜子，"裹脚布"这一称呼相对更贴切）。后来，这两种靴子的尺寸都有了具体分类，使用者因此可以挑选更适合自己的（尺寸）型号。此外，那些在极端气候环境中作战的部队一般穿毡靴。

大衣

标准型大衣由厚实的毛料制成。军官偏爱并选择了灰色调，而普通士兵的大衣通常为褐色或卡其色。其中，褐色版本可用钩子从大衣侧面（配有暗门襟）扎紧，采用直筒袖口和标准尖翻领设计；其衣领上带有含兵种色的菱形领章——步兵为深红色，顶端带有黑色滚边。这种外套很长，使用时通常仅距离地面35厘米（14英寸）。

大衣的菱形领章上带有军衔识别标志。军官所用大衣为双排扣设计，后期型号添加了一个带步兵识别色的长方形标志（含有兵种色滚边），其顶部有一枚纽扣；此外，他们还可以使用华达呢防水骑兵上衣。

1941年2月，苏军规定军官也应使

▼ **步兵第638团政工干部，1941年**。这名政工干部的任务是鼓舞部队士气，并且进行政治和思想方面的教育。他在制服衣袖上佩戴了政工军官独有的标志——一颗红星。由于德国人痛恨并残忍处决这类干部，该标志于1941年夏季被正式废除，但实际使用到了1943年。

▲ **步兵第321团列兵，1941年夏季**。大部分苏军步兵都装备莫辛制式步枪——这是一个相对老旧的步枪型号，但在1930年进行过改良。在由于德军推进导致大部分工厂东移前，大部分该型步枪都在图拉进行生产。

除佩戴在衣领上的军衔标志外，红军军官和士官的外套衣袖下方也带有用于识别的V形图案。1941年8月，这一图案被正式废除，但实际上仍有不少人使用。最初，这些红色V形标志的粗细各有不同，不过都是尖端向下。其中，

用普通士兵的那种大衣，并去掉位于衣袖和领章上的军衔识别标志。但这一规定只有部分军官执行。沙俄时期的军队曾有卷起大衣盘到腰部的传统，这在苏联红军中也得以延续，许多人卷起外套，把两端扎到了一起（有时会将两端塞入饭盒）；帐篷帆布也是如此。

战争期间还出现过其他一些外套，其意图均在于极端（寒冷）气候环境中为官兵提供防护。一种双排扣羊皮外套（Polushobok）很受欢迎，其（部分）

苏军在不同气温下的穿戴样式		
1	高于25℃	轻质军帽，棉布制服和马裤
2	20℃至25℃	轻质军帽，棉布制服和马裤
3	15℃至20℃	普通军帽，毛料制服和马裤
4	10℃至15℃	普通军帽，毛料制服和马裤
5	0℃至10℃	同4，但添加大衣
6	−6℃至0℃	同5，但添加手套
7	−10℃至−6℃	同6，但添加毛皮帽子
8	低于−10℃	同7，但添加耳罩

衣领和袖口采用毛料制作。它配有套袖，可帮助使用者轻松戴上手套。

于1941年配发部队的"保暖棉衣"（Telogreika）是最受欢迎的一款外套。它带有一条搭配使用的长裤，但事实证明后者的设计并不成功。这种保暖棉衣通过4枚纽扣扣紧，肘部有所加厚，衣上通常不会佩戴任何徽标。1937年时，苏军还配发了一种数量有限的卡其色双排扣粗呢外套（设有4个口袋）。手套、巴拉克拉瓦

盔式帽、毛皮大衣和围巾被他们大量使用，特别是在北线，即列宁格勒周围的艰苦环境中。红军对于天气的变化相当关注，甚至规定了特定气温环境中的穿戴样式。

头盔

苏军最初使用索尔堡头盔（从1916年起）或法制阿德里安头盔（将其原有的徽标锉掉，并漆上红星，军官通常还会添加金色镶边）。由于现有头盔的数量实在太少，苏军拟定了一些国产型

◀ **步兵第12团士官，1941年夏季。** 这名士官戴着由亚历山大·施瓦茨设计的SSh−1936式头盔。由于缺乏稳定性、笨重而且防护性能不佳，这型头盔并不受士兵欢迎。

▶ **苏军步兵所用装备。** M1936式背包（下）产量极大，但大多都在战争爆发后的第一年里损失了。M1939式作战背包（右）与运动背包设计相似，而且易于生产，在1941年之后相当常见。军官通常会在M1935式腰带（右下）上悬挂地图包和手枪套。

号的生产计划。作为应急产品制造的M1928式头盔大体上采用了法制阿德里安头盔的设计，同时还有多个其他（国产）型号在进行测试。

1936年，一种新型头盔投入生产，即Ssh-1936式（Ssh为Stalshlyem的缩写，意为"钢盔"）。它带有相当显眼的盔檐（类似于德军1916年时所用头盔的样式）、高高的圆顶，以及用于保护

▲ 在1937年11月7日的莫斯科红场阅兵中，大批苏军步兵头戴Ssh-1936式钢盔接受检阅。

头部侧面和颈部的撇口（向外）。这一型号的生产相当匆忙，大多被送到了西班牙由共和军使用，但由于它在使用者跑动时容易晃动而且戴着不舒服，因此并不怎么受欢迎——尽管如此，这仍然是苏军在进攻波兰、进行1939—1940年冬季战争和1939年对日战争中最常用的一个头盔型号。

1939年时，Ssh-1936式的撇口、通风孔和衬垫（提供缓冲）都有所改进。新的改进型号通常采用光面漆或亚光漆，呈绿色，位于盔体正面的徽标一般都是带有镰刀铁锤图案的较大五角星（五星将镰刀铁锤包含其中）。这一型号大多配有帆布下颚带，在整场世界大战中持续服役（一些位于远东的苏军部队到1945年时仍在使用）；不过，新的Ssh-1940式头盔也很快进行大规模生产，并基本取代了前者。

那些旧的头盔型号（如阿德里安式）一般由民兵和防空组织成员（比如

在列宁格勒保卫战期间）使用。

新的Ssh-1940式钢盔很结实（由单片钢板制成）、易于制造，虽然稳定性稍有不足但戴起来相当舒服，带有内衬。其重量与之前型号（Ssh-1936式）相同，共有三个尺寸规格可选。据说，这一型号的部分设计参照了意大利在1933年推出的那款钢盔。

以上苏制头盔型号的下颚带通常采用帆布制作（呈沙色或浅绿色），带有金属扣件（一般会被漆成浅绿），战前制造的那些（头盔）一般会与Y形盔带搭配使用（用于稳定头盔）。这种盔带长30厘米（12英寸），被固定在一个耳片上，耳片通过一条棉制带子与位于钢盔侧面的铆钉相连。

苏军所用的大部分头盔都在雷西瓦制造，但也有部分产于列宁格勒（该城被围期间）。

这些头盔通常会被漆成浅绿色，但海军士兵使用灰色版本。由于盔罩的供应量较少，他们有时会在盔体上涂刷迷彩漆（采用苏式迷彩服的色调）。

◀ 步兵第253团列兵，1943年。图中这种携带帐篷布或将大衣卷在自己身体上的做法在苏军中相当常见，大衣或帐篷布的两端通常会被塞进M1926式圆形饭盒里。此外，这种饭盒也带有自己的绿色帆布罩，可通过拉绳（将帆布罩）系紧。

徽标，帽冠为卡其色，还配有一条下颚带；从1935年开始配发的（野战帽）型号比1924年那款更为扁平。步兵所用野战帽的帽墙为深红色，帽冠上带有同色滚边。此外，所有衔级的人都可以使用这种军帽，在战场上还可以看到它的卡其色版本。

著名的"皮洛特卡"（Pilotka）船形帽也很常见，其色调为与众不同的卡其色，通常带有一枚红星帽徽（一般为搪瓷材质，但也有采用布料制作的）。军官会把帽徽缝在一块兵种色圆形衬布上（但这一做法在1941年时被明令禁止），而且喜欢在帽上添加滚边。在炎热的本国南部和中亚地区，最受苏军部队欢迎的是巴拿马式阔边帽——一种从1938年开始配发的圆边棉帽，同样带有必不可少的红星徽标。

还有一种制式军帽是布琼尼尖顶帽（Boudionovka），此时已经成为苏军装备序列中少有的从20世纪20年代开始配发并一直装备的型号。它由卡其色或灰色布料制成，呈半球形，带有一个小尖顶；耳罩可以用纽扣固定在军帽侧面，或将其固定到嘴部以下形成巴拉克拉法帽的形状。步兵所用布琼尼帽正面的红星衬垫上别着一枚金属帽徽。在1939年到1940年的苏芬冬季战争期间，苏军发现这种帽子不适用于本国北方的冬季，但仍受部队欢迎并被大量使用。

替换之前冬季用军帽的是一种护耳皮帽（Chapka-oushanka），它带有两个被绑在帽冠处的耳罩（可以固定到下巴上）。这种皮帽呈圆形或正方形，可以戴在头盔里面，从1940年开始大量配发。原先的那种毛皮或毛料冬季军帽是从1931年开始小批量装备部队的芬卡皮帽（Chapka-finka），采用美利诺羔羊毛或毛皮制作，帽冠和内部垫料均为布质。它带

有一个折叠式耳罩，可用于覆盖颈部和耳朵，后来耳罩内部还填充了毛皮材料。同样，这种帽子的正面也带有红星帽徽。军官一般戴帕帕克皮帽，它通常由灰色毛料或动物毛皮制成，帽冠为红

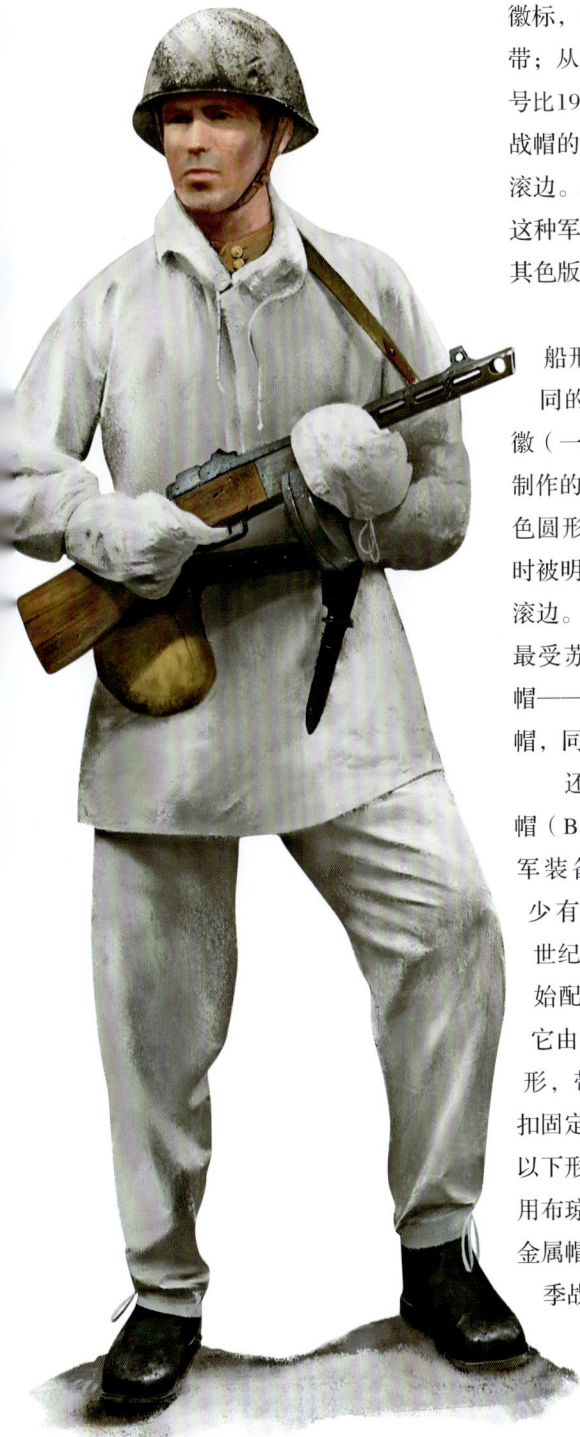

▼ 步兵第42团士官，1942年。图中这种充垫棉服颇受苏军欢迎。它由5枚金属（到战争后期往往会被换成塑料材质）纽扣固定，还配有用于收紧袖口的木制纽扣。

▲ 步兵第365团列兵，1941年。在经历1939年至1940年的苏芬冬季战争后，一种质量较好的冬季伪装服匆忙装备了苏军。它一般与保暖毡靴（Valenki）或图中所示这种抓地力相对好的制式皮靴搭配使用。

军帽

红军所用的军帽样式繁多，令人眼花缭乱。在不戴头盔时，他们最常用的是野战帽——设有黑色或卡其色的鸭嘴形帽檐，颜色鲜艳的帽墙上带有红星

色或灰色。

装备

从1941年起，驻在前线的苏军步兵通常是装备精良的，但在1941年和1942年被匆忙招募并奔赴前线的部队往往急

▼ 预备役第72团列兵，1943年。苏军配发的头盔通常呈亚光绿色调，但实际上包含了卡其色、橄榄色，以及浅苹果绿色。他们通常会在冬季给头盔涂刷油漆，并在盔体上添加红星图案，有时还会增加一些标语。

缺装备。大部分步兵都拥有一条皮制腰带（但后来帆布材质版本更为常见），用来携带他们的天然皮革子弹盒。后者可能是一些较早的型号或新的M1937式——一种可分别放置于臀部两侧的双子弹盒。冲锋枪手有一个用于容纳弹鼓的布制弹药袋，或是一个可以装入3个盒形弹匣的型号。此外，带有挂钩的掘壕工具和位于刀鞘里的刺刀一般会被悬挂在腰带后部。

步兵们通常携带M1936式紧凑型背包，其顶部及侧面带有被卷成马蹄形的帐篷帆布（可当成雨披使用）；配有一体化盒盖的搪瓷或铝制饭盒一般位于背包后部（使用皮带固定）。1939年时，苏军装备了一种更为实用的背囊，它由耐用的帆布制成，配有皮制背带（1941年时改为帆布材质），后部设有两个宽大的口袋；另一种受欢迎的装备是M1930式突击背包，这种卡其布背包的拉绳可以放到双肩上作为背带使用。他们所用的水壶（多数时候用来盛酒）通常为1938年配发的铝制型号——带有帆布罩，可以固定在腰带上，位于腰背部位。防毒面具有多个型号，最常见的是BNT-5型（配发于1930年）和Sch-M1型（使用硫化面具，从1938年开始装备），一般会被装在一个卡其色帆布包里。

手榴弹位于帆布包中或皮带夹缝里，最常见的是M1930式木柄型、M1940式重型反坦克用（手榴弹）或改进后的F1型破片手榴弹。

他们常用的武器包括莫辛-纳甘1930式步枪（后来卡宾枪版本也很常用，尤其是对那些需要搭乘坦克作战的步兵而言）、托卡列夫SVT-40式半自动步枪和PPsh-41式冲锋枪（1943年后改用PPs-43式）。

军官一般使用配发于1932年的皮带和装备一体化装具，包括一条带双扣眼皮带扣

▲ 步兵第151团少校，1943年。军官通常喜欢使用M1932式装备系统，它包括皮带、背带、地图包和一种用于放置手枪的皮套。其中，皮带为双扣眼设计，但那种带有金属制红星标志的M1935式皮带也很受欢迎。

（绘有独特五星图案）的腰带和两条穿过双肩的皮制吊带（有时会在背部形成Y形，但也可以当成两条背带使用），后者可用来支撑手枪皮套（佩戴在身体右前方）、文件或地图包。武器——通常为旧式莫辛-纳甘或托卡列夫1933式

▲ **苏军所用肩章。**上排从左到右分别为大尉（骑兵）、上尉（技术部队）、中尉（炮兵）、少尉（军需部队）、中尉（医疗部队）、上校（航空兵）、中校（技术部队）、少校（步兵）；下排从左到右分别为中校（铁道部队）、少校（通信兵）、少校（装甲兵）、大尉（步兵）、上尉（军需部队）、大尉（航空兵）、中尉（工兵）。

▶ **步兵第4团列兵，1944年。**这名步兵穿着典型的俄式大衣，携带莫辛卡宾枪（1944年型）——这足以说明苏制轻武器品质的改善，但也反映出了并非所有步兵都能使用半自动步枪或冲锋枪。

美制的皮靴和皮带），但他们的制服却经历了一次革新。

1943年1月，苏军发布条令，由此确定了新制服的样式。其中，领章及其军衔标志都消失了，因此它的外观看起来更为传统，尤其是与1914年配发的那一款制服在外观上相似。

这种新制服可与肩章搭配使用，其立领由位于领口正面的2枚纽扣和下

手枪——往往会用枪纲（即枪绳）将其固定在腰带上；哨子及其系绳被放于皮罩内，并固定在腰带上。这个装具体系中一般还会加入饭盒和帆布包，或是再添加一根皮带，用于携带佩剑或匕首。

徽标

大量徽章（通常为铝制，添加有红色搪瓷装饰）被颁发给了神枪手或完成相关训练课程的人，但苏军佩戴的往往是所得奖章，那种专业人员所有的徽章（多为布制，用于表示所属单位或专业岗位）相对少见。

另外，和其他国家的军队一样，苏军也在战争期间设立了战伤徽标。相关命令于1942年7月下达，规定佩戴者用红布条纹表示受过重伤，黄布条纹表示轻伤。它们都被佩戴于制服右胸口袋上方，并按照时间顺序不断向上添加（相应颜色条纹）。这种条纹的人均使用量不详，但在战争期间，红军至少有1226名军官、1553名士官和1200名列兵受伤7次（或更多次数），有2496名军官、3395名士官和3234名列兵受伤6次。据统计，因受伤得到条纹者达到了

1480324人次。

战争时期的变化

1941年8月，为解决由于前线伤亡惨重，需要为大量预备役人员提供额外制服的问题，苏军下令用卡其色领章取代其他不同颜色的领章，红色珐琅军衔标志也被要求漆成绿色——但许多部队无视了这些命令。如果选择采用这个相对低调的色调（即卡其色），该部队将得到少量在战场上临时制作并发放的新式该色调领章，或者也可以采取一种更为直接的措施——干脆完全摘掉之前的彩色领章。更换领章后，苏军几乎在同一时间下达了新的命令，包括替换所有金属纽扣（或将其漆成卡其色），以及把帽徽图案漆成绿色。

1943年条令

苏军最值得注意的改变发生在1943年，主要是一种新式制服的出现（该年1月得到批准，并从3月15日开始配发）。尽管大部分旧装备仍在使用（由美国租借法案提供的装备补充，比如英制或

本恢复了这一设计；此外，新制服的肩部设有一个扣襻，在靠近衣领的位置也有一个纽扣孔，用于固定肩章。

军官制服的样式与士兵版本相似，但直筒袖口处配有滚边，还保留了胸口口袋；其纽扣仍为金属材质，其中有一部分产自美国，并通过船运抵达苏联。此外，军官们也可以选择一种更为正规的制服（即基特尔制服），它采用立领（通常带有兵种色滚边）设计，胸部设有带扇形袋盖的口袋，正面有5枚纽扣；弗伦奇式制服也在被继续使用。虽然新制服已经大量发放，但较老的M1935式也仍在部队中服役，并为佩戴肩章进行了相应调整。从一些当时的照片可以看出，在部分情况下，M1935式的领章一直被用到了1945年。此外，他们的大衣也进行了一些改良——长方形领章改用兵种色（作为色调），并在肩部两侧都添加了肩章。

苏军佩戴的肩章可分为多个不同版本，最常见的是野战服版本以及常服版本。后者本应是在非作战时使用，但他们也经常在执行战斗任务时佩戴（至少军官是这样）。步兵在作战时使用卡其色硬布肩章（带深红色滚边），其检阅肩章为深红色（带黑色滚边）；士官还会根据自己衔级添加一种横穿肩章的条纹（上士为三道）。

军官所用的肩章为卡其色，带有深红色滚边，并根据具体衔级添加一道或两道深红色条纹和相应数量的星星；其检阅肩章由金线编织而成，带有深红色滚边，以及深红色条纹和深金色星标。他们的肩章可以通过一枚纽扣进行固定，这枚纽扣最初采用凹面设计，但相对常见的还是平面样式。

近卫部队

苏军高层于1941年9月18日发布的第303号命令将4个步兵师（步兵第100、第127、第153和第161师）改编成了近卫师。这些师（在多个方面）采用不同于普通部队的特殊标准，于

▼ **步兵第244团列兵，1945年。** 外形简洁的船形帽是苏军不戴头盔时颇为常用的一种军帽。其色调包含了深浅不同的卡其色——从橄榄色到沙色不等，通常还带有一枚经过缩小的红星标志（有时会被刷上绿漆以便伪装）。

▲ **步兵第242团少校，1945年。** 图中所示的"波卢丘博克"（*Poluchubok*）式外套由羊皮制成，衣领和袖口处均带有羊毛，非常保暖，并在经过相应改良后可使用肩章。

方的3枚纽扣系紧。这种制服分为夏季和冬季两个版本，后者采用毛料制作，袖口部位带有纽扣以便使用手套。此时（1943年），苏军的大部分制服都没有设置口袋，但那些在战争末期生产的版

1942年设计并配发了一种佩戴在制服外套上面的徽章——通常在战斗时将其作为识别标志使用。有趣的是，苏军高层向近卫部队发放一种独特制服的计划被放弃了，但很多（这套制服的）相关设计后来都被M1943式制服采用。近卫部队所用的制服与普通部队相同，但他们的确在装备方面得到了优待，比如可以优先使用改进型号的轻武器或摩托车。到1945年，共有119个步兵师及3个摩托化步兵师获得"近卫"部队称号。由于军一级近卫部队中也有一些没有取得近卫称号的下属单位，因此这些单位的人员不能佩戴近卫徽章；相应地，那些隶属于近卫部队的军官和士官可以在自己的军衔称呼之前加上"近卫军"，比如"近卫军中尉"。

▶ **近卫步兵第188团侦察兵，1945年**。迷彩服在1941年时就已被开发出来，但直到二战末期才得以广泛使用。图中所示型号（的色调）为赭石色，带有绿色的人造叶子，但也有带褐色叶子的绿色迷彩服版本，这两种制服都可以与兜帽和用来遮住面部的伪装网搭配使用。

狙击手和侦察兵

红军鼓励士兵成为狙击手，他们不会使用特殊的制服，但可以佩戴多种徽章——比如于1942年推出的"优秀狙击手"徽章。这些人和侦察兵一样，都会在作战时进行伪装。后者是一些通过了精心挑选的人员，会以侦察排的形式前往战场，通过抓捕俘虏获取情报。

伪装用品根据季节变化有所不同，比如冬季时使用白色的罩衫、兜帽及长裤。由于在1939年到1940年的冬季战争中伤亡惨重，苏军很快就在1940年采用了白色冬季制服。这种白色罩衫与大衣等长，配有宽大的兜帽（以容纳头盔），颈部和袖口均设有拉绳；其正面通过9枚纽扣系紧，通常被穿在充垫棉服和无袖毛皮或毛料制服的外面，并搭配毡靴使用。

进行伪装试验后，苏军于1938年在军用布料（战后的说法）上采用了所谓的"变形虫"图案。在冬季或春季，迷彩服的绿色布料上会带有黑色斑块，到秋季或夏季则是在这上面添加褐色斑块。全套制服还包括带兜帽和面具的防风衣以及宽松长裤，但

◀ **步兵团狙击手，1945年**。这名狙击手使用的是莫辛步枪，还为其添加了一个3.5倍PU型望远瞄准镜。它（瞄准镜）带有一个底座，标有与所搭配步枪相关的序列号，还配有一个专门的携带用盒。

色调相同的盔罩配发数量相对有限。1941年时，苏军装备了带有另一种风格的迷彩服，它采用了一些含有植物色调的图案。这种制服同样由绿色布料制成，图案是各种不同色调的褐色，不过也有一些用于不同地区或季节的版本采用了相应的图案。

1943年时，苏军还得到了一种迷

彩服。这是一款两件套的绿色制服,通过麻布条和绳结来覆盖并隐藏使用者的轮廓。它带有兜帽和面具,颇受侦察兵欢迎。通常,狙击手会把瞄准具放在位于腰带上的盒子中以便携带。他们大量装备了M1930式狙击步枪,但往往认为SVT-40型更胜一筹。

山地部队

苏军设有专业的山地部队。这些部队遵循上述步兵条令,但也使用一些专门的特殊制服和装备——最主要的就是深灰色双排扣夹克和与之搭配的防水布材质长裤,并与高山袜(灰色或白色)和短靴,以及毛皮帽子或钢盔一起使用。他们的长方形领章上带有军衔识别标志(军官制服衣领上没有滚边),军官和士官的袖口最初都配有红色V形图案。该部队所用的外套有多个版本,但大多都为深灰色,带有毛皮衣领或兜帽。此外,他们一般装备民用护目镜和攀登设备。

滑雪部队是在1940年后临时组建的,没有设置团一级编制,而且许多侦察部队也会在冬季使用滑雪板。他们装备有白色迷彩服和手套,并以其搭配白色长裤、滑雪靴和高山袜使用。

医务人员

苏军医务人员以绿色作为识别色——在1935年到1943年间,这一颜色出现在了他们的领章(带红色滚边)和帽墙(帽冠有红色滚边)上;军官的领章周围还配有金色滚边,衣领和袖口处则是红色滚边。该部队成员的制服衣领上有一

▶ **步兵第902团列兵,1944年。**这名列兵手持的PTRD-41型反坦克枪由费奥多尔·德吉亚罗夫设计,通过它发射的穿甲弹可以在100米(约325英尺)距离上穿透40毫米(1.6英寸)厚装甲。随着战争持续,这种武器的效能也随之降低,因为德军的装甲车辆得到发展,为乘员提供了更好的装甲防护(因此变得更难击穿)。

◀ **近卫步兵第141团士官,1944年。**这名士官是某支功勋卓著精锐部队的成员,他穿着采用一种优质布料制作的冬季制服。军官和许多士官的制服口袋都配有袋盖,而且由于裁剪方式所致,口袋(的具体轮廓)看起来是隐形的。

枚金色徽章,图案为缠绕圣杯的蛇;此外,兽医所用领章为银色。彩色版本的领章本应在1941年就停用,但这支部队到1943年时仍在使用。

1943年,医疗部队引入肩章。但他们所用的款型比标准型号稍窄,这也是非战斗人员使用的型号。位于该部队成员作战服上的肩章为卡其色,带有红色的滚边;此外,士官还会添

◀ *山地特种第1分队列兵，1942年*。这名隶属于山地部队的士兵使用着民用滑雪护目镜和毛料套衫。他携带的虽是民用山地物品，但身上所有步兵武器都是（由军队提供的）制式装备。

民兵

苏军民兵大多是在1941年时为了增强列宁格勒（13个师）和莫斯科（17个师）的防御而临时招募的人员。他们的装备很差，一般使用民用制服和过时的钢盔与装备。许多人佩戴着臂章或一些临时制作的徽标。很快，这些民兵要么会被吸收进入前线部队，要么由德军俘虏并因被归类为游击队员而遭到枪杀，要么就会被送去充当劳工。

惩戒部队

关于苏军惩戒部队的著述可谓甚多。1941年时，作为一种应急措施，苏军用在古拉格的因犯组建了一些部队，后者也因此重获自由。他们最初依然穿黑色囚服，所以被称为"黑色师"——但也可能因此与穿工作服的工人和民兵相混淆。"纪律连队"成员的违法程度相对轻微，这类部队接收犯过错误的军人，并让他们在服役一段时间后回到原先所属的常规部队。从1943年起，惩戒部队军官佩戴步兵肩章，不过比后者所用型号薄得多；普通士兵穿标准的步兵制服，但不戴任何徽章或奖章。

女性军人

女性军人最初仅限于执行非战斗任务——比如医务人员、通信员或驾驶员。但随着战争持续，越来越多的苏联妇女拿起武器走向了前线。她们通常以标准制服（纽扣位置与男性军人制服相反）搭配卡其色（或常规的蓝色）裙子。

上述制服一般与黑色长筒袜、黑色短袜和靴子一起使用。从1941年起，这些女性军人还可以选择戴一种

独特的贝雷帽，其色调为较深的蓝色或不同程度的卡其色。1941年时，她们得到了一种连体制服（在1943年进行了改良，以便佩戴窄版肩章），其中裙子配有腰带和口袋。

▼ *步兵第467团医务人员，1944年*。女性军人穿着与男性军人风格相似的制服，但纽扣位于制服另一侧。不戴钢盔时，她们喜欢使用深蓝色贝雷帽，尽管这种帽子在冬季并不实用。

加砖红色条纹，军官同样如此（但他们的细条纹会横跨肩章两端）。军官所用的检阅肩章为银色，带有红色滚边，普通士兵则是绿色滚边。这些医务人员使用帆布材质肩包（带有红十字标志），其内含绷带、医用敷料和急救药品，而且经常佩戴他们的红十字袖标。

外籍士兵

苏军使用德占区（各国）流亡者和少数战俘组建了一些部队。

从某种意义上讲，波兰人既是流亡者也是战俘；捷克部队主要由少数政治流亡者和一些进入苏联领土的本国军事人员组成；从罗马尼亚战俘中招募成员的部队出现于战争后期，他们使用的制服和装备与苏军相同；最为古怪的一支部队当属诺曼底-涅门飞行中队，其人员多是从经伊朗进入苏联，准备与德国人战斗的法国飞行员中招募的；内战失败后，一些西班牙人（共和派）也来到了苏联。

波兰部队

苏军所辖波兰部队的历史很复杂。1941年时，苏联释放了一些被囚禁的波兰战俘，并开始组建一支由安德斯将军指挥的部队，在1942年将其派往伊朗；其他波兰军人在1943年组成了塔德乌什·柯斯丘什科步兵师，后来该部队被扩编为一个军，还在1944年时与波兰共产党抵抗组织合并组建了"波兰人民军"。一种于1943年制作的独特帽徽（图案包含了象征波兰的鹰，但不含王冠和盾牌）被佩戴在了他们（波兰部队成员）的波兰式野战帽（根据波兰的样式在苏联生产）或印到（甚至是用白漆涂在）了苏式头盔上。

他们战前所用的军衔识别标志似乎在外套的肩章上得以保留（大部分波兰部队官兵都使用苏制M1943式制服），图案为星星与横条的组合。这些部队还得到了一些带有卡其色立式翻领的制服，它配有胸口口袋和肩章，有时还会在其便装版本上添加含有新兵种色的三角图案标志，但很少见——步兵为上蓝下黄。该部队官兵使用的装备均为苏军相应型号，皮靴和大衣也是如此；专业部队成员（如装甲兵和工兵）同样使用苏军相应兵种的专业装备，比如带有衬垫的坦克头盔。

那些参与过解放波兰战役的波兰部队最终还加入了攻克柏林国会大厦的战斗。

捷克部队

当苏军于1939年进攻波兰东部时，有一些捷克军人被俘；1942年2月，苏军用他们组成了一个独立营。

捷克部队官兵最初穿苏式制服和长裤，但没有佩戴苏军的徽标。1942年夏季，他们接收了英式作战服和头盔（原本是用于装备安德尔斯将军的波兰集团军），并补充了一些苏式大衣、装备和帽子，武器按照苏军的标准配发；1943年时，这支部队已被扩编为一个旅（增加了步兵营和坦克营），到1944年更是达到了军级规模（拥有空军和伞兵支援）。随着时间的推移，捷克部队的英式外观形象完全消失，使用苏式制服已经成为一条标准。此外，他们使用着一种独特的帽徽，其图案包括位于盾徽上采用白色金属制作的捷克斯洛伐克雄狮；后来，他们还在雄狮的背后添加了交叉双剑。

罗马尼亚部队

苏军最终招募了两个师的罗马尼亚

▲ 从1943年起，许多在1939年时被俘的波兰士兵最终作为红军的一部分加入了战争。

◄ 塔德乌什·柯斯丘什科步兵师步兵第2团上尉，1944年。这种带有波兰风格的制服和野战帽都在苏联境内生产。隶属于该部队的步兵可以在自己制服衣领上佩戴蓝黄色三角旗图案标志，但它在前线较为少见。

部队，相对更有名的那个是于1944年入役的"图多尔·弗拉迪米雷斯库"师。第二个——"霍里亚、克洛什克与克里尚"师虽然此时已开始组建，但到罗马尼亚倒向盟国一边时尚未完成相应的（组建）工作。"图多尔·弗拉迪米雷斯库"师由苏联提供制服和装备，使用了一种独特的白色金属帽徽（图案是位于月桂花环中的一面旗帜，旗上带有字母"TV"），并在制服上佩戴着含有这个图案的徽章；第二个师所用帽徽的图案与前者大致一样，但字母被改成了用于表示他们自己的"HCC"。

法国部队

戴高乐将军最初曾设想在苏军中组建一个法国步兵师，但现实情况使他确信建立一支战斗机部队是更好的做法。苏联于1942年3月同意了这一想法，因此这些法国飞行员从1943年初就开始驾驶着苏制雅克战斗机（与英式"飓风"战斗机相比，苏联人显然更偏爱本国的型号）执行作战任务。他们（飞行员）混合使用了苏制和法制装备，地勤人员则主要穿英式作战服。

飞行员最初得到的是法式蓝色大檐帽，它带有双翼图案徽标和军衔识别标志。他们使用蓝色开领制服、白色衬衫和黑色领带，并在制服袖口处佩戴军衔识别标志（或是以位于飞行夹克正面黑色长方形上的条纹来表示相应衔级）。飞行夹克是私人购买或由苏军后勤部门配发的，有种加拿大式毛皮夹克尤其受欢迎——其胸部可佩戴一枚金属材质徽章，章上带有军衔标志和部队识别徽标（图案为两头狮子）。此外，他们所用的皮靴、降落伞和飞行头盔均由苏联制造。

西班牙部队

在1941年之前，非苏联公民是不能加入苏联红军的——但这一规定随着德军的入侵发生改变，西班牙内战中的流亡者也因此应征入伍——内务人民委员部特战旅第4连即由西班牙人组成。他们一般穿苏军制式服装，如果是在敌后伞降与游击队协同作战则使用平民衣物。

◀ 捷克独立第1营列兵，1943年。这名来自捷克斯洛伐克的士兵穿着苏军为乌克兰冬季准备的制服，并搭配了毡靴。他的武器是新式PPs-43型冲锋枪，它易于制造且火力凶猛，因而得以大量生产。

▶ 诺曼底-涅门中队飞行员，1943年。虽然"自由法国"提出的是建立一个步兵师，但由于已经有飞行员滞留在中东，这就意味着组建一个战斗机中队取而代之是更为合理的。该中队混合使用了苏制装备和法式制服，大部分飞行员还保留着法国空军所用的蓝色帽子，并在帽上佩戴显眼的洛林十字架标志。

骑兵

苏军骑兵部队的兵员在1941年时相对充足。该部队早在1917年到1922年的本国内战中就证明了自身价值，在第二次世界大战东线的复杂地形环境中仍然表现优异。

骑马步兵

此时的苏军骑兵以"骑马步兵"的形式进行战斗——一名士兵在后方看守11匹战马，其余官兵步行参战。这种形式在侦察行动中特别有用。他们擅长在广袤的战线上执行长途巡逻任务，在冬季和泥泞环境中具有很强的机动性（可进行快速反应或远程奔袭）。一般来讲，这类部队会被集中在特定的骑兵师里，或是作为步兵师和装甲师中的骑兵分队使用。

早期制服

骑兵制服的演变过程与步兵相似。于1935年确定样式的新制服从1936年开始配发——包括卡其布苏式制服衬衫（领章为蓝色，带黑色滚边）。军官制服领章的周围带有金色滚边，衣领和袖口处则是蓝色滚边。该部队成员衣领上的军衔标志样式与步兵相同，而且还在衣领背面佩戴了一枚金色兵种章，由折叠在领布后面的金属钉固定。兵种徽章的图案为两把交叉马刀，在其之下还有一个朝向上方的马掌。这种标志于1922年得到使用许可，后来基本失宠，在1935年的改革中没有被列为正式标志，但又在1943年重现。不过，在这一整段时间内骑兵似乎都佩戴着它（尽管高层并不是一直持许可态度）。

在整个战争期间，这些骑兵都穿着马裤。它通常呈暗蓝色，大腿部位相

◀ **骑兵第65团上尉，1941年**。这名骑兵军官使用着标准的军官装备，手持一支莫辛卡宾枪。此外，军官也可以选择携带佩剑（带有皮制剑柄带结，以防佩剑掉落）和纳甘左轮手枪——这种枪比较重，在整个战争期间都有人使用。

▶ **近卫骑兵第2团中士，1944年**。这名隶属于近卫部队的骑兵在其标准制服右侧佩戴了近卫军徽章。他穿着在步兵和骑兵部队中极为常见的黑色长靴——靴子的后跟与马镫（的搭配）非常合适，还可以通过皮带固定金属马刺。

对宽松；军官也可以使用一种裤缝带有蓝色滚边的卡其色版本。这些马裤都设有两个口袋，可以把膝盖以下的部位扎紧。搭配马裤的是高筒皮靴以及配套供应的捆绑式马刺。此外，骑兵们有时也穿皮革短靴（被染成黑色）和绑腿，因为他们的高筒皮靴在下马后的工作中穿着很不舒服。

骑兵所用的帽子是大檐帽，帽墙为蓝色，卡其色帽冠上带有蓝色滚边，帽檐为黑色或卡其色，通常搭配有皮制下颚带；1942年之前，一种尖顶风帽也很常见，其正面带有一颗布制蓝星，内有一颗含镰刀铁锤图案的红色星标。此外，他们还使用过头盔、毛皮帽和船形帽（一般为蓝色）。

M1943式制服

和步兵一样，骑兵也在1943年接收了新制服。普通士兵得到的是一款立领制服；军官也是如此（但袖口处带有滚边），而且他们还可以选择衣领带有蓝色滚边的基特尔制服。普通士兵佩戴含有蓝色滚边的卡其色肩章（士官的肩章上带有表示相应衔级的红色条纹）；军官也使用卡其色肩章，且他们的作战服肩章上带有红色条纹。

至于勤务制服——骑兵们一般在不作战时使用，但位于战场时也常穿。普通士兵佩戴含黑色滚边的蓝色肩章（士官的肩章上带有黄色条纹）；军官则使用一种带蓝色滚边的金色条状肩章，上有蓝色条纹，并以星标表示具体军衔。骑兵所用徽标的图案有时也会出现在肩章靠近衣领的纽扣上。1941年前还有一个适用于侦察部队的徽标版本——图案为交叉马刀、经纬仪及双筒望远镜。

骑兵部队很少佩戴含有部队编号的徽标。到1945年，共有17个骑兵师得到近卫部队称号，他们都会佩戴自己的近卫军徽章。

大衣

骑兵（及骑乘炮兵）穿着一种比步兵版本更长的大衣。其下摆离地18厘米至22厘米（7英寸至9英寸），由褐色或灰色（军官喜欢的颜色）毛料制成，腰部和衣袖的肘部配有棉布内衬；衣领可用风纪扣在颈部收紧，且大衣正面共设有5枚纽扣；它的背部开叉到了腰部，可通过一根布带和两枚纽扣束紧。

1943年之前，这种大衣带有蓝色的菱形领章（含黑色或金色滚边），但此后改为搭配肩章，衣领上也添加了一枚蓝色的长方形领章。此外，一种棉夹克也很常见，这种采用立领样式的制服配有蓝色标准领章。骑兵们还使用过保暖棉衣（Telogreika），但与之搭配使用的长裤并不怎么受欢迎。

装备

骑兵携带军刀参战，一般是M1927式恰西克（也称"恰西卡"）马刀（没有刀柄护手）或旧式的龙骑兵马刀（有护手），还使用了肩带。他们一般会把马刀和刺刀放入捆扎在一起的（不同）刀鞘里，把卡宾枪子弹盒悬挂在皮带上，并通常把大衣卷到自己身体上。

军官的手枪和地图包被悬挂在设有吊带的M1932式皮制腰带上。骑兵最初装备卡宾枪，但1943年后改为使用冲锋枪；捷格加廖夫反坦克枪是一种（相对的）重型武器，会被放在位于驮马马鞍上的支架上进行运输。他们可以在马上直接开火，鞍囊里共有120发（卡宾枪或冲锋枪）子弹。

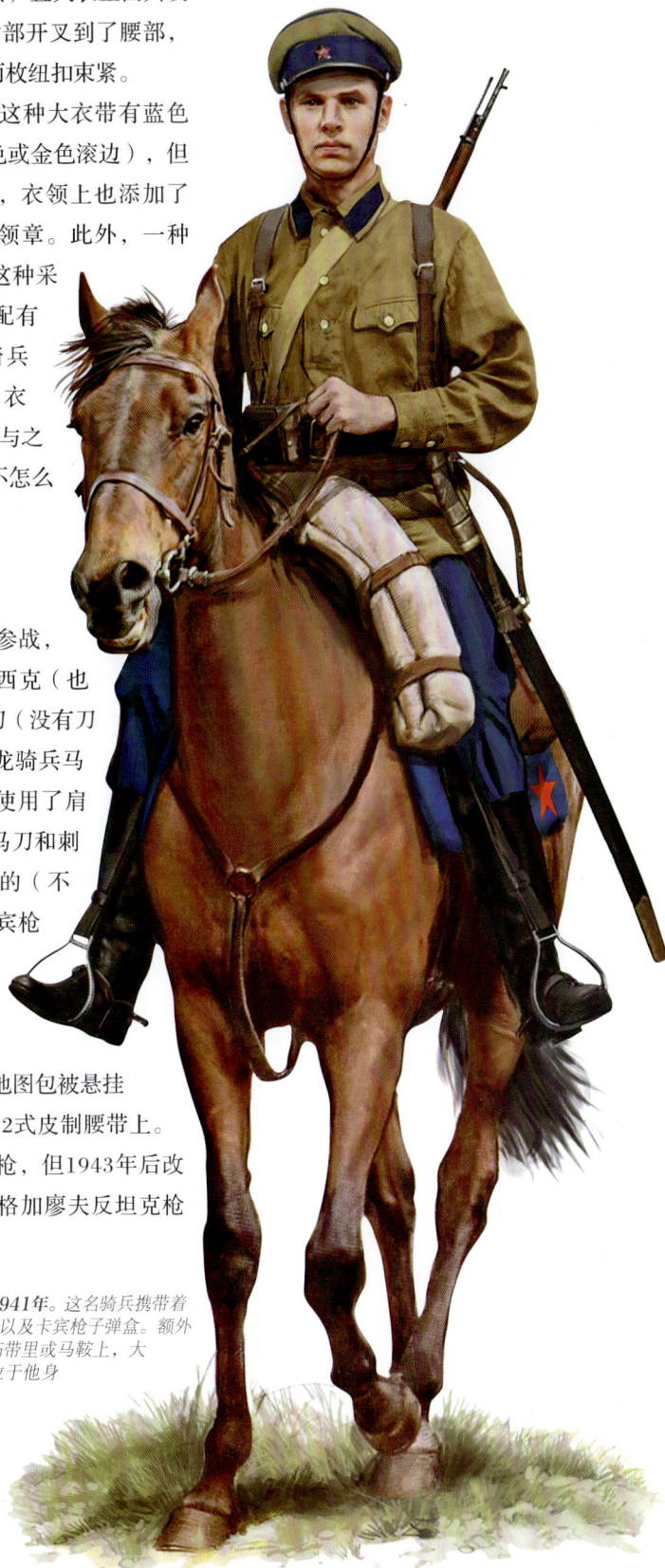

▶ **骑兵第134团士兵，1941年。** 这名骑兵携带着一种剑刃呈弧形的佩剑，以及卡宾枪子弹盒。额外的弹药可以放在帆布弹药带里或马鞍盒上，大部分个人装备则被放在位于他身后的马背上的鞍囊里。

哥萨克骑兵

虽然身穿德军制服作战的哥萨克骑兵引起了广泛注意，但苏军中该类部队的人数依然远多于投敌者。

哥萨克在苏俄军队中始终作为侦察兵和轻骑兵发挥着重要作用。布尔什维克最终说服了他们为红色政权而战，由后者所组成的骑兵也在20世纪30年代里基本融入红军。他们失去了部分自主权，以常规骑兵部队的编制获得番号，但在制服上仍然保留着自身独特的传统元素。1941年之前，隶属于苏军的哥萨克骑兵人员主要来自顿河、捷列克和库班地区，住在这些地区的人往往拥有精湛的马术和极强的骑兵作战能力。尤其是在战争期间，由他们组成的部队更是发挥出了极为不俗的战力。

顿河哥萨克组成了红军的2个师，库班哥萨克组成了3个师，捷列克哥萨克则是1个师。苏军曾短暂地从高加索和中亚征调哥萨克骑兵，但由于不能确定政治上是否可靠，这些部队要么被解散，要么被吸收到了常规骑兵中。

早期制服

哥萨克主要使用红军的骑兵制服，不管是带有蓝色领章（上有军衔徽标和图案为交叉马刀马掌的骑兵徽章）的M1935式还是配有卡其色肩章和蓝色滚边的M1943式。1936年时，苏军推出了一款与M1935式卡其布版本相似的制服，它同样呈卡其色，但立领和制服正面翻领上都带有蓝色滚边。

他们戴的军帽通常是骑兵大檐帽

（帽墙为蓝色，卡其色帽冠上带有蓝色滚边），但顿河哥萨克使用带红色帽墙和蓝色帽冠（含红色滚边）的版本。在战争初期，哥萨克的马裤通常为深蓝色，搭配带有马刺的靴子使

用。他们有时也和常规骑兵一样，穿保暖棉衣、长裤，以及防水披肩。

哥萨克帽、制服和切尔克斯外套

在哥萨克的传统制服中，最重要的就是黑色羔羊皮帽，其中捷列克和库班哥萨克使用的帽子比顿河哥萨克稍短。它呈黑色，底部（横截面，下同）比顶部长2厘米（0.8英寸），帽上带有含镰刀铁锤图案的标准红星帽徽。库班哥萨克所用皮帽的帽冠为猩红色（列兵和士官有装饰性的黑色十字花边，军官版本为金色），捷列克哥萨克为蓝色；顿河哥萨克的帽子较高，帽冠呈砖红色。

哥萨克部队成员可以选择穿他们的传统制服（早期为丝质），以此取代卡其布勤务制服。

这种哥萨克传统服饰于1936年回归，是他们1935年（标准）版本制服的一大补充。它被称为"贝斯梅特"（Beshmet），呈猩红色，衣领周围有蓝色滚边（军官为蓝色和金色）。

此后（即1936年后），标准版本领章也开始投入使用，可以用钩子将其固定在衣领上。哥萨克传统制服外套的衣袖被设计得相对宽

▶ 顿河哥萨克近卫骑兵第39团骑兵，1944年。充垫棉外套在哥萨克骑兵中颇受欢迎，因为这意味着他们不再需要笨重的浅褐色大衣了。一种在骑马时使用的长外套（也设有垫料）于1931年配发，但很少见。

▲ 库班哥萨克近卫骑兵第40团骑兵，1943年。苏军士兵制服上带有一个白色的可拆卸衬领。这是为了防止颈部与衣物摩擦受伤，也可以让士官们检查士兵是否保持卫生——这也是检查的一部分。

▶ 库班哥萨克骑兵第24团少校，1942年。图中所示的卡其布制服被这名军官穿在传统骑兵外套的里面，但他在穿礼服时通常不使用（卡其布制服），而是首选一种传统的丝质或缎子衬衫（库班哥萨克所用版本配有红色立领）。

发）；它的袖口显得相当宽大，往往会被卷起以展示红色或蓝色的饰面。不穿这种制服时，哥萨克们通常会使用毛毡雨披，它可以用皮带在颈部扎紧。最后，他们还可能戴一种彩色的兜帽。其镶边通常为黑色，但顿河哥萨克为灰色，库班哥萨克为猩红色，捷列克哥萨克则是蓝色。

多数此类（传统）制服等物品于1941年被正式取消，但哥萨克骑兵们仍然在整场战争中使用着。

这些骑兵一般使用标准的苏军骑兵装备，包括M1927式恰西克马刀（没有刀柄护手）、卡宾枪、刺刀、皮制吊带和剑带（佩戴在肩上）；马刀和刺刀被放在（各自的）刀鞘里，然后紧紧扎在一起。军官的额外装备包括手枪和地图包。哥萨克骑兵在必要时会对以上

▼ 库班哥萨克骑兵成员帕维尔·卡姆涅夫于1942年因为在高加索的优秀服役表现获得列宁勋章。

松，腰部可收紧，而且下摆可以展开；捷列克哥萨克也使用这种制服，但制服色调为浅蓝。

在一些制服外面还可以再穿一种黑色的传统外套——切尔克斯（Circassian）外套。其中，捷列克哥萨克的外套为深蓝色，库班哥萨克为黑色。这种制服配有传统样式的口袋，用于容纳装饰性金属子弹（通常有9

基本装备进行变通，比如改用装饰性腰带和饰扣，以及其传统马鞭和缰绳；他们有时会骑无鞍马，或使用带有红星图案的标准蓝色马鞍毯。该部队使用传统的矮种马，这使得他们在冬季和泥泞环境中拥有极为出色的机动能力。

大部分哥萨克部队都获得了近卫部队称号，因此有权在自己的制服上佩戴近卫军徽章。

炮兵

红军在20世纪30年代中极其重视新技术和新武器的发展，炮兵部队也因此进行了重要的现代化革新——强调作战设备（即火炮）的机动化和自动化。虽然存在一定的短缺现象（只有1382门可用的防空火炮，但实际需求量为4900门），而且在1941年遭受了惨重的物资损失，但苏军炮兵仍是东线上一股有效且主导战场的力量。他们在固定阵地上作战，以人力或畜力牵引火炮，或作为机械化部队进行机动——这在1942年之后变得越来越常见。

一些新的发展（比如自行火炮被越来越多地投入战场和各型火箭炮的部署及使用）到战争结束时仍然发挥着重要作用；此外，有关迫击炮、反坦克炮及高射炮作战形式的改良也意味着这些兵种现在能更为有效地加入并支援其他兵种的作战了。

早期制服

炮兵所用制服在整体上与步兵保持一致，但一些骑马野战炮兵部队选择了类似于骑兵的款式。他们使用的M1935式卡其布制服衬衫领章为黑色，带有红色滚边和居中的红色条纹；军官的领章周围带有金色滚边，衣领与袖口上则是红色滚边。该部队成员在制服衣领上佩戴与步兵样式相同的军衔标志。他们的金色兵种徽章位于衣领背面，图案为交叉加农炮管；列兵本应在制服上模印这个图案，但因为金属徽章很受欢迎，因此许多人选择了后者。这种徽章有多个尺寸型号，其中有一款的炮管（原型为17世纪时的加农炮炮管）长度为28毫米（1.1英寸）。

炮兵大衣的黑色菱形章上带有红色或金色滚边，以及兵种识别标志和军衔徽章。大部分炮兵使用步兵外套，但骑马野战炮兵穿骑兵外套。从1941年起，该部队逐渐限制了徽标的使用。

从1942年9月开始，获得技术资格

◀ 炮兵第642团军官，1944年。炮兵们经常在冬季摘下图中这种钢盔，改戴一种舒适性更佳的毛皮帽子。其中，钢盔的1940年版本在顶部配有6枚铆钉（1939年版本只有3枚），以及用于支撑整体结构的内衬。

▶ 轻炮兵第248团炮手，1941年。这名炮兵携带着标准的步兵装备，包括位于皮带上的皮制子弹盒、帆布袋和铝制水杯（通常还有面包袋和挂在袋后的帆布防毒面具携带包）。

认证的炮兵军官有权自称为炮兵及技术勤务上尉、炮兵及技术勤务少校、炮兵及技术勤务中校和炮兵及技术勤务上校，但原先的徽标仍然可以使用。他们的船形勤务帽上带有黑色帽墙和卡其色帽冠，帽冠周围有红色滚边；其"布琼尼"（Boudinovkas）帽及"皮洛特卡"（Pilotka）式船形帽上带有采用黑色背景的红星徽标。

炮兵于1943年引入肩章，并同时停止使用领章。普通士兵的战地制服配有带红色滚边的卡其色肩章（士官还有代表具体衔级的红色条纹），以及丝印的炮兵徽标（但金属材质版本更为常见）；军官使用样式相同的肩章，但会添加红色条纹、红星，以及金属徽标。他们的勤务服配有含红色滚边的黑色肩章（士官有代表衔级的黄色条纹）；军官为带红色滚边的金色肩章，章上有红色条纹和银色星标。此外，他们的肩章上有时印着数字番号，如果是旅级部队还会在数字后面添加西里尔字母"Б"。到1943年春季，自行火炮部队转隶装甲兵，并开始佩戴该部队肩章。

反坦克部队

苏军通常不会对不同类型的炮兵部队进行区分，但反坦克部队是唯一的例外。下达于1942年6月的命令为反坦克炮兵带来了一套设有独特图案的徽标。根据计划，他们应在制服左臂衣袖上方佩戴一枚带有红色滚边的黑色菱形臂章。这枚9厘米（3.5英寸）宽徽章的中间位置是该部队的交叉加农炮图案识别标志（以丝线编织）；其中，军官的徽章为金色，普通士兵为黄色。从1942年7月起，炮兵得到了24000枚以金线编织的臂章，但普通士兵的黄线版本尚未配发；此后，为补足所需数量，他们开始配发以黄色油漆印制的臂章。这些臂章被佩戴在制服和大衣上，但装甲部队和机械化部队中的反坦克炮兵似乎没有使用。到1945年，共有6个炮兵师、7个迫击炮师和6个防空炮师获得近卫部队称号，隶属于这些部队的炮手都会在制服上佩戴标准的近卫军徽章。

装备

炮兵所用的装备与步兵和骑兵基本一样，且卡宾枪比步枪更受青睐。他们对能协助提高射击精度的专业设备需求很大。其中，双筒望远镜的放大倍数为6倍和8倍，潜望镜最高为10倍；大型或炮兵专用立体镜是这些设备中最先进的。其他设备还包括瞄准环和测距仪，前者可以安装在三脚架或长杆（一端带有可插入地下的尖刺）上，后者则是安装在三脚架上。此外，他们还可以再用一部潜望镜在隐蔽条件下完成数据演算。有些军官携带着简化版瞄准设备，可将其直接放入口袋，它看上去像一个指南针，用于引导迫击炮的火力投射。

▶ M-10牵引式榴弹炮（152毫米）。这型苏制火炮曾于1939年到1941年间被大量生产。

▲ 榴弹炮第989团中士，1944年。这名经验丰富的炮兵按照条令在制服胸部右侧佩戴了战伤条纹——红色条纹被奖励给负伤需要治疗的官兵（相对属于轻伤），黄色条纹则奖励给重伤者（与步兵正好相反）。一些（足够幸运的）人获得了好几道条纹，通常会把它们缝在同一块底板上。

工兵

技术部队在伟大卫国战争（苏联于1941年到1945年中战胜纳粹德国的战争）期间贡献了不可或缺的力量。红军在1935年到1945年间发展出一系列达到高度专业水平的部队，为他们的攻击和防御提供了有力支持。

专业人员和工兵

工兵与轻工兵在设计和布置路障、防御阵地，或是为步兵及装甲兵的突击开路时发挥着重要作用，通信部队则是负责建立并维护通信畅通。

在各种专业部队中，舟桥部队负责建设和拆除桥梁，铁道部队需要维护并开展铁路运输，化学部队则是随时准备应对敌军发动的毒气战。苏军工兵通常使用炮兵制服，但佩戴黑色领章和蓝色滚边。他们的M1935式制服上带有黑色领章和蓝色滚边（军官为金色），以及相应的军衔识别徽标；在衣领背面，该部队成员还镶嵌了一枚兵种识别章，其图案为交叉的铁锹和工兵镐。军官使用带有金色滚边的领章，并在制服衣领周围添加了黑色滚边；这种领章（带金色滚边）和衣领（带黑色滚边）的组合样式也在他们的大衣与菱形领章上得以沿用。

工兵的大檐帽采用黑色帽墙和黑色滚边，船形帽上带有红星图案徽标（军官的红星位于黑色圆形底板中，且带有黑色滚边）。旧式的"布琼尼"尖顶帽在1940年时就已经基本被淘汰，但还是可以见到使用它的人；该部队所用的"布琼尼"式军帽带有一颗位于黑色圆形底板中的红星。

隶属于装甲兵或航空部队的工兵通常使用所属部队的制服，但依然佩戴工兵徽标。

1943年的变化

发布于1943年的条令导致该部队所用肩章发生了变化。新肩章为卡其色，带黑色滚边（勤务服搭配黑色肩章，带有黑色滚边）。军官的肩章为卡其色，带黑色滚边，以及相应数量的红色条纹和银色星标；他们的勤务服则搭配带有黑色滚边及条纹的金色肩章。此外，该部队所用肩章上通常不会标记部队番号，但也不绝对（对空降营成员而言，他们还会在自己的数字番号后面添加西里尔字母"Д"）。

坑道工兵在制服上添加工兵徽标，但由于其本身隶属于步兵，因此使用的是步兵制服。轻工兵负责挖掘壕沟和加固阵地，其兵种徽标图案为交叉双斧；电气工兵的任务是维护电力供应并保护电缆安全，他们穿工兵制服（苏军于1930年开发了一种专用的绝缘工装，以避免使用者在作业时触电），所用兵种徽标图案为交叉斧头铁锹，以及闪电。

装备

工兵装备包括标准的长柄铁锹、工兵镐和剪线钳。突击工兵在1942年时得到较大发展，他们获得了一些在发动进攻过程中有助于破坏敌军防御工事的专业设备——比如LPO-50型火焰喷射器（带有3个油罐和受步枪启发而设计的喷嘴）或VIM-203型探雷器，并对军犬进行了探雷方面的训练。

工兵有时还会使用护甲作为补充性装备。这种护甲于1941年开始研发，在1942年时被命名为SN-42型专用胸甲（SN是Stalinoy Nagradnik的缩写，意为"钢制防护背心"），可用卡扣和皮带与下方的腹部护具相连；它带有内衬，颈部附近有额外的衬垫，可通过一根帆布带加以固定。大部分该型胸甲都会被漆成亚光绿色，但也有使用各种风格迷彩作为主要色调的。这款装备主要用于在城市战中避免因弹片造成的伤害，但也可以防御手枪子弹。不过，由于它的总重达3.5千克（7.7磅），因此不是特别受欢迎，需要以卧姿进行射击

◀ **通信第95营列兵，1941年。** 通信部队人员在带有蓝色滚边的黑色肩章上佩戴通信兵徽标，隶属于其他兵种的通信部队成员也使用这一徽标，但会改用带有相应部队兵种色的肩章。

◀ 工兵第29团列兵，冬季制服，1941年。苏制无线电设备相当先进，但不能在数量上满足规模得以快速扩充军队的需要，这也是其他大国军队普遍存在的问题。苏联通过制造更多设备（特别是便携电台），并从美国获得电话电缆及设备，最终克服了这个问题。

年被技术部队徽章（铁锤与卡钳）所取代。军事测绘部队的肩章标志直到1943年才被批准使用，具体图案就是在工兵所用徽章（交叉铁锹和工兵镐）上添加了一颗红星。技术部队成员在战场上通常携带卡宾枪，因为这种枪相较于较长的步枪更容易操作和控制。

章的图案为带翼闪电和红色五星。到1943年，通信部队已全面使用工兵制服（包括滚边），只保留了传统的兵种徽章以示区别。

通信兵主要使用配发于1928年的UNA-F28型野战电话或1942年的UNA-F42型。无线电背包（A7型）、双人电台（主要是在1938年到1942年间配发的RB-M型），以及通过美国租借法案得到的电台、野战电话和发射器也随他们进入了战场。苏联自身缺乏的主要是电话电缆——盟国最终为其提供了长达1600万千米（将近1000万英里）的电缆，但它在苏联冬季中的使用寿命很短。

技术部队（在本书介绍的特定类别之外者，如燃油技工）在1935年时佩戴一种图案为铁锤和卡钳的徽章；舟桥部队所用独特徽章的图案为一个锚上交叉的两把斧头。令人惊讶的是，铁道部队所戴徽章的图案与之颇为相似——交叉的铁锤和锚；从1936年起，交叉铁锤和锚出现在了一颗带有双翼的星星上。他们（铁道部队）还有一类识别标志——带有兵种徽标的红色臂章，从1943年起，该部队改用一种带有绿色滚边的黑色钻石形徽章，其图案为黄色带翼车轮。化学部队的徽章图案为防毒面具和交叉的滤毒罐，在穿着方面与工兵相同；其防毒面具图案徽章于1943

的狙击手往往选择使用另一种厚度为其两倍的胸甲。

技术部队

通信部队使用与工兵相同的制服，但在领章和军官衣领的周围添加了蓝色滚边作为识别标志；他们的大檐勤务帽上也带有同色滚边。该兵种所用识别徽

▶ 近卫坑道工兵第8营列兵，1943年。配发给突击工兵的SN-42型护甲数量有限，最为著名的战例是在斯大林格勒巷战中的应用；苏军在列宁格勒也使用过这款装备，但数量很少。它可以对跳弹和地雷起到一定的防护作用，也有助于避免和减轻使用者遭受来自火焰喷射器的伤害。

装甲部队

苏军装甲部队在20世纪30年代里得到了长足发展。轻型坦克、重型坦克和装甲车组成了坦克团和独立坦克营的核心，装甲车（后来是摩托车）也在侦察部队中发挥着重要作用；随着战争持续，自行火炮的重要性不断提高，但装甲运兵车仍然很少见——步兵们因此只能搭乘坦克参战。

坦克手

1941年6月时，苏军共有150个坦克团；到1941年7月又增加了25个。苏军的装甲部队还包括装甲车部队和配备摩托车的侦察部队——在1939年尚不多见，但此后变得越来越普遍。

从1935年起，装甲部队可以穿一种以炮兵制服为基础设计的铁灰色制服（采用立式翻领设计）；军官一般使用开领弗伦奇式制服、白色衬衫和黑色领带。他们所用的马裤也应为铁灰色，但该色调制服（包括马裤）产量很少——铁灰色制服外套到1941年被弃用时仍不多见。坦克乘员还可以穿灰色、绿色或深蓝色的工作服。这种连体式制服于1935年首次配发，可用拉链固定并通过一体式腰带扎紧，一般被穿在其他制服外面。

装甲部队所用制服的色调为灰色或卡其色，并在衣领上佩戴着徽标——包括含有红色（或金色）滚边的黑色领章、常规型军衔标志和铜质坦克图案徽章（1940年时进行过微调）。这些徽标通常是成套发放并使用的。军官的制服衣领和马裤上都带有红色滚边。他们的帽子配有黑色帽墙，灰色或卡其色帽冠上带有红色滚边；军官用船形帽通常为卡其色，但少数人也得到了铁灰色版本。他们的领章、军衔徽标和大衣用领章于1941年被限制使用，衣袖上用于表示军衔的V标更是被直接弃用。

隶属于坦克部队的汽车兵没有使用坦克图案徽标，而是在衣领上佩戴了一对带有飞翼的车轮图案标志；服役于坦克部队的通信兵也在他们的黑色领章上添加了独特的带翼闪电图案。

◀ 坦克第47团坦克乘员，1941年。坦克乘员可以穿卡其色或铁灰色制服，也可以选择那种通过正面拉链固定的工作服。此外，不管是专门配发给本部队还是从空军借用的型号，皮夹克都很受他们欢迎。

▶ 坦克第210团侦察营少尉，1941年。这名军官佩戴着含有带翼方向盘图案的领章，它主要由那些为车辆提供服务的人员使用。但他现在已经是装甲车乘员，因此也得到了目前所属部队使用的V形袖标。

◀ *坦克第36团坦克指挥员（车长），1942年。带有衬垫的坦克帽早在20世纪30年代中期就已被开发出来，在当时是一种具有独创性的装备。它一般由上过漆的织物编织而成，但也有皮革材质版本。*

▶ *独立坦克第75营坦克乘员，1943年。图中这款棉服适用于各类部队。对坦克乘员来说，它不仅可以保暖，还具有一定的防火特性（这一点对于该部队来说尤其重要）。*

务服配有黑色肩章，带红色滚边（士官有金色条纹）；军官（在勤务服上）使用的则是金色肩章，带有红色滚边和红色条纹。

虽然该部队成员很少在肩章上添加部队番号，但这也不绝对。如果使用番号，而且表示的是一个旅而不是团，那么使用者还会在数字后面添加西里尔字母"Б"；若是隶属于近卫坦克旅，则添加西里尔字母"ГБ"。此外，摩托车部队成员使用字母"М"。到1945年，共有12个装甲军和9个机械化军获得近卫部队称号。

皮革用品

装甲部队成员制服中最与众不同的就是坦克帽。1934年时，苏军首先装备了一个皮革材质版本，它带有三条梳状皮革，从配有衬垫的前端帽体一直延伸到使用者后颈部位；这种坦克帽还设有耳罩，可通过螺丝钉加以固定。1936年时，苏军对这一型号进行了改良，在其顶部和侧面添加了更多垫材（马鬃或人造毛），并在顶部设置带子和卡扣以保持强度；护颈改为可以翻起的样式，位于两侧的耳罩也能通过卡扣扣紧；此外，他们给皮革部分覆盖了人造涂层，以增强其耐久性，后来还推出了一个带有毛皮衬垫的版本。

该部队制服中的另一重要组成部分是皮革外套——皮革比当时大多数材料的防火性能更佳。第一种黑色皮革外套于1929年配发。这是一款双排扣上衣，带有5枚纽扣，颈部可用风纪扣系紧。M1934式配有4枚纽扣、胸口口袋、2个垂直侧面口袋和2个腰袋，其衣袖样式

1943年的变化

1943年时，装甲部队所用基本制服的样式随着M1943式制服和相应肩章的推出发生了变化。新制服通常保留了领章上（普通士兵在更下面一点的位置）原先的坦克图案徽章。此后，他们的作战服肩章为卡其色，带红色滚边（军官还有红色条纹和黄星）。普通士兵的勤

为插肩袖，可通过手套束紧；M1937式与M1934式样式相似，但没有采用插肩袖。所有这些外套都带有配套的皮革马裤，它可以在膝盖以下部位扎紧，与皮靴或绑腿一同使用。装甲部队成员也可以穿标准的步兵大衣（使用本部队兵种色）；1943年之前，它带有一枚黑色的菱形领章，此后则是以一个带有红色滚边的黑色长方形来表示装甲兵兵种。

海军步兵

红海军水面舰队很少远离自己的基地。这些海军人员在危急时刻往往被当成步兵使用，但也进行过一些两栖作战行动。

苏联海军步兵可分为两类。第一类是海军步兵旅，由使用步兵标准装备的水兵组成，负责保卫海军基地、港口和水道。红海军共有42个类似的步兵旅，他们最初使用海军制服，但由于越来越固定地驻扎在陆地上，最终选择了陆军版本制服——不过保留了一些海军的识别标志。第二类是海军步枪旅。虽然这类部队原本由海军人员组成，但被吸收进了陆军，由陆军军官指挥，制服也采用后者样式，不过可能保留了海军版本的腰带和军帽。

部还有一颗带黄色滚边的红星，内务人民委员部所辖部队则是一颗带绿色滚边的黄星）。专业人员的徽章为红色，位于左侧衣袖上方。1941年时，海军步兵也开始使用一种步兵徽章——图案为黄色船锚和锚索，背景是带红色滚边的蓝色圆圈。

黑色魔鬼

苏军水兵所用制服是一种被称为"布什拉特"（Bushlat）的V领外套，里面通常还搭配有传统的海魂衫。这种制服呈深蓝色（与黑色相近），因此让海军步兵们得到了"黑色魔鬼"的绰号。其标准型号采用可从肩上折起的浅蓝色翻领，衣领边缘有三道白色条纹——这一点与其他国家的海军制服相似；他们的马裤也是深蓝色的，裤腿通常会被塞进皮靴里。

该部队所用大衣同样为深蓝色，配有带船锚图案的金属纽扣；此外，他们还装备了一种双排扣短上衣。海军所用腰带（由海军步枪旅使用）带有一个独特的腰带扣，其图案为五星（内有镰刀和铁锤）和船锚。海军步兵一般会在制服衣袖上佩戴军衔徽标（位于衣袖下方的红色或黄色星标，以及相应数量金色横条；此外，政工干

◀ **海军步兵第143旅成员，1942年。** 海军步兵通常穿带有海军风格的制服，但使用陆军版本头盔（呈绿色）——因为尽管得到授权使用，但海军版本头盔一般还是会被漆成深蓝色。

▶ **海军步兵第7旅上尉，1942年。** 海军步兵部队军官通常穿高筒皮靴，这种靴子既结实、穿着也舒服。靴子顶部的质地相当柔软，在使用几个月后看上去会有很多褶皱。

随着战争推进，陆军制服逐渐取代了海军步兵原先的海军制服——卡其布制服和棉服被穿在条纹海魂衫外面，卡其色马裤也替代了深蓝色的海军版本马裤。不过，他们仍然在制服衣袖上佩戴独特的海军步兵徽章，同时保留了海军样式的腰带，水手帽也在继续使用。

肩章

自1943年推出肩章后，海军步兵就将其主要佩戴在卡其色制服上，具体衔级表示方式与陆军相同——位于衣袖下端的一颗黄色星标，以及星标下方的金色横条组合。此外，该部队勤务服肩章为深蓝色，军官为金色（带深蓝色滚边和深蓝色条纹）；仅有的例外是工兵和非作战人员，他们使用银色肩章。不过，所有人制服靠近衣领的纽扣上都绘有船锚图案。该部队所用肩章一般带有所属舰队的首字母缩写"СФ""БФ""ЧФ"或"ТФ"，通常为黄色。高级水兵的军衔图案是一道横穿肩章的黄色条纹，下士为两道，中士为三道；上士是一根较粗的横条，军士长则是一根横穿肩章的粗横条。军官的军衔图案由星标和条纹组合而成——在深蓝色野战服肩章上为黄色，在勤务服肩章上为深蓝色。在特定兵种中服役的军官和专业人员穿海军制服，但保留了本兵种的肩章色调及具体图案——比如海军航空兵军官就是在海军制服上佩戴航空部队的肩章。

海军步兵所用的徽标还包括近卫军徽章。海军版本的近卫军徽章有好几种（可能多达四种），最常见的是一种蓝色与橙色相间的绶带（带有垂直条纹）。但这些海军版本徽章只使用了一段较短时间，海军步兵们于1943年改用标准的近卫军徽章，具体奖励机制与陆军保持一致。

▼ 海军步兵第5旅成员，1942年。这名海军步兵已做好攻击准备，所用装备与步兵基本相同。不过，帽上文字和海魂衫表明了他的海军出身，皮带扣上的图案也是如此。值得一提的是，他在皮带上别着一枚RPG-43型反坦克手榴弹。

▲ 苏军波罗的海舰队被困在列宁格勒附近，但舰队官兵在该城被围时参与过陆战。

舰队

海军步兵戴含有黑色帽墙和白色帽冠的大檐帽。他们也可以使用一种海军版深蓝色圆帽——帽后有两条缎带（绘有船锚图案），帽上通常还标有金色的舰队名称，具体内容如本页表格所示。

一些海军分遣队成员的帽子上标有带"海军舰队"（Военно-морской флот）字样的标志，在帽上添加具体舰艇名称（作为标志）的情况则很少见——通常仅限于主力军舰成员。一些部队成员的军帽帽墙为橙色和黑色，这表示他们获得过红旗勋章。

海军步兵部队戴标准的陆军头盔（通常为灰色或深绿色），使用陆军装备。他们习惯携带那种适用于重机枪的白色帆布子弹带，装备海军版本匕首，但使用陆军的各型轻武器。

舰队名称	帽子上的标志（俄文舰队名称）
北方舰队（在摩尔曼斯克及北极附近活动）	Северный флот
波罗的海舰队（在列宁格勒附近活动）	Балтийский флот
黑海舰队（在敖德萨附近活动）	Черноморский флот
太平洋舰队（在符拉迪沃斯托克附近活动）	Тихоокеанский флот

伞兵

苏联是最早发现专业伞兵和滑翔机机降步兵作战潜质的国家之一。

1930年，苏军在莫斯科建立了第一支具有试验性质的伞兵大队；经过初期试验后，他们建造了相应的训练学校，用以评估和训练采用这种作战形式的部队；到1936年，苏军已经组建多个伞兵营，并于1938年将其扩编为6个作战

▲ 一名飞行员正在穿戴PD-6型降落伞，这是苏军航空兵和伞兵最常用的一个型号。

旅。他们参与过空投作战，但多数情况下会被当成步兵使用。1945年时，有多支伞兵部队已经获得近卫称号。

空降营最初由伞兵和滑翔机机降步兵组成，但由于缺乏合适的（滑翔机）型号，他们很少使用滑翔机进行战斗。伞兵包含有男女官兵，并且各自装备相应的制服。

制服

伞兵所用制服遵循步兵样式，但搭配空军的徽标；1935年到1941年10月期间，苏联空军曾使用过一种深蓝色制服及长裤，甚至到战争后期都还能看见这一款式。伞兵所用的M1935式制服主要为卡其色，带有浅蓝色领章（含黑色或金色滚边）、军衔徽标和位于衣领背面的带翼螺旋桨图案徽章。军官制服的衣领、袖口和蓝色马裤裤缝处均缝有浅蓝色滚边；他们也可以选择穿弗伦奇式开领制服，并搭配带有可拆卸衣领的白色衬衫和黑色领带。

该部队的有檐勤务帽采用浅蓝色帽墙和深蓝色帽冠，帽冠上带有浅蓝色滚边；帽徽图案很是独特——位于金色翅膀下方的花环中有一颗红星。他们的船形帽最初为深蓝色，带浅蓝色滚边；但从1941年起卡其色版本变得更为常见，有的还带有浅蓝色滚边。

伞兵在1943年的变化是引入肩章。普通士兵的作战服肩章为卡其色，带浅蓝色滚边；军官（的作战服肩章）为卡其色，带浅蓝色滚边和红色条纹、螺旋桨图案标志及五角星。他们的勤务服则分别采用带黑色滚边的浅蓝色肩章（士兵版本）和带浅蓝色滚边及浅蓝色条纹的金色肩章（军官版本）；军官肩章带有银星和镀银螺旋桨标志，普通士兵则使用丝印徽标、金属徽标或选择不佩戴徽标。隶属于伞兵的其他兵种人员使用自己原先的兵种徽标，但在佩戴部队番

◀ 空降第8旅第4营伞兵，1942年。伞兵通常戴头盔和那种有名的飞行员船形帽。但作为荣誉的象征，许多人也保留了他们帽墙为兵种色（浅蓝）的大檐帽。

一颗红星；教官添加了一个银色的飞机标志，并将红星移到了降落伞下方。到1945年，有16个空降师获得近卫称号，相关成员有权佩戴近卫军徽章。

也会使用这一型号。不过这些伞兵在大多数空降行动中使用的还是PD-41型降落伞，它的开伞速度较快，可用于低海拔地区空降。

装备

除基本制服外，伞兵们还可以使用步兵的标准版本装备、迷彩服，以及后者所用的标准型头盔——但很少在战斗时使用，因为他们独特的伞兵大檐帽已被视为一种专门的识别标志。苏军为近卫部队侦察兵、狙击手和伞兵配发了一款新设计的伪装服，因而这些伞兵通常能在此方面得到充足供应。他们还能根据跳伞次数得到额外的工资和奖金。苏军在很长一段时间内都没有为伞兵设计专用头盔或跳伞服，因此后者有时只能在空中使用皮制飞行头盔。值得一提的是，该部队所用制服中的与众不同之处既包括为高海拔地区保暖而设计的带毛皮衣领防水派克大衣，也包括那款与坦克及装甲车乘员样式相似的卡其色或淡蓝色工作服。

1943年时，有一支隶属于海军的小型伞兵部队在黑海周围地区作战。其成员所用制服同上（采用步兵款式），但也会使用海军的皮带扣、传统海魂衫和水手帽。

▼ 伞兵第1营伞兵（远东战场），1945年。从1938年起，图中这种巴拿马阔边帽就在中亚和远东的苏军部队中流行开来，它部分借鉴了步兵相关型号的设计。

降落伞

伞兵所用降落伞通常是棉制方形伞，展开面积约为60平方米（70平方码）。这种降落伞（的打开方式）是半自动的，但也可以在紧急情况下手动打开。普通士兵没有配备备用伞。军官通常使用圆形降落伞，它同样为棉质，展开面积与普通士兵的方形伞大致相等，可手动也可半自动打开。另外，军官还配有丝制备用伞。该部队所用的标准训练伞为PD-6型，军官有时在作战中

▲ 空降第214旅第1营伞兵，1942年。图中这型背囊于1939年配发，包含饭盒（带盖）、洗漱用品、换洗衣物和口粮。这个型号相比较为沉重的M1936式背袋更受伞兵们欢迎。

号标志时会添加西里尔字母"Д"。

伞兵在徽标方面遵循步兵样式，但也使用了一些独特的伞兵徽章，通常将其佩戴在制服左胸口袋上方——于1933年后配发的第一种伞兵徽章图案为在蓝色菱形中张开的降落伞，在其上方还有

空军

苏联空中力量包括陆军航空兵（VVS，从1942年起改称为AKA）和海军航空兵（作为海军舰队一部分进行作战的空中力量）。陆军航空兵从1917年至1922年的国内战争期间开始发展，到20世纪30年代终于成长为一支配置有现代战机的大规模空中力量；但和其他欧洲国家（空军）一样，到1941年，这些飞机已变得相当老旧。经过艰苦作战，苏军在1943年中期夺取了东线制空权。

编制

陆军航空兵创建于1918年，到1939年初已拥有36万人，主要编制为战斗航空团、轰炸（包括远程和夜间轰炸）航空团、侦察及监视航空团、运输航空团、地勤人员（包括后勤、医务及机械）和警卫部队，以及空降步兵；后来，地面攻击航空团变得越来越常见。

制服

空军成员可以使用深蓝色的制服（包括普通士兵的制服衬衫、军官的制服衬衫和开领弗伦奇式制服）、马裤或灯笼裤。他们在制服衣领上佩戴浅蓝色领章（带黑色或金色滚边）、军衔徽标（最初衣袖上也有用于表示军衔的红色V形图案）和位于衣领背面的带翼螺旋桨标志（从1942年起，技术人员开始使用该标志的金色版本，但在螺旋桨中央添加了一枚珐琅红星，以此取代之前的兵种徽章图案）。军官的制服衣领和袖口带有浅蓝色滚边，蓝色马裤的裤缝也缝有同色滚边；他们也可以选择穿弗伦奇式开领制服，并搭配白色衬衫（配有可拆卸式衣领）和黑色领带。空军还配发了一种深蓝色大衣，衣领上的浅蓝色菱形领章顶部带有黑色或金色滚边，并含有兵种识别图案和军衔徽标。该部队的深蓝色制服于1941年10月被弃用，由卡其色制服取代。不过，那款深蓝色版本制服还是被他们用到了至少1943年。

空军的有檐勤务帽配有浅蓝色帽墙和深蓝色帽冠，帽冠带有浅蓝色滚边；

◀ *运输航空第142团中尉，1941年。* 飞行员在制服上有一定的自主选择权——比如M1935式制服就有蓝色、铁灰色和图中的卡其色等多个版本。蓝色和铁灰色版本随着战争进行逐渐变得稀少——尤其是蓝色版本，它本应在1941年秋季就退出现役，但事实证明这款制服具有很强的生命力。

▶ *战斗航空第22团飞行员，1942年。* 这名飞行员身穿在1940年时进行了改良的皮制飞行套装。在跟随北方舰队行动的飞行员中，那款垫料厚实而且能够提供很大浮力的冬季版本飞行套装特别受他们欢迎。

▲ 苏制I-16战斗机曾在西班牙和波兰上空进行战斗，但大多都在1941年被摧毁。

帽徽图案很独特，是位于金色翅膀下由花环围绕的红星。他们的船形帽最初为深蓝色，带浅蓝色滚边，有许多飞行员因为传统坚持使用着这个款式。女飞行员通常戴贝雷帽。该部队在1943年的变化主要是引入肩章。普通士兵的作战服肩章为卡其色，带浅蓝色滚边；军官的作战服肩章为卡其色，带浅蓝色滚边、红色条纹、螺旋桨图案和五角星。士兵的勤务服采用带有黑色滚边的浅蓝色肩章，军官则是带浅蓝色滚边和浅蓝色条纹的金色肩章。军官在肩章上佩戴含银色星标的镀金螺旋桨，普通士兵则使用丝印版本或金属材质版本——也可能不佩戴这类标志。空军所用制服靠近衣领的纽扣上绘有镰刀铁锤标志（海军航空兵则是船锚）。他们有时会在肩章上添加团番号，番号（如果有的话）后面的西里尔字母"Ш"被用来表示（该部队是）对地攻击航空兵部队。

除这些标准制服及徽标外，空军还使用了飞行员徽章，并以刺绣的形式将其佩戴在制服左侧衣袖上方。这种飞行员徽章以镀金丝线编织，图案为中间有一颗红星的带翼螺旋桨，以及交叉双剑。1942年，技术人员得到了自己的兵种徽章，其图案为交叉铁锤；海军飞行员则使用船锚图案徽章。到1945年，有14个航空军获得近卫称号，相关部队成员可佩戴标准的近卫军徽章。

飞行服

苏军飞行员通常戴褐色的飞行头盔，并将制服穿在飞行服里面。他们使用的头盔有多个不同版本，但最常见的是M1940式（分为皮制的夏季版本和带有毛皮内衬的冬季版本）。这款头盔配有黑色的模铸橡胶耳罩，可对其进行改装以容纳无线电接收器；它设有一条下颚带（带卡扣），后来生产的版本还添加了内置型喉式麦克风。

他们的飞行夹克多为M1935式皮制长外套（黑色或深褐色），冬季版本还配有毛皮内衬。这种夹克一般与皮制长裤（也可添加毛皮内衬）和毡靴或毛皮靴子搭配使用。苏联也开发了连体式飞行服。它呈浅褐色，带有毛皮衣领和内衬，可用一枚纽扣扣紧袖口，并通过拉链束紧（还有上装部分带5枚纽扣和暗门襟的版本）；其两侧大腿部位各设有一个口袋（由一枚纽扣扣紧）。大部分飞行员会在肩部携带一个皮制地图包，并装备手枪。

由于专业装备的短缺，苏军飞行员的头盔、救生衣和飞行夹克大多是由美国通过租借法案提供。还有一些租借而来的战斗机加入战斗——苏军共接收了1000架"喷火"、3000架"飓风"（进行过改良以装载更多武器）和2500架

▲ 近卫夜间轰炸航空第46团中尉，1943年。这名女性飞行员在制服左侧衣袖上方佩戴着飞行员徽章，其图案为一颗位于带翼螺旋桨中的红星，以及红星背后的交叉双剑。这款（飞行员用）徽章早在1924年就已经推出。

P-40"战斧"。不过，他们使用的大多数作战飞机仍是由本国相关部门自主设计和制造的。

其他同盟国

　　同盟国军队联合起来与轴心国军队交战的过程并不顺利，也很难算得上有条不紊。1940年时，英国（连同整个大英帝国以及逃离欧洲大陆在英国本土避难的其他国家人民）一度孤立无援，直到轴心国军队的侵略导致希腊与英国联手（1941年），此后同盟国的数量才得以增加。不过，同年也是一个转折点——轴心国军队向苏联发动进攻，以及德国和意大利对美国宣战——终于促成了一个强大联盟的形成。不管是由于自身成为轴心国军队侵略行径的受害者，还是因为看到支持同盟国的战争努力是个道德问题，抑或是发现某种机会，许多较小的国家都为击败轴心国这一目标提供了有力支持，它们的贡献和大国同样重要。

▲ 一群丹麦士兵头戴一款样式独特的头盔，在进行一次德军入侵前最后和平时光里的防空训练。

◀ 1939年夏季，一个比利时步兵团（装备勒贝尔步枪）正在接受长官检阅。

大大小小的盟国

在战争中直接面对轴心国，并最终于1945年取得胜利的阵营——同盟国是由不同国家和民族所组成的。其中有些是轴心国军队侵略行径的受害者；有些是为了取得最终胜利团结在一起，出于挫败德国对欧洲的统治以及日本在亚洲的霸权这一目标而倾其所有；有些是法西斯势力的政治对手，也有些可能同情右翼（即法西斯）政治家，但出于爱国主义还是选择了与极右分子作斗争。在这之中，有一些人必然是被迫选择参战，他们不得不穿上制服并拿起武器，加入到这场自己知之甚少、甚至毫不关心的战争中去。

与同盟国军队并肩作战的还有来自多个中立国家的志愿人员。很多爱尔兰男女志愿者前往英国军队服役，葡萄牙志愿者也加入盟国军队（该国有一些水兵参与了盟军的补给工作），甚至还有不少轴心国人民出于正义选择为同盟国而战——"自由法国"外籍军团中就有德国和意大利战士，苏联也从罗马尼亚战俘中招募并组建了不少部队，还拥有很多来自德国和意大利的合作者。

德军在欧洲的侵略行径

捷克人是一个饱尝战争苦难的民族，他们的国家未经宣战就已被占领。捷克人纷纷逃往苏联，或是先去法国再到英国；他们的领土被德国人占领，斯洛伐克被分裂出去，加入了轴心国阵营。接下来的受害者是波兰，它遭受了双重厄运。20世纪30年代时，该国的政策使其误入歧途，导致敌对国家的孤立和包围——这也是不可避免的，毕竟德国人（当时波兰拥有曾属于德国的领土）对其垂涎欲滴，苏联也是持仇视态度（波兰曾向布尔什维克政权发动战争，控制了乌克兰东部大片地区）；而且，这个国家还与立陶宛、捷克斯洛伐克和匈牙利发生过战争。尽管与罗马尼

亚讲和，并在最后一刻与英法达成协议，使后者选择支持它而不是与苏联结盟（苏联人曾于1939年4月向英法提出结盟，但遭到拒绝，导致前者在波兰问题上选择了与德国人达成协议），但波兰仍未在1939年得到过任何实质性援助，最终被两个传统的敌国瓜分。波兰人再次像以前那样流亡国外，有许多人穿上英军制服，或是在1941年后作为苏联红军的一部分参战。另外，从1943年起，也有许多意大利人与盟军并肩作战。

德军轻而易举占领了丹麦，并随之进军挪威——尽管法国与英国进行过干预，但他们仍然实现了这一目标；接下来是比利时、卢森堡和荷兰。不过，来自这些被占领国的陆军士兵、水兵和空军飞行员仍然穿着盟军制服在进行战斗。最令人惊讶的是拥有强大陆军和极高声誉的法国——该国在几周之内即告沦陷，令全世界甚至德国人倍感震惊。

▲ 一队身着一款时髦阅兵服的波兰步兵。该图摄于1939年里（相对于该国）的黑暗时光。

法国大部分地区被德军占领，他们因此在整个大西洋沿岸建立了海军基地，并支持建立了法国南部的傀儡政权（维希法国）；但是，"自由法国"成员仍在国外坚持战斗，无数的本土抵抗组织也一直在不懈努力（尽管他们常常因此迎来可怕的厄运）。

接着，德军转向南斯拉夫，占领了这个拒绝德国外交努力、不愿意加入轴心国阵营的国家。它被分裂为意大利占领区、新的克罗地亚，以及处于德国控制下的塞尔维亚。但是，在德国人暴行和过度掠夺的刺激下，该国人民的抵抗运动也风起云涌。轴心国军队还通过南斯拉夫入侵了希腊，该国此前就已和意大利处于交战状态；希腊人进行过颇为有效的抵抗运动，但这些运动都在1945年之后的艰苦内战中遭到了镇压。

▲ 一些"自由法国"（也被称为"战斗法国"）的士兵在基地里接受检阅。本图可能摄于1942年时的英国坎伯利。

▼ 1942年，一名法军教官在英国的"自由法国"军营中培训一名女性志愿者。

倒戈的国家

到1943年，轴心国的失败已经不可避免，许多曾经支持德国的国家在（同盟国军队的）解放临近时选择了倒戈。在西欧，德国人已经解散维希政权，但1944年的法国解放致使数十万人聚集在"自由法国"和戴高乐的领导下，继续参与对德国的进攻；位于东线的罗马尼亚和保加利亚成功改变阵营，在1944年到1945年间与苏联并肩作战，芬兰也选择了类似道路。匈牙利企图向盟国妥协，但德国随后进行干预，最终将该国拖入了1945年的末日之战。

其他盟国

除以上所述国家外，还有很多国家为同盟国阵营的反法西斯事业成功做出了宝贵贡献。巴西于1942年8月对德国和意大利宣战，此后还派遣了一支远征军（但超出本书介绍范围）；许多中美洲国家在美国参战后也做出这种单方面（宣战）行为，墨西哥于1942年5月做出相同决定；土耳其曾经奉行中立政策，还通过保加利亚向德国提供了一些物资，但它在1945年2月参战，并且加入了同盟国一方。

比利时

比利时军队的规模很小，在第一次世界大战中受到了忽视。该国军队以战列步兵为核心，并由一些精锐部队和数量相对较大的骑兵提供支援。

步兵

比利时步兵包括战列步兵（通常以团作为编制）、卡宾枪兵、猎兵、掷弹兵和山地部队（即阿登猎兵）。他们戴着褐色或深卡其色的法制阿德里安头盔，其重量为1千克（约2.2磅）。

这种头盔于1915年首次推出，在1931年时进行过略微改动，盔体上带有一枚比利时雄狮标志；与法军版本稍有不同的是，比军所用阿德里安头盔的正面和后面帽檐较平，衬垫为黑色。在不执行任务时，比军步兵一般戴船形帽（也被昵称为"警用便帽"）。军官使用大檐帽，帽上比利时国徽下方还有一枚王冠图案标志。他们（包括士兵和军官）所用船形帽和肩章上（位于王冠图案的下方）都带有所属团编号。

比军战列步兵制服于1935年推出，配有6枚组扣（绘有比利时狮徽）、4个口袋、肩章（靠近衣领一侧有一枚组扣）和尖领。这款制服的色调是一种更类似于褐色的卡其色，位于尖领上的红色领章带有蓝色滚边；此外，该部队成员所用船形帽和军官用帽也配有蓝色滚边。军官穿开领尖袖夹克，搭配卡其色或绿色衬衫及领带。士官可以通过位于其制服衣袖上小臂部位的条纹进行识别，而且他们通常会使用剪裁质量较好的制服。

这些步兵的军衔等级由位于领章上的星标图案组合表示。其中，2个掷弹兵团的识别标志是制服领章上的燃烧手榴弹图案（也被佩戴在大衣衣领上），以及军官用帽上一个取代王冠的标志（也出现在肩章上）；要塞部队的制服领章上有堡垒图案。猎兵的制服参照了战列步兵的样式，但使用带有黄色滚边的绿色肩章。自行车连成员的制服衣领和船形帽上均带有自行车车轮标志。卡宾枪部队的制服风格类似于猎兵，但没有使用黄色滚边，他们的帽子、肩章和衣领上均带有猎号图案。

比军共有7个阿登猎兵团，识别标志为带有红色滚边的绿色领章，以及衣领和独特绿色贝雷帽上与众不同的野猪

◀ **第7步兵团列兵，1940年。** 比军所用的阿德里安头盔在1931年进行过改良，但真正有所变化的地方只是那个装饰性狮子图案——张开嘴露出牙齿的狮子看起来更为凶猛。他们通常会把头盔漆成偏绿的亚光卡其色。

▶ **第1阿登猎兵团上尉，1940年。** 这些猎兵是在阿登山区作战的精锐部队，他们的深绿色贝雷帽上带有与众不同的野猪图案（有时位于如本图所示的所属营编号上方）。

使用马靴和马裤，大衣也相对（步兵版本）较短。其肩章上的王冠图案下方仍标有所属部队编号，并通过滚边颜色和独特的图案来表示具体类型。2个禁卫骑兵团所用领章为紫红色，带有绿色滚边；这个色调（绿色）也出现在军官所用军帽的帽墙上，帽子正面的图案包括一顶王冠和位于其下方的交叉双剑，该标志往往也被他们佩戴在船形帽和大衣衣领上。4个枪骑兵团成员的肩章采用白色底板，带有蓝色滚边，其所用军帽、船形帽和大衣上都带有交叉长矛图案；他们的船形帽和肩章还带有所属团编号——在此情况之下，肩章上不会出现王冠图案。

2个乘马步兵团所用领章为黄色，带有蓝色滚边，识别标志图案为一支猎号和一柄马刀；同样，他们的肩章上也没有王冠图案。2个猎骑兵团使用带有红色滚边的深蓝色领章，并在章上添加了一个手榴弹图案（肩章和帽子也是如此）。在备用马匹补给站人员的肩章上，原本用于表示所属团的图案后来由字母"R"所取代。

技术人员

被分配给装甲车部队的技术人员使用白色领章，并搭配猩红色滚边，所用船形帽和军帽上带有字母"C"；隶属于坦克团的技术人员则佩戴含有蓝色滚边的猩红色领章，章上还带有头盔和交叉加农炮管图案。这两类部队成员都使用贝雷帽，但后者位于坦克内部时会使用法式皮制头盔。

比军炮兵的制服参照了步兵样式，但使用帽子上带红色滚边的深蓝色饰面以及大衣上的交叉加农炮管图案作为识别标志——要塞炮兵是例外，他们的帽子上只有用于表示所属要塞的名称首字母（比如以"N"表示那慕尔）。陆军

工兵营使用传统的红色饰面（带有黑色滚边），并在制服衣领、大衣和军帽上添加了作为识别标志的罗曼头盔图案；他们的肩章上带有以阿拉伯数字表示的营编号和罗曼头盔图案，但军官只使用后者。运输部队成员的兵种识别色为浅蓝色，所用肩章底板为深蓝色，章上带有以阿拉伯数字表示的营编号——如果隶属于某个特定的军，则还会有以罗马数字表示的军编号；他们的船形帽和大衣衣领上都带有车轮图案。

▲ 第12炮兵团少尉，1940年。在不戴阿德里安头盔时，比军炮兵军官通常会戴大檐帽。其帽冠带有红色滚边，以及作为帽徽的两处标志——交叉加农炮管图案、位于滚边和炮管上方从里到外分别为黑黄红色调的比利时三色国徽。

图案。机枪营成员的肩章上带有以罗马数字表示的所属营编号，衣领上还有一颗八角星；该部队大部分成员都穿着双排扣卡其布大衣（配有5枚纽扣），或是将其卷成卷放在背包上以便携带。

骑兵

比军骑兵由禁卫骑兵、枪骑兵、乘马步兵和猎骑兵组成。一般来说，骑兵所穿的制服类似于步兵样式，但他们

▶ 运输营士兵，1940年。M1935式制服配有菱形领章，这一样式取代了旧式立领制服所用那种更接近于长方形的型号。该部队的领章底板为浅蓝色，顶部带有深蓝色滚边。

中国

中国人民饱受战乱之苦，为同盟国阵营获得第二次世界大战的胜利付出了巨大代价。尤其是军队——尽管各方面的装备都与敌人存在着较大差距，但他们凭借爱国主义和一腔热血坚持作战，最终击败了不可一世的侵略者。

权力之争

1912年，清朝末代皇帝溥仪宣布退位（同时也意味着中国最后一个封建王朝统治的结束），随后的十几年被称为北洋军阀统治时期。1928年，国民革命军北伐攻克北京（时称北平），推翻北洋军阀统治；同年，东三省宣布易帜，国民党（KMT）成为当时实际统治国家的唯一政党（在1927年到1949年间以南京作为首都，且抗战中一度迁都重庆）——该政党实施了一系列改革，并建立了一支近现代化军队（自1925年起更名为国民革命军），相继打败了在之前十几年里相互争斗、祸乱国家的各省军阀，最终实现了全国（尽管只是名义上的）统一。

在精力充沛的总司令蒋介石领导下，国民革命军开始了一项激进的现代化革新，包括（先后）聘请来自苏联和德国的军事人员指导军事训练，并为陆军和当时规模尚小的空军进行换装。随着在政治方面的逐渐右倾，由国民党统治的中国政府开始拒绝苏联的援助，从1933年起转而接受来自纳粹德国领导人阿道夫·希特勒的帮助，并希望借此建立一支团结统一、装备精良的军队。不过这一目标并未完全得以实现——地方自治势力的阻挠和多种资源的缺乏导致多项计划无法开展，中国军队也只能穿上一切可以找到的制服进入战场。除此之外，曾与国民党进行过合作的共产党也发展了一支被称为"中国工农红军"（抗战时期改编为第八路军——后更名为第十八集团军、新四军等，现名中国人民解放军）的武装力量，但这一部队的活动

◀ **大刀队列兵，1936年。**中国军队在对日作战中动用了一种配备中国传统砍刀的部队，他们往往携带有毛瑟步枪、大刀和手榴弹。但这种冷兵器（大刀）并不能完全适应现代战争的需要，所以大部分正规部队都会以刺刀取而代之，只有少数物资匮乏或需要执行突击、侦察等特殊任务的单位才会使用。

▲ **国民革命军地方部队士兵，1937年。**大部分中国部队装备的制服都相对杂乱，往往根据季节、气候和物资供应情况而有所不同——但至少大多数人都会佩戴如图所示的青天白日图案帽徽。

范围主要是在北方等地（中国人民的抗日战争自1931年起，直到1945年结束；但本书外国原作者采用的是欧洲战场时间，即1939年至1945年）。

为抵抗入侵军队的凶猛进攻，中国

最初集结了所有的200多个师。这支规模庞大的军队主要由步兵组成，此外还有一些骑兵和炮兵。直到1937年，中国军队仍然只有少量装甲部队（配有轻型坦克、装甲车、摩托车等装备），而且这些相对精锐的部队很快就在战争中消耗殆尽，余部只能作为预备队，进行整训并执行一些防守任务了。

蒋介石在1937年的战斗中损失了最精锐的那批部队，但幸运的是多数用于继续战斗的可靠部队和人员得以保留；同时，国民党军队和毛泽东所领导的共产党军队也一直在利用游击战（此处"游击战"应理解为以劣势兵力牵制优势敌军的非正规作战，包含但不局限于抗战时期八路军所用战术）骚扰日军。为坚持抗战，国民党在1937年迁都重庆，后来又于1940年明确将其宣布为陪都。从总体上看，这两支分别由不同政党领导的军队都存在指挥不畅通、补给与装备不足，以及作战能力呈相对劣势等问题（至少在战争爆发初期如此），但他们的的确确牵制了东亚战场（包括中国本土战场和东南亚战区——中方主要作战部队为中国远征军）上至少（日本投降时在中国本土战区的）260万日军部队，为抗日战争和第二次世界大战的最终胜利做出了不可磨灭的贡献。

国民革命军

国民革命军所用制服的发展始于20世纪20年代中期。他们最初使用现有的蓝灰色制服——包含风格简朴的上衣和野战帽，川军还广泛装备过一种卡其色立领上衣；绑腿被打在腿部较高的位置，常用的鞋子包括便鞋和短靴（但军官们偏爱骑兵的马靴）。除此之外，这支军队还装备过不少民用物品。由于国土辽阔，驻在不同地区的部队在制服方面也存在一定差异——在北方的部队装备有毛皮帽子和大衣，而在南方的部队通常以来自法属东南亚地区的蓝色布料制作军服（材质相对轻且薄）。

头盔和装具的缺乏使中国军队的外观形象看上去更为凌乱。国民党军队在1936年取得一些进展，包括确定一种新制服的样式，以及至少确立了军衔徽标和部队识别的相关体系——这也是这支军队在规范化道路上迈出的第一步。由德国供应的物品主要包括武器，共装备若干个师（详见下文"德式师"）；通过进口所得的轻武器也显著改善了陆军的作战效能。军官制服采用面料一般优于普通士兵，许多人甚至会选择私人定制自己的军服——具体样式主要参照黄埔军校生所用制服。

其他方面

中国军队在制服面料方面的思路分为夏冬两季——夏季版本采用轻质卡其色棉布制作，冬季版本所用面料的色调为灰色（通常包括一件内含填充物的保暖上衣），也有一些地区的部队使用褐色卡其布版本（冬装）。为步兵供应的军帽包括带有青天白日图案帽徽的野战帽或毛皮军帽；军官通常戴一种配有较高帽冠的野战帽（具体风格类似于欧洲军官所用同款型号），或是一款在制作方面更为考究的大檐帽。

此外，中国军队还打算配发一种由地方厂家生产的头盔（风格类似于日式"樱花"头盔）。该型头盔以日本1922年时的一个设计版本为基本样式，但稍有改动，比如降低了帽冠高度，最终的外观形象反而与第一次世界大战中英美军队所用的布罗迪式头盔更为相似。它设有一个风格独特的帽舌，盔体底部较厚，钢板在此处卷曲并形成盔沿；一个位于盔顶的五瓣梅花图案遮住了四个通气孔，内衬通过铆钉被固定在头盔盔体（内部）的四个

点上；下颚带通常采用帆布制作，经由盔体两侧的凸耳被固定在头盔上；此外，位于盔体正面的徽标通常是国民革命军军徽（即青天白日图案）。

但是，这款头盔在尚未制造出足够数量装备部队时就因为本国（中国）遭到入侵而被迫中断生产。不过，法国在此之前就向中国提供了大量经典的阿德里安头盔，特别是在该国于1926年推出新型号，导致老型号（都属阿德里安头盔，但具体型号不同）变得多余后；另外，英国也向中国出售过一些布罗迪式

▶ **第524团列兵（图中着蓝灰色冬装，其夏装为草绿色版本），1937年。** 在当时中国军队中显得与众不同的是，一些部队的装备相当精良——这主要得益于德国的供应。图中士兵所属团曾在上海作战，隶属于德制装备的第88师（通常以本国所产制服搭配德制M1935式头盔）。

头盔。以上两种型号（以及来自德国的M1935式）都会在配发部队时添加国民党的青天白日图案徽标。

中国军队所装备的上衣配有4个口袋，采用立领设计，不能搭配肩章使用；纽扣大多为木质，但有的军官制服也采用了银质或金质版本。此外，他们通常会在制服衣领上佩戴兵种色领章和军衔标志——步兵所用领章为红色，骑兵为黄色，炮兵为蓝色，工兵为白色；为数不多的医务人员以绿色作为识别色（同时也是领章颜色），运输部队佩戴黑色领章，机械化部队则是铬银色（值得一提的是，第200师装备了由苏联提供

的坦克，作为机械化部队参战）。将军所用领章为金色，以领章图案中不同数量的三角形来表示相应衔级——1个三角形代表少将，2个代表中将，3个代表上将（通常与军长相对应）。军官所用制服的领章上带有镀金三角形，以及横穿图形的金色横条（仅限于部分军官）和金色滚边（包括以下所有军官）。其中，少尉的领章上有1个三角形，中尉有2个，上尉有3个；少校有1个三角形和2根横条，中校有2个三角形和2根横条，上校有3个三角形和2根横条。士官和士兵均使用无滚边领章，但领章中的图案有所不同——列兵为1个三角形，

二等兵为2个，一等兵为3个；下士为1个三角形和1根黑色横条，中士为2个三角形和1根蓝色横条，上士为3个三角形和1根蓝色横条。

空军及海军采用（相对于前文所述陆军）独特的军衔徽标体系。另外，国民革命军各师成员通常会在他们制服上衣口袋处或左臂上方佩戴一种用于表示所属师或相应部队的标志——有时带有兵种色滚边，但军方并未在此方面提出统一要求。

中国军队装备了多款不同型号的大衣，而且会在必要时使用（质量相对较差的）棉制外套和民用服

◀ **第3炮兵团上尉，1937年（左）。** 当时的中国军队是各国武器、制服和装备的大熔炉——许多欧洲国家都向其出售本国多余的库存物品或是新装备，苏联和德国甚至提供了军队训练（的相关人员及方式）。

▼ **第3炮兵团炮手，1937年（右）。** 该部队主要装备由德国生产的Flak 30式小口径（20毫米）高炮，该型号大多于20世纪30年代出口到中国。

装。由于背包的配发数量太少（因此把大衣固定在背包上的情况并不多见），大衣和毛毯往往会被使用者卷在身体上。他们所用的武器包括由本国生产的步枪和手枪、进口的毛瑟或勃朗宁手枪，以及缴获自敌军的多个型号。步兵通常使用棉布子弹袋或皮制子弹盒，军官们还会携带匕首或佩剑；骑兵装备马刀或大刀。

德式师

国民革命军所辖第3、第6、第9、第14、第36、第87和第88师均配有德国顾问参与训练，并（部分）使用德制装备。他们穿草绿色夏季制服和一种深卡其色的（秋冬季用）毛料制服；此外，尽管冬季棉服的原定色调为灰色，但实际上这一版本通常呈褐绿色。以上部队成员主要戴德制M1935式头盔，并且会把盔体漆成绿色，以青天白日图案作为帽徽；此外，他们还使用过一些德国在更早时期交付的M1916式头盔。中国共计从纳粹德国购买了数十万顶头盔（包括至少31.5万顶M1935式），最晚于1936年完成交付。以上德式师成员均配有皮制装备（包括一种主要用于毛瑟步枪的皮制子弹盒）和防毒面具；军官使用武装带，并携带勃朗宁手枪。

中国驻缅军

中国曾先后两次派遣远征军进入缅甸。第一次入缅作战失利后，远征军大部撤回国内，余部撤至印度成立中国驻印军；之后，中国再次派出远征军与驻印军和其他国家盟军一道发起缅北反击战，最终将东南亚及云南地区的日军彻底歼灭。以上部队成员主要使用由美英两国提供的装备和制服——远征军接收美制M1型头盔和M1943式制服上衣，第6军（隶属于驻印军）则接收英制头盔及网式装备。

共产党军队

坚持与侵略者作战的共产党军队成

▲ 共产党军队列兵，1944年。共产党军队（与国民党军队）的主要不同之处在于军帽上的红星徽标。由于物资稀缺，他们会妥善使用任何一种能够得到的制服或装备。①

▲ 共产党军队女游击队员，1940年。毛瑟C-96型军用手枪配有一个外形奇特的木制枪托（可当作枪套使用），在当时的中国极受欢迎。

员大多使用自制装备，穿卡其色或灰色制服，并佩戴与国民革命军统一的军徽和臂章（有少数佩戴红色领章但没有军衔和胸标）。分别位于南北两方的新四军和八路军由于在编制上都隶属于国民党军队（1937年，即抗日民族统一战线正式形成后，红军接受改编，按作战地域分成了八路军和新四军），因此用青天白日图案取代了原先的红星作为帽徽

（同时也更换了佩戴于制服左袖上方袖章所用图案）。他们使用的武器来源于多个途径，包括由兵工厂生产、在战场上缴获，以及利用现有资源自制等。

① 译注：为尊重原著，本图及本页右图的图文均未加以修改，但历史上极少（甚至基本没有）出现过八路军和新四军在抗战期间使用红五星帽徽的情况，图中相应内容的真实性存疑，请读者注意鉴别。

丹麦

在整个20世纪30年代里，丹麦一直在欧洲的政治激流中奉行着和平主义政策。尽管如此，它还是特别容易遭受来自德国的侵略。

当德军入侵时，丹麦正规军还试图抵御这一威胁，但政府却在战斗仅进行六个小时后选择了屈服。

丹麦军队由2个皇家卫队团（皇家禁卫团为步兵，禁卫骠骑兵团为骑兵）、6个步兵团（编号为1到5和7，第6步兵团被改编成了机械化部队）、1个骑兵团（日德兰龙骑兵团）、3个炮兵团和各类技术部队组成。

从制服和个人装备上看，丹麦军队在1940年时处于不稳定状态。较新的卡其色制服于1923年订购，搭配皮制装备和与众不同的新头盔使用；但实际上，一个更为老旧的版本（库存的M1915式灰色制服）到1940年仍在使用，因为军队的相关政策是耗光库存之后再装备新制服。这种卡其色制服采用立式翻领，以6枚铜制纽扣固定——步兵制服纽扣的图案为王冠下交叉的步枪，禁卫团则是王冠下的皇室花押；它（制服）设有4个口袋，胸口口袋带有褶饰。

军官穿着经过量体剪裁的开领制服和翻领夹克。这些制服和夹克所搭配的肩章为卡其色，在靠近衣领处以纽扣固定。普通士兵的肩章没有装饰，高级士官（中士和上士）和军官则带有军衔标志；其他士兵（下士和一等兵）在衣袖下方佩戴表示军衔的V形图案。

▶ *日德兰*（JYSKE）*龙骑兵团士兵，1940年。* 丹麦军队共拥有两个骑兵团，其中禁卫骑兵团保留了传统的灰色制服，日德兰龙骑兵团则是穿色调偏褐色的卡其布制服。到1940年，这些骑兵通常已经开始使用自行车或"林布斯"（Nimbus）摩托车。

高级士官的军衔标志由银色横条组成，中士是位于肩章正中的1根横条，上士则是2根。军官的肩章上带有镀金花结，上校为3个较大的花结，上尉为3个较小花结（中尉是2个，少尉是1个）。

官兵们在冬季穿黑色双排扣大衣，这种制服于1910年首次配发，纽扣具体样式根据相应兵种而定。

他们的卡其色长裤下方是褐色或黑色短靴。军官穿皮靴，使用山姆·布朗腰带和手枪，所用皮制装备为褐色；这款腰带可以携带一种容纳40发子弹的弹药带，还设有刺刀挂环。许多士兵仍然使用黑色皮制装备；他们的皮制背包被逐步淘汰，并开始改用帆布版本，往往还会在这种背包上挂面包袋、饭盒，以及防毒面具。新型背包比原先的军用背包更适合携带被卷起的毛毯，因为毛毯在之前（使用原先的背包时）会碰到头盔，影响士兵头部的活动。

M1923式头盔

丹麦于1915年开始对各型头盔进行全面测试，在1923年底采用了一个独特设计，从1924年开始制造。这（M1923式）是一种半球形头盔，其高度倾斜的盔体边缘为颈部和头部两侧提供了良好防护；盔体上配有一枚盾徽、一条皮制下颚带，以及一个凸耳——可以从中穿过一根皮带，将头盔固定在腰带或背包上。这一型号由格鲁德公司和马斯特兰德公司生产，采用瑞典钢制造，但不受部队欢迎——官兵们认为戴着它很不稳定（容易晃动），而且通风孔太大，会导致风吹进头盔内部。1929年时，M1923式有所改良，主要是添加了一条有扣的盔带。

▼ *第3步炮团中尉，1940年。* 军官戴大檐帽，它采用了卡其色帽冠、白色帽墙、带褐色涂层的帽檐，以及皮制下颚带等设计。其中，帽墙上配有丹麦皇家盾徽，帽冠上则是丹麦国徽（主体呈金色，外圈为红色）。

军官大多偏爱大檐帽。这种帽子的帽冠为卡其色，帽墙为白色，带有盾徽（将军和参谋军官的图案较大）和丹麦国徽（主体部分为金色，外圈为红色），帽檐为黑色；在不执勤时，他们一般戴卡其色便帽或船形帽。普通士兵的便帽上带有丹麦国徽，士官的帽冠上则是一道褐色条纹。

其他兵种

丹麦骑兵的穿戴风格通常采用步兵样式。禁卫骠骑兵团使用卡其色制服、马裤和皮靴，所用纽扣样式（主要指图案）与皇家禁卫团相同；日德兰龙骑兵团所用制服同上，但纽扣里的图案是位于王冠下方的交叉马刀和一个马掌。炮兵的制服与步兵相同，但纽扣里的图案为王冠下交叉的加农炮，工兵（所用制服同上）的纽扣图案则是铁锹和炮管。飞行员一般穿步兵军官的制服，但会在自己右胸口袋处佩戴飞翼标志。

结局

1943年时，德国解散了丹麦军队。当时有些丹麦人已经移民，穿上盟军制服为同盟国而战；其他一些人则自愿为德国人服务，他们一般会加入武装党卫军，或成

▲ *第4步兵团列兵，1940年。* 丹麦人有一种独特的长裤使用风格，即将其（通常是M1923式卡其色长裤）往上卷到能露出高筒皮靴的位置。他们把饭盒装在新的帆布背包里——在1937年之前，饭盒一般由皮带固定在老式背包的顶部。

为短命的"萨尔堡军团"的一部分。该军团成员通常戴配有丹麦国徽的丹麦式便帽，穿带有武装党卫军徽章的卡其色制服（军衔徽标位于左侧领章上，右侧领章上有一个带车轮图案的万字符），并在衣袖上添加包括心形和雄狮图案的丹麦盾徽，以及"萨尔堡"袖标。

法国

在两次世界大战期间，法国一直是欧洲大陆上的主导力量之一。该国军队在一战的血腥战斗中获得最终胜利，夺回了曾经丧失的欧洲部分领土，并将帝国版图扩大至非洲和中东；更为重要的是，法军一直拥有一支规模庞大且享有盛誉的陆军。在20世纪20年代里，法国陆军陆续配备了坦克、现代化飞机和机枪；发生于20世纪30年代的信任危机促使法国修建了那条成本高昂但具有重要战略意义（至少在部分法国人眼中如此）的马奇诺防线——这一系列防御工事得名于该国当时的战争部长安德烈·马奇诺，在长度和走向上与其东部边境线基本一致；不仅如此，法国人还知道，他们可以依靠本国数量巨大的军队——包括本土部队（从本国境内招募）、北非部队（成员包括在法国定居的北非人）、外籍部队，以及殖民地部队。其中，本土部队、北非部队和多数外籍军团都在国防部长和战争部长领导之下，殖民地部队则由殖民部门管理。

编制

法军步兵赢得了第一次世界大战的胜利，拥有极高声望。其具体类别包括战列步兵、轻步兵、山地步兵以及要塞部队；此外还有外籍部队，最著名的一个就是"外籍军团"（原有5个步兵团，随后于1939年又在叙利亚新招了1个团）；截止到1940年，一些来自波兰的流亡者（在本国战败后）也加入了法军步兵。

骑兵正在被逐步改造成摩托化部队，坦克部队则大多由战斗坦克营（bataillons de chars de combat）组成。其中，第45战斗坦克营的情况相对特殊——这原本是一支宪兵部队，后于1940年5月接受相应改编。除此之外，法军还组建了少量轻型坦克营（bataillons de chars légers）。

炮兵部队包括山地炮兵、防空炮兵、要塞炮兵以及野战炮兵；他们装备精良，而且兵员充足。技术部队包括舟桥部队（7个营）、常规工兵（共13个团。由于轻工兵隶属于步兵，故未计算在内）、坑道/地雷工兵（7个团）和铁

◀ **准将，1940年。** 法军将官采用其他衔级军官的穿戴风格，并佩戴（位于其他位置的）将星而不是领章来表示具体军衔。与作战服搭配使用的军帽是一种与众不同的法式卡其色平顶帽，部分帽子上还添加有装饰性的下颚带和上过漆的帽檐。

▶ **第255步兵团列兵，1939年。** 法军步兵相当喜欢使用一种穿起来很舒服的斗篷式大衣（Manteau），它可以在背部扣紧。但构成这种制服的毛料在被水打湿后会变得极其沉重，甚至妨碍使用者正常行动。

公民（包括在殖民地的那些人）在特殊的殖民地部队或被派往殖民地的惩戒部队中服役，一些居住在殖民地的法国居民还组成了有名的"朱阿夫"（Zouaves，一支与北非有着特殊联系的轻步兵部队）。

法国空军规模很大，而且本国的飞机制造能力甚至强于德国。因此，他们的总编制（包含预备役部队）包括67个战斗机中队、66个轰炸机中队和30个侦察机中队。

将军

法军将官在制服上有一定的自由选择权。1940年之前，他们大多穿标准制服和马裤，M1929式军官制服尤其受到欢迎。它采用镀金纽扣、直筒袖口和尖领设计，共设有四个口袋（位于上方的那两个还配有扇形袋盖）；这种制服不能搭配肩章使用，但肩部位置固定了一根突起的刺绣布条（以佩戴相应标志）。这些将军的马裤大部分为浅卡其色或白色，还带有加厚的内衬。

许多将军通常穿标准大衣（并在袖口部位添加将星作为装饰），不过雨衣也很常用，绿色的拉格朗骑手上衣同样如此——这是一种较短并且较轻的大衣，深受大多数法国军官喜爱。与制服搭配的是褐色马靴或短靴加绑腿的组合。

将军们一般戴深蓝色法式平顶帽或一种经过简化的卡其色平顶帽。前者配有红色帽冠和由金色橡树叶装饰的奥地利结；后者的橡树叶刺绣图案仅位于帽冠底部，并通过镀银将星来表示相应衔级（准将为两颗）。这种将星标志也可能出现在阿德里安头盔上，具体位置是兵种识别标志周围——比如步兵将军使用手榴弹图案作为兵种识别标志，那么将星肯定也位于附近；此外，它（将

星）还出现在制服两侧衣袖的下方。

这些将军的个人装备一般由位于武装带位置的双筒望远镜、地图包（分为小号和大号两个款式）、通常被放在皮套里的手枪以及手杖（而不是马刀）组成。在战争爆发后的前几个月里，他们还经常携带着防毒面具。

步兵

法军步兵的外观形象到1918年都没有发生明显变化，但在随后的战间期里完全相反——蔚蓝色（即地平线蓝）制

▼ *法军所用部分盔徽（图案），1937年至1941年*。1. 步兵（手榴弹）；2. 炮兵（炸弹与炮管）；3. 工兵（护甲）；4. 猎兵（号角）；5. 医务兵（权杖与蛇）；6. 北非部队（新月）；7. 殖民地部队（船锚）；8. 坦克部队（头盔）；9. 装甲车部队（美杜莎头像）。

▲ *第95步兵团列兵，1940年*。法国开发出了一种含有两件套的背包——上半部分用于容纳必备品，下半部分则用来携带一些不算急迫的补给。卷成卷的毛毯通常位于背包顶部，掘壕工具（或是斧头和剪线钳）则由带子捆扎在毛毯下方。

道部队（2个团）。1939年9月时，以上这些部队都被打散分配到了其他（步兵）师中。

殖民地部队包括步兵、骑兵和技术部队，主要由从殖民地招募的原住民士兵和来自法国本土的军官组成。法国

◀ **第5步兵团列兵，1945年。** 1944年到1945年间，"自由法国"军队不得不使用一些临时拼凑的装备。他们戴过法式阿德里安盔（通常带有代表反法西斯的洛林十字标志）和美制M1型头盔，也经常使用由英国或美国提供的装具（比如图中所示的弹药带）。

▶ **第99步兵团上尉，1940年。** 法军步兵中的普通士兵一般穿大衣，军官则拥有一种制作更为精细的斗篷式大衣，而且被允许在战场上使用。这种雨披（即斗篷式大衣）所用布料比士兵的大衣更好，有的军官还（在雨披上）佩戴了肩章。

部位均配有兵种色滚边（步兵为猩红色），与之配套的大衣同样如此（滚边位置及使用颜色同上）。新的M1938式制服——到1940年时仍能见到——主体部分设有5枚纽扣，口袋袋盖上也是这样（但数量有所不同）。值得一提的是，"不让敌人发现自己的部队识别标志"在作战中相当重要，而那些五颜六色的领章显然与之背道而驰。一条颁布于1939年4月的命令提供了相应的解决方案——使用一种可由纽扣固定、用于遮掩这一标志的盖布。它既可以成为新制服的组成部分，也可以被缝在旧式制服上——当时法国军方要求那些使用私人定制军服的军官尽可能隐藏自己的领章。此外，有许多步兵完全不使用制服外套（包括M1935式和M1938式），而是只穿套衫或卡其色棉布衬衫。

从1938年起，军官可以选择穿一种开领制服（M1938式），并搭配衬衫（白色，带有可拆卸衣领）和黑色领带使用；此外，他们往往会保留并使用含手榴弹图案标志的镀金纽扣。

M1938式开领制服的衣领配有样式独特的领章。步兵所用领章带有深蓝色所属团编号（军官和高级士官使用金色版本），编号上方还有两道蓝色V形饰带花边；在战争动员时由预备役人员组成的地方部队使用白色V形饰带花边；机枪营成员使用黄色饰带花边和所属营番号；隶属于步兵部队的轻工兵（主要负责构筑工事）只使用部队番号，不佩戴饰带花边。此外，步兵军官所用领章上带有类似于普通士兵的图案，但由于制服衣领（的形状）较尖，因此领章呈菱形；如果穿M1938式开领制服，他们也会在制服翻领上方佩戴一枚较小的菱形领章。许多步兵会在胸部或一种彩色勋带上佩戴搪瓷徽章。这种勋带往往仅限于在典礼制服上使用，以相应颜色表示使用者所属团曾经获得的某种嘉奖——比如红色就代表该部队获得过"荣誉军团勋章"。

服逐渐消失，只有一些匆忙成立的预备役部队仍在使用；到1939年，大部分步兵已经普遍穿上了一种样式奇特的大衣和黄棕色卡其布制服。

M1935式（黄棕色卡其布）制服设有6枚纽扣，常与卡其布衬衫及领带搭配使用。在1940年的战役中还可以看到这款制服的便装版本，其肩章和袖口

法军步兵的一大重要识别特征在于他们所穿的大衣。最早配发于1920年的双排扣版本一直服役到了1940年，由一种上好毛料制成，采用直筒袖口设计，不能佩戴肩章——相应徽标通常位于衣领处。军官还可选择更多版本不同的大衣，从M1932式单排扣大衣到毛皮色帆布夹克（也被称为"加拿大皮制黑上衣"），以及黑色/卡其色皮夹克都行；他们的军衔标志位于制服袖口或胸部扣襟上，具体样式是相应颜色的条纹（步兵为金色）。其中，上尉有三道条纹，少校有四道，并以此类推。士官通常在袖口处佩戴斜条纹标志，而不是那种按规定在正式场合里才能使用的V形图案。

▼ 第7阿尔卑斯（山地）猎兵营猎兵，1940年。贝雷帽是法军山地部队的一大识别标志和特征，人们亲切地将其称为"水果蛋挞"（Tarte）。它被设计得相当宽大，足以让使用者在夜间将双脚放入帽子（以保暖）。

步兵头盔

法军步兵到二战爆发时仍然依靠阿德里安头盔保护头部。他们在1940年使用的型号是被漆成亚光卡其色的M1926式。这一型号在1926年的配发数量相对有限，1935年时仍只选择性地配发给某些部队，但到1939年已普遍装备法军。它（M1926式）的圆形盔顶由单片锰钢制成，设有8个通风孔，并以1个相对凸起的条状设计进行遮掩。许多头盔上带有法军最早于1915年采用的那种图案标志，直到1937年新的圆形徽章投入使用。原先于1915年使用的步兵徽标图案是字母"RF"（即République Française的首字母大写，意为"法兰西共和国"）和爆炸手榴弹；1937的版本同样使用这些图案，但把它们都放进了一个圆形里。

不戴头盔时，步兵们一般使用船形帽（也被称为"警用便帽"）。这与他们在一战中所用的型号相同，但已经改用卡其布制作，而且普通士兵的帽子基本不带装饰；军官所用版本带有相应的军衔徽标，有时还会缝上领章图案和所属部队番号。

军官通常戴有檐平顶帽或头盔。最常见的平顶帽为M1919式，这种深蓝色军帽配有红色的帽冠和奥地利结。步兵军官的帽子正面带有金色团编号。此外，帽檐的材质是一种上过漆的硬纸片，装饰性下颚带则由金线编织而成。

▲ 第2猎兵营中尉，1940年。这些猎兵最初只是一种为小规模冲突而训练的轻步兵，而且这一名称——"猎兵"只是象征性的。尽管如此，他们仍然在头盔上佩戴着猎号标志——即图中所见位于圆形中的号角。

这些步兵仍然穿着那种于1922年首次配发的长款马裤。它与制服颜色相同（卡其色），一直向下延伸到略低于膝盖处，白色的棉布翻边紧贴着小腿上部。这种马裤在使用时（会让人感到）相对宽松，法军于1938年采用、从1940年初开始配发的所谓"高尔夫长裤"也是如此。后者同样延伸到膝盖以下，而且底部设有拉绳，可将裤腿在小腿部位扎紧。步兵们还会使用卡其布绑腿、天然皮革短靴（多为M1917式）。军官仍然偏爱奶油色马裤和马靴，但用来搭配马裤的布制绑腿同样受

▲ 1944年8月26日，夏尔·戴高乐将军在巴黎凯旋门附近检阅菲利佩·勒克莱尔将军所率第2装甲师一部。

他们欢迎——新式卡其色或白色弹力毛料绑腿也是如此，这一款式甚至在绑腿上很贴心地（以相应标志）标记了"左"和"右"。

新式装备到1940年仍只配发了部分部队，许多步兵在参战时还是使用着那些最早配发于1916年的型号。新装备包括佩戴在标准腰带上的两个子弹盒（1937年所产版本的质地较硬），以及两条宽大而舒适的过肩吊带（可在后背上方形成交汇，以改造成连接到腰带后部的X形背带）；M1935式硬质帆布背包可以挂载一个额外的隔舱，以及饭盒和防毒面具（通常是被装在帆布袋里的ANP-31型）。

轻步兵

法军常规步兵能得到两类轻步兵部队的支援。他们（这两种轻步兵）原

◀ 第91阿尔卑斯要塞营（FRA7部队）列兵，1940年。法军要塞部队负责保卫边境；山地部队主要在位于阿尔卑斯山的边境地区进行防御，同时服役于马奇诺防线。大部分阿尔卑斯要塞部队成员仍然保留着他们传统的（猎兵）贝雷帽，但不再使用猎号图案。

本是为应对小规模冲突而组建，到20世纪30年代时已被视为本国步兵中的精锐力量，包括猎兵（Chasseurs à pied）和"阿尔卑斯猎兵"（Chasseurs Alpins，同样属于猎兵，而且是一支相对更为精锐和专业的山地作战部队）。

猎兵部队所用的头盔上带有该部队特有的猎号标志以及大写字母"RF"；1937年时，这个图案进行了略微修改（以上内容均被放入一个圆形中）。他们使用带有黄色滚边的船形帽，并在帽上添加黄色猎号图案；军官则戴蓝色法式平顶帽，其蓝色帽冠上配有银色滚边和银色部队编号。

猎兵们使用深蓝色衬衫、领带及深蓝色制服。他们佩戴在制服衣领上的徽标包括猎号标志和位于其上方的黄色所属营编号，以及在后者上方的两道黄色饰带花边（奇怪的是，该部队所用大衣上的兵种识别色为绿色）；军官和高级士官制服上的猎号标志和部队编号均为银色。此外，这些猎兵一般穿卡其色的标准版本大衣，并使用卡其色或淡蓝色军帽。

他们的装备采用战列步兵样式，但往往使用背囊而不是背包。军官的军衔识别标志为银色，并且和士兵一样都穿

弹图案帽徽；如果戴头盔，他们会在盔上添加手榴弹标志。在制服其他方面，阿尔卑斯猎兵基本采用了猎兵的样式；但作为一支专业的山地部队，他们也配备了一系列专业用品，从白色伪装服和羊皮夹克到帆布风衣及派克大衣都不一而足。M1940式卡其布防水服也是此类用品之一，主要被配发给了那些参与挪威战役的部队。此外，许多人会在作战时使用一种白色的皮制装备。滑雪部队由阿尔卑斯猎兵中的专业人员组成，不仅使用以上装备，还得到了帆布绑腿或高筒毛袜以及防水山地靴；他们的制服衣袖上带有作为识别标志的深蓝色或黄色星标。1939年时，法军招募了10个营的"比利牛斯猎兵"，准备在比利牛斯山脉进行作战。他们的制服与阿尔卑斯猎兵相同，但衣领上的徽标图案（营编号、花边及猎号）为蓝色。

"法兰西"团（Groupes Francs）通常由轻步兵组成，在1939年到1940年间被当作突击力量使用。由于他们多为临时组建，因此佩戴着一些即兴创作的徽标进行作战——比如蓝色圆底的红色骷髅图案，或是化学部队所用的星标。

要塞部队

在包括驻守马奇诺防线的防御性军事战略中，要塞步兵毫无疑问地发挥着重要作用。在法军中，该类部队可被进一步划分为要塞步兵团和阿尔卑斯要塞营。要塞步兵戴褐色贝雷帽，在大衣和外套上佩戴卡其色袖标（含蓝色或镀金字母），袖标具体内容为使用者所保卫地区的名称，比如孚日山脉（Vosges）或默兹（Meuse）。驻在马奇诺防线的部队拥有独特的银色帽徽（军官将其佩戴在军帽左侧，士官和列兵则是右侧）和腰带。阿尔卑斯要塞营成员的制服样式与阿尔卑斯猎兵相似（但他们的饰带花边上方有三道条纹），并使用蓝色贝雷帽，所用袖标上带有蓝色或金色的作战地区名，如第74、第75和第76

营共用的"滨海阿尔卑斯省"（Alpes Maritimes）、第72营的"迪朗斯河"（Durance）、第71营的"莫列讷河谷"（Maurienne）、第70营的"塔朗

▼ **第4骠骑兵团士兵，1940年。** 法军共有4个骠骑兵团，主要被用于执行侦察任务。其中有2个（第1和第4团）是传统的乘马骑兵部队，另外2个（第2和第3团）则是摩托化部队。图中这款制服由骑马人员装备，通常搭配皮制绑腿使用。

▲ **第1摩托化龙骑兵团士兵，1940年。** 龙骑兵被分到了不同部队（图中士兵隶属于准备参战的5个龙骑兵团之一），这名士兵装备着摩托化部队所用的摩托皮帽。此外，有3个龙骑兵团——第13、第18和第29团——被分配给了坦克部队。

深蓝色长裤，或是用马裤搭配深蓝色或卡其色绑腿。

阿尔卑斯猎兵戴大贝雷帽（被昵称为"水果蛋挞"），帽上有猎号或手榴

◄ **第12炮兵团上尉，1940年。** 许多炮兵军官仍然有权在率领部队行军时骑马，因此可以选择用皮制绑腿（如图）或制作工艺更为考究的尚蒂伊马靴。此外，马裤也从侧面说明了军官的地位或身份（因为普通士兵无权使用）。

兵团——有6个是胸甲骑兵团（另有6个未满编团），其中第5、第9和第11团仍使用马匹，但第4、第6和第8团已成为摩托化部队。在16个龙骑兵团中（另有7个未满编团），第6、第8、第19和第31团仍然骑马；第9、第10、第20和第30团部分实现机械化；第13、第18和第29团得到了坦克；第1、第2、第3、第4和第5团已经实现摩托化。

胸甲骑兵和龙骑兵通常穿M1935式卡其布制服（设有6枚纽扣），并搭配马裤（或高尔夫长裤）、靴子或绑腿（主要为M1921式）及短靴使用；他们便服的肩章和袖口处均带有浅蓝色滚边。按规定，这些骑兵应将绑腿和靴子染成黑色，但他们在1940年时也装备过天然皮革版本（呈棕色）。他们使用含有手榴弹图案徽标（有时图案会在一个圆形区域内）的阿德里安头盔，不过军官可以选择戴头盔或深蓝色法式平顶帽（标有团编号）。胸甲骑兵所用制服配有浅蓝色领章和所属团编号，以及红色的花边；已完成机械化的此类部队还会添加一道紫色花边。法军骑兵制服纽扣的传统颜色为银色，因此士官和军官的团编号也由银线绣成。龙骑兵的纽扣（及领章）颜色与之相同，但所属团编号和花边均为白色（如果穿便装还可能是红色）；摩托化龙骑兵在原有领章的图案上添加了一颗星——这样就有两道白色花边、一道紫色花边、所属部队编号和一颗星，但这个样式只会出现在预备役士兵的制服上。

法军轻骑兵可分为猎骑兵和骠骑兵。他们共有6个猎骑兵团，其中有2

个已经实现摩托化（第7和第11团），第1、第8、第12和第18团则依然骑马作战；4个骠骑兵团中有2个（第1和第4团）骑马作战，另2个则是摩托化部队（第2和第3团）。轻骑兵的制服与龙骑兵风格相似，但猎骑兵领章上的团编号和花边均为浅绿色，骠骑兵则

泰斯地区"（Tarentaise），以及第73营的"于拜埃河"（Ubaye）。到1940年，有更多营被派往以上地区，第92营也被派到了凯拉地区（Queyras）。

骑兵

到战前，法军骑兵仍处于摩托化改造进程中。1939年时，法军共有35个骑

▶ **第13战斗坦克营上尉，1940年。** 全欧洲的坦克乘员都喜欢用贝雷帽——法国版本为黑色或较深的蓝色，军官用帽还配有绸缎材质的内衬。他们的贝雷帽上带有装甲部队识别徽章，具体图案为交叉加农炮管以及位于其上方的一顶中世纪头盔。

▶ *第24军所辖侦察大队侦察兵，1940年。图中这款卡宾枪为M1892式，在1916年进行过改良，士兵骑马时通常将其挂在肩上，但有时会因为发生擦挂而受伤；如果还携带了背包，那他一般会将其（枪）固定在背包皮带上。*

是天蓝色。军官们一般戴浅蓝色平顶帽、头盔或船形帽（骠骑兵军官通常还会添加匈牙利结作为装饰）。这些骑兵接收Mas-36型步枪，因此不携带刺刀；他们把弹药放在子弹袋或皮质子弹盒中。M1916式腰带和与之配套的装备在轻骑兵中最为常见，而且他们所带的个人装备往往会保持在最低限度。

法军有5个装甲车团（及3个大队），其制服和装备与轻骑兵基本一样，但在蓝色领章上添加了紫色部队编号和花边；他们的M1935式头盔（通常用于机械化部队）或阿德里安头盔上也带有与众不同的美杜莎头像徽标。

侦察部队人员通常从骑兵团（早期）和装甲车大队（该部队成立后）中抽调，历史悠久且复杂。从实际上看，步兵师属侦察大队（GRDI）和军属侦察大队（GRCA）都是在法军二战动员期间或动员后组建的。前者的制服类似于猎骑兵（但在领章上添加了三道V形花边），后者则与龙骑兵基本一样（同样在领章上添加了三道V形花边）。侦察部队主要使用M1892式卡宾枪——因为他们大多是新组建的，所用装备只能从库存中挑选。

隶属于以上所有骑兵部队的摩托车手戴M1935式机械化部队专用头盔，穿防水棉制服（Paletot）和带有拉格朗式袖口的M1935式大衣（但当他们发现这种制服防水性能不足后就弃用了），或是改进版M1938式帆布外套。这些摩托车手还佩戴袖章，并使用一种带有纽扣的布盖将其隐藏。

炮兵

法军炮兵的识别标志是带有蓝色团编号和两道同色花边的红色领章。摩托化炮兵大队的领章带有三道条纹，隶属于骑兵或机械化骑兵部队的炮兵则是两道条纹和一枚星标（军官的条纹和星标均由金线编织而成）。此外，第110、第111、第310和第320炮兵团是殖民地部队，但他们所用编号和制服的样式与法军本土（炮兵）部队相同。

炮兵部队成员的头盔上带有叠印在交叉加农炮管上的爆炸榴弹（含字母"RF"）图案，从1937年起，这个图案还被放在了一个圆形区域中。要塞炮兵更喜欢戴卡其布贝雷帽，其袖标上带有红底蓝色字母样式的团编号。防空炮兵包括第401和第409炮兵团，他们佩戴团徽，但不使用任何特殊兵种徽标。

工兵、专业人员和装甲兵

法军工兵的制服遵循炮兵样式，但在制服的黑色领章上添加了红色编号及花边；一些来自林业工人群体的工兵部队成员还会在领章上添加红色猎号图案；配属给特定类型防御工事的工兵使用带红字的黑色袖标。1937年时，这些工兵开始使用一种一个圆形区域中含有胸甲和羽饰头盔（带有字母"RF"）图案的帽徽。通信兵的制服衣领上没有编号，而是红色闪电图案；步兵或猎骑兵部队中的通信人员也佩戴含有相同图案的红色或黄色袖标。辎重（运输）部队成员的浅绿色领章上带有红色编号（不含饰带花边）。

装甲部队的兵种识别色为绿色，在其制服袖口和肩章上均有分布。位于他们衣领上的所属营编号为灰色（少数为绿色），带灰色花边；但有时也可能是个手榴弹图案徽标，比如成员来自宪兵的第45营就使用了这一标志。此外，军官和士官的营编号为银色。M1935式黑色皮外套是最受装甲部队喜爱的一款制服，军官的军衔标志是位于其外套正面蓝色或黑色扣襻上的条纹。黑色贝雷帽进行过煮沸缩水处理，正面带有含坦克头盔和交叉炮管的图案；M1935式机械化部队头盔配有经冲压而成的相同图案盔徽，以及字母"RF"。此外，坦克乘员们一般还会穿背带裤或马裤。

坦克团成员拥有自己的搪瓷或金属材质徽标，但也可以佩戴他们所属师的徽章，或是1935年时推出的摩托化部

◀ **第9朱阿夫团下士，1940年**。朱阿夫团成员到1940年时仍在使用他们独特的红色契阿奇斯毡帽，但到作战时往往会戴相对低调的卡其色版本。当时，他们并没有在这种毡帽上普遍佩戴帽徽（即新月图案和所属团编号）。

▶ **第4塞内加尔狙击兵团列兵，1940年**。塞内加尔士兵的阿德里安头盔上带有船锚图案，这在一定程度上说明了法国海军与殖民地部队之间的联系。不执勤时，他们一般戴契阿奇斯毡帽。

利亚、突尼斯及摩洛哥的狙击兵组成。他们大致遵循着上述法国本土步兵的穿戴风格，但也添加了一些自身的特色——朱阿夫部队成员在制服和大衣衣领上佩戴红色编号及饰带花边，狙击兵则是浅蓝色；其中，摩洛哥狙击兵还在编号下方添加了一枚浅蓝色星标。

以上部队都使用阿德里安头盔，盔徽中字母"RF"的下方还有一个新月图案（从1937年起，字母和图案都被放在了圆形区域内），有时也会用所属部队编号取代字母。他们不戴船形帽，而是戴红色或卡其色的"契阿奇斯"（Chechias，一种软毡帽），有时会添加新月图案，有时则不使用任何徽标。北非部队的军官来自法国本土，一般戴有檐平顶帽。这种帽子的正面带有用于展示他们所指挥部队特色的标志（即新月或星标），在其上方还有所属团编号。摩洛哥附属部队（Goumiers）会根据自己的喜好改造法式制服，或是穿一种产自本地的轻质棉布制服（Gandoura）；在制服外面，他们还会使用一种以鲜艳色调毛料制成的带帽雨披（Djellabas）。北非部队成员的帽子样式丰富，从美式、英式或法式阿德里安等头盔到黑色贝雷帽和一种四周裹布、像头巾一样的当地帽子（Khiout或Rezza）都有。

北非骑兵部队由阿尔及利亚、突尼斯及摩洛哥轻骑兵组成，被统称为"斯帕希"（Spahis）。他们的制服类似于法国本土骑兵，但所用领章为蓝色，上有黄色编号及花边；服役于骑兵中的摩洛哥人同样会添加星标，不过是在1941年之后。这些骑兵往往用卡其色头巾或

队徽章（图案是位于坦克履带上一颗闪亮的星星）。

医务人员的深红色（医生）、紫色（牙医）或绿色（药剂师）领章上含有位于桂冠中的金色墨丘利权杖图案。此外，这一图案也会出现在他们所用的阿德里安头盔上。

北非部队

法军北非步兵部队主要由"朱阿夫"（Zouaves）轻步兵和来自阿尔及

红色契阿奇斯毡帽取代头盔。此外，一些人在头盔上添加了一枚星标，并以此取代新月图案。

非洲猎兵穿浅卡其色棉布制服（M1912式）或毛料制服（M1920式），他们的蓝色领章上带有黄色所属团编号及花边；军官通常会保留更为时髦的立领制服和三角旗样式领章。这些猎兵穿骑兵外套、马裤，以及靴子或皮制绑腿和短靴的组合。他们的军帽包括红色契阿奇斯毡帽和浅卡其色热带头

盔；从1940年起，阿德里安头盔也变得愈发常见。军官一般戴天蓝色平顶帽。此外，撒哈拉连成员的蓝色领章上带有黄色的星和新月图案以及饰带花边。

殖民地部队

法军殖民地部队由殖民地步兵团（由法国人组成）和来自非洲（如塞内加尔狙击兵）、中东（黎凡特部队）以及东南亚的部队组成。该部队的识别特征包括他们阿德里安头盔、热带头盔、平顶帽，以及衣领上的船锚图案。

殖民地部队穿浅卡其色衬衫、制服（或是双排扣宽夹克和M1935式热带制服）、短裤或长裤，以及浅卡其色的标准步兵大衣。该部队所辖步兵团成员的领章上带有红色团编号及饰带花边，编号下方还有一个红色的船锚图案。士官的识别标志是红色穗带，军官则为金色版本。塞内加尔猎兵和来自马达加斯加的部队以黄色作为识别色，并将其用于所属部队编号、船锚图案、饰带花边和士官的V形标志；他们的宽夹克式制服衣领周围也有同色滚边。殖民地步兵部队一般戴契阿奇斯毡帽，但大多数军官（均为欧洲人）更喜欢使用一种带有船锚图案的热带头盔；炮兵也是如此，不

▲ 1940年时，一队在北非被俘的狙击兵——来自法国殖民地步兵部队（具体为塞内加尔狙击兵）。

过该部队军官还在自己军帽上添加了一个额外的船锚图案。

黎凡特部队包括黎巴嫩猎兵、叙利亚步兵和骑兵、黎凡特重骑兵中队和各种原住民骑兵分队（主要由德鲁兹、库尔德、阿拉维和切尔克斯骑兵组成）。黎巴嫩猎兵所用领章为紫色，带有黄色的饰带花边、营编号及雪松图案；叙利亚步兵的领章样式相同，但用新月替代了雪松；黎凡特重骑兵中队使用浅蓝色肩章，上有两道紫色饰带花边和位于新月图案上方的中队编号。以上部队成员都穿殖民地部队的卡其布标准制服，但也添加了一些具有当地特色的服饰（如契阿奇斯毡帽），并使用红色腰带。原住民骑兵穿他们的传统制服，但使用带有法国本土骑兵样式的领章——德鲁兹第1中队为浅蓝色，第2中队为红色，第3中队为绿色，第4中队为深蓝色，第5中队为黑色（以上中队编号均位于星标图案下方）。

外籍军团

非洲轻步兵不是外籍军团的一部分，而是服役于殖民地的惩戒部队。此

▲ 外籍军团第2团士兵，1940年。外籍军团步兵的领章上含有绿色团编号和两道饰带花边；骑兵（的样式）也是如此，但他们的深蓝色领章上还有一个手榴弹图案徽标。本图所示军团成员的白色平顶帽上不含遮盖用帽檐和位于帽冠的红圈。

▶ 外籍军团成员所用领章（部分）。1. 外籍军团第11步兵团；2. 仓库部队士兵；3. 外籍军团军官；4. 仓库部队军官；5. 第2团；6. 骑兵。

类部队的识别标志是紫色营编号、饰带花边，以及猎号图案——它们不一定会被佩戴到制服衣领上，但通常都会在M1931式热带头盔上出现。

外籍军团成员在多个战场上作战，因此使用着适用于各自所在战场的不同制服——在沙漠中，他们穿沙色衬衫、M1935式浅卡其色制服、短裤，以及热带头盔（M1931式）或白色平顶帽；在欧洲，他们使用卡其布大衣和阿德里安头盔，头盔上带有手榴弹图案徽标。在

▲ 一群法军飞行员正在兴高采烈地展示一个被他们所击落德军飞机上发现的十字标志。

被用作识别标志的领章上，步兵所用样式为绿色团编号及饰带花边；骑兵领章呈蓝色，其浅绿色所属团编号下方还有一个手榴弹图案徽标。

波兰部队

到1939年底，已有三万多名波兰官兵加入法国陆军，并参与了挪威战役和驻守法国或黎凡特（喀尔巴阡旅）的任务。这些波兰人使用法式制服和装备，除被固定或漆在阿德里安头盔、褐色贝雷帽（要塞步兵版本）和船形帽上的白色波兰鹰徽外，通常不佩戴任何徽章。一些部队试图保留波兰传统的领章徽标，但大部分步兵都采用了不带装饰的衣领或含有两道黄色花边的

◀ 第1伞兵团伞兵，1944年。该团有2个营组建于1943年，但从未进行过伞降作战。他们（此团人员）配备美制跳伞靴、头盔和制服，但使用着一种与众不同的伞兵识别标志和（法军伞兵）盔徽。

法式蓝色领章。捷克有一个师在位于法国南部的阿格德进行训练，但在德军于1940年入侵法国时并未做好战斗准备。此外，有两个捷克团——分别隶属于第23和第239（轻型）师，采用法军的穿戴风格。

法国空军

法国空军所用盔徽图案为带翼黄色星星和字母"RF"。从1937年起，他们主要使用两款头盔——陆军标准型阿德里安头盔和一个以装甲兵无檐头盔为基础开发的型号。两者均为深蓝色，配有一条黑色皮制盔带。他们的领章上也有带翼黄星图案（含绿色饰带花边），但由于所穿制服的样式繁多，这一图案很难得以统一。军官们偏爱一种带有较宽帽冠的大檐帽，帽上有雄鹰徽标以及用于表示军衔的金线织带。

军衔标志也出现在深蓝色制服的袖口周围，为金色条纹样式；帽墙处采用了相同样式（即上尉有三道条纹，中尉

有两道，少尉有一道），大衣或飞行夹克则带有位于黑色底板上的金色扣襻。此外，士官所用军帽的帽墙周围配有两道金色滚边，制服袖口上则是V形图案（上士和中士有两道，下士及其以下衔级的V标为橙色）。

法国空军官兵一般穿马裤和靴子，并以此搭配多种不同风格的飞行夹克。

1940年的失败

发生于1940年的战役对法军来说就是一场惨败，他们有的投降，也有的选择流亡。投降人员中，有一部分继续留在缩编后的维希政权军队里，另一部分则选择解甲归田或加入抵抗组织（但这些组织不在本书讨论范围之内）。流亡者们被称为"自由法国"或"战斗法国"军队人员，在战争进程中变得越来越重要。他们在非洲和意大利作战，为解放自己的祖国，以及进军德国和结束奥地利战争发挥了重要作用。

法国军队的重生

1943年到1945年间的法军制服体系非常混乱。在法国本土外作战的部队通常将旧的本国徽标佩戴在由英美提供的制服上，尤其是那些在北非组建和训练的部队（他们后来参与了意大利战役和进攻法国南部的行动，甚至有不少部队最终加入了1945年的阿尔萨斯战役）——比如把法式领章用于英式作战服，并佩戴用来表示所属团和师的臂章；阿德里安头盔依然常见，但他们也大量使用了英式和美式头盔，并在盔体侧面漆上法国国旗图案，正面则视情况漆上船锚、号角、手榴弹或洛林十字标志。

法国的解放令这一情况变得更加混乱。当原抵抗组织成员被临时并入使用盟军标准装备的正规部队时，有很多人佩戴着含法国国家三色的臂章和洛林十字徽章。由于从1945年开始装备新制服，那些最近招募部队（从第一个伞兵营到第一个步兵营）的成员都在使用着风格相对混杂的制服。发生于1944年底的一个变化是重新引入带有不同色调的船形帽——步兵使用含红色滚边的蓝色（轻步兵为黄色或绿色）军帽，炮兵则是含红色滚边的黑色军帽，骑兵（主要是殖民地部队骑兵）都戴红色军帽。

◀ **第1非洲猎兵团上尉，1940年。**这支部队的军官通常戴球形热带头盔或一种帽冠为红色但帽檐为黑色的浅蓝色平顶帽。他们的平顶帽上通常带有团编号，热带头盔上则没有任何徽标。

▶ **第4摩洛哥狙击兵团少尉，1945年。**在那些组建并装备于北非的部队中，美式制服和装备占据着主导地位。这支特殊的部队将原先制服上的领章佩戴在了衣袖上臂部位，并在头盔上添加了一个用于表示法国的图案，努力保持着容易识别的法式外观风格。

希腊

与土耳其进行的那场毁灭性战争止于1922年，最终使希腊陷入了破产境地——在此后很长一段时间里，该国的武装力量都因此遭受忽视。

希腊陆军共有56个步兵团，但相应团编号令人困惑，因为最大的那个数字达到了72；1940年到1941年间，预备役部队的组建使步兵团数量增至92个。除数字编号外，一些步兵团还拥有诸如"埃夫佐尼"（Evzones，希腊军队中对一种精锐轻步兵部队的称呼）等文字名称，比如第42步兵团同时也是第5埃夫佐尼团。希腊军队共有3个骑兵团，其中第2骑兵团为机械化部队，但在1941年3月被解散，随后其人员被配属给了其他装甲部队；此外，到意大利军队发动进攻时，他们已经有3个摩托化团处于组建进程中。

步兵

希腊步兵所穿的卡其色（或橄榄色）制服基于其M1912式制服样式设计。它设有5枚深褐色或黑色的纽扣，采用立式翻领和4个带纽扣和长方形袋盖的口袋，肩章靠近衣领处有1枚纽扣（但袖口处没有）；制服背面有1处褶饰，一些由英国提供的版本甚至有2处，而且内衬采用棉布制作。

大部分普通士兵都不戴领章（步兵领章色调为红色），而是首选一种没有装饰的制服，但领章通常会出现在卡其色大衣上。长裤的颜色与他们所用制服相同，而且各衔级人员都会使用绑腿。

士官制服衣袖上带有黄色V标。有时他们会把V标佩戴在袖口处，然后添加兵种色滚边（旧式风格）；但更多情况下还是将其放在肘部以上，并使用红色滚边。军官一般穿一种质量更好的立领制服，并搭配衬衫和领带（通常为卡其色）。这种制服采用金属纽扣和带兵种色的领章（步兵为红色），以及白色手榴弹图案标志。他们的肩章上带有军衔识别标志。其中，一颗银星为少尉，两颗为中尉，三颗为上尉；少校为一颗星和一顶王冠，中校为两颗星和一顶王冠，上校为三颗星和一顶王冠；最低衔级的将官以一颗星、一顶王冠，以及交叉马刀图案作为识别标志。

◀ **第18步兵团列兵，1941年**。对于在本国南方和克里特岛作战的希腊部队来说，英式装备弥补了他们在这方面的不足。图中这款英式头盔于1941年配发给希腊军队，以及此后流亡政权的部队。

▶ **第6步兵团下士，1940年**。希腊军队曾于20世纪20年代大量装备阿德里安头盔，还从1934年开始使用一种新头盔。后者的配发相当及时，赶上了希腊军与意军的战争——然而具有讽刺意味的是，这一型号是基于意大利样式设计的。

方的十字盾徽图案；但有时也看不到王冠，因为这个标志在1924—1935年的共和国时期（大多）被刮掉了。他们更常用的是一种在1934年首次出现的意大利头盔，于1939年引入本国军队（事实上是由意大利人制造钢盔——通常采用的是劣质钢，然后希腊人添加内饰并给盔体刷上卡其色或绿色油漆）。

从1940年起，希腊军队得到了相对较多的英制Mark.Ⅱ型头盔，弥补了自产头盔数量的不足。一些军官选择戴新头盔，但更多人还是喜欢一种与英国军官所用帽风格相似的大檐帽。它由卡其布制成，配有一条皮制下颚带，帽冠下有一枚帽徽；将官的帽檐还会涂漆，并饰以金色穗带。不过，大多数普通士兵还是使用卡其色野战帽。

装备

军官们喜欢使用山姆·布朗腰带，普通士兵的装备则与他们在20世纪20年代希腊和土耳其爆发冲突时所用款型差别不大——比如褐色皮制腰带，它可以挂载3个褐色皮革子弹盒和一个刺刀挂环。他们也使用面包袋、帆布背包以及掘壕工具，有时还会携带德制"德雷格尔"或英制"奥尔"防毒面具。

其他部队

希腊骑兵团使用卡其色制服（带绿色领章）、马裤和马靴，戴头盔、船形帽和大檐帽（主要由军官使用）。一些骑兵隶属于机械化部队或侦察部队，他们在作战时一般穿那种由意大利制造的皮外套。希腊的机械化部队从总体上讲相对落后，总共只有2辆"维克斯"坦克和11辆"雷诺"坦克。炮兵所用制服与步兵大致相同，但会添加黑色的识别标志（辎重部队为浅蓝色，通信兵为深

蓝色，工兵为紫色）。此外，医务人员的领章为紫色。

希腊空中力量可分为陆军航空兵和海军航空兵。海军飞行员基本使用海军制服及徽标，陆军飞行员和观测员则使用一种深蓝色制服——裁剪样式参照步兵军官，包括量身定制的制服、浅蓝色衬衫和黑色领带。这些飞行员的左胸口袋上有一个银色翅膀徽标，军衔则以袖口上带有深蓝色滚边的白色穗带表示。

▲ 第1埃夫佐尼团列兵，1940年。这些精锐的步兵在作战时通常使用绑腿、宽松卡其布长裤以及短靴。

埃夫佐尼团成员通常使用本国步兵的标准制服和装备，但也保留了一些与后者有所不同的识别特征——如百褶裙（呈卡其色而非白色）、靴子上的绒球，以及有名的土耳其毡帽。

帽子

希腊军队于1918年接收大量阿德里安头盔，其中许多都带有位于王冠下

▶ 第1炮兵团少尉，1941年。希腊军官在制服样式上效仿了他们的英国同行。此外，他们帽子上有一个王冠图案，其下方是包含浅蓝色和白色的国徽。这些军官的衬衫通常为白色或卡其色，领带为橄榄色或卡其色。

荷兰

在进行动员之前，荷兰军队共有24个步兵团（动员后使用预备役人员扩充成了48个团）、1个禁卫掷弹兵及猎兵团，以及一些边境步兵营。

▼ 第9步兵团列兵，1940年。荷兰步兵使用带有独特雄狮徽标的头盔，但在不执行任务时更喜欢戴那种采用制服相同材质制作的船形帽，帽上有橙色的团编号或军衔标志。

荷兰军队的制服自1912年改革后就没有发生明显变化，直到1938年才再次进行改良。1940年时，他们的制服由蓝灰色上衣和长裤组成——后者主要由军官、骑兵，以及机械化部队成员使用。上衣立领处配有一层舒适性极佳的内衬，可用一个钩子扣紧；它（上衣）设有7枚黄铜纽扣，前胸部位有2个带扇形袋盖的褶饰口袋，肩章为滚金样式。军官的制服与普通士兵没有太大差别，但在下摆位置添加了2个口袋（无褶饰），而且袖口带有兵种色滚边（步兵为蓝色，掷弹兵为橙色，猎兵为绿色）。

战列步兵所用制服的衣领带有深蓝色滚边（军乐队成员的制服衣领下方还有黄色条纹），军衔标志位于衣领正面。此外，上等兵的衣领正面有一枚白色金属纽扣；士官的衣领中央有一个黄色金属圆盘，衣袖带有含蓝色滚边的黄色V形图案。军官衣领上还有表示其具体衔级的银星——少尉是一颗，上尉是三颗，少校是一颗星以及一根黄色金属横条。自行车部队成员的衣领上带有黄色自行车轮图案标志，掷弹兵是爆炸手榴弹，猎兵则是猎号。

荷军步兵在不执勤时一般戴船形帽，它配有蓝色滚边（掷弹兵为橙色，猎兵为绿色），左侧还带有所属团编号（或是掷弹兵的手榴弹图案以及猎兵的猎号图案）。军官戴硬质平顶帽，橙色帽徽下方还有所属部队番号（通常是团编号）和含有兵种色滚边的帽墙。荷军在1916年推出了一款类似于阿德里安头盔但更圆润的型号，不过它在1934年被一个于1928年投入测试的新型号所取代。新头盔采用圆顶设计，将其倾斜一定角度后可以覆盖后脑勺，盔体通常被漆成苹果绿色；位于头盔正面的一个圆片中含有"拿骚之狮"图案

▲ 第42步兵团列兵。图中士兵所穿大衣采用双排扣设计，于1912年首次配发，衣领上通常带有兵种色滚边（步兵为蓝色）。

纹章，边缘设有一条狭缝（以便把头盔固定在皮带上），一条黑色下颚带被铆钉固定在盔体两侧。

在寒冷天气中，这些步兵通常会穿一种灰色双排扣大衣（衣领上带有用来

表示相应军衔的星标）。他们还穿长裤和绑腿，军官则更喜欢使用马裤和靴子（并装备武装带和手枪）。

骑兵

荷军有4个骠骑兵团和1个骑兵团。他们以骑马步兵的形式进行作战，部分人还装备有自行车；此外，骑兵也会被派去组建用于侦察的装甲车中队，或是担任摩托车通信员。该部队的制服样式与步兵相似，但使用白色金属纽扣和本部队徽标，衣领上没有滚边；机械化骑兵中的装甲车乘员有一枚图案为装甲车的徽章。骠骑兵团成员在1940年前戴黑色巴斯比毛皮高帽，但后来改用标准型头盔。此外，服役于摩托化部队或担任通信员的骑兵更喜欢穿皮革外套。

技术部队

荷军炮兵穿步兵制服，但会在衣领和帽子上添加红色滚边。军官的制服袖口带有红色滚边，衣领上有交叉加农炮图案（重型炮兵为交叉炮弹）。骑乘炮兵的穿戴风格与骑兵相同，但在衣领上佩戴着交叉加农炮管图案标志；防空炮兵所用识别标志相当奇特——图案是交叉加农炮管被叠加在一个螺旋桨上。舟桥部队成员的制服带有红色滚边，衣领上有船锚图案；工兵使用浅蓝色滚边，衣领图案是一顶羽饰头盔或通信分队所用的闪电。医务人员的制服滚边为猩红色。大部分空军官兵保留了原部队制服，但会在衣领上添加一枚螺旋桨徽章，飞行员或观测员的胸口口袋上还有镀金双翼标志；地勤人员所穿制服的风格与步兵相似，但采用浅蓝色滚边。

荷兰殖民地部队

荷军在加勒比海岛屿和苏里南（一个南美洲国家）驻有小分队，但东印度群岛驻军相对更多——这支部队被称为"皇家东印度陆军"（Koninklijk Nederlandsch-Indisch Leger，简称为KNIL），1941年时有75000人（另外，荷兰于1941年12月对日宣战）。该部队包括步兵、骑兵（使用装甲车）和炮兵，以及一支小规模空中力量（"皇家东印度陆军"航空兵部队），主要使用一种从1938年开始配发的制服。其色调为偏绿的卡其色，采用细绒棉制作。步兵制服衣领上带有猎号图案，骑兵为交叉双剑，炮兵则是交叉加农炮管。尽管装备有头盔，但一种圆形的宽边软帽更受当地部队欢迎，帽子边缘一般别着一枚橙色的帽徽。

◀ *第37步兵团上尉，1940年。军官可以戴图中所示的法式平顶高帽，也可以选择一种含有皮制雄狮（荷兰王室的"拿骚之狮"）图案帽徽的头盔。*

▶ *第1骠骑兵团士兵，1940年。荷军骑兵到1940年时已主要使用自行车进行机动，这并不让人感到意外。不过，少数一部分人的任务是驾驶装甲车或摩托车，他们会得到皮制外套和防撞头盔。但这种头盔并不受欢迎，大部分士兵会选择标准头盔或船形帽。*

挪威

当德军于1940年4月入侵时，挪威已经拥有一支配有支援航空兵的小型陆军，以及更为重要的海军和附属航空兵部队。

挪威陆军到德军进攻时只实现了部分机械化，尽管有英法两国支持（以及不少波兰流亡者的加盟），该国大多数抵抗活动还是在1940年6月就基本结束。国王选择流亡后，整个挪威被一个因维德昆·吉斯林而声名狼藉的卖国政府所统治，他在纳粹的支持下攫取了本国最高权力，于1942年到1945年间担任挪威首相。

1940年时，挪威陆军包括1个禁卫团、16个步兵团、2个步枪营、3个龙骑兵团、3个炮兵团（下辖山地及防空炮连）、1个工兵团，以及一些滑雪连。由于地形所限，机械化部队在挪威境内并不适用，但龙骑兵团仍然处在被改造成机械化和自行车部队的进程之中。

挪威军队的标准制服包括一件灰绿色上衣。它最早于1912年推出，具有结实耐用、整体宽松（可以在制服里面再穿一件用于保暖的衣物），以及做工精良的优点。这件上衣可通过绘有挪威狮徽图案标志的银色纽扣系紧，并使用暗门襟掩盖纽扣。制服上四个口袋的尖袋盖也设有隐藏型纽扣，但没有（袋盖）褶饰；这些口袋都很宽大，可用于携带弹药。制服的立式翻领可通过钩子扣紧，步兵的衣领带有红色滚边；这一色调的滚边也可见于直筒袖口——它于20世纪30年代进行了简化。由于这种制服不能搭配肩章，军官有时会穿一种与之类似的制服，它设有肩章、尖袖口和褶饰口袋，但相当罕见。挪威军队所用的长裤同样为灰绿色，大部分人通常搭配绑腿或长袜使用。军官的长裤上带有红色滚边，但这个设计并不普遍；这种长裤也很宽松，可以在里面穿一条用于保暖的裤子。到冬季，挪军一般会穿一种

配有肩章（军官的肩章上带有表示其具体衔级的标志）的双排扣大衣。

军衔

挪威军队的军衔徽标仅位于他们制服衣领上，将军们拥有米黄色的装饰性领章和星形军衔标志（也可以从带有交叉权杖图案的金色纽扣上识别这一

◀ **第12步兵团列兵，1940年。** 挪威自产头盔的设计简洁实用，但供应相对不足。挪军所用的山地背包也实用耐磨，主要基于当时的一个民用型号设计而成。

▶ **第15步兵团列兵，1940年。** 挪威军队一直保有不少制服上衣、头盔和装备的库存量——但事实证明，在扩军应对德军入侵时，原有的库存量并不充足。不过这名步兵运气很好，他得到了由挪威本国生产的制服和装备。

◀ *阿尔塔营滑雪连列兵，1940年。滑雪部队成员一般使用标准版蓝绿色制服和帽子，并搭配白色防雪罩衫、长裤和手套。他们的军帽配有通过两枚纽扣固定在侧面的耳罩，以及质地柔软的帽檐和帽冠，军帽正面还有一枚含挪威国徽的标志。*

▶ *第3山地炮兵营中尉，1940年。英国不仅向挪威军队供应了后者急需的重武器，还提供了Mark.Ⅱ型头盔——盔体上通常不含帽徽标志，但少数军官添加了挪威盾徽。*

狮子图案的盾徽（这有助于其他人从盔体正面快速识别头盔使用者）。这种头盔通常会被漆成深绿色，配有衬垫和皮制下颚带。它在挪威军队中并不常见，到1940年时甚至供应不足，只能由英制Mark.Ⅱ型头盔加以补充。

装备

挪威军队的装备简洁实用，而且携带数量通常保持在最低限度。他们的褐色皮制腰带可以搭配一种样式简单的皮带扣，以支撑一个或两个用于"克拉格·约根森"制式步枪的子弹袋。技术部队接收了少量卡宾枪，M1925式或M1930式狙击步枪则被配发给了士官、步枪及滑雪部队中通过选拔的人员；还有一些士兵使用麦德森轻机枪，也因此携带着一种更大更结实的弹药袋，并用一个卡扣将其系紧。他们的钢制刺刀鞘一般被挂环固定在腰带上。军官主要使用手枪，但也有一些人携带刺刀。

挪军骑兵的制服实际上与步兵完全一样，区别仅仅在于（前者）银色纽扣上的猎号图案和马靴。一些担任摩托车手或在侦察部队中服役的骑兵穿皮制工作服，但这相当少见。

炮兵穿步兵制服，但在金色纽扣上添加了一个圆形花饰；工兵的制服纽扣为银色，带有一个含羽饰头盔图案的标志；隶属于运输或支援部队的人员也使用金色纽扣，并添加了一个含橡胶轮胎图案的标志。飞行员的右胸口袋上有一对围绕挪威盾徽的银色翅膀，制服所用银色纽扣上带有位于皇冠下方的螺旋桨叶片图案；此外，空军部队成员一般使用绿色滚边，而非步兵的红色样式。

衔级），校级军官则是（领章上的）银星。士官的制服袖口和野战帽上均带有红色的水平方向条纹（一条表示下士，两条表示中士）。他们的野战帽由灰绿色布料制成，帽檐质地较软，耳罩位于帽子的侧面，可用纽扣进行固定。此外，帽徽内容为由里到外分别是红色、白色、蓝色的挪威国徽图案；帽冠上有时会添加红色滚边，但这一情况相对少见。还有一些部队使用M1931式头盔。它基于一款瑞典头盔设计而成，在1935年进行过改良，主要是添加了含有挪威

战争期间

许多挪威军人选择流亡，并在盟军中服役，另外一些人则加入了国家统一党党卫队（Rikshird）等与德国人勾结的武装部队——他们身穿深蓝色制服和长裤，并搭配褐色衬衫和黑色领带，此外还使用蓝色野战帽、臂章（图案为一个较大红色圆圈里的一个黄色十字和两把剑）和袖标。维德昆·吉斯林的私人防卫部队（Foregarden）使用步兵制服，衣领上带有含字母"VQ"的花押，衣袖上徽章的图案为十字与剑。

波兰

波兰于1939年8月29日发布总动员令，在当月30日取消后又重新发布。1939年时，该国军队共有84个步兵团，每团均由3个营组成；此外，波军还有6个山地步兵团，以及若干边防营。

▼ 第31步兵团列兵，1939年。波军所用的皮制子弹盒坚固耐用，而且做工精良。它们一般会被使用者固定在腰带上，由皮制吊带支撑，两侧各有三个——这也是自1909年起，德军步兵所用的子弹盒携带方式。

波兰的炮兵部队由野战炮兵、防空炮兵和要塞炮兵组成，到战争爆发前正处于一种过渡状态——比如野战炮兵虽然已经开始实施机械化，但他们的大多数火炮仍需由驮马牵引。骑兵可大致分为四类，包括27个传统枪骑兵团（pułki ułanów）、10个骑马步枪兵团（pułki strzelców konnych）、3个轻骑兵团（pułki szwole erów，这一称谓来源于法语chevau-leger），以及一些组建于1939年的摩托化部队和自行车连。第24枪骑兵团是最早使用机动车辆取代马匹的骑兵部队之一。总的来说，骑兵仅仅是在制服方面显得相对独特，在比如日常运作、作战形式等诸多方面都与那些骑马的步兵相同。波军技术兵种包括工兵、通信兵和化学部队。

波兰空军的规模较小，具体编制包括15个战斗机中队、9个轰炸机中队和19个观察与联络中队。

当波兰军队于1939年（被动地）加入战争时，M1936式制服是最为常见的，不过M1919式在这支军队中的保有量也不小，尤其是预备役部队。M1936式制服共有两个版本——其中一个是所用毛料色调包含灰色、褐色、绿色的冬装版本，另一个则是用于5月到9月的较轻材质棉布制服版本。波军许多部队在德军入侵时穿着夏季版本制服，其色调呈沙色，但在使用久了之后会褪成一种偏灰白的卡其色。

步兵

波军步兵所用制服（M1936式）包括一件带有7枚纽扣的上衣，纽扣上绘着波兰鹰徽，制服上共设有4个带盖口袋和肩章。肩章上标有所属部队番号和军衔识别标志，但部队番号（或是具有相同作用的花押）在作战时往往会被摘掉，有时也可能由一种可拆卸的团识别标志取代。这种制服采用立式翻领

▲ 第5步兵团上尉，1939年。这名波兰军官头戴哑光漆头盔，并添加了软木渣进行伪装，以减少哑光漆在潮湿环境中产生的眩光。

设计，通过风纪扣束紧。它搭配的是一种深蓝色领章，章上带有之字形银色花边，后侧边缘处还有一道黄色滚边。波军步兵通常不会在他们的作战服上添加领章，但也有一些摄于1939年9月的照

片表明部分人的确（在作战服上）使用过它。

这些步兵一般戴M1931式头盔以及多个不同样式的军帽（见后文）。他们的装备包括一条皮制腰带——M1936式采用单眼皮带扣，不过M1927式为双眼扣设计。步兵们可通过腰带携带两组子弹盒，共计90发子弹——这对一战时期德制毛瑟步枪的一个改型来说是常规需求。卡宾枪不仅被配发到步兵营中的机枪连，同时也装备了骑兵、炮兵以及辎重部队。步兵所携带的掘壕工具和刺刀（在差不多5年里配发了5个不同的型号）也被悬挂在腰带上。

步兵们还会携带一个用于容纳个人物品的帆布背袋和一个背包。最常见的那款帆布背袋于1932年配发部队，采用一种厚实的防水帆布制作。背包的肩带可与位于身体正面的子弹盒相连。他们的大衣和毛毯（有时是帐篷帆布或防水布）经由卷曲后被放在背包顶部，铝制饭盒和杯子则被固定在背包外。波军使用本国自产的防毒面具，其中M1932式采用绿色折叠式呼吸泵、呼吸管和面具。这种防毒面具通常会被放在一个帆布包中，并挂于背包下方。

步兵所用长裤（于1937年首次配发）为直筒样式，取代了那个可以在膝盖部位收紧的旧版本。军官们一般使用一种类似于M1937式直筒长裤的马裤，而且通常会选择私人定制。在穿一种黑色的皮制防水短靴时，步兵们通常还会打绑腿。

M1924式大衣的两侧衣领均缝有处于水平方向的兵种色条纹。它（大衣）可与肩章搭配使用，但章上不会出现任何内容（与肩章上带有金属部队番号的M1919式有所不同），不过与制服上衣一样，使用者可以添加一种可拆卸的部队番号标志。

军帽

波军使用过多款头盔。1919年时，他们装备了法制阿德里安头盔、德制钢盔、奥地利贝恩多费尔（Berndorfer）头盔，以及零星的来自多个国家的型号。最常见的一款无疑是一战后法国向波兰供应的阿德里安头盔。这些法制头盔有的添加了波兰鹰徽，有的则不带任何装饰。直到1939年，波军骑兵还在使用着这个型号，甚至都没有装备本国产品。

波军在战间期一直保存着那些由

◀ **第7步兵团上尉，1939年。** 波兰自产的背袋（Tornister）于1932年配发，采用一种结实的材料制作，配有棉布背带。饭盒通常被带子绑在背袋上，容纳个人物品的其他袋子（都设有从肩上穿过胸部的背带）则位于背袋下方。

▶ **第2山地步枪兵团（PODHALA SKI RIFLES）列兵，1939年。** 这些山地部队的成员使用雨披而不是大衣。图中这名士兵打着一种很长的绑腿，这种装备在山地部队里比标准的步兵短腿套更为常见。

委员会开发，他们从一种瑞典的头盔和头盔内饰中得到灵感，同时也对该国钢材的质量印象深刻。M1931式的原型产品于1930年开始测试，之后还进行过多次改良，此时的盔体采用合金钢制作；该型头盔在1931年投入生产，从次年开始配发部队，总生产量超过30万顶，但还是没能满足本国陆军的需求。它采用穹顶设计，位于盔体正面的边缘有所抬高，盔檐较短，侧面和后面的边缘形状统一，并形成了直边。这款头盔的盔体相对坚固，衬垫和经过现代化的下颚带能提供不少稳定性，下颚带还采用了一个增强舒适性的下巴垫和与众不同的固定设计。大部分M1931式都被漆成了亚光的卡其绿色，一部分用于涂刷头盔的油漆里还添加了软木碎渣，刷漆时就会在盔体上形成一层有纹理的表面——即沙罗曼效应，这样会使盔体表面变得粗糙起伏，改变原有的光滑轮廓。边防部队成员在头盔上固定或别着波兰鹰徽，但其他大部分部队人员都不会在头盔上添加装饰。

不戴头盔时，波军最常使用的一种军帽是被他们称为"罗加蒂乌卡"（Rogatywka Polowa）的大檐帽。这种军帽有多个版本，一般来讲，强化了帽体结构的M1935式和M1937式相对常见，但更老的M1919式和M1927式也同样在被不少人使用。M1937式配有刺绣的鹰徽，但也有一些不带任何装饰，只有卡扣和布制帽檐；它设有折叠式耳罩，到冬季时可将其放下以保护双耳；这个新版本所用的帽冠形状更为方正，质地也更柔软。此外，波军还经常戴一种外形较为简洁的"富拉泽尔卡"（Furazerka）无帽檐工作帽。他们的M1937式便帽采用黑色上漆帽檐、黑色下颚带和兵种色帽墙，帽墙上方有雄鹰徽标和正方形卡其色王冠图案（指向上方）。

军官的便帽上带有银色滚边，野战帽上则是与军衔相对应的银星和金属

▲ *第9枪骑兵团中尉，1939年*。虽然枪骑兵已经装备卡宾枪（配有刺刀）而非长矛，但仍会携带马刀。军官们则大多偏爱M1922式弯马刀和M1935式标准型手枪的组合。

▲ *第2枪骑兵团枪骑兵，1939年*。波军枪骑兵到此时仍然戴着从1919年开始装备的阿德里安头盔（波兰在1918年独立后购买过法国的库存头盔）。尽管该国的新政体为共和制，但这些头盔上仍带有独特的王冠与雄鹰图案。

德国和奥地利生产的钢盔，到1939年都还能看到一些摩托化部队成员使用。这一方面是由于物资短缺，另一方面则是因为这些机动部队需要一种重量较轻的头盔，但本国自行设计的那款显然太重了。另外，后勤部门也对德奥两国的钢

盔进行了翻修，以配备新式内衬和独特的波兰式下颚带。

波军于1931年装备了一款新头盔（M1931式），它在当时是一种先进装备，能为使用者提供良好的防护，戴着也很舒服。这款头盔由一个位于华沙的

制雄鹰帽徽。他们所用制服的样式与普通士兵相同，但会在肩章上添加星标，校级军官还会添加两道银色横条，制服衣领的花边也更为华丽。军官大衣衣领上带有兵种色条纹，肩章上也有与军衔

▼ **第1轻骑兵团下士，1939年。**轻骑兵团成员戴一种高帽冠大檐帽，在其他装备方面则与枪骑兵保持一致——比如图中士官背在身后的98a型卡宾枪。

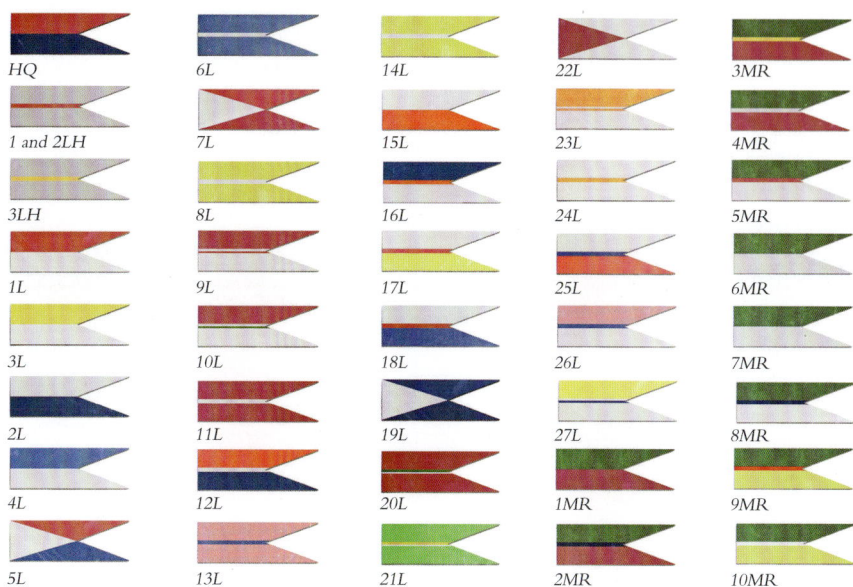

HQ	6L	14L	22L	3MR
1 and 2LH	7L	15L	23L	4MR
3LH	8L	16L	24L	5MR
1L	9L	17L	25L	6MR
3L	10L	18L	26L	7MR
2L	11L	19L	27L	8MR
4L	12L	20L	1MR	9MR
5L	13L	21L	2MR	10MR

▲ **波兰骑兵所用领章，1939年。**波军骑兵的具体类型可通过位于他们领章上的相应图案进行识别。本图字母中，LH为轻骑兵，L为枪骑兵，MR为隶属于山地步兵的骑兵。

相对应的星标组合。士官大衣的肩章上同样有军衔徽标，或是带红色滚边的银色横条组合，以及军士长和中士所用的V形图案和位于肩章边缘的银色穗带组合。他们的便帽帽墙上有一道银边红色饰带（中士以上衔级则是一枚V标）。军乐队成员的肩章上有带白色滚边的兵种色燕巢图案。

边防部队

　　边防部队成员采用步兵的制服样式，但使用圆帽而不是方顶野战帽。他们的兵种色为蓝色，军帽帽冠上带有绿色滚边。波军步兵的另一个独特分支是山地部队（也被称为波兰高地猎兵——Podhale Chasseurs，该名称来源于波兰南部的山地）。他们戴圆形毡帽，这种帽子配有穹顶形帽冠和装饰性的老鹰羽毛；但第11喀尔巴阡山师成员一般戴那种帽冠较平的"胡丘尔斯基"帽，其帽冠底部有一道银色条纹、鹰徽，以及与军衔相对应的星标。他们的制服衣领上带有独特的"破碎十字"（常被误认为万字符）和松枝图案，位于勤务服的之字形花边上方，或是无装饰衣领的尖端之上。山地部队成员不穿大衣，而是使用卡其布雨

披（通常披在左肩上），其衣领上带有表示兵种的花边和部队识别徽章。

炮兵

　　波军炮兵部队在制服、长裤或马裤等方面采用步兵标准。其中，野战炮兵的兵种色为深绿色（带一条红色滚边），重型炮兵为猩红色，防空炮兵为绿色（带黄色滚边），骑乘炮兵为绿色（带黑色滚边）。工兵佩戴黑色领章，或是在大衣衣领上添加黑色花边，并在领章背面和大衣的黑色花边上方添加一道猩红色花边。通信兵所用制服与工兵相同，但采用浅蓝色花边而非猩红色。轻工兵以猩红色为兵种色，医疗部队为深紫色（带蓝色滚边），辎重部队为浅蓝色（带红色滚边）。技术部队大部分成员仍在使用阿德里安头盔，而不是较新的波兰自制型号。

　　宪兵部队（Zandarmeria，法语"Gendarmerie"的波兰语翻译）成员以橙黄色作为兵种识别色，并在帽墙和制服领章上都采用了这一色调。他们大衣衣领的橙色镶边上有一道黄色条纹，其他部位的滚边也是这个颜色。该兵种所用制服左胸口袋上方有一枚以羽饰头盔为图案的徽章。

骑兵

波兰军队仍然坚持保留着骑兵这一兵种——部分原因是传统所致，但更重要的还是因为他们在1919年到1921年的战争中证明了自身价值。另外，波军也有自己的机械化部队，并耗费了相当多的精力来发展这一兵种。到1939年，他们已经组建了（或正在组建）不少坦克营、装甲营、侦察连（使用轻型坦克和装甲车）和摩

▲ 在1944年的"华沙起义"中，波兰士兵混穿着缴获而来的德军制服和旧式波军制服。

托化旅（即摩托化步兵和炮兵，通常还配有坦克部队）。

即使已经拥有装甲部队，波兰军队也仍以其骑兵为荣。这支部队在制服和装备方面均享有极高标准，训练和指挥也表现得相当出色。他们的自豪感甚至体现在不同中队（或人员）配有不同颜色的马——号手骑灰色马，骑乘炮兵则应该使用黑色或深褐色马。

这些骑兵穿标准制服和加厚版马裤，但他们没有使用统一的兵种色，而是各团成员的军帽帽墙（包括所用勤务服）上都有不同识别色，并在衣领上佩戴燕尾形军旗徽标；除此之外，波军骑兵不会在制服衣领上佩戴任何徽标和之字形花边，这在战时各国军队中是极其少见的。值得一提的是，独立侦察中队和指挥部下辖侦察中队以猩红色取代了蓝色，作为他们的兵种识别色。

枪骑兵和骑马步兵戴方顶帽，轻骑兵则使用和边防部队样式相似的圆顶帽。不过他们的帽子上都带有所属团编号或用于识别所属部队的文字——比如

第1轻骑兵团使用字母"JP"而不是数字番号"1"，因为该团被尊称为"约瑟夫·毕苏斯基团"——这是一个波兰民族英雄的名字，他同时也是波兰第二共和国领袖。骑兵们可以在作战服肩章上添加可拆卸图案标志，但在勤务服上这些标志都是固定的。

这些骑兵的装备包括Y形背带、腰带、子弹盒（通常是6个）、掘壕工具和刺刀。手榴弹被放在一个帆布包里，食品和个人物品则位于帆布面包袋中。他们穿M1931式皮靴，这种皮靴在小腿部位较为宽松，由粗糙的天然皮革制成，一般会进行染黑或防水处理。士兵们装备卡宾枪和任意型号的马刀，他们在战场上已经不使用长矛，但仍会携带军旗；军官配备手枪——从1935年起使用VIS型9毫米手枪，通常会用一根皮绳固定在颈部附近，还穿着黑色高筒皮靴。该部队所用马鞍为M1936式或一些更老的型号。

技术部队

机械化部队成员基本采用原先所属兵种（步兵、骑兵或炮兵）的制服样式，但也存在一些区别。其兵种色为橙色，因此帽墙和领章底板都是这一颜色，滚边则为黑色。他们的勤务服衣领上带有橙色和黑色的军旗标志，作战服

◀ **华沙起义者，1944年。** 波兰救国军在同盟国方面所得的补给物资很少，因此不得不使用波兰被灭国前的那些军用装备以及缴获自德军的物资。带有波兰国旗颜色的标志主要用于进行敌我识别，通常出现在袖章或头盔上。

外套——主要配发给军官和士官，普通士兵则穿坦克工作服或制式大衣。这种约为常规外套四分之三长度的制服（皮外套）于1936年配发部队，设有一个黑色的布制衣领，可通过纽扣将其扣紧在使用者身体右侧（纽扣为隐藏式），军衔识别标志位于布制肩章上；它配有带扣的袖口（拉格朗式袖口），可将其固定到（正在使用的）皮手套上。此外，波兰空军也使用过这种皮外套。

摩托化部队成员通常使用原有的德式和奥式头盔，但从1919年起，坦克乘员也开始装备法式坦克头盔（因为波军的多数坦克都来自法国）。这些坦克乘员不戴船形帽，而是使用黑色贝雷帽（带有鹰徽和用于表示军衔的星标或横条）。

马裤和靴子在摩托化部队中相当常见，他们的个人装备通常只包括腰带、防毒面具、手枪、手套和护目镜。

空军

波兰空军所用的军衔体系主要参照陆军。他们的M1936式制服为卡其色，于1938年推出的新制服则是深蓝色。这种新制服的样式与地面部队所用型号极为相似，不同之处仅在于帽上搭配的雄鹰徽标——新图案于1936年启用，内容是位于月桂花环中的一只飞鹰。这枚鹰徽也被佩戴在带有英式风格的大檐帽上，后来还被流亡在法国和英国的波军飞行员使用。这种英式大檐帽配有黑色帽檐，上尉及其以下军官的帽上带有一道银色镶边，校官则为两道。他们的飞行装备来自于不同国家的供应商，飞行服一般是由法国生产的连体制服。

救国军

波兰的抵抗运动风起云涌，但这些部队的装备很差——他们依赖于旧的库存物品、数量有限的盟军空投以及战利品。抵抗组织成员混穿着波兰军队制服、平民服饰和缴获的德军钢盔及制服。在华沙起义（1944年8月到10月间波兰抵抗组织从纳粹手中夺取华沙的一次失败尝试）中，他们佩戴着含国旗颜色的臂章和袖章，在头盔上漆着颜色相同的条纹，用以区分敌我。

▼ *第8轻型炮兵团中尉，1939年。M1936式黑色皮外套是波军军官中相当流行的一种制服——尽管主要由装甲部队使用，但其他技术兵种（如炮兵）的军官也会选择它。*

▲ *波兰东部游击队员，1945年。1944年到1945年间，波兰抵抗组织得到了大量由苏联供应的制服和装备——比如图中这名游击队员所携的PPsh-41型冲锋枪（配备弹鼓型）。*

和大衣上也有一道橙色加黑色的条纹。

波军最重要的那支摩托化部队是被称为"黑色旅"的第10机械化旅，这一名称主要来源于该旅官兵所穿的黑色皮

南斯拉夫

南斯拉夫皇家陆军的制服基于其传统样式设计，让人不禁回想起了塞尔维亚军队在1918年时所穿的制服。

步兵们在1922年得到了新制服。这种灰绿色制服被称为"卡波兰"

▼ 第1突击营少校，1941年。南斯拉夫军队将突击营称为"切特尼克"（Chetniks）——他们的穿着风格在很大程度上参照了一战时期的德军暴风突击队，比如使用骷髅图案作为本部队识别徽标。

（Kaporan），它的一侧设有暗门襟，肩章采用了朴实无华的风格，立领上配有带兵种色的领章（大衣所用领章样式相同）。"卡波兰"制服到1941年时仍很常见，但于1939年配发部队的新版本已将暗门襟设在了中间位置，并配有立式翻领和4个带扇形袋盖的口袋。禁卫步兵团成员也使用这种（"卡波兰"）制服，但在纽扣上添加了双头鹰图案，并在软质肩章上佩戴皇室花押；军官的镀金肩章上还带有红色滚边和饰绳。南斯拉夫共有两个山地步兵团，他们同样穿步兵样式的制服，但搭配着长袜和宽松长裤使用，还在制服胸口口袋上佩戴了一枚绘有独特图案的徽章；军官肩章上还有一个猎号图案。

南斯拉夫军队所用的大衣为双排扣设计，软质肩章的一端常被卷起以防所挂装备滑落，并搭配彩色领章使用。军官所穿大衣的制作相当考究，于1922年首次配发，带有肩章和含兵种色的箭头形状领章（箭头部位有一枚银制纽扣）；高级军官的大衣翻领背面为红色，可以折叠。

军帽

一些南斯拉夫部队成员戴着捷克斯洛伐克所设计的M1932式头盔，但它们都在南斯拉夫本国进行制造，按产地名称被命名为"查查克"（Cacak）；法制阿德里安头盔在该国军队中同样很常见。这些来自不同国家的头盔上都带有南斯拉夫皇室纹章，在1926年生产的型号中，这枚纹章被镶嵌在一个圆形底板上。不过，该国士兵最常用的还是塞尔维亚传统船形帽或"夏卡卡"（Sajkaca）军帽。军官所用军帽样式繁多，不戴头盔时使用带帽徽的有檐"夏卡卡"，或是类似于英国军官大檐帽的型号，并以位于

▲ 第2步兵团列兵，1941年。南斯拉夫士兵一般戴传统的"夏卡卡"或阿德里安头盔，但驻在贝尔格莱德附近的一些部队也接收了以捷克型号为基础制造的"查查克"头盔。

红色圆形底板上的金色双头鹰作为帽徽。一种外形简单的碉堡形帽子（带有鹰徽）也很常见。

山地部队军官可以戴一种配有流苏

的黑色巴斯比毛皮高帽，这也是突击营士兵常用的一个型号。

徽标

步兵佩戴紫色领章，军官的金色肩章也带有紫色滚边，少校以下衔级军官的肩章中部有一道紫色条纹。这些肩章上都带有用于表示军衔的星标，以及数字番号和花押图案（如果该团有皇室赞助人的话）——比如第2"米哈伊洛王子"团。

第2步兵团的一些军官在1932年建立了一所特战训练学校，到1940年

时已招募并装备了6个小规模的突击营（令人困惑的是，他们被称为"切特尼克"，但是与同名的保皇派游击队没有任何关系）。该部队成员所用制服和装备与山地团相同，并使用自己的识别徽标体系，包括黑色领章和位于军官镀金肩章上的黑色滚边。军官和士兵都喜欢使用黑色巴斯比高顶皮制军帽，帽上带有流苏和位于黑色布底中的金色鹰徽；他们的领章上带有银色的骷髅和交叉腿骨图案。士兵一般携带手榴弹、步枪（来自捷克斯洛伐克的VZ–24式短步枪）和匕首。

骑兵军官使用银色肩章，滚边在1924年前为黄色，此后被改为深蓝色——两个禁卫骑兵团也一样，但他们的软质或硬质肩章上依然带有皇室花押。骑兵们穿马裤和靴子，携带马刀和卡宾枪。

炮兵所用领章为黑色，军官的金色肩章上也带有黑色滚边。不同类型的炮兵可通过肩章上的银色徽章图案加以识别——迫击炮连为爆炸榴弹下交叉的加农炮管；要塞炮兵为一座塔上的交叉炮管；防空炮兵为一只雄鹰下的交叉炮管；骑乘炮兵是交叉的炮管与马刀；岸炮部队则是船锚和交叉炮管。

通信兵的兵种识别色为紫色，军官所用肩章的图案为两道缠绕在一起的闪电。

无产阶级游击队队员穿着形形色色的军用制服和民用服饰，但通常都会佩戴红星帽徽。"切特尼克"部队（保皇派游击队）也穿各种不同样式的制服，

但也有许多人使用自己的旧制服，并搭配鹰徽等代表皇家的识别标志。

机械化部队

南斯拉夫军队于1929年购买雷诺轻型坦克，到1940年已拥有两个营；此外，他们还组建了一个用来支援骑兵的轻型坦克中队。坦克部队成员穿步兵制服，但军官的肩章上有一枚带坦克图案的徽章；来自其他机械化部队的军官会在肩章上添加带翼车轮图案。

◀ **第20步兵团军士长，1941年。** 这名军士长戴着含有1921年款式盾徽的阿德里安头盔。更新的一款徽章于1926年开始使用，内容为位于一个圆形底板中的双头鹰盾徽。

▶ **第114重炮团炮手，1941年。** 双排扣大衣是轴心国军队入侵时南斯拉夫军队中最常见的一种制服。它配有含兵种色的领章和肩章——图中的黑色领章表示他隶属于炮兵（步兵为红色）。

其他轴心国

　　支持由希特勒所统治德国和日本帝国的（国家）联盟得以建成有部分原因是环境所致。一些国家（如墨索里尼统治下的意大利）是希特勒法西斯政权的天然合作伙伴，另外一些（比如保加利亚和匈牙利）则是德国在20世纪30年代中通过高效的外交手段争取得来；一些国家（如罗马尼亚）致力于收复失去的领土，因此投入军事力量夺回自己认为重要的地区，以改正过去的失误；斯洛伐克和克罗地亚等国从被击败国家的废墟上建立起来，它们向轴心国提供部队和资源，以保证自己的政权和地位得以存续；此外，还有一些国家是由于偶然原因被卷入战争——芬兰曾遭受苏联攻击，在二战中也恢复了战争状态，只是作战背景变成了进攻东线的全面战争。以上种种情况最终形成了一个复杂且难以控制的联盟。

▲ 一队芬兰步兵正在1939年的夏季演习中占领阵地，此时距离苏芬冬季战争爆发仅剩短短几个月。

◀ 希特勒和墨索里尼于1940年6月18日在慕尼黑会晤。8天前，意大利以德国盟友的身份参战，并向法国与英国正式宣战。

德国的盟友

纳粹德国最开始是孤立的。当日本在东方展露野心使其成为一个更有前途的盟友，尤其是统治阶级直言反对无产阶级主张时，德国就把自己与中国的联盟抛到了一边。德日两国在1936年11月签订了一份条约，此后由于国家战略和地缘方面的差异只是组成了一个紧密却又缺乏协调的联盟——德军在欧洲作战，日军则试图将本国统治范围扩张至整个亚洲。日本在德国投降之后选择继续作战，直到广岛和长崎分别遭到原子弹轰炸且苏军进攻关东军，最终才在1945年8月被迫宣布无条件投降。

三国同盟条约

意大利于1937年加入德日同盟，随后三国于1940年签订《三国同盟条约》。在此之前，德意关系一度令人捉摸不定，尤其是在德军占领奥地利后。

▲ 1941年，时任日本首相的东条英机身穿将官制服与内阁成员在一起。

然而，由于德国支持意大利在非洲的野心，因此最终赢得了墨索里尼的支持。意大利派军在巴尔干地区、非洲和地中海作战，它还吞并了法国的部分领土，并派出一支远征军进入苏联——这支部队能定期得到增援，但遭受了惨重损失，最终于1943年年初撤回本国。

轴心国联盟几乎只是临时拼凑而来，每个国家都在追求各自的战争目标，却对盟国的目标不甚了解或是加以支持——德国和日本无法做到协同攻击苏联；意大利在反复发动不同的战役，然后不断要求德国给予援助。

其他支持者

三大轴心国得到了一些国家的支持，后者会向其提供部队、补给和其他方面的援助。作为德国的盟友，保加利亚打了一场奇怪的战争。该国部队参与了对其宿敌南斯拉夫和希腊的攻击，但

▼ 罗马尼亚领导人扬·安东内斯库将军于1940年11月在柏林加入《三国同盟条约》，此举将罗马尼亚和斯洛伐克正式带入了轴心国阵营。

没有被部署到对苏战争中；在1944年倒戈之前，这些保加利亚人主要负责镇压叛乱，并对抗盟军的空中力量。

匈牙利认为自己受到了1919年《凡尔赛和约》的羞辱，因此成为德国的天然盟友——在所谓"德意志帝国"吞并奥地利后更是如此。其官员和统治阶级一向与德国亲善，一些大规模右翼组织更是喧闹不已地对法西斯主义表示同情，其中以"箭十字党"最为主要。匈牙利军队主要在巴尔干地区和东线作战，并取得了一些成功。1944年时，该国企图脱离轴心国同盟，但遭到德军占领，箭十字党因此恢复了对政局的控制；此后，处于该政党控制下的匈牙利作为德国的盟友战至最后，直到苏军将其占领。

罗马尼亚是轴心国阵营中的后来者。它在《凡尔赛和约》里收获甚丰，但由于20世纪30年代中德国施展的巧妙外交政策而受到孤立。尽管该国的油田十分重要，英军总参谋部仍于1939年3月得出结论——即使与罗马尼亚结盟，英国也无法进行干预以支持这个国家。因此，罗马尼亚被迫改变立场，试图保持中立。但它由于行动迟缓遭到了惩罚，因而被邻国夺走领土（比萨拉比亚于1940年被苏军占领，其他一些领土也落入保加利亚和匈牙利之手）。这直接导致了一场政变——卡罗尔国王退位（随后逃往墨西哥），该国政权被年轻的米哈伊国王和以安东内斯库将军为代表的右翼政府所篡夺。罗马尼亚因此加入了与纳粹德国的联盟，并将此视为收复丢失领土的唯一途径。该国于1941年加入对苏战争，英国也于1941年12月对其宣战；到1944年8月底，罗马尼亚再次倒向了同盟国一方。

战败后成为轴心国盟友的国家

接下来是由于本国战败而成为德国盟友的国家。

克罗地亚因为南斯拉夫战败而成为德国的忠实盟友，斯洛伐克也是由于捷

▲ 1940年6月，几名德国军官和一名法国警察站在一起，在凯旋门上升起了一面旗帜。

克斯洛伐克的解体而建立。法国的情况略有不同，由右翼派系建立的维希政权是一个地位较低的盟友，在德国对其失去信任、占领该国剩余地区之前，维希法国的部队一直驻守在马达加斯加、叙利亚和塞内加尔，并对抗当地盟军。

1939年11月，苏联与芬兰两国爆发冬季战争。法国和英国准备派出远征军支援芬兰，美国总统西奥多·罗斯福之子克米特·罗斯福甚至组建了英语国家志愿军，这一行为得到了温斯顿·丘吉尔的热情赞扬（苏联领导人约瑟夫·斯大林对丘吉尔与罗斯福的这一早期联盟有何看法现已无从得知）。虽然这支远征军最终未能抵达战场，没有实现预期目标，但来自瑞典和波罗的海国家的许多志愿者却参加了战斗。之后，芬兰加入了1941年进攻苏联的战役。此役被称为"继续战争"，因为芬兰的目标是夺回苏联在1939—1940年"冬季战争"中获得的战果。大量芬兰军队被投入到列宁格勒周围的战斗，最终于1944年9月才退出战场。

一些与轴心国进行过结盟的较小国家本书不做介绍——伊拉克曾短暂地成为德国的盟友，泰国则是与日本结盟；

除法国投降派外，轴心国还得到了来自黑山、塞尔维亚和捷克（波希米亚和摩拉维亚）傀儡政权的有限支持。

志愿者

最后，还有一些志愿者与轴心国军队并肩作战，他们往往是被占领国家国民，但也有来自中立国的志愿者出于冒险精神或意识形态方面的目的为德国而战；此外，有一支规模较大的西班牙部队一直在东线协助德军作战。

▼ 1941年，德军冯·法尔肯霍斯特大将（前右）与芬兰陆军元帅曼纳海姆男爵（前左）一起检阅芬兰武装部队。

保加利亚

签订于1920年的《纳伊条约》将众多苛刻条款强加给了保加利亚——必须废除征兵制度，陆军的规模不得超过2万人，不能拥有坦克、装甲车以及军用飞机；除此之外，它失去了一些领土（希腊获得西色雷斯，罗马尼亚获得多布罗加，南斯拉夫获得马其顿多个地区），还必须向战胜国支付22.5亿法郎

的战争赔款。到20世纪30年代，保加利亚开始向这些条款发起挑战，并在德国支持下对本国武装力量进行了扩充和现代化。1928年时，该国共有24个步兵团，到1940年已增加到32个；炮兵团的数量也从1928年时的4个增加到了1940年的10个。

保加利亚军队拥有2个摩托化团和1个坦克营（1941年时被扩编为团级部队，到1943年已变成1个旅），以及各类技术部队。1937年，该国正式重建空军，1943年时还组建了1个伞兵营。

作为现代化进程的一部分，保加利亚军队的制服也有所革新。新制服（M1936式）于1936年在战争部长卢科夫将军的监督下配发部队。其中，冬季版本采用了相对以前制服色调更浅的褐色，但原先的巧克力色制服也一直被使用到库存耗尽。它（冬季版本制服）采用了立式翻领（旧版本的立领用起来很不舒服）、6枚纽扣（步兵制服的纽扣上带有雄狮图案，炮兵则是交叉加农炮管）、4个口袋、尖袖口、带兵种色的软质肩章和领章等设计。夏季制服包括一种沙绿色的无领衬衫，供军官和士兵使用；不过军官们一般会穿量身定制的橄榄绿制服，它采用较好的华达呢布料制作。其衣领为天鹅绒立领或开领，与衬衫和领带搭配使用；这些样式不同的衣领上都带有作为识别标志的编织条纹，制服上还配有肩章。

兵种徽标

保军一般佩戴兵种色领章。其中，步兵的兵种色为红色，边防部队为绿色，炮兵和工兵为黑色，骑兵为带有白色滚边的红色，航空兵为浅蓝色，医务人员为深蓝色；在装甲旅服役的官兵会使用一套复杂的徽标体系，但标准领章统一为红色，带有黄色滚边（军官

◀ **第39步兵团中士，1941年**。保加利亚步兵在参战时穿旧式立领制服，或是舒适性更佳的新款立式翻领制服。普通士兵的制服一般采用传统褐色布料制作。

▶ **第15步兵团列兵，1942年**。保加利亚在20世纪30年代末对本国武装部队进行了现代化，其中一项措施就是配发新头盔。这种头盔的盔体上通常带有含保加利亚国旗颜色的盾徽，但它在战争后期被弃用。

◀ **装甲旅上尉，1943年**。保加利亚装甲兵的制服效仿了德国国防军同类兵种所用样式。军官通常以制服搭配同色野战帽，不过黑色坦克服和军帽的组合也很受他们欢迎。

▶ **第48步兵团列兵，1945年**。1944年9月，保加利亚决定倒向同盟国一方，并开始招募新部队。这些部队的制服通常由苏联提供，比如有名的苏式保暖棉衣（Telogreika）。

大部分兵种的检阅肩章为金色，但骑兵和工兵为银色且带有之字形图案；这种肩章有时也会被戴在野战服上。士官的软质肩章带有兵种色滚边，用于表示军衔的横条（中士为三道黄色横条）贯穿其中，而且边缘镀金。

保军的冬季制服中还包含一种实用的灰色大衣。它采用双排扣设计，纽扣分为军官所用的金属版本和士兵的黑色材质版本。军官大衣的衣领最初采用绿色天鹅绒制作，但开战时已经相当缺乏这种材料。带纽扣领章的底板分别采用相应兵种色——步兵为红色，炮兵为带黑色滚边的红色，装甲兵为带黄色滚边的红色，骑兵为带白色滚边的红色；此外，位于大衣衣领附近的滚边也采用了兵种色。

军帽

军帽包括士官和列兵的简单船形帽以及军官的含皮制帽檐军帽。船形帽类似于意大利的"布什蒂那"式帽子，带有折叠式耳罩；其正面有一枚保加利亚狮徽，右侧则是一枚含保加利亚国旗颜色（白、绿、红）的盾徽。军官也戴这种帽子，同时使用更传统的大檐帽。其帽墙带有兵种色滚边（帽冠滚边同色）；帽徽边缘镀金，但士官为白色。1943年时，保军还推出了一种有檐布帽。

他们的头盔有三个版本，但都出自本国自行设计的同一型号。这三个版本都在1936年入役，外形极其相似，不过C型重量最轻。这一型号基于德制钢盔设计，但盔顶添加了一条浅浅的脊线，两侧也向后倾斜，保加利亚盾徽位于盔体右侧。

制服上的编织条纹装饰也采用了这些颜色）。根据传统，他们会在自己的软质肩章上添加团番号或皇室赞助人花押，但在作战时会摘掉这些徽标，改为佩戴含有兵种色滚边的简单风格肩章；不过军官的硬质肩章上仍会保留这些标志。保军在作战时所用肩章的颜色与制服相同，带有兵种色滚边（其实是露出来的底板，装甲兵为黄色样式）和表示军衔的红色（步兵、炮兵、坦克部队并用）或蓝色（医务人员）线条及金属星标。

专业人员

坦克乘员一般穿罩衫，但从1942年开始使用带有红色领章和骷髅图案的德制风格坦克服，戴黑色贝雷帽或有檐帽；在坦克内部时，他们戴意式皮制头盔。伞兵使用德国伞兵头盔或带有伞兵飞翼标志的保加利亚军帽，携带意式或德式装备。禁卫骑兵团往往穿常规骑兵的勤务服，但在衣领上添加白色或银色的三叶草花边以及带有花边的肩章。

克罗地亚

在德国、匈牙利和意大利的军队于1941年4月6日到18日入侵南斯拉夫的战役尚未结束之前，独立的克罗地亚国家就已经宣告成立。轴心国的计划是建立一个由萨伏伊王室后代统治

▲ 从这张拍摄于1943年9月德军占领克罗地亚斯普利特期间的照片中可以看到，一支隶属于武装党卫军的装甲部队正在通过占领区。

的王国，作为意大利的傀儡。但由安特·帕韦利奇领导的一群极端政治家把权力集中在了自己手中，帕韦利奇更是自称"领袖"（Poglavnik）。这一运动被称为"乌斯塔沙"（Ustaša，成员自称为Ustaše），他们开始清算与塞尔维亚人的宿怨，并着手建立"大克罗地亚"。乌斯塔沙组建了一支军队，将其称为"本土防卫军"（Domobranstvo），而且不断得到来自乌斯塔沙准军事部队和武装部队的补充（两者于1943年合并）。

本土防卫军

本土防卫军招募了15个步兵团，以及1个骑兵团（"萨格勒布"团）、2个摩托化营、工兵和炮兵。这些部队还得到了当地民兵的支援。他们最初使用着南斯拉夫军队留下来的那些衣物——浅灰色立式翻领上衣、浅灰色长裤、"夏卡卡"军帽或带有捷克风格的"查查克"头盔；随后，德制野战帽和头盔开始取代这些军

◀ 第11步兵团列兵，1942年。克罗地亚军队早期制服的样式与奥匈帝国军队相似，不过图中的士兵还戴着一顶德制钢盔，并在盔体上添加了一枚克罗地亚盾徽。

帽。他们的军帽上带有含"NDH"字母的徽章。从1941年年末起，克罗地亚军队开始佩戴红白色棋盘格盾徽，它通常出现在头盔和制服衣袖上。

克罗地亚军队制服和大衣上领章的底板均采用兵种色，这与南斯拉夫军队的相关体系有所不同。其中，步兵为深红色，山地步兵为绿色，骑兵为黄色，工兵为深绿色，炮兵为红色，机械化部队为黑色。士官和军官领章及肩章上的徽标体现出了战前南斯拉夫军队的特色，比如机械化部队使用的银色坦克图案，以及工兵的交叉铲子与铁锹；他们的军衔通过位于领章上的银色星标来表示，或是军官制服肩章上的三叶草图案（士官肩章上最初是条纹，后来改用了形状较小的三叶草）。在1943年改革后，军官应在三叶草图案下方添加红色或红色与银色混合的刺绣花边，但该计划只存在于理论上，并未投入实际应用。随着战争走向变得对己方愈发不利，克罗地亚开始将可靠人员集中到精锐部队中，包括克罗地亚暴风师和一个伞兵营。这些部队使用德制或意式装

行员的银色或白色肩章及领章（带有由橡树叶花环围绕的飞鸟图案）上有浅蓝色滚边，空军所辖的炮兵部队则使用红色滚边。飞行员会在制服右胸口袋上佩戴一枚徽章，其图案为字母"NDH"下方紧抓克罗地亚盾徽的雄鹰。

乌斯塔沙部队

乌斯塔沙第一批有组织的成员是1940年4月轴心国军队入侵克罗地亚后进入该国的200名帕韦利奇追随者。这些人最初穿意大利军队制服，佩戴独特的红、白、蓝三色领章。为对抗克罗地亚人约瑟普·布罗兹·铁托率领的起义军，该运动（乌斯塔沙）于当年9月在萨拉热窝招募了一个由志愿人员组成的团。它被称为"黑色军团"（Crna Legija），成员穿带有意大利风格的黑色制服、黑色马裤和长筒靴（至少在组建初期是这样），并且戴黑色帽子。他们所用徽标包括帽徽中内含红白两色手榴弹浮雕图案的字母"U"，以及位于上翻领带有相同图案的红色领章。军官使用刺绣肩章和一种独特的皮带扣。不过，这套黑色制服很快就被灰色或浅灰色制服取代了。

除这支部队外，乌斯塔沙运动还组建了数十个营的准军事部队。他们使用各种各样的制服，并在上面添加表示该运动的字母"U"与手榴弹图案。在1942年招募的精锐部队"领袖卫队营"逐渐被扩编为一个团（"领袖卫队团"），到1943年已成为两个团和一个装备德制坦克的装甲营。领袖卫队营成员佩戴帕韦利奇第一批追随者所用的红、白、蓝三色徽标，蓝色最靠近颈部，此外还在制服上添加了字母"U"及手榴弹图案。他们曾在一段时间内保留并使用带有意大利风格的制服，此后大多数人选择了带德国风格的灰色制服。领袖卫队团使用一种独特的军衔徽标——位于衣袖上方的红色圆圈和半圆。其中，下士为两个圆圈，中士为两个圆圈以及位于其下方的一道横条；军官的图案与此相似，但徽标底板镀金。这些徽标也会出现在衣袖下方和德式野战帽或船形帽上。

▲ 第1乌斯塔沙团上尉，1941年。乌斯塔沙部队通常是匆忙招募并发放制服的，比如从意大利返回的流亡者就大多穿着意军所用制服。图中这名军官使用德制钢盔，并简单添加了该类部队所用帽徽图案——字母"U"以表明他的身份。

备，比如与众不同的德制钢盔，并在制服衣袖上添加了克罗地亚盾徽。

克罗地亚空军制服的样式与德国空军极其相似。他们的制服为灰蓝色，飞

▶ 黑色军团成员，1944年。虽然得名于黑色制服和马裤，但这并不意味着该部队所有成员都穿黑色制服——有些人就只是随意地穿着意大利法西斯分子所用的那种黑衬衫。

芬兰

芬兰被迫卷入由于苏军入侵爆发的"冬季战争"，并支持德军入侵苏联，发动了对苏"继续战争"（1941年6月到1944年9月）。

芬兰步兵

芬兰军队强调各方面的统一性，于1927年采用一种褐绿色制服，后来又在1936年用新的灰色制服（M1936式）将其取代。新制服设有6枚组扣、4个口袋（配有带纽扣的扇形袋盖）、肩章、直筒袖和翻领。兵种色领章有时会被固定到灰色衬布上，有时则是直接缝在衣领上。步兵使用带白色镶边的绿色领章，猎兵则是带黄色镶边的绿色领章。

士官的具体衔级通过领章上的V形图案来表示，军官则是领章上的镀金玫瑰（将官为狮子）图案和装饰性镶边。兵种可由位于肩章上的镀金徽标加以识别。其中，步兵是团名或部队番号上方的交叉步枪，猎兵则是一个奇特的图案组合——一对交叉滑雪板被平放在一个自行车轮上（他们在冬季使用滑雪板，在夏季使用自行车）。随着战争的持续，物资短缺变得越来越严重，领章经常会被取消（与此同时，金属组扣也被塑料或胶木版本所取代），但兵种识别徽章依然出现在制服的肩章、衣领，或是大衣上。

步兵的双排扣大衣由一种厚实毛料制成，长及小腿部位，可通过解开背部纽扣以更方便地运动。军官大衣的衣袖下方还带有表示相应军衔的条纹。

公民卫队成员佩戴袖章，章上有表示不同地区的颜色组合以及字母"S"（Suoljeluskunta的缩写，意为"白色卫队"或"公民卫队"）。

步兵们一般使用带有芬兰国徽图案（士官还有金色镶边）的灰色野战帽，不使用耳罩时可通过两枚纽扣将其固定在帽子正面；从1939年起，军官开始佩戴含金狮图案

◀ 第4猎兵营中士，1940年。芬兰猎兵被视为一支精锐部队，佩戴着一种独特的徽章，其图案为交叉滑雪板以及车轮。他们的野战帽上通常带有芬兰国徽图案或一种军官专用的帽徽。

▲ 第26步兵团少尉，1940年。芬兰军官可以选择德制钢盔，也能戴本国步兵所用的那种野战帽；到冬季，他们一般使用舒适性良好的毛皮军帽。这名少尉肩章上徽标的图案是代表步兵的交叉步枪。

的红色帽徽。这种野战帽上通常有兵种色滚边。官兵们在冬季可以戴多种样式的毛皮帽，旧版本的正面有一道凹槽，新的M1939式则更圆更饱满。芬兰军队

的头盔供应较为短缺。尽管他们在1940年装备了一种以瑞典型号为基础设计的自产头盔，但相对少见，德制头盔在1944年之前一直占据主导地位。少数人在头盔上添加了骷髅图案，不过主要是猎兵和轻型炮兵部队。这些头盔普遍涂有哑光漆，有的还会被漆成白色。

他们（步兵）一般以灰色长裤搭配绑腿和短靴，或是更为常见的皮靴；棉鞋和毛皮靴子在冬季很流行，但滑雪部队更偏爱拉普兰靴。步兵的装备包括苏式标准型莫辛-纳甘步枪的子弹盒（或是为莫辛-纳甘步枪子弹改装的毛瑟步枪子弹盒），被悬挂在通常为褐色的单扣眼皮带上。1918年时，芬兰是俄国的一部分，因此保有莫辛-纳甘步枪的库存，此后还购买了不少该型步枪，使其成为一种制式武器。普通士兵携带有背包、面包袋、水壶、饭盒和掘壕工具，这些装备中的大部分都是由一战时期的德国所造。一些步兵装备了芬兰本国制造的索米冲锋枪，大多数军官使用的是德制鲁格尔手枪。

外国志愿者的装备相对随意，但至少瑞典人组成了一支成建制部队，使用圆盘中的十字弓、麋鹿头以及交叉双剑图案作为识别徽标，并将其佩戴于肩章上的交叉步枪图案下方（后来也出现在制服及大衣衣领上）。此外，他们的制服上还有一个四只手紧握的图案。

骑兵和技术部队

骑兵制服的样式参照步兵，但使用卡宾枪，装备也相对轻量化——他们一般只携带在肩上的Y形背带、子弹盒和腰带。这些骑兵佩戴黄色领章，常规骑兵团成员的肩章边框为红色，龙骑兵团则是蓝色。他们的肩章上还带有所属团徽标，大衣衣领上也有交叉双剑图案。

炮兵使用红色领章，肩章上带有爆炸榴弹图案标志，其下方还有团番号。重炮部队成员可以通过他们使用的交叉炮弹图案进行识别。装甲部队所用的黑色领章最初有灰色边框，但从1941年起改成了橙色样式。坦克乘员往往使用黑

色皮革上衣、皮裤以及皮革坦克头盔，其中上衣在1936年进行过少量配发，一般被穿在棉制或毛料上衣外面；他们的肩章上带有部队徽标，图案为两只披有铠甲且紧握一朵玫瑰的手臂。航空兵部队地勤人员和飞行员的肩章均为蓝色底板和黑色边框样式。飞行员的制服口袋附近有一枚飞行员徽章，他们在飞行时一般使用由德国制造的皮制装备。

◀ 第10野战炮兵团中士，1939年。冬季伪装服在1939—1940年的冬季战争中给芬兰军队带来了明显优势。这种带兜帽的制配有一同使用的手套和长裤，兜帽可以戴在钢盔外面。

▶ 坦克无线电操作员，1943年。芬兰装甲兵在战争中得到了发展，到1943年，他们中的大部分人都已配备德制装备。一些在战争初期临时拼凑的皮革制服也在被继续使用，独特的箭头标志表明了该部队成员的身份。

法国（维希政权）

在1940年6月签署停战协定后，法国被分为北部及西部德占区、小块靠近阿尔卑斯山的意占区，以及由费利佩·贝当元帅所领导卖国政府统治的区域。值得一提的是，这个卖国政府仍然拥有对被占领地区民事案件的裁判权。

贝当政权除去了原先的"共和国"称号，自诩为"法兰西国"，人们往往根据该政权总部落户的法国中南部城镇名称将其称为"维希政权"。它维持有一些武装力量，试图使自己中立，但事实上仍在与轴心国进行紧密合作。反对这一政权的人要么加入法国（当地的）抵抗组织，要么选择流亡国外，其中很多人都加入了戴高乐将军所领导的"自由法国"军队。1942年11月，德国和意大利将原维希政权控制区域划为占领区，解除了后者大部分武装力量；至此，维希法国只拥有一支首都卫成部队，即"法兰西第一团"。

还拥有在北非和西非、叙利亚以及东南亚的殖民地部队——维希法国曾与泰国发生过短暂战争，还允许日本在本国殖民地上驻军。

维希军队成员最初使用法军1940年时所穿的制服，但徽标有时会被替换，

维希军队

维希陆军是1940年法国陆军的缩小版本，拥有约9万名官兵。这原本是一支完全由志愿兵组成的军队，但由于规模不足，有一部分人员属于强制征召而来。维希陆军共有18个步兵团（第1、第5、第8、第18、第23、第26、第27、第32、第41、第43、第51、第65、第92、第150、第151、第152、第153和第159团，这些数字分别代表了法国的不同地区）、15个猎兵营、12个骑兵团（包括4个胸甲骑兵团、4个龙骑兵团、2个猎骑兵团和2个骠骑兵团），以及8个炮兵团。这些部队大部分都驻在法国边境上的要塞中，包括德占区与维希政权控制区分界线。此外，这一政权

◄ **共和国卫队第7军团骑兵，1942年。** 由于自身的武装力量受到严重限制，维希法国只能依靠准军事警察和宪兵部队维持秩序。这名共和国卫队成员使用了骑兵的皮质硬壳绑腿，戴着标准的阿德里安头盔，其盔体被漆成了代表宪兵的蓝色，还带有双头斧图案标志。

▶ **切尔克斯中队队员，1941年。** 维希法国在叙利亚驻有多个切尔克斯中队。他们所用的制服包括立领勤务制服（夏季使用白色版本，冬季使用黑色版本）和卡其布野战服。军官一般会戴含有其原先所属部队兵种色的平顶帽。

头盔上爆炸榴弹图案中的字母"RF"也常被刮掉。官兵们开始时佩戴三色臂章，直到新的徽标体系推出。1941年时，军方设计了一套新制服，于1942年开始配发部队——最明显的变化就是新制服统一采用了1940年时法军装甲部队所戴的头盔。此外，还有一种新上衣装备部队，其样式相对简洁，采用开领、4个口袋（上方的口袋配有扇形袋盖和褶饰），正面有4枚褐色纽扣；它所添加的徽标包括深红色所属团番号，以及位于其上方的条纹（同为深红色）。这种制服上衣一般与衬衫（通常呈卡其色或橄榄色，军官常用白色版本）和卡其色领带（军官为黑色）一起使用；此外，长裤一般搭配上衣、绑腿（或是与高筒靴样式相似的米黄色腿套）和短靴，但军官偏爱马靴。在寒冷天气中，官兵们穿着各种大衣、派克衫以及民用外套。1942年时，维希军队被撤编，但也有一些官兵被吸收进入准军事部队或警察部队中继续服役。

殖民地部队

殖民地部队的情况与（维希政权）国内军队相似，比如继续使用他们原有的制服。但许多法国军人在当时选择返回本国——由招募来的当地士兵替代他们，以维持殖民地防务。叙利亚"切尔克斯"部队、东南亚"东奇尼猎兵"和马达加斯加"马拉加斯"团都因此成了维希法国殖民地军队的骨干。

通敌者

维希法国政权拥有许多准军事组织，其中一个就是臭名昭著的法兰西民兵（Milice Française）。这支部队中的积极分子被称为"法国卫队"，他们穿深蓝色制服，佩戴黑色肩章，头戴海蓝色贝雷帽或盔体被漆成深蓝色的阿德里安头盔。如果戴贝雷帽，他们还会在帽上添加一枚带有希腊字母"Γ"的银色盾徽，而且通常将这枚盾徽放置于黑色的圆形背景中。

▼ 维希法国军队所用徽章（部分）。1. 切尔克斯中队制服翻领徽章（左上）；2. 机动预备队制服臂章（右上）；3. 共和国机动卫队第6团部队识别章（左下）；4. 共和国机动卫队盔徽（右下）。

▶ 外籍军团第5团下士，1941年。虽然法国外籍军团以其白色平顶帽著称，但也有许多成员戴着原本用于非洲和远东的法式热带头盔。该部队（第5团）驻守在东南亚，他们使用的头盔上带有爆炸榴弹图案标志。

另一支武装警察部队是组建于1941年5月的"机动预备队"（GMR），该部队成员身穿深蓝色带猎兵风格制服，它设有9枚纽扣，肩章靠近衣领一侧也有1枚银色纽扣；其衣领上绣有银色部队番号，上臂处则是银色狮头图案臂章。他们戴贝雷帽、警用平顶帽或盔体正面带有法国警察徽标的阿德里安头盔。此外，还有隶属于宪兵的共和国机动卫队（GRM，在1941年2月后被简称为"卫队"），他们后来组成了若干军团——最初有6个在法国本土，3个在北非，最终的军团总数为14个。共和国卫队成员贝雷帽上的徽章图案由一顶骑士羽饰头盔和位于其下方的蓝黑双色盾牌组成；他们还佩戴着本部队的一种独特识别用章，其图案为红蓝双色盾牌上的拿破仑式雄鹰（有不同版本），盾牌上还带有所属部队番号。

贝当元帅的私人卫队在执行任务时穿宪兵制服。他们的勤务服为蓝色，黑色菱形领章上带有位于爆炸榴弹上方的双头斧图案；其所用军帽包括装甲部队的头盔、工作帽以及有檐平顶帽。1943年时，维希政权还组建了用于保护其"总统"皮埃尔·拉瓦尔的"特别保卫小组"。该小组大部分成员都是摩托车手，使用黑色皮外套和白色装备，所戴识别徽章的图案包括一幅法国地图、一名骑士和红白蓝三色字母"GSP"。

匈牙利

奥匈帝国在1918年的战败给匈牙利带来了毁灭性打击——国内爆发革命，领土被邻国和新独立的国家蚕食，剩余部分成立了一个新王国（君主是缺位的卡洛伊四世，由于他当时被协约国一方流放到了马德拉，因此海军元帅霍尔蒂以摄政身份取而代之）。签订于1920年的《特里亚农条约》决定了匈牙利的命运，它强制该国缴纳惩罚性赔款并接受相关制裁，还将其武装力量限制为一支不能超过35000人的陆军。后者无疑憎恨着这一条约，因此在意大利和德国的帮助下千方百计加以规避。20世纪20年代，匈牙利启动兵役制度并开始重整武备（1938年时的发展力度相当大）。它在1938年与斯洛伐克发生战争，在1941年同南斯拉夫交战，还在1941年到1945年间参与了对苏作战。

▼ 第20步兵团上尉，1944年。匈牙利步兵经常把M1938式帐篷帆布当成雨披使用，因为它可以防水并提供一定的伪装。

武装部队兵力

匈牙利陆军的主要编制为步兵团（共56个）和边防步兵营（共27个）；另外，他们在1939年组建了2个山地团，主要服役于喀尔巴阡山；到1941年，有1个伞兵营开始形成战斗力——后来被扩编为"圣拉斯洛"师，这一名称来源于匈牙利阿尔帕德王朝国王、军队守护神拉斯洛（Laszlo，也被译作"拉迪斯劳斯"——Ladislaus，1077年到1095年间在位）；骑兵共包含4个团，均为传统意义上的轻骑兵，此外还有一些作为师属侦察部队的骑兵连。

1939年时，匈牙利军队正在展开机械化进程，第1轻骑兵团已经全面换装装甲车；此外，陆军中开始出现坦克营和侦察连，自行车及机械化步兵营已有16个。炮兵包括骑乘炮兵和后来出现的山地炮兵以及突击（或是自行）炮兵。空军共有5个团——2个战斗航空兵团和2个轰炸航空兵团，以及1个侦察航空兵团。

匈牙利军队的制服风格相对类似于1918年时的奥匈帝国军队——资金的缺乏必然会导致这一现象，但到20世纪30年代末也发生了一些变化。

▲ 第44步兵团列兵，1943年。匈军步兵通常穿巧克力褐色冬装，但有时也使用材质较轻的夏季棉布制服（浅绿色）。

步兵

匈军步兵所用标准制服的色调为褐色，但它很容易随着时间推移褪成沙褐色。这种制服配有宽大的腰部及胸部口袋（袋盖为扇形，设有纽扣），采用立式翻领，可佩戴肩章；它由5枚采用塑料、兽角或木料制作的纽扣扣紧，但军官和士官一般会保留自己的镀金材质纽扣（绘有匈牙利圣斯蒂芬皇冠图案）。步兵们在夏季通常穿浅绿色棉布制服，不过军官也可以选择一个看起来不太协调的白色版本。

褐色标准版制服的衣领带有装饰性领章，其末端有一个尖角；到1944年，这些领章均被一种含兵种色的花边所取代（但在1939年时仍然很常见）。步兵所用领章为深绿色，边防步兵和山地部队也是如此。他们通常把军衔标志佩戴在领章上。士官的领章外端有褐色饰带花边，另一端则是银星（下士为两颗），高级士官的领章外端还有一个镀金V形图案；职业士官后来使用了一种三角形徽章，其底板采用兵种色，一般被佩戴在制服衣袖上。军官的领章上带有铜星，高级军官还在兵种色底板上添加了装饰性金色花边。

部分军衔标志也可用于褐色双排扣大衣，比如佩戴在两侧衣领上的箭头形彩色领章（作战时通常会被摘下）；军官的衣领采用深色天鹅绒制作（将官的翻领在翻起时可以看到猩红色内衬），也能佩戴这种领章。大衣上最初带有兵种色肩章，但1941年之后不再使用，并改成了在大衣衣袖上添加镀金横条花边（上尉为三道横条花边）。匈牙利军队在1942年装备了那种两面都可以穿的带兜帽派克大衣，其外面为绿色，里面为白色，填充有保暖垫料，很受部队欢迎。此外，他们还经常把迷彩布改成雨披使用。

长裤的颜色与制服相同。在战争早期，匈军装备的裤子大多采用传统设计样式——比如在裤门襟部位添加纽扣，膝盖以上部位较为宽松，小腿处可用4枚纽扣扣紧，通过使用足底带防止长裤上翘。他们大多数时候都会把长裤裤腿塞进带扣的褐色皮制腿套或绑腿（以褐色布料制成）中。（步兵中的）士兵穿短靴，军官以及骑兵、骑乘炮兵则通常使用皮制马靴，或是一种当

时比较流行的系带皮靴（被称为"比尔热里"靴）。

在1935年之前，匈牙利军队主要使用（德制）M1916式钢盔或"贝恩多费尔"头盔；此后，由于他们对德制M1935式钢盔印象深刻，于是开始在本国制造这个型号，并于1938年大量装备部队，将其称为35/38式头盔。配发时，这一型号的色调多为苹果绿色，但一些民防部队也接收了灰蓝色版本；当然，士兵们有时会在战场上给头盔上

◀ 第6步兵团列兵，1941年。在苏联作战的匈牙利步兵与奥匈帝国时期步兵的穿着风格相似。在行军时，他们通常会戴头盔而不是风格简单的卡其色船形帽。

▶ 第22步兵团一等兵，1942年。士官的具体衔级可通过位于领章上的白色星标识别，但后来他们改成了直接在衣领上佩戴星标（带有含兵种色的镶边）。

◀ **第3轻骑兵团中尉，1942年。** 匈牙利骑兵军官在冬季一般穿如图所示带有传统轻骑兵风格的"阿提拉"式上衣，普通士兵则使用一种比步兵大衣更短的褐色骑兵大衣。

▶ **第24炮兵团下士，1942年。** 用于表示下士军衔的红色条纹位于制服衣袖上。如果在瞄准时表现优异，那么这名炮手还会获得猩红色勋带。

面，或放下来为耳朵保暖。1944年时，这一型号被一种新的野战帽取代。

步兵所用装备包括M1935式牛皮背包，雨衣、大衣和毛毯通常会被固定在背包上；带有简单样式皮带扣的腰带可以支撑子弹盒、掘壕工具和刺刀（士官配有一个剑柄带结）；防毒面具被放在帆布材质（1942年之后改为金属）盒子中以便携带。神枪手可以佩戴绿色勋带，炮兵瞄准手（如果表现优异的话）的勋带则是猩红色。

特殊步兵

边防步兵也佩戴绿色领章，并在制服右胸处和大衣衣袖上佩戴独特的雄鹰与橡树叶图案徽章。他们的帽子上带有猎号徽章（包含营番号）。山地部队成员在军帽和制服胸部佩戴雪绒花徽章，使用长袜、滑雪靴、滑雪服，以及其他专业装备。

骑兵

骑兵、摩托化部队和自行车部队的兵种识别色为矢车菊蓝。骑兵穿一种较短的大衣和皮靴，在某些情况下还会使用轻骑兵的传统皮上衣（褐色，带有同色花边）。他们一般用皮带把卡宾枪悬挂在腰带上，但士官和军官通常装备佩剑和手枪。

炮兵和技术部队

这两类部队也相当偏爱卡宾枪。炮兵的识别色为红色，所用制服样式与步兵基本相同，骑乘炮兵则是与骑兵相似。防空炮兵会在制服右胸位置佩戴一枚徽章，其图案为王冠下的带翼自行火炮（背景为红色），自行火炮部队的徽

漆。35/38式有6个可选规格，重1.3千克（2.9磅）；它非常结实耐用，带有一根做工精良的皮制下颚带，盔体后侧设有一个环，以便把头盔绑到皮带上。

不戴头盔时，这些步兵一般使用船形帽。最常见的是M1920式（也被称为"博奇考伊"船形帽），其色调为褐色，侧面带有兵种色三角标志（部分区域被3条花边所遮盖），正面为匈牙利国徽图案（下方是兵种色条纹花边）。耳罩可以通过2枚组扣固定在帽子正

章图案则是长出双翼的骷髅（位于军帽上）。这些炮手通常会在制服外面再穿一件棉制工作服。

匈牙利坦克部队成员的制服上有矢车菊蓝识别标志，以及位于蓝色底板上的带翼坦克图案徽章。早在1936年，这个兵种就开始穿一种皮制坦克服，1939年时还装备了一款皮制头盔，但同时也使用来自意大利和德国的装备。摩托化步兵同样以矢车菊蓝作为兵种识别色，但不会佩戴徽章。

通信兵所用领章为深蓝色，辎重部队为紫色，工兵为铁灰色，医务人员为黑色。规模较小的内河船队采用海军的制服样式（包括水手帽和制服衣领），以深蓝色作为识别色，军官所佩戴徽章的图案为由花环围绕的船锚；他们最初把军衔标志佩戴在肩章上，但从1942年起移到了袖口位置。

▲ 匈牙利步兵参与了1938年分裂捷克斯洛伐克的行动，最初他们占领卡帕提亚，随后在1939年吞并了卡帕索-乌克兰（Carpatho-Ukraine）地区。

空军

匈牙利皇家空军的规模相对较小，但也包含有战斗机、轰炸机、侦察机和运输机部队。

虽然飞行装备主要由德国提供，但匈牙利空军所用的制服为本国产品，还带有一些与众不同的特色。其兵种识别色为黑色，在所戴软质和硬质肩章上都出现了这个色调。他们没有在制服上佩戴领章，但在M1930式制服的衣领上添加了一枚螺旋桨图案徽章。普通士兵戴褐色的贝雷帽或船形帽，帽上配有带黑色底板的鹰徽；军官戴大檐帽，帽檐为黑色，帽上同样配有鹰徽。飞行员会在制服胸部佩戴飞行员徽章，后来还把军衔标志移到了飞行夹克的袖口位置。

伞兵名义上是空军的一部分，但佩戴步兵的绿色领章，并使用步兵制服。另外，他们的军帽和制服上都有一枚令人印象深刻的徽章，其图案为位于降落

伞下方的带翼骷髅。这种徽章于1940年首次颁发给那些进行过四次成功跳伞的官兵。由伞兵组成的精锐部队"圣拉斯洛"师组建于1944年，他们佩戴在制服口袋附近的徽章带有由花环围绕的银色斧头图案。

末日

统治匈牙利的海军元帅霍尔蒂在苏军越过本国边境后要求与之签署停战协定，但随后就被德国人废黜——在希特勒支持下，由箭十字运动领导人组成的政权企图继续阻挡苏联、保加利亚和罗马尼亚军队的进攻。匈牙利防御部队大多为正规军，但也有一些箭十字突击队员和志愿人员。他们穿着各式各样的制服，并佩戴表示该运动（箭十字运动）的臂章，其图案为镶嵌在红白双色条纹中的四支绿箭。从1944年起，箭十字运动改名为"匈牙利运动"（此后在部队识别标志上添加了字母"H"），所辖的突击队员在1944年底参与了守卫布达佩斯的战役。

◀ 第30坦克团坦克乘员，1943年。匈牙利军队的坦克兵制服样式很大程度上来源于意大利人测试过的一个版本。M1936式皮夹克具有很实用的防护性能，但根据规定，它的下摆必须被塞入皮裤里，尽管这会让使用者感到不舒服。

意大利

意大利是一个君主制国家，但从1922年10月墨索里尼发动决定性的"进军罗马"政变开始，实际统治这个国家的就不再是君主，而是一个法西斯政权。到1939年二战爆发前夜，意大利军队已经拥有了较强的实力。

步兵

意军的核心是其步兵部队。意大利陆军共有106个步兵团（后来还征召了更多的团）、4个摩托化团、6个坦克团、3个掷弹兵团、12个精锐的轻步兵团（被称为"狙击兵团"）、10个山地团，以及宪兵和边防部队。骑兵在战前已经开始接受机械化改编，但在战争期间的30个骑兵团（名义上可分为龙骑兵、枪骑兵和轻骑兵）中，许多人仍是以骑马的形式参与战斗；除此之外，骑兵还包括完成机械化或依然骑马作战的独立中队及战斗群。从1926年开始，意大利军队中就已经出现了轻型坦克团和其他（类型坦克）团。

意大利炮兵拥有54个野战炮兵团、规模日益壮大的机械化反坦克部队、5个山地炮兵团和5个防空炮兵团。技术兵种包括18个工兵团、1个铁道兵团、化学战部队、2个舟桥团和2个地雷工兵团。伴随野战部队并为其提供支援的还有辎重部队、医疗和兽医部队。值得一提的是，意军还拥有大量法西斯民兵和志愿人员。

在海外，意大利拥有阿尔巴尼亚部队，以及大量由意大利军官指挥、但主要成员为原住民的殖民地部队——此类部队大多为"阿斯卡里"（意为在欧洲殖民地部队中的非洲原住民）步兵和来自部落的骑兵。

意大利是世界各国中的空战先驱，其空中力量可被划分为海军航空兵和皇家空军（Regia Aeronautica）。虽然这支作战力量的规模相对较小，但按照20世纪30年代的标准来看可谓装备精良——不过到1940年，他们的大多数飞机都已经过时了。1941年，意大利军队开始招募并装备伞降步兵团，还组建了"闪电"（Folgore）师和"雨云"（Nembo）师，计划中的"龙卷风"（Ciclone）师则未能建成；此外，第80和第151步兵师（"拉斯佩齐亚"师和"佩鲁

◀ **第3步兵团上尉，1940年**。意大利自产的"布什蒂那"船形帽颇为实用，帽上通常带有一枚兵种色徽章，但本图展示的是表示步兵的交叉步枪图案标志。这个标志一般是以黑线编织或机织到布片上，然后被固定在军帽上。

▶ **第38步兵团列兵，1942年**。意大利步兵的大部分个人装备都在20世纪30年代进行过现代化。图中士兵所用水瓶于1935年配发部队，它的热带版本配有一个卡其色盖子。

设计），1934年时也做了进一步调整，但1937年的那次意义最为深远。最新版本的制服（M1937式）于1938年初配发部队，成了战争初期（对意大利人来说，他们的二战始于1940年6月，但本国军队在1939年4月就占领了阿尔巴尼亚）意大利军队大部分成员的制服。这款M1937式制服造型时尚、风格优雅，相对实用且舒适——共有21种不同的规格可以选择，它甚至成了中欧和西欧各国后勤部门争相模仿的对象。

制服

意军于1937年颁发的第900号军需命令要求生产一种灰绿色新制服。它采用开领和翻领的设计样式，衣领由黑色毛料或天鹅绒制成，带有有色内衬（在之前的款式中，衣领一般按照兵种被分为黑、蓝或红色版本）。这种制服还设有3枚不带装饰的纽扣（军官有4枚镀金纽扣，上面还印有兵种徽标）、2个配有扇形袋盖的胸口口袋，以及2个位于腰部更大的口袋；其衣领上配有风格独特的领章，可以把衣领翻起来用纽扣系紧，以便为颈部提供保暖；制服的腰部可通过一条布带扎紧；直筒袖口上往往带有兵种色滚边（猩红色为掷弹兵，红色为步兵），肩章可用纽扣固定。

1940年时，意军推出了一款新夹克，其样式相当简单——没有采用黑色毛料衣领，且衣领的材质与夹克其他部分相同；纽扣为灰绿色，领章相对M1937式也较小。

步兵所用领章为带有萨伏伊星标（军官的星标镀金）的彩色长条，章上标有使用者所属师（意军每个师均由两个团组成）番号以及一个传统图案，第210团和第211团成员甚至佩戴着他们在一战时用过的领章。专业人员制服的星标和师属徽标之间带有特殊的兵种色图案——比如位于师属炮兵成员（所属师）徽标上方的黑色火焰。

制服上衣通常搭配灰色或灰绿色的法兰绒衬衫。衬衫一般是去掉了旧式可拆卸衣领的M1935式，或是经过改良的M1939式。在寒冷天气中，衬衫外面还可以添加一件套衫。意军各衔级官兵都使用黑色（后改用灰绿色）毛料领带，仅有的例外是"国王"师和第34炮兵师（可以打红色领带），以及"伦巴第"师和第57炮兵师（可以打蓝色领带）。

▼ *第10掷弹兵团列兵，1941年。爆炸手榴弹图案是意大利掷弹兵的一大识别标志，该部队中的一些人还在20世纪30年代去过东亚。这个手榴弹标志一般会被作为热带头盔的盔徽，或是用作军官的大檐帽金属帽徽和船形帽布制帽徽。*

▲ *第11步兵团列兵，1940年。意军士兵制服领章上带有萨伏伊星标——意大利是萨伏伊王室统治下的王国。但那些法西斯组织成员通常会去掉这枚识别标志。*

贾"师）也进行过空中突击作战训练。

意大利的军队分别在欧洲和"海外帝国"（北非及东非）作战，在欧洲的部队主要使用灰绿色制服，在非洲的部队则穿橄榄绿色或浅卡其色制服。

意军步兵所穿的制服在20世纪30年代进行过多次修改。1933年的修改相当明显（主要表现在采用有色衣领和开领

◀ 第5山地团列兵，1942年。山地部队成员通常会在表示所属营的白色、红色、绿色或蓝色绒球上插一根羽毛。

▶ 第11狙击兵团中士，1943年。狙击兵的识别标志是一撮公鸡毛。这种羽饰通常被插在可拆卸的支架上，然后由螺丝钉将支架固定在头盔上。

过4枚纽扣扣紧，衣领可以翻起来用纽扣固定；此外，大衣两侧衣领上均带有萨伏伊星标。

其他步兵部队

狙击兵是意军的精锐步兵部队。他们的识别图案包括交叉步枪、猎号，以及爆炸手榴弹。该兵种所用制服的衣领领章为深红色（呈双尖头火焰形状），头盔上带有传统的公鸡毛羽饰（而且他们所戴的那种传统圆帽已经过时）。

山地部队（Alpini）也佩戴双尖头火焰形领章。他们使用独特的宽边帽或是头盔，前者的历史最早可以追溯到1910年，帽上带有鹰的羽毛；后者则配有羽毛饰品和用于表示所属营的绒球——第1营为白色，第2营为红色，第3营为绿色，第4营为蓝色。该部队所用徽标的图案从上往下分别为雄鹰、猎号和交叉步枪，在雄鹰下方中间的位置还有所属团番号。他们通常把这枚标志佩戴在帽子上，或是印到头盔上。此外，山地团官兵一般使用雨披而不是大衣。

宪兵的领章上带有花边，殖民地部队头盔上则是爆炸手榴弹（弹体上有大写字母"C"）图案以及三色玫瑰花结；掷弹兵在军帽或头盔上佩戴爆炸手榴弹图案徽章，并在领章上添加花边；突击队（Arditi）是一类临时组建的部队，他们所用徽章图案为爆炸手榴弹，以及叠印在其下方的交叉罗马长剑。

头盔

意军士兵一般戴头盔或是无檐野战

意军大多数官兵都穿M1935式灰绿色长裤。这种长裤较为宽松，膝部以下可以扎紧，一般搭配1.28米（4英尺）长的绑腿和各种短靴使用。短靴大部分为带有鞋钉的黑色系带皮靴，但山地部队使用天然皮革版本靴子。

意军所用的大部分制服大衣均为M1937式。这一型号长及膝盖，采用单排扣设计，布料的颜色与制服外套相同（灰绿色），有4个口袋（包括独特的胸部口袋，呈水平方向布置）；大衣通

帽，军官戴大檐帽。他们把兵种徽章佩戴在野战帽和大檐帽的正面，并在钢盔和热带头盔的正面漆上相同黑色图案。步兵的兵种标志图案为王冠下的交叉步枪，步枪上叠印着一个写有所属团番号的圆盘。意军在一战中曾使用过法制阿德里安头盔的改进版本（M1916式），不过从20世纪20年代开始尝试自主设计一款带有本国特色的产品。他们在1931年开发出了一个初始版本，但经由撒丁岛掷弹兵团的测试证明这种头盔戴着并

不舒服，提供的防护也不足。进行了改良的M1933式头盔（Trentatre）很有创意，舒适性也不错，在1934年配发部队后广受欢迎。其整体呈半球形，有一个较小的盔檐，盔体侧面向下延伸，以保护使用者头部两侧；它的衬垫为皮革材质，被固定在一个框架上并与通风孔相连；皮制下颚带（陆军为灰绿色，黑衫军为黑色）通过铆钉固定，不过在北非的一些部队也用过帆布下颚带；头盔盔体通常被漆成灰绿色，但黑衫军将其漆成了黑色，在沙漠中作战的部队则使用卡其色油漆。狙击兵还会在头盔右侧焊上一个固定装置，以便插上他们的羽饰；山地部队也是如此，但他们的相应装置位于盔体左侧。

▶ 第8狙击兵团摩托车营列兵，1941年。这名摩托车手在位于北非地区的"阿列特"师中担任侦察人员，他的热带头盔上同样插着公鸡毛。

意大利殖民地部队通常戴包裹有卡其色布制盔罩的半球形热带头盔，并在盔体正面佩戴或以黑色油漆漆上兵种徽标图案。他们在1936年装备了一种较为扁平的头盔，通常将其称为"亚丁"式头盔。

帽子

意军中最受欢迎的帽子是船形帽（也被称为"布什蒂那"）。这种帽子的设计样式很有创意，配有可向下折叠的帽檐和向上折叠到帽冠位置的耳罩，在1934年大量配发部队，并于1935年进行了改良；在1940年的修改版本中，布制帽檐被一分为二。使用者一般会在船形帽上佩戴布制兵种徽章以及相应的军衔徽标。

军官戴大檐帽，到1940年时他们所用的版本已经变得更为扁平，且带有更宽的帽冠和黑色的上漆帽檐，帽上通常还有兵种徽标和相应的军衔徽标。

军衔

军官的军衔标志位于制服袖口，由金色带穗横条和位于其上方的圆环组成。其中，少尉有一道横条，中尉有两道，上尉有三道；少校的圆环下方有一道较粗的金色横条和一道较细横条，上校有一道较粗的横条、三道较细的横条以及圆环。服役超过12年的军官可以在

▼ 宪兵部队上尉，1941年。在殖民地作战的部队可以选择穿卡其布长裤或是短裤。大部分人都戴热带头盔，并习惯性地在头盔正面佩戴殖民地部队盔徽和兵种徽标。

袖口徽标下方添加一枚金色星标。士官生使用带有金色滚边的黑色徽标，预备役军官在肩章上添加穗带。此外，士官制服的衣袖上方带有倒V形图案，下士为红色（倒V图形的上端即尖锐方向较粗，另一端较细），中士和上士为金色。

军衔徽标也位于军官所用的大檐帽

上，样式是帽檐上方的若干穗带，具体使用数量和规则与袖口上的带穗横条相同。无檐野战帽上同样配有军衔标志，最初样式是位于帽子侧面的长方形花边（花边数量遵循袖口徽标中带穗横条的规则）。不过，意军在1935年改变了野战帽上军衔标志的样式，以星标替换花边——少尉为一颗金星，上尉为三颗，少校是位于金边长方形内的一颗星星；服役超过12年的军官可以在星标下方添加一条穗带。山地部队所用的独特军帽没有遵循这一规则，而是采用带有绿色滚边的金色V形图案表示具体衔级（少尉有一道V标，上尉有三道）。

其他识别标志

意军步兵最初佩戴着用于表示所属师的金属臂章，但于1940年6月取消使用（不过仍然可以看到有人使用）。"托斯卡纳"师所属部队成员在制服口袋上方佩戴了一种图案为两个狼头的金属徽章，"威尼斯"师所用徽章图案为带翼雄狮，"萨包达"师是一个绳结，"都灵"师则是一头公牛。他们把战伤徽标佩戴在衣袖上，其具体样式为金色或银色的横条。

热带制服

意大利驻非部队（以及一些驻在南欧的部队）采用上述穿戴风格，但制服布料为浅卡其色（橄榄绿色夹克也很常见）。在多数情况下，军官会把自己的制服上衣改为流行的"撒哈拉"制服，即一种带有领章的衬衫风格上衣；军衔徽标位于袖口、胸口口袋上方（以横条表示）或黑色肩章上，这是非洲战场上许多军官采用的传统风格。

撒哈拉式制服配有可拆卸的披肩。普通士兵装备样式较为简单的衬衫，许多人穿着卡其布衬衫和短裤、宽松长裤，使用借来的德式装备或是缴获的盟军补给品。

▲ 第4炮兵团炮兵，1940年。这名炮兵携带着于1936年投入使用的改良型子弹盒。这一型号的颜色相较之前的灰绿色皮制版本更浅，对开口和系索进行了改良。

▲ 第31坦克团中尉，1942年。这名军官穿在外面的是一件实用型短风衣，里面还有一根黑色围巾。在1942年年底转移到非洲后，该部队开始改用卡其色制服和马裤。

装备

意军所用装备包括一条可以支撑两个子弹盒（1931年改良版本）的皮制腰带、一个铝制水壶和一个水瓶（M1930

兵是皇冠下方的猎号，枪骑兵是交叉长矛，龙骑兵是爆炸手榴弹），但在1935年时他们统一改用了一种带有简洁十字图案的徽标。更明显的识别标志是三尖头火焰形领章，而且每团都拥有自己的识别色——轻骑兵各团把火焰形领章佩戴在了颜色不同的长方形衬布上。骑兵们穿马靴和马裤，所用装备包括M1927式灰绿色子弹盒，用于容纳91/38式骑兵卡宾枪的弹药。

炮兵与坦克兵

意军炮兵采用步兵或骑兵的制服样式。他们军帽或头盔上的兵种徽标图案以交叉加农炮管为基础——野战炮兵将其置于炮弹图案下方，骑乘炮兵则是添加交叉双剑，山地炮兵添加的是猎号和雄鹰。他们佩戴含黄色滚边的黑色单尖火焰形领章（摩托化炮兵为带黄色滚边的蓝色领章），但山地炮兵的领章采用绿色底板。工兵所用领章的样式与之相似，但滚边为红色，帽徽图案为位于手榴弹下方的闪电；地雷工兵还在帽徽中添加了交叉的铁锤斧头，舟桥工兵添加的则是交叉船锚绳索。化学战部队的帽徽图案为手榴弹中的十字，领章图案则是一门独特的燃烧迫击炮。通信兵使用样式简单的含蓝色滚边红色领章。坦克部队佩戴位于蓝色（摩托化部队为黑色）背景中的双尖头火焰形领章，兵种徽标图案为交叉炮管和机枪枪管上方的爆炸炸弹；坦克乘员通常戴贝雷帽和独特的皮制带衬垫头盔，他们首选的外套是一种短风衣。

黑衫军

法西斯民兵部队通常被称为"黑衫军"，是一股颇具影响的军事力量。其下辖的"国家安全志愿民兵"（MVSN）更是"军中之军"，拥有自己的军衔制度和徽标体系。在20世纪20年代中，他们穿黑色衬衫，戴黑色毡帽，因为那些前往海外作战的军队通常会留下这些制服（供黑衫军使用）；

但黑色衬衫一般被穿在标准军用制服里面，毡帽也经常被头盔取代。"国家安全志愿民兵"最初只向军官发放"布什蒂那"船形帽，普通士兵则戴传统的毡帽。到1940年，他们大部分帽子的色调都被统一为灰绿，但在精锐的"M"营

▼ *第14"亚历山德里亚"骑兵团上尉，1941年。意大利轻骑兵所用的帽子上配有皇冠下的猎号图案徽章，领章上带有所属团识别色。其（领章）彩色底板上还有火焰形图案，但枪骑兵的火焰图案没有长方形底板。*

▲ *第183伞兵团列兵，1942年。许多意大利士兵把M1929式迷彩帐篷帆布改成雨披使用。伞兵们更进一步，用与之类似的材料制成了迷彩罩衫。*

式）、一个防毒面具（M-31型），以及采用强化帆布制作的背包（山地部队使用M1939式帆布背包）。

骑兵

意大利骑兵可以通过位于其头盔和帽子上的兵种徽标图案进行识别（轻骑

（于1941年秋季组建）中也能看到黑色军帽。该部队军帽帽徽图案为一颗星之下由月桂花环围绕的法西斯束棍，在位于这一图案下方的圆盘中还带有军团番号。大部分帽徽都在红色底板上，也有的被直接缝在了帽子上。

黑衫军团的制服领章同样为黑色，但其他部队使用的萨伏伊星标被金属材质的镀金法西斯束棍所取代。M营使用的领章图案为标记在法西斯束棍上的红色字母"M"。大部分黑衫军成员携带的是匕首和标准版陆军装备。

殖民地部队

来自殖民地部队的成员穿卡其布制服和宽松长裤，大部分人都戴着"塔儿亚"帽（一种短毡帽或圆毡帽）或土耳其毡帽，并使用彩色围巾。军官一般穿意大利军队的（军官）制服，并且同样用围巾。

外籍部队

意大利不仅资助那些由外国人组成的部队，同时也招募和装备了一些隶属于本国的外籍部队。许多外籍官兵组成了"反无产阶级志愿民兵"（MVAC）或黑衫军分队，所用制服与意大利黑衫军相似，但佩戴他们独特的徽章并添加了一些体现自身特色的元素——比如带有骷髅图案徽章的黑山圆帽，徽章中的骷髅紧咬着一柄匕首。但阿尔巴尼亚是个特例，因为这个国家当时已被意大利吞并。它保留了一支小规模军队，包括14个营的阿尔巴尼亚志愿民兵。他们穿黑衫军制服，戴白色的"克勒什"毡帽或土耳其式毡帽；其制服衣袖上有一枚图案独特的圆形徽章，内容为红圈中的阿尔巴尼亚黑鹰和法西斯束棍。

在苏联作战的克罗地亚军团成员稍有不同。他们使用意大利山地部队的制服和装备，所佩戴的独特徽章上带有分别以意大利语和克罗地亚语表示的"克罗地亚军团"字样，在这些字样的下方还有以缠绕绳索分开的两个图案（分别为雄鹰和意大利十字，以及克罗地亚棋盘格盾徽）。

1942年时，在苏联作战的意大利军队招募了一个哥萨克骑兵中队，并以此作为"萨伏伊"骑兵团的一部分。他们最初使用该团的制服，但在1943年扩充

规模后戴库班毛皮高帽，携带哥萨克马刀，并佩戴自己的臂章——样式为白、蓝、红三色V标。意军还招募了阿拉伯和印度部队前往非洲服役，其中甚至有一支由德国志愿者组成的部队（德意志摩托化连）。他们穿意大利军队的橄榄绿色制服，佩戴含红色滚边的白色领章，并在热带头盔的意式玫瑰花结和左袖臂章上添加了万字符。

空军

意大利空军所用的制服为深蓝色，

◀ *第81黑衫军M营中士，1942年。M营是黑衫军中由于表现良好而获得这一荣誉称号的部队，其成员制服领章上均带有标记在法西斯束棍图案上的红色字母"M"。*

▶ *第3步兵团中尉，1944年。1944年时，新成立的萨罗共和国军队采用了图中由花环围绕的罗马短剑图案作为徽章（领章处），并去掉了代表君主制的星标；不过也有人还在使用骷髅图案徽标。*

行员们通常会把袖口的军衔标志移到前胸口袋处，他们专用的飞翼标志也是如此。士官所用的制服和陆军一样带有V形图案标志。空军成员喜欢用直筒裤搭配勤务服，但在作战时一般穿马裤。

在热带地区，蓝色色调制服往往被浅卡其色或白色制服所取代。撒哈拉式制服颇受欢迎，它和其他热带制服都带有独特的卡其色肩章和徽标（带深蓝色或金色滚边），徽标图案为位于王冠下方的星标。飞行装备通常包括带毛皮衣领的"马鲁斯"拉链式飞行夹克、褐色吊带裤、皮靴，以及一种独特的皮制飞行头盔；在非洲作战的飞行员一般穿白色棉制飞行罩衫，而不是皮夹克。驾驶不同类型飞机（如俯冲轰炸机、轰炸机和鱼雷轰炸机）的飞行员会在制服口袋处佩戴一种样式不同的徽章。

伞兵部队的组建很仓促，因而在制服搭配方面也颇为混乱，士兵们戴殖民地部队的头盔，穿短裤或是朱阿夫部队所用的宽松长裤。如果穿制服或是独特的衬衫式制服（风格类似于撒哈拉式制服），他们会佩戴浅蓝色领章；但大部分人在战场上使用迷彩服，并且戴与众不同的M1941式伞兵头盔。

意大利社会共和国（RSI）

"意大利社会共和国"是意大利当局于1943年投降后，由法西斯分子在德国支持下所建立的政权。其军队成员继续使用意大利军队的制服，但去掉了王冠图案和萨伏伊星标，并很快发展出自己的三尖头火焰形领章，用由花环围绕的罗马短剑图案取代了星标。狙击兵和山地部队通常仍然使用旧式双尖头火焰形领章；步兵所用领章为红色，炮兵为橙色，坦克部队为蓝色，黑衫军为黑色。此外，国家安全志愿民兵已改名为共和国卫队（GNR）。伞兵的蓝色领章上配有带翼短剑图案。军官的肩章上带有兵种色滚边。新政权军队所用头盔的

侧面带有含意大利国旗颜色的盾徽，那些在德国招募的部队还使用了一种图案独特的帽徽，其内容包括交叉双剑、法西斯束棍以及万字符。已经与盟军协同作战的意大利部队保留了原先意大利军队的徽标，但通常使用英式作战服。

▼ **阿尔巴尼亚法西斯民兵第1军团士兵，1943年**。意大利资助了巴尔干半岛上的一些法西斯民兵组织。这名阿尔巴尼亚士兵使用着传统的白色帽子，并佩戴内容与法西斯相关的帽徽；他的衣袖上也有一个包含阿尔巴尼亚鹰徽和法西斯束棍的图案，以此来表示自己的效忠对象。

▲ **黑衫军第132营成员，1941年**。黑衫军是墨索里尼取得成功的关键。他们通常会组成武装民兵，在1943年后还成了意大利北部新建法西斯共和国武装力量的基础。

并（在制服上）佩戴了一些特殊标志。这种蓝色制服不能搭配领章（但衣领上可以佩戴传统的星标）使用，纽扣上带有表示空军的图案——王冠下方的雄鹰，用于口袋的纽扣上则没有任何装饰。他们的具体军衔通过肩章（由镀金线编织内容）和袖口上的长方形标志表示，袖口徽标包括一个钻石形图案以及位于其下方的条纹。如果穿飞行服，飞

日本

日本是当时亚洲主要的军事强国，为轴心国早期所取得的成功付出甚多。它在19世纪50年代之前还是一个相对闭塞的岛国，但从此之后就迅速开启了本国的现代化进程。伴随这一进程同时到来的还有对外扩张——19世纪70年代到20世纪初，日军在太平洋西部沿海占领了多处岛屿；到1910年，他们已完成对整个朝鲜半岛的吞并；在20世纪前30年里，这支军队通过多场大型战争巩固了本国作为（东亚）区域强国的地位，随后更是占领东亚和东南亚大部分地区，并发动了同时对抗美英多国军队的太平洋战争。

军事扩张

日本军队需要同时在寒冷的亚洲北部（关东军作战区域）和位于婆罗洲的热带丛林中展开作战——他们不仅要在陆地上与规模庞大的抵抗国军队交战，而且必须在太平洋中的诸多群岛上发动两栖突击。为此，日本既需要一支人数众多的陆军，也需要具有较高作战效能的海空力量。日本陆军在20世纪30年代中得以迅速扩充，从1931年时的17个师团扩编成了10年之后的51个师团，其具体组成（编制）如下——首先是近卫师团，下辖若干步兵联队、骑兵联队、工兵联队和炮兵联队；其次是由应征士兵组成的步兵联队、要塞步兵大队、独立步兵大队、骑兵联队、侦察联队、坦克联队、炮兵联队；此外还有负责支援上述部队的工兵、辎重部队、铁道部队和医务人员。

日本陆军航空队负责从空中掩护本国陆军的行动，由轰炸机联队、战斗机联队、独立中队和空中情报部队组成；其地面支援部队包括机场大队、通信中

◀ **步兵第18联队二等兵，1936年。** 在作战中，日军步兵往往会表现出极强的生存能力。图中作为制式装备的帐篷帆布可以被改造成一件雨披，甚至可以在必要时通过绳环和纽扣进行固定，使其成为一件多用途装备。

▶ **步兵第6联队二等兵，1937年。** 日军于20世纪20年代装备少量法制阿德里安头盔，并从30年代开始自主研发新型号，随后更是大规模装备了本国军队。

队和维修中队，以及大量由占领区招募人员所组成的后勤辅助部队。

步兵

日本军队早从1886年开始就使用卡其色制服。它有多个色调，但一般来说可分为夏冬两大版本——棉布夏季版本普遍偏向沙色，而毛料冬季版本相对偏绿。

20世纪30年代时的日本军队穿昭五式军服——因为这款制服是从裕仁天皇（1926年到1989年间在位）统治日本的第五年（1930年，同时也是昭和五年）开始配发部队。它所具有的最显眼特征就是通过两个钩子束紧的立领，此处还设有白色内衬，以保护使用者的颈部；制服主体部分以5枚纽扣扣紧，前胸部位设有2个带长方形袋盖的口袋，下摆可以使用纽扣加以固定。这款制服可通过佩戴布制的立式肩章来表示具体军衔，不过在战斗时往往会将其移除。制服立领上通常带有含兵种色（步兵为红色）的燕尾式领章；所属联队番号一般位于衣领正面，但在作战时也会被摘掉。值得一提的是，日军所用汗衫大多不带衣领。近卫部队在国内执行任务时主要使用一种布料材质更好的华达呢制服，但在前往海外（如马来群岛）执行任务时往往穿作战服。

军官所用制服的样式与士兵相同，但由于他们可以选择量身定制自己的制服，因而采用了材质更好的布料和金属纽扣，并在腰部添加了口袋这一设计。

位于红色立式肩章上的图案可用于表示衔级。其中，新兵没有图案，二等兵为一颗星星，一等兵为两颗，上等兵为三颗；下士官（即士官阶层）多了一道延伸至中间的金色条纹，并采用不同数量的星标组合来表示相应衔级。军官肩章的中部有一道金色条纹，镶边色调也是如此，通过银色星标的不同数量来表示具体军衔——少尉拥有一颗银星，中尉有两颗，大尉有三

颗；佐官（与其他国家的校级军官相对应）所用的肩章均配有金色底板和三根红色线条，少佐（同少校）的具体图案为一颗银星，中佐（同中校）为两颗，大佐（同上校）为三颗；将官的肩章底板为金色，图案为位于两道红色条纹之中的相应数量银星。

军帽

日军在1937年时最常用的军帽是一种带有黑色帽檐和星形帽徽的战斗帽；军官所用版本的质地相对更硬，配有黑色的上漆帽舌和帽沿。以上两个版本的帽冠都带有红色滚边和发箍（在作战时常被移除）。

在帽徽方面，近卫部队和普通部队一样，即都是以五星图案作为此处（帽徽）的内容。日军在一战中仅参与过一些外围作战，因此没有大规模使用头盔，但在认真留意欧洲军队的发展后，军方给那些在1917年之后前往东亚地区的干预部队配备了一些测试用型号；同年，日本开始自行设计本国的原型产品（样式与德制头盔相似），还购买了一些法制阿德里安头盔。这一原型产品的配发数量相对有限，而且日军在

◀ 步兵第41联队二等兵，1941年。步兵通常携带九九式卡其色棉布背袋。金属饭盒一般被绑在背袋后面，一种可容纳60发子弹的皮制子弹盒则位于所有装备（包括背袋）的下方。

▶ 步兵第55联队一等兵，1941年。尽管图中的大正十一年式轻机枪早在1922年就开始配发部队，到1936年时已全面落后于火力更强的九六式，但日军仍在大量使用着这一相对老旧的型号。

投入生产，最终生产量多达500万顶，从1932年开始大量配发部队。其盔体正面印有表示日本国家的星徽，还配有一根与众不同的棉制下颚带（通常会在下巴处被打成一个样式复杂的绳结）。由于这一型号提供的防护性能较差，因此配发于1938年的九八式改进版本还特意增加了盔体核心区域的厚度。在使用时，士兵们通常会用伪装网或一种由拉绳系紧的皮质或帆布材质头盔罩覆盖自己的头盔。

日本还制造出了多款热带头盔，它们的外观形象普遍与九〇式相似，或显得更为圆润。这些热带头盔分别以不同材料制成，其中比较有特色的一种是外部覆盖有帆布的软木。

裤子和靴子

普通士兵一般穿直筒裤，军官则相对偏爱马裤；从1937年起，一种在膝部以下设有皮带，大腿部位较为宽松的灯笼裤也逐渐流行开来。大部分士兵已经改用新的十字形绑腿，但一些旧的版本（在1941年之前）也同样常见。此外，士兵们通常穿一种鞋底配有平头鞋钉的天然皮革短靴，军官们则主要使用马靴。

冬季制服

随制服一同配发的昭五式大衣采用双排扣设计，两侧各有6枚金属纽扣；其衣领样式相对简洁，共设有5个纽扣孔，可以通过由后往前的顺序安装一种可拆卸兜帽。这种大衣同样不会使用肩章，普通士兵所用版本甚至无法添加任何徽标。在东亚地区，日军还使用过一种配有较佳舒适性的内衬、毛皮衣领以及可调节衣袖（长短）的冬季大衣；由于这一地区的冬季相对寒冷，一些部队甚至会携带滑雪鞋或滑雪板。日军也装备过毛料无袖上衣——军官所用版本采用质量更好的细毛料进行制作，将官制服的袖口或衣领周围还带有军衔识别徽标（具体图案是一个由穗带组成的褐色圆环）。

20世纪20年代里还进行过另外两个型号的相关测试——前者设有14个组成星形图案的通风孔；后者被命名为"樱花"头盔，位于其盔体顶部的通风孔由一个装饰性的樱花图案所遮掩。这两种头盔都采用圆形盔体，而且盔檐较短，盔体边缘向外延伸以保护使用者头部侧面。通过不断测试，日军于1930年正式采用了被称为"九〇式"的新头盔，并将其

装备

日军所用的单兵装备包括一条可以支撑三个子弹盒的皮制腰带（由天然皮革制成，采用单扣眼设计）——三个子弹盒都通过皮环套在腰带上，它们的皮盖都通过皮袢扣在铆钉上；刺刀经由皮挂，也被佩戴在腰带上。他们所用的皮制背包配有一根额外的皮带，可用来固定掘壕工具（带有可拆卸头部），或是头盔和备用军靴；大衣、帐篷帆布或雨披通常（呈U形）被绑在背包顶部。日军士兵们还会携带铝制水壶（主要是九四式，于1934年定型，通常被漆成卡

其色）和饭盒，以及一个专门用于容纳食物或个人用品的背袋和被装在帆布包里的防毒面具（在攻击命令下达前将其置于前胸，以便随时取用）。他们的防毒面具一般是带有卡其色滤毒罐、导管以及圆形护目镜的九五式，或是带有贴胶面具的九九式。

军官使用手枪和军刀。在日本军队中，军刀是一种权力的象征，军官在作战时也会随身携带。"新军刀"（日本以1934年为界，之前生产的为"旧军刀"，之后则是"新军刀"）——包括九四式、九五式、九八式和三式——是他们最常用的四个型号，采用日本传统的设计风格制作，从20世纪30年代开始逐渐流行，最终甚至取代了军官们原先最常用的西式马刀。

新制服

到20世纪30年代后期，由于昭五式制服已经过于老旧，日军从1938年开始配发了新制服（九八式）。它同样有两个版本——较厚的毛料版本（冬季使用）和较轻的棉布版本（夏季使用）。此外，大多数军官仍然会选择私人定制自己的新制服。

新的九八式制服配有舒适性更佳的立式翻领和4个口袋（位于下方的那2个稍微向后倾斜），并设有与昭五式数量相同的纽扣（即5枚，但所用的制作材料已经不是金属，比较常见的包括塑料、木质、骨质及椰子纤维版本）；它取消了肩袢的设计，因此通常不会搭配使用肩章。采用轻质棉制作的夏季版本制服在热带地区非常适用，但为了更加透气，士兵们有时还会在衣袖下方布料处裁出一些额外的细缝。被穿在制服里面的衬衫通常不带衣领，不过驻在热带地区的部队也装备了一种尖领无袖热带衬衫。军官一般会以有领衬衫搭配一种采用更好

▼ *步兵第4联队掷弹兵，1942年*。为了向步兵提供更多更有效的火力支援，日军很好利用了掷弹筒。图中这一型号带有一个帆布罩，位于士兵肩带上的两个弹药袋（采用帆布或皮革制作）都可用来携带炮弹。

▲ *步兵第214联队中尉，1942年*。日军在作战时会用遮阳布帘覆盖颈部。这种军帽垂布（简称"帽垂"）既可以被绑在战斗帽上，也能固定到头盔衬垫上，甚至可以把它直接塞进头盔里。

布料制作的翻领制服，或是将自己旧式制服上的立领改为翻领样式。

九八式制服将军衔标志从肩章移到了领章上，有时也被使用者直接戴在胸前，尤其是当士兵们统一穿衬衫或是衬衫衣领遮住领章时。这种新领章遵循着原先肩章所用的红金两色设计样式，

不过将官的领章底板改成了单调的金色（取消红色条纹），士官生（指军校学员）还在自己制服衣领处添加了一枚黄色星标。所属部队番号也被佩戴在领章上，其中拥有番号的联队使用阿拉伯数字，独立部队或（从有番号部队里）分离出来的部队使用罗马数字。

所有兵种（在使用九八式制服时）都佩戴红色领章，具体兵种可以通过位

▲ 一队匆忙向前推进的日军炮兵。

◀ **骑兵第24联队士兵，1937年。** 日本在二战中依然使用着骑兵——这一兵种可以通过位于他们制服衣领处的草绿色领章进行识别；接受检阅时，骑兵们还会把部队番号佩戴在领章上，但通常会在作战时将其摘下。

于他们制服右胸处呈M形的"山形兵科章"——九八式兵种胸章加以识别。其中步兵为红色。下士官以自己制服衣袖上的V形图案表示具体衔级，但在作战时很少佩戴这个标志。

日军当时仍在使用大檐帽，但战斗帽（采用毛料或棉布制作）已经变得更为常见——作为一种制式装备，帽垂通常会与之搭配使用。日军装备过多种不同类型的军帽，比如1938年时配发部队的那个可通过拉绳调节松紧的版本。他们使用的所有军帽上都带有一枚布质黄色星标，通常呈五角星形状。军官装备的战斗帽配有一条上漆下颚带和一个较硬的帽檐；普通士兵所用版本的质地相对较软，仅配有一条样式简单的天然皮革材质下颚带。

驻在气候较为寒冷地区的日军会装备一种配有毛皮内衬和帆布外饰

的军帽。它同样带有黄色星标，耳罩在不使用时可以通过纽扣固定到帽冠上。

同九八式制服搭配使用的长裤与昭五式制服中的长裤样式相同。驻在热带地区的士兵们通常一边忍受着被蚊虫叮咬的痛苦，一边穿短裤和衬衫；他们常用的鞋子包括分趾靴，以及一种采用日本传统设计风格的便鞋。

九八式大衣被简化成了单排纽扣设计，所用布料的质量也不如原先版本（昭五式大衣）。它设有一个用于支撑刺刀的圆环，大衣正面可以通过纽扣把下摆固定到较上方位置，以便在行军时减少腿部所受束缚（这一风格主要由一战时期的法军采用，目的是炫耀他们所穿的红色长裤）。值得一提的是，军官所用大衣的样式相较于之前版本并没有发生明显变化。

对于驻在太平洋战区或热带地区的日军部队而言，大衣相对而说是无用的，他们使用得更多的是雨衣（采用防雨棉布制作）——一种带有可拆卸兜帽和纽扣的雨披，并以此取代前者；军官们则偏爱一款配有兜帽，而且手臂部位设有开口的披肩。在无法持续获得补给

在1941年后，他们手上的所有装备都或多或少出现了质量下降的问题。不过，驻在热带地区的部队仍然得到了大量砍刀和斧头，同时取消防毒面具的使用；掷弹筒（八九式）在此时的日军部队中依然很常见。日本制造过多个不同型号的火焰喷射器（最常见的是带有3个油罐的百式），主要用于太平洋和东南亚战场，但质量和作战效果一般。

军衔和徽标的变化

从1943年起，原本位于制服领章处的星标被移到了一个相对更靠前的位置——作为军衔识别标志被佩戴在袖口上；在某些情况下，衣领上的那些旧徽标也会得以保留，导致两者（袖口和衣领徽标）同时出现。其中，大将所用袖口徽标的图案为3个圆环和3颗星星；大佐为2个圆环和3颗星星，少佐为2个圆环和1颗星星；中尉为1个圆环和2颗星星，少尉为1个圆环和1颗星星。

日军所用的领章也恢复成了相应兵种色（1943年后），但现在（的图案）只是一道位于领章底部的条纹，而且仅适用于某些支援兵种。

参谋军官佩戴金色坠饰，副官在执勤时使用银色的版本；拥有彩色领带往往意味着此人是作战中负责指挥的军官，参与夜袭行动的官兵则通常佩戴白色臂章；用于表彰表现优异者的红色V形条纹一般出现在使用者制服右袖上方。日军设有各种用于表示专业技能的衣领徽标，较为常见的一个样式是佩戴在领章上的黄铜小徽章——比如军乐队成员所用的竖琴图案徽章，以及通信兵所用图案为两只手臂的长方形或正方形徽章。

上衣也可以佩戴用于识别的徽章。下士官所用徽章为铝质，以菊花（下同，而且菊花图案均位于下方）和位于其上方交叉步枪的图案表示神枪手，交叉机枪枪管表示机枪手。于1938年引入

的红布袖章被佩戴在左臂上，并通过章上的具体图案来表示拥有某种专业技能的人——锯子为木匠，剪刀为裁缝，军号则是号手。

▼ 伞兵第2联队二等兵，1943年。日军伞兵随意且将就使用的装备令其欧洲同行倍感震惊。他们没有穿专门的跳伞靴，并使用相对脆弱的皮制头盔。有信息来源指出，日军曾获得一些德制伞兵盔，但他们最常用的仍是图中这一款自产型号。

▲ 坦克第13联队伍长，1943年。坦克部队所用徽标包括位于他们制服衣领上的坦克图案徽章，但通常不会在作战时佩戴。在一般情况下，坦克乘员不会在工作服上佩戴任何徽标（但图中这名伍长在自己工作服前胸部位佩戴了军衔标志）。

的情况下，他们还会采用帐篷帆布制作一些临时性的雨披。

1939年时，一种新的帆布背包取代了旧式皮革背包，开始装备日军，但此后几乎就没有再配发过新式个人装备；

骑兵

骑兵最初可以通过位于他们制服立领上的草绿色领章进行识别，但该部队自1938年起改为了在（九八式制服的）右胸位置佩戴绿色的九八式兵种胸章。

他们穿马裤、靴子或皮制绑腿，配备卡宾枪。近卫骑兵部队成员还可以使用质量更好的军官样式外套。

宪兵也穿骑兵的制服，但佩戴黑色识别标志。他们所用领章的反面还有一枚徽章，下士官通常会佩戴臂章（而不是领章以表示相应衔级）。

炮兵

日军炮兵所用的识别标志是他们制服立领上的黄色领章，但从1938年起也改为在九八式制服右胸部位佩戴九八式兵种胸章（黄色）。该部队中的专业兵种可通过衣领上徽章的图案进行识别——重型炮兵是（一根）加农炮管，山地炮兵是交叉炮管；防空部队则是以加农炮管为基础，然后添加了一个用于表示飞机的螺旋桨图案。

坦克与技术部队

一战中，日本一些专业人士就已经在西线了解到了坦克的使用情况和作战效能。1925年时，日军建立了一个带有试验性质的坦克中队，并在1929年获得第一个国产型号，即89式中型坦克的原型车；但是到1933年，他们也只组建了一个坦克旅团，直到1939年遭到苏军痛击后才认真进行改革，将其扩编成两个（最终是三个）坦克师团。除此之外，日军还设有若干用于独立执行任务的坦克中队，但事实上装甲部队这一兵种在其（日军）整体作战构想

◀ **野战炮兵第39联队二等兵，1945年。**战争早期，日军炮兵在制服右胸位置添加了黄色的九八式兵种胸章，以便与步兵相互区分，但在1943年时去掉了这个标志。此外，大部分炮兵都穿着带有步兵风格的制服。

▲ **要塞工兵第5联队二等兵，1945年。**日军擅长伪装、布设诡雷和伏击，要塞工兵则专门负责此类作战的大部分准备工作。此外，他们的任务还包括加强太平洋各岛屿防务，以阻挡美军进攻。

中并没有占据重要地位。

坦克乘员通常穿步兵制服（卡其色坦克服并未大量配发），但佩戴本部队的坦克图案领章。专供他们使用的防护头盔于1932年首次配发，很轻——只有390克（即13.8盎司）重——最初采用皮革制作，但很快就改用了布料。这种头盔设有耳洞，位于盔体下方的拉绳可以调整头盔冠部的松紧；宽大的下颚带上也设有耳洞，盔体正面有一枚黄色星标。

工兵的兵种识别色为褐色，但在1943年后改成了黄色——位于领章上的那道条纹就采用了这一色调（下同）；辎重部队的兵种色为深蓝色，医务人员则是深绿。

航空兵部队

日本陆军航空队成员通常穿步兵制服，所用兵种色为浅蓝（在旧式制服的立领上有所体现，后来也作为新制服胸部的九八式兵种胸章所用色调，或是领章下方那道条纹的主要颜色），并在衣领上佩戴螺旋桨图案徽章。飞行员会在制服上佩戴一枚专业徽章（带有浅蓝色滚边），图案为位于带翼花环中的一颗黄色星星；观察手（所用徽章图案）则是位于金银丝线花边（带蓝色滚边）中的一只雄鹰。此外，他们还会在制服上佩戴那些用于表示所属部队或相关专业技能的徽章。

特种部队

日本极度重视海军的发展，因此专门从海军人员中选拔出一支最重要的精锐部队也就不足为奇了。海军特种登陆部队（SNLF，或称"海军陆战队"）由作为步兵参战的海军人员组成，使用与本国陆军部队样式相同（但色调更绿）的制服，并在头盔上以船锚徽章取代星标（作为盔徽），有时还会把盔体漆成灰蓝色，军衔也采用海军体系；军官所用制服的型号与士兵相同（但可以选择以更好的面料定制），并搭配衬衫

和领带使用。该部队成员最初把军衔标志佩戴在肩章上，但从1940年起使用专为他们设计的新制服后就将其移到了领章上。这种领章的样式与陆军佩戴版本相似，但仅限军官使用，底板色调为蓝色（或蓝金两色），并且用菊花图案替换了星标；下士官和普通士兵佩戴在制服衣袖上带有红色识别标志的深绿色圆形衬布后来被样式相同的蓝色衬布所取代，1943年时又改为使用一种包含船锚、菊花和横条图案的盾徽。（海军特种登陆部队所辖）军官一般携带陆军军官使用的相应军刀型号，但海军常用的那种匕首也很受他们欢迎。

日军伞兵可按军种划分为陆军突袭联队和海军特种登陆部队（即上文所述部队，但仅限于部分成员）。陆军伞兵穿标准版本的步兵制服，行动时还会在外面套上一件特制的连体制服，后来还在这种（连体）制服上佩戴了一枚陆军伞兵徽章，并在手臂部位添加军衔识别标志；海军特种登陆部队中的伞兵平时使用本部队制服，但在跳伞时穿绿色跳伞制服和绿色灯笼裤，在制服衣袖上佩戴军衔标志，并且把枪支所需弹药装在一种特制的子弹盒里。陆军和海军伞兵部队成员共用一款样式独特的头盔，它看起来比常规步兵戴的九〇式头盔更高，且盔体边缘向外延伸的长度较短。这种头盔通常被戴在他们的布制战斗帽外面，并搭配布制盔罩或伪装网使用。

通敌者

日本人从被占领国通敌者中选拔了一批人，组建了一些主要用于维持当地统治秩序的军队——比如蒙古部队。他们大多数是骑兵，混合使用着不带任何徽标的日式制服和传统的蒙古外套及帽子。此外，日军还组建并装备了印度国民军（INA）和缅甸国民军。前者主要穿英式制服（但去掉了原先的英军徽

标），并使用日制头盔、装备和臂章，一些军官还在制服衣袖上佩戴了一枚老虎图案徽标。

▼ **第2海军特种登陆部队中尉，1942年。**此类特种部队是海军的一部分，佩戴海军军衔标志以及图中位于头盔正面的黄色船锚徽章。

罗马尼亚

罗马尼亚于1940年11月加入轴心国阵营，该国军队参与了对苏战争，空军主要被用于保护普洛耶什蒂一带的宝贵油田。

1940年时，罗马尼亚军队的核心是其常规步兵团和猎兵团（Regiment of Vanatori，也被称为轻步兵团，共有10个。其中第3团和第4团是机械化部队），以及山地步兵部队（Vanatori de munte）；此外，骑兵仍在罗军中占据着重要地位（共有25个战列骑兵团，有的已经完成机械化改编，有的被拆分成侦察部队，也有的作为骑马步兵参与作战）。

近卫部队

罗马尼亚有礼仪性的近卫步兵和骑兵，以及一个小型近卫师。该师由步兵（第6步兵团）、猎兵、炮兵和一支边防部队组成。他们最初佩戴白色领章，使用被染成白色的皮制腰带，在肩章上添加皇室花押，在皮带扣上添加皇冠图案；军官所用的领章、袖口均带有装饰性刺绣，制服上也有白金双色饰带。隶属于扬·安东内斯库元帅的卫队组建于1943年，他们所穿制服采用了近卫部队的样式，并且戴贝雷帽。

步兵

罗马尼亚军队的制服体系在20世纪30年代进行了现代化改革，最明显的变化就是于1939年引入由荷兰制造的钢盔。荷兰提供了约628000顶钢盔，基本替换了罗军在一战期间大量购买、带有罗马尼亚徽章的法制阿德里安钢盔。新钢盔通常被漆成绿色，配有内衬和布制或皮革下颚带。部分（钢盔的）盔体上带有徽标，但大多数都没有添加任何装饰。不戴钢盔时，步兵主要使用野战帽，但它（野战帽）基本在1940年就被传统的"卡佩拉"（Capela）式尖顶帽所取代。

步兵们所穿制服采用卡其布制作，为单排扣设计，两个口袋均配有长方形袋盖；还有一个由棉布制成的夏季制服版本，其色调相对较浅。卡其布制服所用纽扣最初为金属材质，但从1941年起

◀ 第85步兵团二等兵，1942年。罗马尼亚本国所产钢盔是荷制钢盔的授权生产版本，在部分钢盔的盔体上还可以看到罗马尼亚国王卡罗尔二世的花押图案。图中士兵的制服风格展现出了一种用于东线战场夏季的伪装色调。

▶ 第10步兵团中士，1941年。不戴钢盔时，罗马尼亚军队通常会因为"卡佩拉"式野战帽的特点而选择它。这种军帽一般不带任何徽章，但帽子正面配有一个可通过扣子固定侧面的下摆。

第39炮兵团上校，1941年。军官可以戴头盔或是一种帽冠又高又圆的大檐帽。炮兵所用军帽的帽墙为黑色，帽冠下方有一枚代表该国皇室的徽章；他们在不执勤时一般戴一种样式简单的军帽（呈信封形状）。

第91步兵团列兵，1942年。罗马尼亚军队在冬季可以选择一种毛料圆帽，其设计样式基于本国乡间一种已经拥有好几个世纪历史的帽子。

英式紧身制服——采用开领设计，可佩戴肩章（带有视具体军衔而定的相应数量横条）和蓝色领章（属于边防军的步兵为浅绿色），并搭配卡其色或橄榄色衬衫和领带，以及马裤和靴子。他们可以戴钢盔，也可以使用一种宽边大檐帽（1940年后）。后者带有蓝色帽墙、皮制帽檐（根据军衔配有相应的镶边），帽冠下有兵种徽章（图案为交叉步枪）。在战场上，这种大檐帽常被一种样式更为简单的卡其布大檐帽所取代，后者的军衔标志（黄色V形图案）被佩戴在布制帽檐上。

猎兵使用与步兵样式相似的制服，但军官佩戴绿色领章，章上带有猎号图案徽标。山地猎兵被视为猎兵中的精锐，他们所戴的贝雷帽上带有大写字母"VM"；这一字母徽标也出现在该部队成员制服的肩章上。猎兵们使用独特的连帽披肩而不是大衣，配备有黑色的皮制装备，以及白色长袜和黑色靴子；他们（包括已完成机械化改编的猎兵）通常戴贝雷帽或"卡佩拉"式尖顶野战帽，穿一种被称作"高尔夫裤"的宽松长裤。

骑兵

骑兵制服的样式类似于步兵，但使用皮靴和马裤，需要携带的装备也较少。军官佩戴红色领章，马裤一般也带有同色滚边。已经完成机械化的骑兵往往会保留原先的红色识别标志，而不使用机械化部队的灰色标志。

炮兵和技术部队

炮兵和技术部队所用制服的样式与步兵非常相似，但军官的军帽帽墙和制服领章均采用本兵种兵种色——炮兵是黑色，工兵是带有红色滚边的黑色，化学部队为黄色，装甲兵为灰色。

防空炮兵穿灰色的炮兵制服；空军地勤人员（的制服）与之相似，但领章和帽墙均为浅蓝色，还佩戴飞翼图案徽标。伞兵也使用这一兵种色和飞翼徽标，并且戴贝雷帽，使用由德国或意大利提供的装备。战斗机飞行员有时会在作战服上佩戴他们的浅绿色领章，但轰炸机飞行员的领章为红色。

改用皮革或深色塑料制造；它（制服）可以搭配肩章使用，并采用圆形袖口和风格朴素的翻领。裤子同样采用卡其布制作，绑腿也是如此；一些步兵更喜欢使用腿套或长筒靴，但大部分军官都穿靴子。这些步兵的冬季制服包括灰色或卡其色的大衣（1941年版本的色调更接近棕色）和毛皮高帽。

士官的具体衔级可以通过肩章上的条纹进行识别。其中，一道黄色条纹为下士，一道金色条纹为中士，两道金色条纹为上士。军官们穿着更为合身的

斯洛伐克

斯洛伐克于1939年3月宣布独立，而当时捷克的领土被德国所占领，时称"波希米亚和摩拉维亚保护国"。

新的斯洛伐克由总统约瑟夫·季索（Josef Tiso，1942年后自称为领袖）领导，在成为德国的忠实盟友前已经与匈牙利处于交战状态。该国武装力量由一支陆军、一支小规模空军和"赫林卡"卫队（一个法西斯准军事组织）组成。

斯洛伐克军队使用经过修改的捷克斯洛伐克军队制服——最初带有明显的法式风格，在1930年进行了现代化改良。斯洛伐克军队所用制服主要由卡其布上衣和裤子组成，到1940年初，他们已经开始佩戴显眼的带有本国风格的领章。卡其布上衣的纽扣上含有矗立在三座山峰上的双十字架图案，帽徽和皮带扣上的图案与之相同；这种制服采用标准样式设计，由5枚经过发黑处理的纽扣（士官为银质版本）系紧，有4个口袋，采用直筒袖口，立式翻领上带有兵种色领章。军官穿一种配有镀金纽扣的卡其布开领夹克，并搭配卡其色衬衫和黑色或棕色领带使用，一种与众不同的领章被缝在上衣翻领处。

该国军队所用褐色皮革装备中包含一种可用于携带捷克斯洛伐克Vz-24式短步枪、捷克国营兵工厂Vz-26式冲锋枪，或是德制MP-40式冲锋枪子弹的子弹盒。

他们使用的军帽包括带有斯洛伐克国徽图案的软质船形帽或捷克斯洛伐克生产的Vz-32式钢盔（M1932式）。其中钢盔比较重，但能提供较好防护，因此很受欢迎。它通常被涂成橄榄色或棕色，盔顶很高，底面较平坦，内衬由5颗铆钉固定在钢盔内部。1941年被派往苏联的斯洛伐克部队成员在钢盔侧面漆有一个斯洛伐克十字，还在盔沿涂了一圈蓝色条带——因为这型钢盔与苏军的Ssh-1940式太过形似，所以他们需要一个醒目的标志加以区分。军官所用大檐帽带有图案为一只展翅雄鹰的徽标，鹰的胸前还有一枚斯洛伐克盾章。

军衔和识别标志

军衔标志位于领章上，步兵的领章为桃红色。其中，一颗银星表示一等兵，两颗表示下士，三颗则表示中士；

◀ **第2步兵团列兵，1941年。** 斯洛伐克军队大量使用了原先捷克军队的装备，包括广受好评的M1932式钢盔。那些在1941年被派往苏联的斯洛伐克军队成员在钢盔边沿添加了一圈蓝色条带，以便将己方与装备相似钢盔的苏军士兵加以区分。

▶ **第1步兵团中尉，1942年。** 斯洛伐克于1941年设计本国自用纹章并在同年配发部队。位于帽子一侧的独特帽徽就含有这一纹章，皮带和早期版本制服上的纽扣也带有相同图案。

发生了变化——主要体现在士官的星标下方添加了红白编织纹装饰，军官添加了金色滚边，上校以上衔级的星标下方也添加了一种装饰性的缎带徽标。

炮兵使用红色领章，但工兵为黑色，通信兵为棕色，装甲兵则是粉色。装甲兵是一支由各兵种抽调成员所组成的混合机械化部队，其中坦克和装甲车乘员通常穿工作服或皮夹克（主要产自德国和意大利）。

骑兵的识别色为黄色，制服样式与步兵相似，但不同之处在于他们装备短大衣、马裤和骑兵靴（步兵更喜欢绑腿或是钉头靴）。空军的识别色为天蓝色，飞行员会在右胸口袋处佩戴飞行员徽章——图案为一只展翅的雄鹰。

赫林卡卫队

这种带有法西斯民兵性质的武装部队（通常以营为编制）——"赫林卡卫队突击部队"（Pohotovostna Oddiely Hlinkovej Gardy，简称为POHG）在1944年时拥有5000人。他们穿采用步兵样式制造的黑色制服，佩戴红色领章，或是以带有意大利风格的墨绿色制服搭配黑色领章。这些民兵最初佩戴臂章，章上绘有位于蓝色背景白圈中的红色双十字架图案；后来他们改用含有德国武装党卫军风格的黑色袖标，并用白线绣上了"赫林卡卫队"（Hlinkova Garda）的字样。该部队成员使用带有流苏（效仿意大利法西斯组织所用样式）的黑色船形帽和红底金鹰图案徽章，军官一般戴黑色大檐帽；1944年后，这支部队也装备了标准军用钢盔。

波希米亚和摩拉维亚

波希米亚和摩拉维亚保护国的军队十分弱小，在1939年时使用过一种包含卡其布上衣的制服。1940年之前，他们佩戴黄色（战前捷克轻步兵所用领章的颜色）领章；之后，他们在（黄色）领章上添加了浅黄色滚边，并在靠近衣领顶部方向的地方佩戴用于表示军衔的星标。该部队也在制服上使用带有黄色滚边的卡其色肩章，章上印有所属营番号。他们戴的捷克产钢盔配有一枚位于红底盾章上的银狮子图案徽章；制服右胸口袋处也有一枚徽章，用于表明使用者隶属于波希米亚和摩拉维亚军队。

▼ "赫林卡卫队突击部队"（POHG）二等兵，1945年。斯洛伐克最后的时日纷乱不堪，大量"赫林卡卫队"被动员起来保卫政权。尽管有些人把黑色制服穿在大衣里面（如图），但多数人还是使用带有意大利风格的灰绿色开领制服，并佩戴黑色领章。

▲ 第1骑兵侦察连下士，1941年。在对苏战争中，斯洛伐克骑兵常被当作侦察兵使用——注意图中士官所戴钢盔盔沿的蓝色条带。

资历较老的士官可以在领章背面添加一根银线；级别更高的士官还可以在领章上添加银色滚边，并在肩章上添加一道红色条纹。军官领章的样式与之相似，但星标呈金色——少尉有一颗金星，中尉有两颗，上尉有三颗；少校有一颗带金色滚边的星，中校有两颗，上校有三颗。这一样式的军衔标志体系在1941年

术语解释

肩带/饰带（Aiguillettes）或系索（Lanyard）：通常以环状佩戴在肩上，样式为带有尖端的绳索或穗带，主要用作军官的识别标志；一些国家的骑兵也将其用来固定自己所携带的装备。

弹药带（Bandolier）：一种穿过前胸的皮制带状弹药袋。

"布鲁斯"夹克（Bluse）：德语，指一种相对宽松的制服夹克。

臂章（Brassards）：带有部队名称或特殊兵种名称的布制徽章。

马裤（Breeches）：一种在膝部周围比较紧凑，但大腿附近相对宽松以便活动的裤子，通常由军官使用。

"巴斯比"帽（Busbies）：主要由轻骑兵使用的毛料或毛皮军帽。

衬衫式夹克（Bush jacket）：一种配有口袋的厚棉布衬衫，通常是驻在热带和北非地区部队的非正式制服。

"布什蒂那"（Bustina）：一种意式船形帽，配有耳罩和帽檐。

"查查克"（Cacak）：主要由南斯拉夫军队使用的捷克斯洛伐克所产头盔。

水壶（Canteen）：泛指木质或金属材质液体容器。

"卡波特"（Capote）：法语，指步兵所穿的大衣。

卡宾枪（Carbine）：一种进行了缩短处理的步枪或其他轻武器，通常会配发给技术部队。

意大利武装警察（Carabinieri）：等同于比如"法国宪兵"，实际履行宪兵部队的相关职能。

卡宾枪手（Carabiniers）：法语国

▼ 法军头盔所用盔徽（部分）。

家军队中的精锐轻步兵。

猎兵（Chasseur）：法语"猎人"之意，在法军中特指其轻步兵或轻骑兵。

契阿奇斯毡帽（Chechia）：一种主要在北非使用的软毡帽。

V标/V形图案（Chevrons）：用于表示具体衔级或战伤表彰的布制V形条纹或穗带。

"库帕克"（Colpack）：一种配有布制帽顶的毛料圆帽。

钉马掌铁匠（Farrier）：负责钉马掌的专业人员。

战地制服（Feldbluse）：一种主要由德军使用的制服上衣。

原野灰（Feldgrau）：德语，实际包含了与"原野灰"相近的多个色调。

土耳其毡帽（Fez）：一种圆形或圆锥形无檐帽，帽冠上通常带有凸纹。

布标/漆标（Flash）：特指位于衣袖上的布制或油漆徽标。

装饰肩带（Fourragère）：位于肩上的段状装饰性绳索，通常采用纪念某一事件或表示某种奖章的颜色。

饰扣/挂环（Frogging）：装饰性的蕾丝绳结和穗带。

领饰（Gimp）：位于衣领或领章上的凸纹或装饰性镶边。

领章（Gorget patch）：军官佩戴在衣领两侧的彩色布制领章或标志，通常用于表示军衔或兵种。

"格鲁立西卡"式上衣（Gymnastiorka）：即"套头衫"，一种主要由苏军士兵使用的毛料或棉制制服衬衫。

背袋（Haversack）：一种帆布包，通常用来携带单兵所需的口粮等物品。

榴弹炮（Howitzer）：主要用于发射高弹道炮弹的短管火炮。

猎兵（Jäger）：德国军事术语（注意与前文使用法语表示的相同中文术语进行区分），指原用于散兵作战的轻步兵或步枪兵。

▲ 美军步兵所用装备（部分），包括背包（上）和弹药带（下）。

法式平顶帽（Kepi）：一种圆形布制大檐帽。

卡其布（Khaki）：一种最早由英国驻印军使用的土色布料。

基特尔制服（Kitel）：苏军军官主要使用的一种制服。

国土防卫军（Landwehr）：德语，指预备役部队或民兵。

编织纹（Litzen）：位于衣领上的装饰性条纹花边，主要由德军使用。

意式领章（Mostrine）：意军制服上特有的长方形或火焰形领章，相应兵种会采用特定的色调。

士官（NCO）：一个属于士兵阶层（但地位高于普通士兵）的衔级，主要负责协助军官管理部队。

俄式肩章（Pagoni）：俄语"硬质肩章"之意，通常含有佩戴者的所属团番号、兵种及军衔标志。1917年时曾被（临时政府）取消，但（红军）又于1943年重新使用。

"帕里"（Pagri）：一种头巾布。

"帕帕克"（Papakha）：苏军士兵在冬季使用的毛皮或羔羊毛皮帽。

三角旗（Pennon）：一种较小的旗帜，传统上将其固定在矛尖末端以吓唬敌军战马，后多用于车辆。

"皮洛特卡"（Pilotka）：一种苏式无檐工作帽，通常被侧戴在头上。

"袖口/军衔章"（Pip）：军官佩戴在袖口或肩章上用于表示军衔的铜星或王冠图案的非正式叫法。

滚边（Piping）：位于衣领、袖口、袖口盖片、帽子、翻领或肩章上的狭窄凸纹或镶边，通常与制服主体所用色调有明显的区别。

头巾（Puggaree）：包裹在宽边软帽或圆帽周围的彩色布条。

绑腿（Puttees）：一种围绕腿部，将长裤固定在小腿部位并防止此处静脉曲张的布料。

撒哈拉式衬衫（Sahariana）：一种在北非很受欢迎的意式热带长衬衫，对当地部队来说相当实用。

武装带（Sam Browne belt）：一般由腰带和肩带组成，腰带宽大，但肩带大多不宽。

恰西克（Shashka）：也称"恰西卡"，哥萨克骑兵使用的一种无护手传统马刀。

步枪兵（Schützen）：德语意为"神枪手"，现用于表示一种步兵单位，最初配备的是线膛枪。

硬质肩章（Shoulderboard）：佩戴在肩上，带有用于表示相应军衔的徽标或装饰性花边的硬质布片。

软质肩章（Shoulder strap）：佩戴在肩上，带有徽标或花边的软质布片。

宽边软帽（Slouch hat）：一种在澳大利亚军队里大量装备并受到广泛欢迎的圆形宽檐软帽。

饰带（Soutache）：一种装饰性花边条纹，通常位于制服衣领上。

保暖棉衣（Telogreika）：一种在苏军中颇为流行的充垫带内衬衣物。

热带头盔（Topee/Tropical helmet）：一种由软木制成，通常以卡其布覆盖盔体的头盔，盔体周围都没有盔檐。

格子呢绒裤（Trews）：以格子呢布料制成的长裤，通常为紧身样式。

徽标毛料（Worsted lace）：用来制作军衔徽标的毛料。

译者跋

第二次世界大战是人类历史上规模最大的一次武装冲突，它不仅改变了历史进程和各国力量对比，也给战后的人们留下无数教训和值得深思的问题。因此，无论是历史及军事学术界，还是广大军事爱好者都对这场战争投入了更多的关注。

在二战中，人们最常谈论的无疑是一场场经典战役、各种应运而生的新式武器，以及那些台前幕后具有鲜明性格特征的政治家和军事家。但不管是在电影或电视屏幕上，还是在很多军迷的脑海中，威武庄严的军人形象永远都是最让人难以忘怀的，而最能体现这种形象的军用装备自然非军服莫属。

在遥远的冷兵器时代，盔甲带给将士们的是防护能力以及威武的外观形象，期间还出现过许多贵族将领用于表明自己显赫地位的装饰；进入火器时代后，军用制服更加注重实效性，虽然无法再像甲胄那样抵御刀剑，但重在提升对环境的适应能力——比如迷彩服的应用就大大增强了士兵们的隐蔽性。不同的气候和地形（如苏联的寒冷冬季和北非的酷热沙漠）也能凸显出军服的功用。从这些角度来看，军服对军队战斗力的影响的确不容小视。由于二战持续时间长、战场形势不断变化，尤其是到了战争后期，不管是居于优势地位的盟军还是日薄西山的轴心国军队都不可避免地面临着物资不足的困境，武器和各类装备的储量捉襟见肘；他们所用军服的改变不仅反映出了从此前战役中汲取的经验教训，也常常会服从于那时的物资条件而做出一定妥协。因此，与（对军服的）静态观赏不同，研究一场大规模战争中军服的变化需要结合当时军事、政治和经济态势的走向——对军事历史研究人员和军事爱好者来说，这无疑也是一种品味战争的方式，相信会别有一番趣味。

近年来，国内外关于各国军队制服的著述颇多，其中既有包罗万象的百科全书，也有深入介绍某国军队军服的专精之作。但围绕二战这一特殊时期，对各主要参战国军队制服和装具进行横向对比并介绍相关背景的书籍并不多见。译者有幸受指文图书委托，翻译了《第二次世界大战军服、徽标、武器图解百科》。这本书以专业严谨的文字和丰富多彩的插图详细介绍了各主要参战国军队不同军兵种的制服、徽标及装具，同时历数这些国家军队的历史沿革、组织结构、参战历程、战场表现，有助于读者鉴赏多姿多彩、各具特色的军服，并从多个方面更为深刻地了解这场世界大战。除军迷们耳熟能详的中、苏、美、英、德、日等大国的常规武装力量外，书中还介绍了许多志愿部队、准军事部队以及特殊兵种的制服和装备。在整个翻译过程中，译者大开眼界，既感叹这场战争的残酷性，又为当时人类在重压下表现出的智慧与精神力量而深深折服。为此，我向广大读者隆重推荐本书，希望大家也同样有所收获。

由于原书为英国作者撰写，因此在关于各国部队编制、军服、装备等方面的用词均有其自身习惯及特点，本书在翻译时尽量以尊重原著为前提，但也对部分用词进行了修订。

另外，对于原书中部分没有指出明确佩戴位置（如"肩章""领章""臂章"等）的徽标，本书主要采取以其功能及其他方面特征加以命名，或以"徽标""徽章""标志"等称呼代之的方式，力图做到在描述准确的前提下杜绝错误性叙述。

最后，感谢指文图书的编辑们对译者翻译工作的大力支持和有益建议。因为所涉领域广泛，加之译者水平有限，书中出现错误在所难免，敬请广大读者朋友见谅并指正。

译者 姚军
2019年3月

关于本书的审校

感谢刘晓（雪饮狂刀）仔细地审校了全书，感谢孟飞岩对英国、德国、美国、日本部分的审校，感谢甄锐、李科对中国、日本部分的审校，感谢刘征年（235旅）对德国部分的审校、感谢赫英斌、黄超对苏联部分的审校，感谢郑京晶对美国部分的审校，感谢周渝对中国部分的审校。以上各位不但对中文翻译进行了校正，而且对原著的史实、军事术语，以及绘图的错误也进行广泛考证，在此感谢他们的热情帮助。

致谢名单

感谢安尼斯出版社非常专业的团队，特别是乔安妮·里平。我还要感谢迪格比·史密斯、凯文·基利、拜尔·伊林契夫和唐纳德·萨默维尔的有益意见和敏锐眼光。

我对法语杂志《军用物品》的编辑团队心存感激，他们为这一涵盖诸多方面的专业话题提供了精选的原创文章；关于苏联红军方面的素材则来源于

▲ 德军步兵所用防毒面具（左）、防毒面具罐（右上）及皮带扣（右下）。

▲ 英军伞兵所用徽标（部分）。

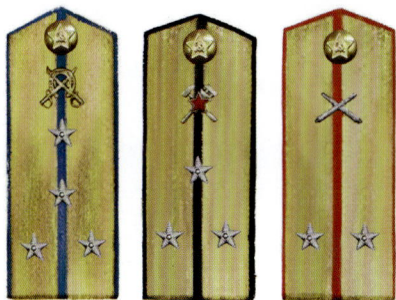

▲ 苏军所用肩章（部分）。从左到右分别为大尉（骑兵）、上尉（技术兵种）、中尉（炮兵）。

▲ 苏军M1939式作战型背包。

网站RKKA.RU。

为本书提供插图的艺术家西蒙·史密斯和马特·文斯富有耐心又极具才能，插图中的任何错误都是我的责任，与他们无关。

在本书出版时，我们认为书中的信息是准确真实的，但作者和出版社对可能出现的错误或遗漏不负法律或经济责任。出版社感谢以下机构准许复制其照片（或宣传画）：

阿拉米（Alamy）:2页（未标记"上""下""左""右"一类方位名词的页码表示本页照片或宣传画均包含在内，下同）、3页上、4页上、9页上、10页上、13页。

科尔维斯（Corbis）:3页下、4页下、5页、7页、9页下、10页下、11页、12页、14页、15页、16页、17页、18页、19页、21页左上、29页左上、

30页右下、42页右上、46页右上、50页右上、53页右下、54页、55页、56页、57页、58页、59页、60页右上、63页左上、64页右上、70页右上、72页左上、73页下中、74页左上、83页左上、84页右上、87页右下、88页右上、91页上中、92页右上、94页、95页、96页、97页、98页、99页、100页右上、102页右上、104页左下、109页右上、110页右上、128页右上、130页左下、132页右上、134页、135页、136页、137页、138页、139页、141页左上、142页右上、148页右上、156页右上、161页下中、169页左上、170页右上、173页左上、174页、175页、176页、177页、190页右上、195页右上、196页右上、208页右上、212页、213页、214页、215页、218页右上、227页右上、240页右上。

世界军服图解百科丛书

HTTP://ZVENBOOK.COM

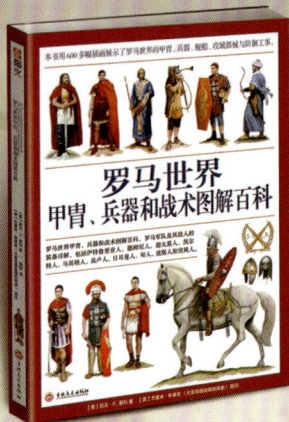

《罗马世界甲胄、兵器和战术图解百科》

★军事史视角下的部落与帝国,西方冷兵器时代的视觉盛宴。

★超过600幅精美彩色手绘插画及历代地图、布阵图、油画、雕塑、遗址照片,打造出罗马军事历史的百科全书。

★包括罗马人、伊特鲁里亚人、撒姆尼人、迦太基人、凯尔特人、马其顿人、高卢人、日耳曼人、匈人、波斯人与突厥人等民族,全面展现古代地中海世界的军事传统与战争艺术。

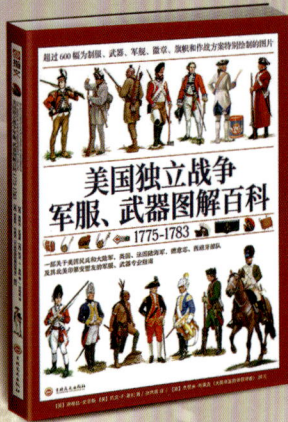

《美国独立战争军服、武器图解百科1775—1783》

★美国独立战争,北美殖民地革命者奋起反抗剥削的战争,这是一场激烈的斗争,这是一个国家的锻造。

★超过600幅为制服、武器、军舰、徽章、旗帜和作战方案所特别绘制的彩图。

★一部关于美国民兵和大陆军,英国、法国陆海军,德意志、西班牙部队及其北美印第安盟友的军服、武器专业指南。

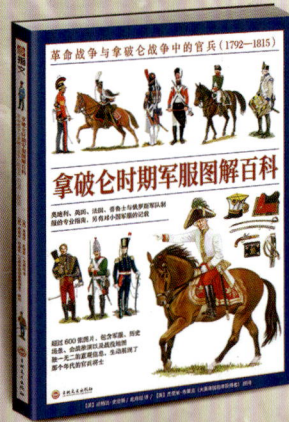

《拿破仑时期军服图解百科》

★600多幅高清插图(制服、装备、历史场景、作战图),50多张表格(各团制服的区别)。

★以图文结合的方式展示了奥地利、大不列颠、法兰西、普鲁士、俄国、美国和其他相关部队制服和徽章的细节。

★简明扼要地描述了拿破仑战争的进程,分析了政治背景、具有里程碑意义的交战。

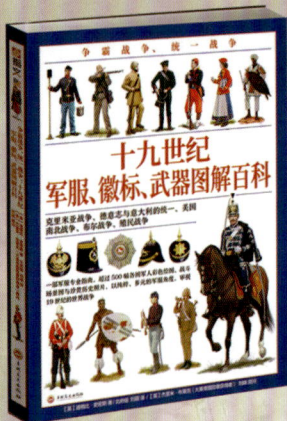

《十九世纪军服、徽标、武器图解百科》

★列强争霸时代的艺术之花,各国史实军备的图文解读。

★超过500幅精美彩色手绘插画,展现克里米亚战争、德国与意大利的统一、美国南北战争、布尔战争与殖民战争中各国军队的细节。

★包括英国、法国、俄国、普鲁士、奥地利、意大利、美国、非洲、印度、中国等,展示19世纪的多元军事文化。

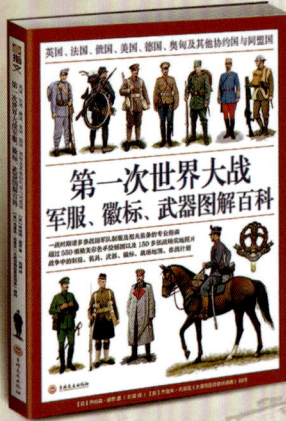

《第一次世界大战军服、徽标、武器图解百科》

★一战时期诸多参战国制服及相关装备的专业指南。

★超过550幅精美彩色手绘插图及150多张战场实地照片。

★战争中的制服、装具、武器、徽标、战场地图、作战计划。

★20万字精心制作,力求在百年之后重新还原战争的点点滴滴,为你勾勒出英、法、俄、美、德、奥匈、奥斯曼等诸多参战国军队当年的风采。

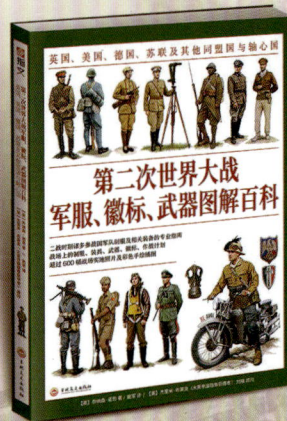

《第二次世界大战军服、徽标、武器图解百科》

★二战时期各主要参战国军队的制服及相关装备,从细节上再现人类历史上规模最大的全球战争。

★超过600幅精美彩色手绘插画及照片,精心还原战争中的军服、徽标、武器。

★囊括盟国与轴心国两大阵营,涉及英、美、德、苏、中、法、日等多国军队。